Museen in Brandenburg

Herausgegeben vom Museumsverband des Landes Brandenburg e.V.
Texte von Martin Ahrends und Martin Stefke
Fotografien von Lorenz Kienzle, Ludwig Rauch und Andreas Tauber

Koehler & Amelang GmbH

Inhalt

Vorwort

Nach altem Glauben ist die Sieben eine magische Zahl: sieben Zwerge, sieben Raben, sieben Brücken, Siebensachen. Nach gut sieben Jahren gibt der Brandenburgische Museumsverband wieder einen Führer zu den Museen des Landes heraus – nach musealem Zeitmaß eine kurze Spanne. Doch vieles hat sich in den vergangenen Jahren verändert: Es gab vielbeachtete Neugründungen von Museen und weniger öffentlichkeitswirksame, aber deshalb nicht weniger sorgfältige Umgestaltungen. Manches ist vielleicht herausgeputzter, anderes hoffentlich auch gewitzter geworden. Aktueller in ihren Fragen und Antworten sind die Brandenburger Museen heute in den meisten Fällen. Der Brandenburgische Museumsführer steht deshalb auch für einen Wandel in der Museumslandschaft.

Dieses Buch erschließt die brandenburgischen Museen als kulturelle Basislager. Kein Kreis und keine Stadt in Brandenburg, die nicht eine kleine Wunderkammer besäße. Hier spiegeln sich die Eigenarten der Landesteile, ob Oderbruch, Spreewald, Uckermark oder Fläming, ob niederdeutsch geprägt im Norden, mit sächsischem Akzent im Süden. In seiner Vielfalt liegt noch immer der kulturelle Reiz des Landes zwischen Elbe und Oder. Diese zu bündeln, fällt schwer und ist vielleicht auch Grund dafür, dass das ehemalige Märkische Provinzialmuseum in Berlin nie einen Nachfolger fand.

Jedes Museum stellt Geschichte und Kultur in einen neuen, ganz eigenen Zusammenhang, nicht als Abbild, sondern als immer wieder neues Angebot an die Phantasie und den Wissensdurst seiner Besucher. Der Brandenburgische Museumsverband hat die Autoren Martin Ahrends, Martin Stefke und die Fotografen Lorenz Kienzle, Ludwig Rauch und Andreas Tauber gebeten, in diesem Sinne das Land und seine Museen zu erkunden und dem Leser, dem Betrachter, die Lust am Schauen, Zuhören und Mitdenken zu vermitteln. Herausragend sind die Schätze der ehemals preußischen

Schlösser in Potsdam und Brandenburg. Andere Museen, so das Gantikower Lügenmuseum und die Klosterfelder Artisten, kommen leichtfüßiger daher. Die Museen der Namhaften – des Fürsten Pückler in Branitz, Brechts in Buckow oder Kleists in Frankfurt/O – bestehen neben den Erinnerungsstätten namenlosen Elends: Ravensbrück, Sachsenhausen, Seelow. Symbole des aktuellen Strukturwandels sind die meist jungen Technikmuseen. Glas, Hüte, Kleinbahnen und Ziegel haben ihre Spezialmuseen gefunden. Natürlich ist auch die DDR längst museumsreif geworden, nicht nur in Eisenhüttenstadt. Alles in allem eine bunte Programmfolge, die der Leser unseres Buches vor Ort überprüfen sollte.

Der Herausgeber dankt der Ostdeutschen Sparkassenstiftung im Land Brandenburg gemeinsam mit allen brandenburgischen Sparkassen und dem Ministerium für Wissenschaft, Forschung und Kultur des Landes Brandenburg. Der Dank gilt nicht zuletzt den Museumsmitarbeitern im Land, deren Engagement und Begeisterung in der täglichen Museumsarbeit die Voraussetzung für das Zustandekommen des Museumsführers Land Brandenburg ist.

Museumsverband des Landes Brandenburg e.V.

Das erlebnisorientierte agrarhistorische Museum vermittelt «Geschichte zum Anfassen». Vom Schloss aus werden die Besucher durch das Dorf und seine Gebäude geführt. In den historischen Werkstätten finden Schauvorführungen statt. In Wilhelmsaue bei Letschin betreibt das Freilichtmuseum eine Bockwindmühle.

Brandenburgisches Freilichtmuseum Altranft

Hier ist das Oderbruch mit Händen zu greifen, und mehr: eine ganze bäuerliche Kultur, weil in diesem Dorf wie ehedem gebacken und geschmiedet und getischlert und geflochten wird. Wer will, kann sogar mitmachen. Nach der Trockenlegung des Oderbruchs 1753 wurde das Land von Kolonisten besiedelt. Die auf den Feldfluren der Altdörfer errichteten Kolonistendörfer erhielten die Vorsilbe «Neu-». Seit der Gründung von Neuranft (1762) heißt das alte Dorf Altranft und hatte erst einmal damit zurechtzukommen, dass es nach der Verlegung der Oder kein Fischerdorf mehr war. Es hat damals zornige Fischer gegeben, die heimlich die Deiche anstachen. Die zweistündige Führung umfasst die Kirche von 1752, ein Wohnhaus von 1838, eine Feldsteinscheune von 1805 (Ausstellung zur Getreideernte), die Ziegelscheune von 1892. Im Spritzenhaus kann man sich über das Feuerlöschwesen informieren. Die alte Dorfschmiede (1910) funktioniert ebenso wie die Holzschuhmacherei, die Weidenkoch- und Schälanlage und das Backhaus. An Aktionstagen führen Handwerker ihre historischen Künste vor, man darf sehen und hören, riechen und schmecken und, wenn man will, auch praktisch ausprobieren: sein eigenes Brot backen, Gerichte aus Hirse und Buchweizen zubereiten, man kann die alten Grundstoffe Flachs, Hanf, Holz und Weidenruten in die Hand nehmen und zusehen, was sich daraus machen lässt. Im Gutsschloss beginnt die Führung, hier wird man anhand alter Karten und Urkunden eingehend über die Stromregulierung vor und nach der Trokkenlegung des Oderbruchs informiert. Unweit des Schlosses fließt sie noch, die «Alte Oder».

Adresse Dorfstraße 27, 16259 Altranft
Öffnungszeiten *Freilichtmuseum Altranft* April bis Oktober: Di bis Fr 9 – 17 Uhr, Sa, So, Feiertage 11 – 18 Uhr, November bis März: Di bis Fr 10 – 16 Uhr, Sa, So 11 – 16 Uhr *Bockwindmühle Wilhelmsaue*: Fr 10 – 16 Uhr, Sa, So, Feiertage 11 – 16 Uhr, außerhalb der Öffnungszeiten Anmeldung unter T (03 34 75) 5 02 91

Das Oderlandmuseum ist eines der ältesten Museen Brandenburgs. In dem 1774 erbauten adligen Freihaus mit spätbarocker Fassade wird ein Überblick über die Kulturgeschichte des Oderbruchs und die Entwicklung Bad Freienwaldes zur ältesten Kur- und Badestadt der Mark dokumentiert.

Oderlandmuseum Bad Freienwalde

B

Seit der Trockenlegung des Bruches und der Umleitung der Oder vor zweihundertfünfzig Jahren gibt es in Wriezen, der einstigen Hauptstadt der Oderbruches, keine Massen frisch geernteter Hechte und keinen überregional berühmten Fischmarkt mehr. Die Hechtreißer sind damit ebenso verschwunden wie ihre innungsgeschützte Kunst, den Fisch mit wenigen sehr präzisen und energisch zupackenden Hangriffen in ein Filet zu verwandeln. Die im Museum ausgestellte Hechtgabel und die Aalsperre fürs nächtliche Fischstechen sind von exotischem Reiz. Eine elegante Standuhr und ein Vitrinenschrank, mit Blumenintarsien reich verziert, sind «Holländisches Barock» und gehören auch hierher. Die friderizianische Kolonisation zog ausländische Siedler ins Oderbruch, die es mit Hilfe des preußischen Staates zu einem fruchtbaren Landstrich werden ließen. Den Bad Freienwalder Gesundbrunnen gibt es seit 1684 (eine Gründung des Großen Kurfürsten). Wo einst die Oder floss, blieb Moor zurück, Freienwalde machte das Beste draus: ein Moorbad (seit 1840), das mit der Bahnanbindung 1866 für die Berliner attraktiv wurde. Es gab Sonntags-Extrazüge, Hunderte strömten an den Wochenenden in die reizvolle Stadt. Zwischen 1880 und 1940 gab es in Bad Freienwalde 30 Hotels und Gasthäuser, 40 Restaurants und Cafés. Nach längerem Dornröschenschlaf erhielt die Stadt 1995 erneut den Status eines Heilbades zuerkannt.

Adresse Uchtenhagenstraße 2, 16259 Bad Freienwalde
Öffnungszeiten Mo bis Fr 9–18 Uhr, So, Feiertage 10–15 Uhr

Die im oberen Geschoss des klassizistischen Schlosses eingerichtete Ausstellung beleuchtet Leben und Wirken des Industriellen, Zeitkritikers und Politikers Walter Rathenau, der von 1909 bis zu seinem Tode 1922 das Schloss bewohnte.

Schloss Freienwalde

B

«In den Jugendjahren eines jeden deutschen Juden gibt es einen schmerzlichen Augenblick, an den er sich zeitlebens erinnert: Wenn ihm zum ersten Mal voll bewusst wird, dass er als Bürger zweiter Klasse in die Welt getreten ist und dass keine Tüchtigkeit und kein Verdienst ihn aus dieser Lage befreien kann.» – Walther Rathenau hat gegen diesen Satz, gegen seine eigene Erkenntnis angelebt: als Politiker, Autor, Maler, Manager, Ingenieur und Erfinder hat er in seiner durch ein Attentat beschränkten Lebenszeit (1867 – 1922) Erstaunliches geleistet und eine Anerkennung erworben, die bis heute fortwirkt, obschon die Erinnerung an ihn in Bad Freienwalde mehrfach unterbrochen war. Nach 1933 war Walther Rathenau seiner jüdischen Herkunft wegen nicht mehr erinnerungswürdig, von 1945 bis 1989 war er es als «Bügerlicher» nicht und waren es die Hohenzollern erst recht nicht mehr. Jetzt darf man sich hier wieder erinnern: an Rathenau, an die Hohenzollern als Bauherren, an den bürgerlichen Badebetrieb in Bad Freienwalde. Seit 1684 gibt es hier einen «Gesundbrunnen», den später auch die Königin Friederike Luise gern besucht hat. Nach dem Tode ihres Gemahls, Friedrich Wilhelms II., hat sie ihren sommerlichen Witwensitz in Freienwalde genommen. Manches davon ist wieder zu besichtigen; der Park auf dem Hügel gestattet einen weiten Blick ins Odertal. Als Walther Rathenau das Schloss 1909 erwarb, hat er es vor dem Verfall gerettet, hier hat er seine politisch-philosophischen Schriften verfasst und die Muße zu Gesprächen und zum Briefwechsel mit Autoren, Künstlern, Wissenschaftlern seiner Zeit gefunden. Eine Ausstellung im Obergeschoss des Schlosses erinnert mit eindrucksvollen Originaldokumenten an Rathenau und seine Zeit.

Adresse Schloss Freienwalde, 16259 Bad Freienwalde
Öffnungszeiten Mi bis So und an Feiertagen 11 – 17 Uhr (November bis März bis 16 Uhr)

Das Museum bietet eine Ausstellung zur Geschichte des Wandermarionettentheaters im Schwarze-Elster-Land und erzählt vom Leben des Komponisten und preußischen Hofkapellmeisters Carl Heinrich Graun und seiner Brüder.

Kreismuseum Bad Liebenwerda

«Seid ihr alle da?» Wer einmal eine Marionettentheatervorstellung in einem Dorfgasthof erlebt hat, wird die Begeisterung im Saal wohl nie vergessen. Wann immer er die handgeschriebenen Plakate erblickt, die vom Beginn der Vorstellungen künden, er wird nicht anders können: Er macht sich auf den Weg, mischt sich wieder unter die erwartungsfrohe Menge. Als einst die Puppenspielerfamilien mit ihren Wagen durch die Dörfer zwischen Erzgebirge und Hallenser Land, in die Lausitz und nach Schlesien zogen, strömten Alt und Jung, Groß und Klein in die Gasthöfe. Dort hatten die Komödianten ihr Lager aufgeschlagen, und wenn am Nachmittag oder Abend die Aufführung begann, spielten sie Selbstgeschriebenes. Das waren Historiendramen, Ritter- und Räubergeschichten, anrührende Episoden aus dem Leben tapferer Edelmänner und liebreizender Prinzessinnen. Es gab Teufel und Drachen und natürlich den Kasper und seine Grete. Frau Direktorin höchstpersönlich saß an der Kasse. Wenn es kühl war, feuerte der Herr Theaterdirektor selbst den Ofen an. Das Wandertheater war das Leben dieser Puppenspieler, in den Wintermonaten jedoch zogen sie sich in ihre Heimat zurück. In der Umgebung Liebenwerdas verdienten sie ihren Lebensunterhalt mit dem Fertigen von Schuhen oder Korbwaren, arbeiteten als Scherenschleifer oder Wahrsager, bis es im Frühjahr von neuem auf Reisen ging. Heute gibt es diese über das Land ziehenden Puppenspieler nicht mehr. Aber ihre bezaubernden Puppen haben jetzt ein ständiges Quartier – das Kreismuseum am Lubwartturm.

Adresse Burgplatz 2, 04924 Bad Liebenwerda
Öffnungszeiten Mi bis Fr 14 – 17 Uhr, Sa, So 10 – 12 und 14 – 17.30 Uhr

Das Museum veranschaulicht die Geschichte der Glasproduktion in Glashütte (u. a. die Produktion von Lampenschirmen und -zylindern sowie von Gärballons). Dem in Glashütte gebürtigen Erfinder der Thermosflasche – Reinhold Burger – ist ein Ausstellungsraum gewidmet.

Technisches Denkmal und Museumsdorf Baruther Glashütte

B

Noch liegen die Zeiten, in denen Glasbläser in die Schulen kamen, um dort vor staunenden Kinderaugen ihr Handwerks vorzuführen, nicht allzu weit zurück. Über fauchenden Brennern spitzten die Männer ihre Lippen, blähten die Backen, und schon formten sich aus glühenden Röhren langbeinige Störche, feingliedrige Vasen, Schwäne, schillernde Schmetterlinge und Christbaumkugeln. Da entstanden Dinge von so zerbrechlicher Schönheit, dass sie kaum den Weg in die elterliche Wohnung, geschweige denn den ersten Frühjahrsputz, unbeschadet überstanden – empfindliche Ware, längst von billigen Kunststoffimitaten verdrängt. Und doch kann man die Welt der Glaskünstler auch heute noch erleben. Inmitten von Erlen- und Kiefernwäldern liegt im Süden Brandenburgs ein mit viel Elan und Enthusiasmus wieder zum Leben erweckter Ort, dessen Name hält, was er verspricht. Seit 1716 wurde in Glashütte vor allem Glas produziert – Lampenschirme und Trinkgläser, Scheiben und Flaschen, Weinballons und Röhren. Ja, Glas in nahezu allen Formen und Farben verließ das Werk der Grafen von Solm zu Baruth über den eigenen Eisenbahnanschluss. Auch heute scheint es in diesem Museumsdorf, als seien die Arbeiter und Arbeiterinnen gerade nur kurz zur Pause in ihre Fachwerkhäuser gegangen. Doch schnell bemerkt der Besucher beim Rundgang durch das Ensemble aus Werkstatt- und Wohngebäuden, dass dieses Dorf nicht schläft. Nach der Stilllegung der Produktion im Jahr 1980 wird hier seit Anfang der 90er-Jahre wieder Glas geblasen. Und so sieht man den geschickten Arbeitern bei ihrem alten und schwierigen Handwerk zu und kauft eines jener schönen und empfindlichen Wesen aus vergangener Zeit, um es ganz vorsichtig mit nach Haus zu nehmen.

Adresse Hüttenweg 20, 15837 Baruth-Glashütte
Öffnungszeiten April bis Oktober: Di bis So 10–18 Uhr, November bis März: Di bis So 10–16 Uhr

Das Museum in der alten Burganlage zeigt eine regionalgeschichtliche Daueraus-stellung sowie wechselnde kunst- und kulturgeschichtliche Ausstellungen. Der Bergfried ermöglicht einen Rundblick über die Spreeniederung.

Regionalmuseum Burg Beeskow

Gibt es einen schöneren Museumsort als eine alte Burg? Man betritt den Hof und steht auf einmal in der Vergangenheit, geht über holpriges Pflaster und fühlt sich ins Mittelalter versetzt. Bergfried und Salzhaus, das Alte Amt mit efeubewachsenem Giebel und die gewaltige Mauer aus Feldsteinen und Ziegeln führen den Besucher in die Geschichte einer Stadt, die sich zu verteidigen wusste, jahrhundertelang. Der Aufstieg auf den Turm eröffnet den Blick über die Spree mit ihren Seen, dem Schilf und den Enten, mit Schleusen und Wehr, auf die Umgebung voller Wiesen und Wälder, auf Sankt Marien und die Stadt mit dichtgedrängten Dächern, Stadtmauer und Türmen. Im Museum lernt man das Gesehene verstehen, taucht vollends in die Geschichte des Ortes ein. Die Spree bestimmte das Leben. Die Burg schützte Brücken und Damm der alten Handelsstraße zwischen Luckau und Lebus. Und schon immer wurde im Fluss gefischt. «Wir graben nicht Schätze,/wir pflügen kein Feld,/wir ernten in Netzen/ und handeln ums Geld…», heißt es in der ersten Strophe des Beeskower Fischerliedes, und so nimmt es nicht Wunder, dass die ersten Ausstellungsstücke dem Besucher das Leben der Fischer nahebringen. Fischeimer, Netze und Knittnadel, Reusen, Einbaum und Werkzeuge für den Bootsbau erzählen die Geschichte des vielleicht ältesten Handwerks dieser Stadt, die allerdings weit mehr bietet, wie die informativen Tafeln und bemerkenswerten Exponate zeigen. Doch auf jeden Fall sollte man nach dem Museumsbesuch den Kietz aufsuchen und im Restaurant am Ufer der Spree einen Fisch probieren.

Adresse Frankfurter Straße 23, 15848 Beeskow
Öffnungszeiten April bis September: Di bis So 10–20 Uhr, Oktober bis März: Di bis So 11–17 Uhr

Die Ausstellung im Henkerhaus erzählt aus der Geschichte der Scharfrichterei und über die Lebensweise der Bürger um die Jahrhundertwende. Im Steintor mit Rüstkammer, Wehrgang und Hungerturm wird die mittelalterliche Geschichte Bernaus lebendig.

Heimatmuseum Bernau – Steintor und Henkerhaus

B

Von der einstigen Größe und Bedeutung der Stadt zeugen noch heute die fast vollständig erhaltene Stadtmauer mit ihrem dreifachen Wall- und Grabensystem, das Steintor und die mächtige Marienkirche, von ihrem einstigen Aussehen aber nur noch das Stadtmodell im Heimatmuseum. Im Museum im Steintor ist über die Entwicklung der Stadt und ihrer Gewerbe viel Wissenswertes zu erfahren. Am eindrucksvollsten ist die Sammlung mittelalterlicher Waffen und Rüstungen. Es handelt sich um die Bewaffnung der Bernauer Bürger, die im Verteidigungsfall geharnischt zu erscheinen hatten. In ihrer Reichhaltigkeit von Lanzen, Speeren, Armbrüsten, Kettenhemden, Brustpanzern, Helmen, Armschienen, Beintaschen bis zu Feuerwaffen aller Art und Größe ist die Ausstellung einzigartig in Brandenburg. Die Sammlung wurde in den letzten Jahren durch Feuerwaffen ergänzt, so dass die Entwicklung von der Armbrust bis zum Repetiergewehr hier exemplarisch dokumentiert ist. Bemerkenswerte Stücke sind zwei Wallarmbrüste mit deutscher und englischer Winde aus dem 15./16. Jahrhundert, eine Stangen- oder Hakenbüchse sowie ein Jagdgewehr mit Luntenschloss aus dem 17. Jahrhundert. Auch das 28 Meter hohe Steintor selbst zeugt von den Schrecken des «finsteren Mittelalters». Der obere Wehrgang stellt die Verbindung her zum so genannten Hungerturm, dem ehemaligen Stadtgefängnis mit einem acht Meter tiefen Verlies. Im Keller des Henkerhauses geben die ausgestellten Werkzeuge des Scharfrichters einen anschaulichen Einblick in das Rechtssystem des Mittelalters. Zu sehen sind sein Richtschwert, sein Richtrad, aber auch Instrumente der hochnotpeinlichen Befragung, der Tortur oder Folter, wie der Fußblock, Schandgeigen und Schandmasken.

Adresse Breitscheidstraße 43c, 16321 Bernau
Öffnungszeiten *Steintor* Mai bis Oktober: Di bis Fr 9–12/14–17 Uhr, Sa, So 10–13/14–17 Uhr, *Henkerhaus* ganzjährig geöffnet Di bis Fr 9–12/13–17 Uhr, Sa, So 10–13/14–17 Uhr

Das intermediäre Kunstmuseum zeigt Kunstwerke des Medienkünstlers Wolf Kahlen von 1956 bis heute. In einem Sonderausstellungsraum werden Projekte von anderen Künstlern aller Gattungen vorgestellt.

Wolf Kahlen Museum Bernau – Intermedia Arts Museum

B

Unscheinbar geduckt unter dem Pulverturm am Stadtpark in Bernau liegt das einzige Medienkunstmuseum in den Neuen Ländern, das dem Pionier in Video- und Klangkunst Wolf Kahlen gewidmet ist. Der rote schöne 1985er Klinkerbau war ehemals ein Café am Pulverturm, seit 2005 ist er, innen strahlend weiß und an vielen Stellen mit neuen großzügigen Fenstern transparent gemacht. Das ist wohltuende moderne Innenarchitektur in einer ansonsten lieber ins Mittelalter zurückblickenden Stadt.
Eine Uhr auf der Fassade geht programmatisch gleichzeitig vor und zurück. Ein märkisches Boot auf dem Dach transportiert viele Fernsehglasröhren, einen ‹Montevideo›, einen Berg von Videos (1974). Drinnen flimmern aktuelle Programme auf TVs unter einer Staubschicht, in die mit dem Finger 1985 ‹Reiner Zufall› geschrieben wurde, der Staub, den wir alle von zuhause kennen und die Reaktion darauf. Aus einem verstaubten ‹Kubikmeter Intelligenz›, 1990 vor der Verbrennung nach der Wende geretteten Büchern einer sozialistischen öffentlichen Bibliothek, dringt ein Rascheln und Seitenblättern, die liest noch jemand. Hunde bellen auf beiden Seiten einer Mauer, die den ‹Berliner Tisch› (1992) in zwei Hälften teilt. Grafiken, Architekturmodelle, Zeichnungen, ein frühes Gemälde, Fotos von Performances aus aller Welt, ein repräsentativer Querschnitt durch 50 Jahre von Wolf Kahlens Arbeiten. Der kosmopolitane Künstler hat weltweit ausgestellt und gelehrt, so als erster Gastprofessor schon 1992 am Bauhaus in Dessau und arbeitet seit über zwanzig Jahren im Himalaya und Tibet. Das spürt man auch. Im geht es immer um ein vorurteilsfreies Erkennen von dem, was wir zu kennen glauben mit kühlen Augen, um Kunst als Werkzeug, als ‹silbernen Hammer› des Geistes.

Adresse Pulverturm, 16321 Bernau
Öffnungszeiten Mi bis So, Feiertage 15–18 Uhr

Das Museum umfasst eine seit 1271 intakte Wassermühle, eine Müllerwohnung, einen historischen Mühlenbackofen, eine alte Schmiede und eine Stellmacherei. In der Scheune thematisiert eine Ausstellung das gewandelte Verhältnis vom Menschen zur Maschine in der Landwirtschaft.

Klostermühle Boitzenburg

Das ist schon eine urige Gegend, diese uckermärkische Eiszeitlandschaft mit ihren welligen Hügeln, mit ihren Söllen und Seen, mit ihren malerischen kleinen Städten, ihren Feldsteinkirchen, Ruinen und Schlössern. In Boitzenburg ist all dies versammelt und obendrein eine funktionstüchtige Wassermühle, die zum Zisterzienserkloster Marienpforte gehörte und deshalb als Klostermühle bekannt ist. – Ein Treibriemen-Labyrinth vom Wasserrad bis zum Boden, wo der Getreide-Aufzug endet, ein Rüttelsieb und Sackklopfmaschinen: alles gar nicht so kompliziert, wenn man es hier in Bewegung sehen und verstehen kann. Und bleibt doch rätselhaft, wie aus einem Märchen von E. Th. A. Hoffmann. Die Mühle von 1269 ging mit dem Kloster in den Flammen des Dreißigjährigen Krieges unter. Nur sie wurde 1699 neu errichtet. Das Inventar illustriert die technischen Veränderungen vom 13. bis zum 20. Jahrhundert. Zuletzt trieb die Wasserkraft einen Generator, der Strom fürs Mahlen lieferte, die Mühle war ihr eigenes Kraftwerk. Seit der Säkularisierung gehörte sie derer von Arnim, die hier ein wuchtiges Schloss hinterließen. Es spielt in verschiedenen Stilrichtungen, die man insgesamt als Neo-Renaissance bezeichnen kann. In seiner Mischung aus älteren und jüngeren Elementen, mit seinem Löwen- und Apollotempel wirkt das Schloss ebenso «verwunschen» wie dies ganze wild märchenhafte Ensemble und seine Umgebung. Hoch auf ragen da die Klosterruinen in eine Landschaft, die natürlich scheint und doch angelegt ist: Der berühmte Königlich Preußische Hofgärtner Peter Joseph Lenné hat den englischen Park geschaffen, der das Seinige beiträgt zur romantischen Atmosphäre dieses Ortes.

Adresse Mühlenweg 5a, 17268 Boitzenburg/Uckermark
Öffnungszeiten Di bis So 10–17 Uhr (Sommerzeit), 10–16 Uhr (Winterzeit)

Das in einem Flugzeug Typ IL 18 befindliche Museum widmet sich Leben und Werk des Flugpioniers Hans Grade und seinem Wirken in Borkheide (1909 bis 1946). Es dokumentiert die Geschichte des Flugplatzes Borkheide von 1909 bis zur Gegenwart.

Hans-Grade-Museum Borkheide

B

Es war eine Sensation, als am 16. November 1989 auf der Rasenpiste des Flugplatzes Borkheide eine Passagiermaschine der «Interflug» landete. Zwar hatte der Pilot der IL 18 im Vorfeld der spektakulären Landung mehrfach den alten Flugplatz besichtigt, war sogar mit einem Wartburg, dem Bürgermeister und 90 Sachen über die holprige Rollbahn gerast und hatte gemeint: «Hier kommen wir schon runter!». Doch diese Landung war alles andere als Routine. Kein Wunder also, dass das Aufatmen der zahlreichen Helfer, Feuerwehrleute und Schaulustigen deutlich zu vernehmen war, als der Flieger schließlich doch recht sanft aufsetzte und kurz darauf vor dem alten Flugplatzgebäude zum Stehen kam. Ein Flugzeug für ein Hans-Grade- Museum – diese Idee der Männer um Bürgermeister Müller hatte die Fluggesellschaft sofort begeistert, und so machte sie die alte Maschine, die fast dreißig Jahre sicher um die Welt geflogen war, der Gemeinde zum Geschenk. Der Mann, um den es hier geht, war nicht nur einer dieser «tollkühnen Männer in ihren fliegenden Kisten», die trotz aller Gefahren und Rückschläge unverdrossen eigene Fluggeräte bauten und damit in die Lüfte stiegen; er ging als erster deutscher Motorflieger in die Geschichte ein. Oft belächelt und immer wieder für verrückt erklärt, glaubte Hans Grade an seinen Erfolg und gewann am 30. Oktober 1909 den mit 40 000 Mark dotierten «Lanz-Preis der Lüfte». Das Geld investierte er in den kleinen märkischen Ort, der in den folgenden Jahren zu einer der ersten Adressen der Luftfahrt werden sollte, was die Ausstellung anhand von zahlreichen Exponaten und Dokumenten sowie mit einem Film eindrucksvoll zeigt.

Adresse Am Flugplatz, 14822 Borkheide
Öffnungszeiten März bis Oktober: Mi und Sa 14–17 Uhr, So und Feiertage 13–17 Uhr und nach Vereinbarung

Das gotische Paulikloster in der Brandenburger Neustadt, bis 2002 noch Ruine, wurde als neue Heimstatt für dieses Museum aufwändig saniert. Die Ausstellung zeigt die Forschungsergebnisse der Landesarchäologie aus ganz Brandenburg

Archäologisches Landesmuseum Brandenburg

B

Der Wissensvorsprung der Fachleute wird hier nicht zur Barriere. Man zieht den Laien ins Vertrauen und steckt ihn an mit Entdeckerleidenschaft, man traut ihm zu, am Glück des Findens, Deutens und Enträtselns teilzuhaben. Ausgehend von einem Fundstück und ihm direkt zugeordnet, wird der Prozess archäologischer Arbeit durchschaubar, wir sehen, welch winzige Spuren zu welch weitreichenden Schlüssen berechtigen, wobei es sich selten um letztgültige Indikative handelt. Die Kunst dieses Museums ist der Konjunktiv: Wenn wir in einem Film dabei zusehen, wie eine steinzeitliche Pfeilspitze an einem Bogenpfeil befestigt wird, wie man den Bogen spannt und abschießt, sehen, was so eine «Stielspitze» durchschlagen kann, dann wird nicht die Illusion von Authentizität erzeugt. Es ist die Demonstration: So könnte es gewesen sein. Das «älteste Netz der Welt», das vor etwa 8000 Jahren geknüpft wurde, ist wie im Boden bei Friesack gefunden und als Nachbildung präsentiert; ein Jahrtausende alter Schädel formt sich in der Computeranimation zum Gesicht eines Menschen. So ist Anschaulichkeit möglich, so sehen auch wir Laien Bilder, die im Kopf des Forschers entstehen, wenn Wissen und Vorstellung sich zu einem Ganzen formen. Ein staunenswertes Beispiel angewandter Kunst im Museum stellt die Bildsprache von F. Bau dar. Von den archäologischen Gewissheiten des Fundstückes ausgehend, also von seiner ursprünglichen Beschaffenheit, seiner Funktion, seinem Gebrauch wagen diese Bilder die Imagination menschlichen Lebens und Arbeitens Jahrtausende vor unserer Zeitrechnung. Freilich bleibt alle Deutung stets anfechtbar. Doch das Wagnis des Konjunktivs macht dieses Museum zu einem der an- und aufregendsten, die wir im Lande haben.

Adresse Neustädtische Heidestr. 28, 14776 Brandenburg
Öffnungszeiten Di bis So 10 – 17 Uhr

Das Dommuseum veranschaulicht die Geschichte des Bistums und Domkapitels Brandenburg, des Schwanenordens und der Ritterakademie am Dom zu Brandenburg. Es präsentiert Teile des Domschatzes: sakrale mittelalterliche Kunst, liturgische Handschriften und Drucke, Paramente, Möbel, Skulpturen und Tafelmalerei.

Domstift – Dommuseum, Brandenburg

B

Diese Stadt, die dem Bundesland seinen Namen gab, ist älter als Berlin oder die heutige Landeshauptstadt Potsdam. Nach langen Kämpfen zwischen germanischen und slawischen Stämmen übernahm Albrecht der Bär als erster «Markgraf von Brandenburg» 1157 die Macht und begann mit dem Bau des Domes auf den Grundmauern der slawischen Festung. Dieser Dom gehört zu den Pionierwerken der christlichen Ostkolonisation und ist heute noch ein Wahrzeichen der Stadt. In den mittelalterlichen Räumen des ehemaligen Prämonstratenser-Chorherrenstifts zeigt das Dommuseum Beispiele seines umfangreichen Bestandes an liturgischen Textilien, Altären, Büchern und Skulpturen aus der Zeit zwischen dem 13. und 16. Jh. Auf dem «volkreichen Kalvarienberg», einem Tafelbild aus dem 15. Jahrhundert, hat der Künstler mit Liebe zum Detail die Passion Christi dargestellt. Das Andachtsbild des betenden Christus am Ölberg ist sehr naturalistisch gehalten: Das von Angst gezeichnete Gesicht sollte den Betrachter die Nöte und Zweifel nachempfinden lassen, die Christus vor seiner Gefangennahme durchlebte. Das Museum beherbergt eine Sammlung mittelalterlicher Textilien, die zu den bedeutendsten ihrer Art zählt, darunter prächtige liturgische Gewänder. Auf einem Hungertuch (um 1290), das den Altar zur Fastenzeit verhüllte, sind noch biblische Szenen in Weißstickerei erkennbar. Die teilweise reich bestickten und aufwändig gestalteten Chormäntel, Kaseln und Dalmatiken geben einen Eindruck von der Feierlichkeit des mittelalterlichen Gottesdienstes. Im Archiv überdauern kostbare Urkunden, etwa die erste schriftliche Erwähnung Berlins und Luthers Schrift «Wider das Babsttum zu Rom» in einer Ausgabe von 1521.

Adresse Burghof 10, 14776 Brandenburg
Öffnungszeiten Mo bis Sa 10–17 Uhr, So ca. 11.30–17 Uhr (nach Gottesdienst), von Mai bis September am Mi nur von 10–12 Uhr

Das Museum im Frey-Haus bietet eine stadtgeschichtliche Dauerausstellung mit integrierter Spielzeugausstellung «Der Kletteraffe – Spielzeug aus der Stadt Brandenburg 1881–1992». Im Steintorturm wird eine Ausstellung zur Geschichte der Havelschifffahrt präsentiert.

Museum im Frey-Haus und Steintorturm Brandenburg

B

Die tausendjährige Stadt Brandenburg ist für die Siedlungs-, Kirchen-, Militär- und Industriegeschichte des gleichnamigen Landes exemplarisch. Der Steintorturm, der mit seinen fast 30 Meter hohen und 3 Meter breiten Mauern trutzigste der drei noch erhaltenen Wehrtürme, beherbergt die ständige Ausstellung «Entlang der Havel». Auf mehreren Etagen wird davon erzählt, wie die Stadt mit dem sie langsam und verzweigt durchströmenden Gewässer immer schon verbunden war: von Brandenburgs Schleusen, Kanälen und Brücken, von der Fracht- und Passagierschifffahrt nach Berlin und bis Hamburg, mit Segel, Dampf und Diesel. Das heutige Stadtmuseum befindet sich in dem letzten barocken Gebäude der historischen Altstadt, im Frey-Haus. Das imposante Hauptgebäude mit Mansardendach, unterschiedlichen Geschosshöhen und einem kopfsteingepflasterten Hof verleiht den Expositionen zur Stadt- und Regionalgeschichte ein besonderes Gepräge. Das Frey-Haus wurde 1922 von dem Spielzeugfabrikanten E.P. Lehmann dem Historischen Verein als Museum zur Verfügung gestellt. Das Stadtmuseum bietet in seinen Ausstellungen eine systematisch-chronologische Darstellung von über tausend Jahren Stadtgeschichte und berührt, aufgrund der historischen Bedeutung der Stadt, an vielen Stellen auch die Landesgeschichte. Von Sammlern noch heute hochgeschätzt sind die Lehmannschen mechanischen Blechspielzeuge, die Rennautos, Kletteraffen, störrischen Esel und Wild-West-Reiter. Aus den verschiedenen Brandenburger Spielwarenfabriken stammen auch die beliebten Lineol-Figuren des Oskar Wiederholz und die elektromechanisch betriebenen Fahrzeuge, die in einer ständigen Ausstellung im Hofgebäude gezeigt werden.

Adresse *Frey-Haus* Ritterstraße 96/*Museum im Steintorturm* 14770 Brandenburg
Öffnungszeiten *Frey-Haus* und *Steintorturm* Di bis Fr 9–17 Uhr, Sa, So 10–17 Uhr

Herzstück des Industriemuseums ist der letzte Siemens-Martin-Ofen des einstigen Stahlwerkes, ein Wahrzeichen Brandenburger Industriekultur, deren Geschichte in einer Dauerausstellung dokumentiert ist.

Industriemuseum Brandenburg

B

1871 werden in Brandenburg die Brennaborwerke gegründet, die metallverarbeitende Industrie wird hier zur dominierenden Wirtschaftskraft. In der Stadt werden berühmte Fahrräder und Kräder, weniger berühmte Autos und Panzer gebaut. Den wachsenden Rohstoffbedarf deckt ein Stahl- und Walzwerk, das 1914 am Silokanal entsteht. Nach der Wende 1990 wird die volkseigene Industrie privatisiert und größtenteils stillgelegt. Heute ist das alte Stahlwerk ein gigantisches Industriemuseum. Die stillstehenden Hebebühnen mit den massigen Haken erzählen von dem, was hier gewesen ist und was nun fehlt: die tonnenschweren Herdöfen, gefüllt mit flüssigem Metall, das Zischen, der Qualm, die sengende Strahlungshitze am Abstich. Vieles sieht aus, als hätte es eine Zauber-Fee zum Schlaf verdammt, Brause- und Bierflaschen, Betriebszeitungen aus den späten DDR-Jahren liegen da noch auf dem langen Tisch des Pausenraumes. Seit 1914 wurde hier im Siemens-Martin-Verfahren Stahl gekocht, der letzte Siemens-Martin-Ofen Westeuropas ist zu besichtigen, ein Dinosaurier aus der «Eisenzeit». Manche Museumsmitarbeiter sind ehemalige Stahl- und Walzwerker, die bei den Führungen nicht nur die technologischen Abläufe erläutern können, sondern in den Gesprächen auch von persönlichen Erlebnissen und den Arbeits- und Lebensbedingungen in ihrem Werk berichten. Auch für Kinder ist das ein Erlebnis: Kräne und Loks dürfen hier ausprobiert werden. Im separaten Museumsbau zeigt ein Film, wie es hier zuging, als noch die Öfen glühten. So wird der Besucher Zeuge eines großen Abenteuers des Industriezeitalters, das ihn an diesem Ort mit seinem erstarrten Pathos anweht.

Adresse August-Sonntag-Straße 5, 14770 Brandenburg/Havel
Öffnungszeiten Di bis So und Feiertage 10–17 Uhr
(November bis Februar bis 16 Uhr) und nach Vereinbarung

Eine Dauerausstellung ist der Geschichte der Landesklinik in der Zeit des Nationalsozialismus gewidmet.

Ständige Ausstellung im Asklepios Fachklinikum Brandenburg

B

Das Psychiatriemuseum des Asklepios Fachklinikums Brandenburg gibt Opfern und Tätern der Psychiatrie im Nationalsozialismus Namen und Gesichter. Die Dauerausstellung über die Landesanstalt Görden 1933 bis 1945 ist ein Ort des Gedenkens und der Aufarbeitung grausamer Verbrechen an Patienten. Vor einer Tafel mit 1250 Namen von Männern, Frauen und Kindern, die im Rahmen der «Euthanasie-Aktion T4» und in einer so genannten Kinderfachabteilung ermordet wurden, stockt der Atem. Darüber hinaus wurden mehr als 400 Patienten unter dem juristischen Deckmantel des «Gesetzes zur Verhütung erbkranken Nachwuchses» zwangssterilisiert. Anhand persönlicher Schicksale von Brandenburgern verbinden sich im Museum Klinik-, Stadt- und Regionalgeschichte. Fotografien und originale Schriftstücke dokumentieren das Unfassbare. Die auf umfangreicher wissenschaftlicher Aufarbeitung beruhende Ausstellung erzählt zum Beispiel von Inge H., für die Epilepsie das Todesurteil bedeutete. Sie starb siebenjährig durch die Hand von Medizinern. Die Schuld, die Ärzte und Pflegepersonal auf sich geladen haben, ist zentrales Thema der Aufarbeitung. Mit dem Gedenkort Neuendorfer Straße, wo sich die Tötungsanstalt der «Aktion T4» befand, der ständigen Ausstellung in der Justizvollzugsanstalt und dem Psychiatriemuseum hat Brandenburg drei authentische Stätten, an denen nationalsozialistische Verbrechen museal aufbereitet werden. Die Dauerausstellung «Die Landesanstalt Görden 1933 bis 1945. Psychiatrie im Nationalsozialismus» wurde 2004 in der Landesklinik Brandenburg eröffnet, der private Krankenhausträger Asklepios trat 2006 in diese Verantwortung ein.

Adresse Anton-Saefkow-Allee 2, 14772 Brandenburg
Öffnungszeiten Di, Do, Sa, So 10 – 17 Uhr

Das Museum im Sommerhaus von Bertolt Brecht und Helene Weigel wartet mit originalen Einrichtungsgegenständen des Künstlerpaares, dem Planwagen, Kostümen und Bühnenbildmodellen zu dem Theaterstück «Mutter Courage und ihre Kinder» sowie mit einer Ausstellung über Bertolt Brecht und Helene Weigel in Buckow auf.

Brecht-Weigel-Haus Buckow

Auch ein «heißer Tag». Wir gingen zum See, um einen Kahn auszuleihen. Ich glaube, seine Farbe war grün. Die spiegelglatte Fläche des Wassers, Enten, Blesshühner, das schilfgesäumte Ufer, der Steg, dunkle Wälder und für die Mark erstaunlich hohe Hügel, an deren Hängen herrschaftliche Villen stehen. Da war sie, die elegische Stimmung. Ein Nachmittag wie ein Brechtgedicht, ein spätes. Auch wenn noch nicht Abend war, wir ruderten sprechend. Doch vom Dach des kleinen Hauses hinter den Erlen und den anderen alten, den schattenspendenden Bäumen, «tief zwischen Tann und Silberpappel» stieg kein Rauch auf. Ich kann mich nicht erinnern, ob ich es trostlos fand. Es ist Jahre her. Jetzt trat ich in ein offenes Haus, traf auf Besucher, und bald folgten mir Kinder. Eine Schulklasse kam den Dichter besuchen. Wer die Wohnhalle der «Eisernen Villa» betritt, kann nur begeistert oder neidisch sein. Auch die «Nachgeborenen» konnten sich der Äußerung des Erstaunens nicht erwehren. «So schön möchte ich auch mal wohnen», schrieb Addi ins Gästebuch, und die Mädchen liefen unter das große Fenster, blickten auf den See und eines sagte: «Is´ ja geil.» Brecht, glaube ich, hätte das gefallen. Wie auf das Haus wäre er stolz darauf gewesen, dass Kinder ihn besuchen, Kinder, die sich nicht verstellen müssen. – Hier also verbrachte B. B. seine letzten Jahre. Mit seiner Frau Helene Weigel, der Schauspielerin und Intendantin, hat er hier Erholung gesucht und doch gearbeitet, viel, wie das ganze, wahrlich zu kurze Leben lang. Und manchmal saß er im Pavillon, sah auf den See und dachte über das Dichten und seine Rolle nach, in einem Land voller «Kaderwelsch», elegisch.

Adresse Bertolt-Brecht-Straße 30, 15377 Buckow
Öffnungszeiten April bis Oktober: Mi bis Fr 13 – 17 Uhr, Sa, So 13 – 18 Uhr, November bis März: Mi bis Fr 10 – 12/13 – 16 Uhr, Sa, So 11 – 16 Uhr

Das Schloss Caputh ist in der Potsdamer Kulturlandschaft das einzige erhaltene Schloss aus der Zeit des Großen Kurfürsten. Es wurde 1662 erbaut und ab 1671 erweitert. Zu besichtigen sind der Fliesensaal und die Wohnräume des Kurfürsten Friedrich Wilhelm und seiner zweiten Gemahlin, der Kurfürstin Dorothea. Den Landschaftsgarten entwarf und gestaltete Peter Josef Lenné.

Stiftung Preußische Schlösser und Gärten Berlin-Brandenburg

Schloss Caputh

Ein heiteres Jagdschloss in der waldreichen Mark. Dieses Schlösschen wurde 1662 von Philipp de Chieze, dem Kammerherrn und späteren Generalquartiermeister des Großen Kurfürsten gebaut. Dort, wo nach der ausgesprochen geglückten Restaurierung etwas von der ursprünglichen Deckenmalerei und den schlichten grau-weißen Ornamenten zu sehen ist, natürlich auch im Fliesensaal mit den original holländischen Fayencen, ist Leichtigkeit und Heiterkeit zu spüren, jene Lebensfreude, die nach den furchtbaren Jahren des Dreißigjährigen Krieges kraftvoll auferstehen wollte. Nach 1989 war das Schloss schlimm heruntergekommen, doch den Fliesensaal gab es noch. Das Gewölbe musste von oben her abgefangen, viele Fliesen konnten durch Ankäufe aus ganz Europa ersetzt werden. Nun sind es wieder mehr als 7000 Stück. Die noch aus der Zeit der ersten holländischen Manufakturen stammen, haben den leichten, raschen Schwung bewahrt, mit dem man sie in Serie bemalte: ein Hase im Sprung, Kinderspiele, eine Wolke im Wind, ein Segel, ein Windmühlenflügel. – Flüchtige Gestalten in der Bewegung festgehalten, machen das Souterrain zu einem ungemein fröhlichen Ort. Das Schloss ist so restauriert worden, dass die Zeit-Schichten, die sich über das Gebäude gelegt haben, zumindest andeutungsweise sichtbar bleiben. Also keine Illusion von Urzustand. Ob die chinesischen Truhen nun tatsächlich an diesem Platz gestanden haben, ob dieses Bild hier hing oder ein ähnlich zeittypisches: Es lässt sich nicht mehr feststellen und ist wohl auch nicht so wichtig wie der Gesamteindruck würdig schlichter, heiterer Lebenskunst.

Adresse Straße der Einheit 2, 14548 Schwielowsee Ortsteil Caputh
Öffnungszeiten Mai bis Oktober: Di bis So 10 – 18 Uhr,
November bis April: Sa, So und Feiertage 10 – 17 Uhr

Das Kloster Chorin ist eines der bedeutendsten Bauensembles der frühen Backsteingotik. Neben einer Besichtigung sind Führungen, Projektstunden und Projekttage möglich. Hier werden Themen zu Kunstgeschichte, Klosterleben, Baugeschichte, Botanik, Forstwesen, Dorfgeschichte, Naturkunde und Heimatgeschichte angeboten.

Kloster Chorin

C

Man geht zu Fuß ins Kloster, ein paar hundert Meter muss man schon laufen, gleichviel, ob man per Bahn oder per Auto anreist. Und das ist gut so, denn nur in dieser schrittweisen Näherung tut sich auf, was es hier zu sehen gibt: den hohen Wald und, backsteinrot erst zwischen Zweigen, dann stolz daraus emporwachsend, diesen Klosterbau, der genau hierher gehört, an diesem Platz am See Wurzeln geschlagen hat wie die Bäume, ohne jeden Schnörkel, nur schlichte Größe, die den Wald ringsum verherrlicht, statt sich über ihn zu stellen. Hier wohnt der Geist – wer sonst sollte hier wohnen! Das Kloster ist Ruine, es verfiel, seit hier nach 1550 Domänepächter und Rinderherden einzogen. Nach dem Dreißigjährigen Krieg wurde es sogar als Steinbruch freigegeben. Wer weiß, ob nicht die Ehrfurcht, die sein Anblick noch heute weckt, den Abriss über die Jahrhunderte verhinderte. Das offene Kirchenschiff war wenig nütze. Aber es steht noch da, als wäre seine Schönheit unantastbar. Erst Friedrich Wilhelm IV. und sein Baumeister Schinkel unternahmen die Rettung der Reste. Als «Tochter» des Lehniner Zisterzienserklosters wurde Chorin nach fünfzigjähriger Bauzeit 1334 fertiggestellt, eines der frühesten und schönsten Zeugnisse norddeutscher Backsteingotik, die sich von hier aus weiterpflanzte: Die «Choriner Baukunst» wurde auch in den Sakralbauten von Eberswalde, Angermünde oder Boitzenburg fruchtbar. Ein kultischer Ort, der mit seinem schlichten Pathos in eine Vergangenheit weist, da menschliche Selbstbeschränkung und Selbstgewissheit zusammengehörten. Natur, Baukunst und Musik: Im «Choriner Musiksommer» nehmen die Klänge ihren Weg hinauf durchs offene Kirchenschiff. Hier wohnt der Geist, der Göttliches mit Menschlichem verbindet.

Adresse Klosterverwaltung, Amt Chorin 11, 16230 Chorin
Öffnungszeiten täglich, April bis Oktober: 9 – 18 Uhr, November bis März: 9 – 16 Uhr

Der international bekannte Landschaftspark wurde von Hermann Fürst von Pückler-Muskau geschaffen. Im spätbarocken Schloss und im Marstall werden Leben und Werk des Fürsten museal bewahrt. Die Cottbuser Sammlung des Malers Carl Blechen (1798–1840) ist im Obergeschoss des Schlosses zu besichtigen.

Stiftung Fürst-Pückler-Museum

Park und Schloss Branitz, Cottbus

C

Dieser Mann ist schwer zu fassen. Die Ahnengalerie, unzählige Bücher, ausladende Kronleuchter, Gold und üppiger Schmuck, das Hammerklavier, auf dem Felix Mendelssohn Bartholdy und Clara Schumann spielten, die orientalischen Zimmer mit altägyptischen Kanopen, die in Gips gegossene Totenmaske der abessinischen Sklavin Machbuba, die Ansichten der Gärten und Parks, Schinkels Gartenmöbel und ein spätbarockes Schloss, Blicke auf Pyramiden, Pleasureground und Pergola – all das ist immer nur Teil eines ungewöhnlichen Lebens. Hermann Fürst von Pückler-Muskau war ein begnadeter Gartengestalter, ein Bestsellerautor, ein Liebling der Presse, ein Träumer und Visionär, ein Genießer und Spieler, ein notorischer Liebhaber und Schuldenmacher. Doch egal, was er tat, man schrieb über ihn. Und was man je über ihn schrieb, nichts schmälert seinen Ruhm. Er sagte: «Meine Haupteigenschaft ist guter Geschmack», und färbte seine Haare «halbschwarz, halbrot». Er duellierte sich, er flog im Ballon, und wenn er in den Krieg ziehen sollte, so konnte es auch in der Armee des russischen Zaren sein. Er war ein Angeber, ein Snob. Die Damen und Herren von Welt fuhren mit prächtigen Kutschen durch Berlin. Er übertraf sie allemal. Keine Pferde, vier Hirsche spannte er vor seinen Wagen und rollte mit ihnen «die Linden» entlang. Immer gut für einen Skandal reiste er durch Deutschland und die Welt und fand seine größte Liebe wohl in den englischen Landschaftsparks. Doch was er in Muskau und später in Branitz schuf, ist von so großer Ruhe und Nachdenklichkeit, von majestätischer Stille und Dauer, dass Worte die Erklärung versagen. Pückler hat sich sein Denkmal gesetzt, und sein Herz, so sagt man, liegt mittendrin.

Adresse Park und Schloss Branitz, Robinienweg 5, 03042 Cottbus
Öffnungszeiten April bis Oktober: *Schloss, Gutshof* und *Marstall* täglich 10–18 Uhr November bis März: *Schloss* und *Gutshof* Di bis So 11–17 Uhr, *Marstall* geschlossen

Das im Jahr 2008 im ehemaligen Dieselkraftwerk neu eröffnete Kunstmuseum zeigt, angefangen vom Dresdner Expressionismus bis zur Gegenwart, Werke aus den Gattungen Malerei, Skulptur, Grafik, Fotografie und Plakat.

Kunstmuseum Dieselkraftwerk Cottbus

C

Dieses Haus ist ein Muss für Kunst- und Architekturfreunde – und ein wahres Kraftpaket. Eine echte Energiestation ist das Brandenburgische Landesmuseum für bildende Kunst nämlich einst gewesen, und das soll das alte Dieselkraftwerk heute auch wieder sein. Zwei Häuser sind es genau genommen, die der Berliner Baumeister Werner Issel 1927 im Auftrag der AEG errichten lässt: ein Maschinen- und ein Schalterhaus, beide aus dunklen Lausitzer Klinkermauern. Durch einen lichten Innenhof und eine hohe, netzartig wirkende Wand miteinander verbunden, bilden sie ein einzigartiges Ensemble modernen Industriebaus: Klar und sachlich, ganz Geist der 20er Jahre, kraftvoll-expressiv und – mit seinen geometrisch-strengen Formen an die norddeutsche Backsteinarchitektur erinnernd, – steht dieses Bauwerk da wie ein traditionsbewusstes Zeichen für den Aufbruch in eine neue Zeit. Doch, da die Zeiten, in denen in Innenstädten Mineralöl zur Stromerzeugung verfeuert wurde, längst vergangen sind – und die 1978 eröffneten Kunstsammlungen aus allen Nähten platzten – haben die Stadt und das Land Brandenburg das alte Kraftwerk zum Kunstmuseum umgebaut. Seit Mai 2008 ist inmitten der spannungsvollen Architektur moderne Kunst zu erleben. Der Hof wurde zur gläsernen Halle, durch die der Besucher in die Ausstellungsräume tritt. 22 300 Objekte – Malerei vom Expressionismus bis in die Gegenwart, Skulpturen und Fotografien sowie Plakate aus aller Welt – werden hier aufbewahrt und präsentiert. Und weil bei dieser Fülle stets nur ein Teil zu sehen ist, lohnt der Besuch des Museums, das seinen Sammlungsschwerpunkt seit Mitte der 90er Jahre in den Themen Landschaft, Raum, Natur und Umwelt gefunden hat, gewiss immer wieder.

Adresse Uferstraße/Am Amtsteich 15, 03046 Cottbus
Öffnungszeiten Di bis So 10–18 Uhr, Do 10–20 Uhr

Das Museum beschäftigt sich mit der Darstellung der Stadt- und Regionalgeschichte von der Frühzeit bis heute. Es verfügt über eine umfassende archäologische Sammlung.

Stadtmuseum Cottbus

C

Golden schillern die Wände in der Abteilung der 20er Jahre des 20. Jahrhunderts. Wie andernorts ist diese Epoche auch hier eine erfolgreiche. Vergessen scheinen die Zeiten des zermürbenden Krieges, in denen die Cottbuser Weihnachtsbäume mit Zeppelinen und Kriegsschiffen schmückten, zum Zeichen ihrer Spendenbereitschaft teure Ziernägel in die Rathaustüre schlugen und ihr Gold für Eisen gaben. Im Frieden nach 1918 werden Kinder geboren und neue Schulen gebaut. In den Fabriken schnurren die Maschinen. Grovermann & Hoppe feiern die Fertigstellung ihres 250 000. Stückes Tuch. Und das Textil-Modehaus Dreifert verkauft wie gewohnt neben Damen- und Mädchenkonfektion auch Gardinen- und Möbelstoffe. Im nagelneuen Stadttheater des renommierten Architekten Bernhard Sehring fliegen zur Winterzeit «Pums und Schlums» für die Kinder um die Welt. Als dann auch noch die echten Piloten Clarence D. Chamberlain und Charles Levine die Stadt besuchen, bereitet ihnen die Bevölkerung einen begeisterten Empfang. Im Rathaus lässt man das Lob der Ausländer auf die Lausitzstadt stolz auf Briefumschläge drucken und ernennt die Motorflieger zu Ehrenbürgern. Doch es dauert nicht lange, da wird Charles Lewin die Würde aberkannt, der Name des «jüdischen Amerikaners» mit zwei exakten Strichen aus dem Goldenen Buch getilgt. – Die Nationalsozialisten haben die Macht übernommen. Von Beginn an stellen die braunen Revolutionäre klar: Jetzt gilt nur ihr Gesetz. Am Ende des von ihnen entfesselten Weltkrieges bleiben neben Millionen Toten vor allem Trümmer und die Erinnerung an den früheren Glanz. Die zerfetzte Bronzeglocke des alten Rathauses am Museumseingang wird da zum Symbol des Niedergangs.

Adresse Bahnhofstraße 52, 03046 Cottbus
Öffnungszeiten Di bis Fr 11–17 Uhr, Sa, So und Feiertage 13–17 Uhr

Das Museum veranschaulicht Geschichte und Kultur, Traditionen und Brauchtum der Sorben/Wenden in der Lausitz.

Wendisches Museum / Serbski muzej, Cottbus

C

«Wendenvolk, wie ist dein Reichtum/dir so wenig nur bewusst!/Du verschmähst dein eigen Brauchtum/das dem Fremden voller Lust!», steht über der gläsernen Tür im Treppenhaus des Wendischen Museums unweit des Cottbuser Altmarktes. Als Georg Sauerwein 1879 diese Verse dichtete, mag das gestimmt haben. Heute indes trägt gerade das Museum in der Mühlenstraße seinen Teil dazu bei, das Bewusstsein für die reichhaltige und außergewöhnliche Kultur der Sorben und Wenden zu bewahren. Im Zuge der Völkerwanderung waren im 6. Jahrhundert slawische Stämme in die nahezu menschenleeren Gebiete zwischen Ostsee und Erzgebirge gezogen. So auch in die heutige Lausitz, wo sie ihre hölzernen Dörfer und Burgen errichteten, von Landwirtschaft und der Jagd lebten und Götter wie Svantevit, den vierköpfigen Schöpfer des Blitzes und Herren der ganzen Welt, und Siwa, die Göttin der Fruchtbarkeit, Liebe und des Glücks verehrten. Obwohl in den meisten Regionen ihre Kultur, Sprache und Dialekte bereits im Mittelalter im Zuge der deutschen Ostexpansion und in der Folge oft erbarmungslos geführter Kreuzzüge untergingen – bei denen, wie uns Helmold von Bosau in seiner «Slawenchronik» überlieferte, «keine Rede von Christentum, sondern nur vom Gelde» war –, konnten die Sorben/Wenden der Lausitz ihre reichen Traditionen bewahren. Auch wenn im Alltag heute nur wenige Frauen ihre kunstvoll bestickten – manchmal auch schlichten – Trachten, ihre mit Blumen geschmückten Kleider und weiten Hauben tragen, noch immer feiern sie mit Pobrats und Hochzeitspforte Vermählung, bemalen auf ihre Art zum Osterfest kunstvoll Eier, sprechen ihre Sprache, pflegen ihre Kultur und ihr Museum. Und das nicht nur den Fremden zur Lust.

Adresse Mühlenstrasse 12/Młyńska droga 12, 03046 Cottbus/Chosébuz
Öffnungszeiten Mi, Do 8.30–18 Uhr, Sa, So, Feiertage 14–18 Uhr

Das Museum im Fachwerkhaus zeigt Exponate zu Leben und Werk des Münzmedailleurs F. W. Kullrich, bietet Interessantes zum Blaudruck, zu den Trachten und zum Brauchtum des Niederen Fläming, zur Entwicklung des städtischen Handwerks und der Zigarrenherstellung.

Heimatmuseum Dahme

Sachsens Glanz und Preußens Gloria – man findet sie in Dahme. Wobei die Sache mit dem Glanz so ganz nicht stimmt. Das Residenzschloss, in das Prinz Friedrich von Sachsen-Weißenfels die mittelalterliche Burganlage am Rand der Ackerbürger- und Handwerkerstadt ab 1711 hatte umbauen lassen, verkam in DDR-Zeiten zur Ruine: Die Oberen des Arbeiter-und-Bauern-Staats froren 1958 die Gelder für die Dachsanierung ein Jahr nach Baubeginn ein. So rottete das barocke Kleinod drei Jahrzehnte lang schutzlos vor sich hin. Heute muss man die Pracht denn auch mehr erahnen, als dass man sie erleben kann. Doch inzwischen wurden die kahlen Mauern gesichert, wird das Gebäude wieder durch Fenster und ein Dach geschützt. Eine Tafel erzählt von seiner wechselvollen Geschichte und erinnert daran, dass hier vor gut 100 Jahren ein Heimatmuseum eröffnet worden ist. Diese Sammlung finden wir heute in einem stattlichen Fachwerkhaus am Töpfermarkt. Neben Zeugnissen der Arbeit in Zigarrenmanufakturen, Fleischereien, Schuhmacher- und Blaudruckwerkstätten treffen wir hier auch Preußens Gloria. Denn Dahme hat einige «große» Preußen hervorgebracht. Otto Unverdorben entdeckte 1826 das Anilin – jene ölige Flüssigkeit, die zur Herstellung blauer Farbe verwendet wird. Friedrich Wilhelm Kullrich wurde des Landes berühmtester Münzmedailleur. 1821 geboren, geht er bei Christian Daniel Rauch in die Lehre und prägt im wahrsten Sinne des Wortes den Borussen-Ruhm: Ob die Geburt des Prinzen Friedrich, den Sieg über Frankreich, des Monarchen Vermählung oder Silberhochzeit – Kullrich verewigt es für allezeit in Edelmetall. Medaillen und Münzen – auch der Adler der preußischen Uniformknöpfe – stammen von seiner kunstfertigen Hand.

Adresse Töpferstraße 16, 15936 Dahme/Mark
Öffnungszeiten Di bis Fr 9–12/13–16 Uhr, Mai bis Oktober: Sa 10–14 Uhr, So 14–17 Uhr und nach Vereinbarung

Das Heimatmuseum führt in Lebensweise und Arbeitsalltag, Feste und Bräuche der sorbisch-wendischen Bauern in der Region zwischen Cottbus und Burg ein. Eine Besonderheit ist der Fundus an niedersorbischen Trachten.

Heimatmuseum Dissen

Hochzeiten im Spreewald – was müssen das für Feste gewesen sein! Vier Wochen vorher ging – und geht es, wie man von Augenzeugen erfahren kann auch heute wieder los. Dann macht sich der Pobrats, der Hochzeitsbitter, auf den Weg von Haus zu Haus. Im Auftrag des Brautpaares lädt er zum großen Festtag persönlich die Gäste ein. Doch im Grunde begann in der alten Zeit alles weit früher – in der Spinte, der sorbischen Spinnstube, in der die jungen Frauen an langen Winterabenden Flachs zu Garn versponnen. Wenn da der Liebste an die Türe klopfte, durfte sein Mädchen schon mal zu ihm hinaus. Doch nur für zehn Minuten! Damit es kein Gerede gab. Das gab‹s freilich trotzdem im Spreewald, wo man vor einhundert Jahren noch am Kleid erkannte, aus welchem Kirchspiel die Schöne kam, ob sie verheiratet oder noch auf der Suche war. In Dissen, dem Storchendorf, kennt man sich mit derlei Kleidersprache noch heute aus. Im Heimatmuseum in der alten Dorfschule weiht man den Fremden in die sorbische Trachtenkunde ein, zeigt mächtige Hauben, farbige Röcke und manch raffiniert gestecktes Tuch. Da schmückt, weil für die Sorben das Schwarz für Freude und Feste steht, diese Farbe die Braut. Bunt aber und mit allerlei Zierrat schmückt sich die Jungfer. Sie will auf der Hochzeit ja auch gefallen. – Vielleicht jenem Herrn mit Zylinder, der Schärpe und den Blumen am Revers? Das ist nicht etwa der Bräutigam, sondern der Pobrats. Er begrüßt die Gesellschaft, nimmt die Geschenke entgegen und «kauft» die Braut mit einem ganzen Tisch voller Geld aus der Spinnstube frei. Wie das geht? Man erfährt es im Museum – wie so vieles aus diesem schönen, durch Ackerbau, Störche, gutmütige Geister und Milch trinkende Schlangen geprägten Landstrich.

Adresse Hauptstraße 32, 03096 Dissen
Öffnungszeiten Di bis Do 9–12 und 13–16 Uhr,
zusätzlich von Ostern bis Ende Oktober: So, Feiertage 14–17 Uhr

Im einzigen Museum dieser Art in Europa werden alle für die Lederherstellung erforderlichen Arbeitsschritte vorgestellt. In der technischen Ausstellung, die sich in einer ehemaligen Gerberwerkstatt befindet, wird mit Hilfe einer kompletten Produktionsstrecke die industrietechnische Herstellung von Leder demonstriert.

Weißgerbermuseum, Doberlug-Kirchhain

Die Weißgerber waren kräftige Burschen, widerstandsfähige Männer, hart im Nehmen, wie man so sagt. Sie arbeiteten mit Wasser, allerlei Salzen und Chemikalien und fast immer nur mit der Hand. Nahezu jeder bekam davon die Gicht. Denn obwohl die Weißgerberei ein feines und weiches Leder hervorbringt, ist sie nicht weniger anstrengend als andere Gerbtechniken. Kirchhain war eine Gerberstadt. Noch heute prägen die Gräben, Brücken und niedrigen Häuser, Werkstattgebäude und hölzernen Trockenböden das Bild der Altstadt. Vierhundert Jahre wurde hier Leder gegerbt. Glacéhandschuhleder und Feinleder für den Orgelbau – das waren Spezialitäten aus Kirchhain. Das weiche Wasser der Kleinen Elster, die Schafzucht der Niederlausitz und die Lage der Stadt an einer alten Salzhandelsstraße schufen ideale Bedingungen für das Florieren des mühsamen Handwerks. In großen Gruben oder im Fluss wusch man die rohen Häute. Auf dem Markt und in den Straßen trockneten Felle und Wolle, wurde der Schmutz ausgeklopft. In den Werkstätten wurde gewalkt, geäschert, enthaart und entfleischt, entkalkt und gebeizt, getreten, gestreckt und wieder getrocknet, bis endlich am Ende der Kette das fertige Leder stand, haltbar und weich zugleich. Die Stadt lebte davon. Inzwischen erging es den Gerbern wie vielen Handwerkern im Land. Importe und Kunststoff haben ihr Können verdrängt, und ein Spaziergang durch die Stadt lässt kaum glauben, dass man vor einhundert Jahren noch in jedem zweiten Haus die Werkstatt eines Gerbers fand.

Adresse Potsdamer Straße 18, 03253 Doberlug-Kirchhain
Öffnungszeiten Di bis Do 9–12/14–17 Uhr, Fr 10–12/14–16 Uhr, Sa nach Voranmeldung, So 14–16 Uhr

Die ehemalige Brikettfabrik gibt Einblick in die Geschichte der Industrietechnik des 19. und 20. Jahrhunderts. Kunstausstellungen und Konzertveranstaltungen erweitern das Angebot für die Besucher.

Technisches Denkmal Brikettfabrik «Louise» Domsdorf

D

«Alles hat ein Ende, nur die Wurst hat zwei. Jawohl ‹Louise› es ist vorbei», steht an der Wand der lichtdurchfluteten Turbinenhalle der Fabrik. Selbst wenn man sich freut, heute nicht mehr mit Kohlen heizen zu müssen, das Eimerschleppen und der Dreck – ein Besuch in der Brikettfabrik stimmt wehmütig. «Wir hatten ja keine Ahnung, wie viel Arbeit das macht, aus der Braunkohle ein Brikett zu pressen. Wir haben die Dinger einfach so in den Ofen gesteckt», sagt eine Besucherin am Ende der Führung, als müsse sie sich für die Wissenslücke bei der Fabrik entschuldigen. Doch Briketts sind zum Verfeuern da. Man sitzt nicht lange vorm Ofen und staunt. Niemand macht sich Gedanken. Und keiner kennt die Zeichen auf der Kohle, die nur dem Experten sagen, woher das Brikett stammt. Wer aber einmal «Louises» gewaltige Kessel, Trockner und Pressen sah, der weiß in Zukunft Bescheid. Er wird nicht vergessen, wie diese Kohlen entstanden. Dann folgt er im Gedächtnis dem Weg, den die Kohle hier ging: in rohen Stücken aus dem Tagebau in den Bunker, über Bänder in Brecher und Mühlen, durch die Siebe und Trockner und dann fein, fast Staub schon, in die Pressen und endlich als Briketts in die Eisenbahn. Pausenlos, Stunde um Stunde, Schicht für Schicht, 600 Tonnen am Tag, über einhundert Jahre. Das war «Louise». Aus und vorbei! Obwohl die Werbung erzählt, Rekord-Briketts wird es in einhundert Jahren immer noch geben – aus Domsdorf kommt mit Sicherheit keines mehr.

Adresse Louise 111, 04924 Domsdorf
Öffnungszeiten April bis Oktober: täglich 10–18 Uhr, November, Januar bis März: Mo bis Fr 10–15 Uhr, So 10–16 Uhr, Dezember nach Vereinbarung

Die ehemalige Adler-Apotheke ist das älteste Fachwerkhaus der Stadt und eines der bedeutendsten Baudenkmale im Land Brandenburg. Präsentiert werden Haus und Stadtgeschichte sowie thematisch wechselnde Sonderausstellungen.

Museum in der Adler-Apotheke, Eberswalde

Das Gebäude ist hier in besonderem Maße selbst Teil des Museums; an der gewaltigen Dachbalkenkonstruktion kann man die Tugenden des langlebigen Baustoffes Holz studieren, auch am sichtbaren Fachwerk und den breiten Dielen in den unteren Geschossen. – Die ehemalige Adler-Apotheke gehört zu den wichtigsten Baudenkmalen in Brandenburg. Tonnengewölbe im Keller, eine Schwarze Küche über zwei Geschosse, der Laubengang auf der Hofseite dokumentieren die Baugeschichte dieses seit 1623 als Apotheke genutzten Bürgerhauses. Die Innenräume sind weitgehend in ihrer alten Fassung wiederhergestellt, besonders ansprechend sind die drei Räume im Erdgeschoss, die in der Farbfassung des 17. Jahrhunderts restauriert wurden und vornehm schlicht wirken. Aufgelockert wird die Atmosphäre durch Rokoko-Wandverkleidungen mit zeittypischer Genremalerei. Die Tafeln wurden bei Umbauarbeiten entdeckt und restauriert, sie gehören als originales Interieur zu den Kostbarkeiten des Museums. Die Wohn- und Arbeitskultur des Apothekers im 17. Jahrhundert, des städtischen Bürgers vom 18. bis Anfang des 20. Jahrhunderts sind thematische Schwerpunkte. Repräsentative Möbel und prächtige Stadtansichten erzählen von der Bedeutung Eberswaldes seit der Mitte des 18. Jahrhunderts. Die Einrichtung einer ständigen Garnison und die Ansiedlung von Messerschmiedfamilien aus Thüringen bewirkten einen wirtschaftlichen Aufschwung und eine bauliche Ausdehnung über die Stadtmauern hinaus. Von alledem finden sich ansehnliche Zeugnisse, Bildnisse, Requisiten. So auch von den Märkischen Volksgesangsfesten, der Forstakademie, vom Vorschussverein, der später Creditbank wurde und die finanzierten Bauwerke in Öl malen ließ.

Adresse Steinstraße 3, 16225 Eberswalde
Öffnungszeiten Di-Fr 10 – 13 Uhr, 14 – 17 Uhr, Sa 10 – 13 Uhr, So 13-17 Uhr, an Feiertagen geschlossen

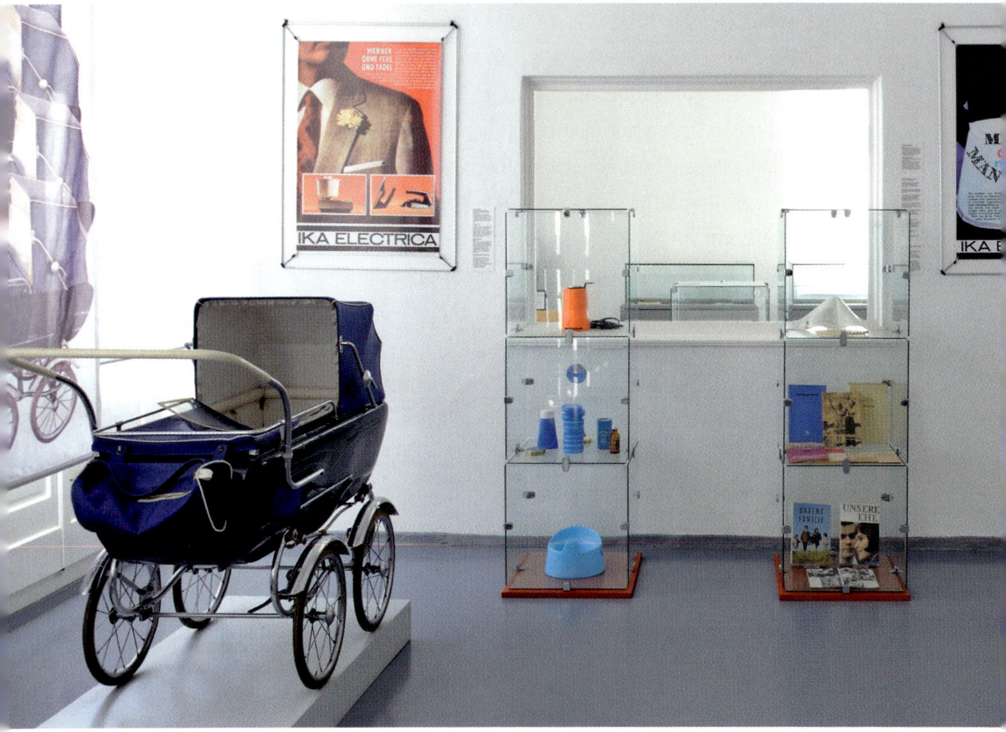

Das Dokumentationszentrum bewahrt etwa 150 000 Objekte der Alltagskultur der DDR in einem ehemaligen Kindergarten aus dem Beginn der Stadtentwicklung in den 50er Jahren.

Dokumentationszentrum Alltagskultur der DDR, Eisenhüttenstadt

Wie wäre es mit einem DDR-Besuch? Personenkontrolle, Zwangsumtausch, Tränenpalast – das Grenzregime bekommt man hier zwar nicht zu Gesicht. Doch Eisenhüttenstadt, die Stadt, in der einst geradezu symbolisch an der Utopie des Sozialismus auf deutschem Boden gebaut wurde, hat an Atmosphäre des Arbeiter-und-Bauern-Staates noch heute Einiges zu bieten. Ja, inmitten der Gegend, in der man in den 1950er-Jahren ein Stahlwerk in den Kiefernwald stampfte, lässt sich dem Phänomen DDR nachspüren. Und hier gibt es ein wahrlich einzigartiges Museum: Ein Haus, in dem das kleine Land zwischen Kap Arkona und Fichtelgebirge zu erleben ist, wie es wirklich war. Eben weil hier seine Alltagskultur nicht nostalgisch konserviert, sondern wissenschaftlich und doch sinnlich präsentiert wird. Nein, nichts wird da von Fernsehshows und Filmen, von medialer Erinnerung und retrospektivem Exotikflair überblendet. Anschaulich und sachlich erzählt man von der Vergangenheit. Ideologiefrei wird über ein Land berichtet, in dem sich alles um die «richtige» Weltanschauung drehte. Man muss nur Walter Ulbrichts Ansprache während der Weltfestspiele 1951 hören oder den Chor der Stahlwerker mit der Kantate «Wo einst Kiefern standen». Die Dauerausstellung im ersten Stock der früheren Kinderkrippe des Wohnkomplexes II, die man über das Treppenhaus mit den Glasbildern fröhlich spielender Kinder erreicht, zeigt zum Auftakt 40 Objekte aus 40 Jahren DDR, jenem Land, in dem lange von Deutschland als «einig Vaterland» gesungen, im Kombinat Industrielle Mast der Goldbroiler erfunden wurde, wo Westfirmen Markenware produzieren ließen und Kondome «Mondos» hießen – geradeso als käme man mit ihnen in die weite Welt hinaus.

Adresse Erich-Weinert-Allee 3, 15890 Eisenhüttenstadt
Öffnungszeiten Di bis Fr 13–18 Uhr, Sa, So, Feiertage 10–18 Uhr

Die historische Entwicklung der Feuerlöschtechnik steht im Mittelpunkt der Sammlungs- und Ausstellungstätigkeit des Museums. Im ersten Brandenburgischen Feuerwehrmuseum sind sowohl historische als auch moderne Einsatzgeräte zu besichtigen.

Feuerwehr- und Technikmuseum Eisenhüttenstadt

Am liebsten würde man hinaufklettern, sich ans Steuer setzen, die Glocke läuten und losfahren. Man hat sofort Lust zu spielen. Den Helm auf den Kopf, das Beil in den Gurt, so ein Feuerwehrmann ist doch ein Held! Und diese Wagen. Da glänzt der Lack, da blitzt das Metall, die Lampen funkeln, die Speichen, Motoren, die Pumpen, die Schläuche und Spritzen – alles ist toll. Nur: diese Gasflasche und der Stahlträger, was ist denn da passiert? Aufgerissen wie eine Papiertüte, verdreht wie ein Stück Leder, als hätte ein Riese einen Knoten versucht. Na ja, vielleicht ist es doch nicht der Traumberuf. So ein Feuer, wenn es mal richtig brennt, ist kein Spiel. Und dann nachts, im Dunkeln in unbekannten Räumen, vor Qualm nichts sehen können und trotzdem mutig voran, mit der Spritze in der Hand den Flammen entgegen? Aber wir sind ja nur im Museum. Keine Angst, hier kann nichts passieren. Nur anschauen kann man alles und fragen, wie es funktioniert: die alten Eimerspritzen, die Handpumpen, die Hydranten und Drehleitern, die Motorräder, die Handkarre, die Pferdewagen, die Schlauchwaschmaschine, die Oldtimer, den modernen Feuerlöschzug. All das kann man bestaunen, und man darf sogar in den Kleinbus klettern und mit einem echten Feuerwehrhelm auf dem Kopf Sirene und Blaulicht ausprobieren. Zum Abschluss kann man ein Foto schießen, das ist doch auch nicht schlecht, und eine schöne Erinnerung – denn so ein Feuerwehrmann ist doch ein Held!

Adresse Heinrich-Pritzsche-Straße 26, 15890 Eisenhüttenstadt
Öffnungszeiten Di bis Fr 10–16 Uhr, Sa, So 13–16 Uhr und nach Vereinbarung

Ausstellungsschwerpunkte des Städtischen Museums sind die wichtigsten Gewerke und Industrien der ehemaligen Stadt Fürstenberg. Erst seit 1961 umfasst Eisenhüttenstadt die Ortsteile Fürstenberg, Schönfließ und die Neustadt. Schwerpunkt der städtischen Kunstsammlung ist ostdeutsche Kunst.

Städtisches Museum Eisenhüttenstadt / Städtische Galerie

Rauchende Schlote, glühendes Eisen, Hochöfen, EKO und DDR, Fünfjahrplan und Aktivisten, das ist Eisenhüttenstadt, ostdeutsches Synonym für Stahl. Alles Klischees, sagen die Einheimischen, denn «Hütte», wie sie die Stadt an der Oder liebevoll nennen, ist mehr. Wahrlich, Überraschungen erlebt, wer durch die Straßen des heutigen Ortsteils Fürstenberg spaziert. Am Hang zur Oder zwischen «Bollwerk» und «Brückenstraße» wächst Wein an feldsteinernen Mauern. Katzen liegen in der Sonne, und inmitten der fast gänzlich erhaltenen Altstadt mit ihren niedrigen Häusern, spitzen Dächern, dem rechteckigen Markt mit Rathaus und Feuerwehrdepot, liegt das Museum des einstigen Ackerbürgerstädtchens. Es erzählt von Fischern, Schiffsbauern und Reedern, von Kristallgläsern und Braunkohle, von Schustern, Schülern und Hausfrauen, Wäscherinnen und Korbmachern. Es berichtet von Kriegsgefangenen und der zerstörten Brücke über den Fluss. Ob in der Schuhmacherwerkstatt, der Waschküche, dem Klassenzimmer, ob im offenen Depot mit unzähligen Bügeleisen, Pfannen und Nähmaschinen von Anno dazumal, in der Küche oder im Hof, hier streift man durch den Alltag einer ganz normalen Stadt. Fürstenberg an der Oder, ein Ort, an dem die Geschichte vorüberging? Seit 1950 war alles anders. Denn aus den Kiefern im Sand stampfte der junge Staat sein Hüttenwerk und eine neue Stadt, Stalinstadt, der Stolz der Genossen. «Wenn Sie Stalinstadt besuchen, besuchen Sie es immer wieder», steht auf einem alten Faltblatt im Museum. Heute muss man schon ein wenig lächeln, wenn man liest: «weil Sie sehen wollen, wie das Morgen aussieht!»

Adresse Löwenstraße 4, 15890 Eisenhüttenstadt
Öffnungszeiten Di bis Fr 10 – 16 Uhr, Sa, So 13 – 16 Uhr und nach Vereinbarung

Das Museum gibt Einblick in Leben und Werk Gerhart Hauptmanns, der von 1885–1889 hier lebte. Eine Sammlung von Sekundärliteratur zu Gerhart und Carl Hauptmann, eine Kollektion von Theatralia, Hauptmannporträts und Werkillustrationen, Werk- und Einzelausgaben sowie ein umfangreiches Foto- und Zeitungsartikelarchiv von den Anfängen der Hauptmannkritik bis in die Gegenwart ergänzen die Ausstellung.

Gerhart-Hauptmann-Museum, Erkner

Den alten Hauptmann, den Nobelpreisträger mit hoher Stirn und dem weißen, nach hinten gekämmten Haar, den eleganten Herrn, der uns an einen anderen großen Dichter, den aus Weimar, erinnert, hat Erkner nur auf der Durchreise gesehen. Seine Zeit in dieser Stadt, damals ein Dorf, war Suche, Jugend, Sturm und Drang. Hauptmann, nicht ganz freiwillig gekommen – die angeschlagene Gesundheit hatte ihn aufs Land getrieben – fand hier den Weg, den er sechzig Jahre gehen sollte. In Erkner wurde er Schriftsteller. Hier fing alles an. Als Frank Wedekind Hauptmann im Frühjahr 1889 besuchte, hatte er dessen ein Jahr zuvor geschriebene Novelle «Bahnwärter Thiel» wohl schon gelesen. «In Erkner weist mir ein Bahnwärter den Weg», wird er in sein Tagebuch schreiben. Wedekind quält sich durch den märkischen Sand, kommt nur mühsam voran. Endlich die stattliche Villa, der Garten und die Gesellschaft beim Croquetspiel. Ein herrlicher Tag, es ist Mai, die Eichen tragen frisches Grün, Vögel singen, man begrüßt den aus der Hauptstadt angereisten Gast und setzt die Partie fort. Nur Wedekind spielt schlecht, und doch wird Hauptmann etwas sagen wie: «Vielleicht kommen Sie jetzt ja immer mal, es ist oft so langweilig hier.» Heute ist von Langeweile keine Spur, unter den Eichen stehen Skulpturen, und im Haus finden wir ein spannungsreiches Leben: Bilder, Bücher, Möbel, Dokumente aus 84 vollen Jahren mit Kaiser, Weimar, Hitler und Krieg, mit Wilhelm Pieck und russischen Offizieren am Grab, und auf dem Tisch steht der Alte aus der Stadt an der Ilm, der Goethe.

Adresse Gerhart-Hauptmann-Straße 1 – 2, 15537 Erkner
Öffnungszeiten Di bis So 11 – 17 Uhr

Das Heimatmuseum veranschaulicht die Geschichte der Stadt Erkner anhand von Funden aus der Bronzezeit bis hin zu Exponaten und Dokumenten der Gegenwart. Schwerpunkt der Ausstellung bildet die Zeit der Friderizianischen Binnenkolonisierung Erkners und seiner Umgebung sowie die industriegeschichtliche und urbane Entwicklung von 1850 bis zur Stadternennung 1998.

Heimatmuseum Erkner / Museumshof am Sonnenluch

Museen sind Speicher des Wissens, Stätten der Tradition. Sie bewahren Erinnerung, rufen unser Gedächtnis an, zeigen Vergangenheit. Hier kann man erfahren, was man vergaß oder nie wusste. Hier lernt man auf angenehme Art. Wie oft eilen wir achtlos vorüber, gehen achtlos vorbei nicht nur an Museen, an jenen Orten, wo man Geschichten findet, wenn man nur will. So auch in Erkner. Erkner, wer kennt das schon! Die S-Bahn endet hier, und vielleicht weiß ja einer, wo Hauptmann gewohnt hat. Doch in Erkner gibt es vieles zu sehen. Da steht dieser alte, knorrige Baum, ein Maulbeerbaum. Aber wer nimmt ihn wahr, so im Vorübergehen? Wer weiß schon, wo Herr Baekeland sein Bakelit erfunden hat? Wer kennt die Geschichte des Teerwerkes oder die Bechstein-Villa? Ja, hier am Dämeritzsee baute der Klavierfabrikant seinen Sommersitz, damals in idyllischer Lage. Nichts erfährt man davon, geht man einfach so durch die Stadt. Im Heimatmuseum jedoch lernt der Besucher das Sehen, das Entdecken der Gegend. Hier erfährt er, was es auf sich hat mit den Maulbeerbäumen im «Seidenbau-Etablissement», mit dem belgischen Chemiker Leo Hendrik Baekeland, den Glocken der Kirche und dem Rohstoff für das berühmteste Auto der DDR. Hier hört er die Geschichten von Hans dem Fischer, von der Postkutschenstation und vom König, dem Alten Fritzen. Da steht er dann in einem Siedlerhaus aus dem Jahre 1761 – in der Küche des Bauern Johann Schneider, der aus der Pfalz nach Preußen kam – sieht in den Schlot der schwarzen Küche und später auf die Wiesen hinaus, auf das schilfbestandene Sonnenluch, auf den Obstgarten, das Backhaus und die umgebaute Scheune in der klar wird, welche Bedeutung Eisenbahn und Industrie für Erkner besaßen. Das alles ist Erkner!

Adresse Heinrich-Heine-Straße 17/18, 15537 Erkner
Öffnungszeiten Sa, So 13–17 Uhr und nach Vereinbarung

Im Heimatmuseum kann eine Dauerausstellung zur regionalen Ur- und Frühgeschichte, Natur- und Tierwelt sowie zur Stadtgeschichte besichtigt werden, die immer wieder durchzogen ist von Erinnerungen an die Lyrikerin Gertrud Kolmar. Zum Museum gehören eine Kunstgalerie und ein Museumsgarten.

Heimatmuseum Falkensee

Die weitläufige Gartenstadt Falkensee ist vor allem von Berlinern besiedelt worden, von Menschen also, die die Großstadt kannten und das Leben «am Busen der Natur» umso mehr zu schätzen wussten. Diese Sicht auf Natur als kostbares Gut ist in einem Ökogarten hinter dem stattlichen Fachwerkbau des Heimatmuseums umgesetzt worden. Man will «den Heimatbegriff erneuern und auf die gesamte Umwelt erweitern». Im Untergeschoss des Hauses ist viel Raum für wechselnde Ausstellungen. Oben wird die Stadtgeschichte in eindrücklichen Dokumenten skizziert. Und man sieht über die Stadtgrenzen hinaus: Fundstücke zur Ur- und Frühgeschichte des ganzen östlichen Havellandes, das Modell eines slawischen Burgwalls. Anhand einer großen Vogel- und Schmetterlingsammlung wird der Besucher über den Naturschutz im Kreis Nauen aufgeklärt. Küche und Wohnzimmer zeigen, wie man um die Jahrhundertwende lebte. Ein Modell zur Siedlungsgeschichte am Berliner Stadtrand, dazu Bilder der Abgeschiedenheit nach dem Mauerbau – wie zum Trost wurde Falkensee 1961 das Stadtrecht verliehen. Am eindrücklichsten aber bleibt, dass man beim Rundgang von einer Dichterin «begleitet» wird, von Gertrud Kolmar (1894–1943), die hier in den zwanziger Jahren wohnte und in den Nazijahren Falkensee verlassen musste. Ihre Liebe zu diesem Ort, ihre Anhänglichkeit, ihre Sehnsucht nach der Gartenstadt sprechen aus den handschriftlich vergrößerten Schriftrollen, die einen durch die Räume und Zeiten führen. Durch diese persönlichen Zeugnisse erfährt der Besucher: Heimat kann nur sein, woran eines Menschen Herz hängt, und sie ist es umso mehr, wenn sie einem verboten ist, wie sie dieser jüdischen Dichterin verboten war, bevor man sie ganz «verschwinden» ließ.

Adresse Falkenhagener Straße 77, 14612 Falkensee
Öffnungszeiten Mi 10–16 Uhr, Do, Sa und So 14–18 Uhr
Führungen nach Vereinbarung

Das kleine Kunstmuseum zeigt wechselnde Ausstellungen zur Geschichte der Malerkolonie.

Museum der Malerkolonie Ferch

Man darf staunen. Da tritt man durch eine niedrige, windschiefe Tür in ein mit Stroh gedecktes Fachwerkhaus und auf einmal spürt man so etwas wie den Atem der Welt. Stahlplatten, unter denen eine moderne Heizung steckt, bilden den Fußboden im Erdgeschoss. An weißen Wänden hängen Ölgemälde. Indirektes Licht sorgt für ihre Beleuchtung. Dezente Legenden, prägnante Texte, Kästen mit biografischen Material, Zitaten und Fotografien bieten Informationen. Eine eiserne Treppe mit hölzernen Stufen führt ins Dachgeschoss. Von dort aus lässt sich hinunterblicken in den größeren der beiden Ausstellungsräume. Nichts drängt sich hier auf, höchstens die Kunst jener Maler, die seit Ende des 19. Jahrhunderts das Fischerdorf Ferch und seine Umgebung für sich entdeckten. Karl Hagemeister aus dem nahen Werder war der erste. 1877 fand er seinen Arbeitsort in diesem «weltabgeschiedenen Winkel» am idyllischen Schwielowsee. Der Österreicher Carl Schuch folgte bald in «das reizende Nest», um hier «inmitten der Natur zu sein, herumlaufen, suchen, gucken, drin leben» und – natürlich – malen zu können. Mit der Zeit begründeten die Künstler so den Ruf des Ortes als märkisches Malerdorf. Nicht alle gingen dabei so wörtlich auf Jagd nach Motiven wie Hagemeister. Der lag tatsächlich auf der Lauer, bannte manch selbst erlegtes Wild auf seine Leinwand und lebte vom Verkauf des Fleisches. Hagemeisters Bilder «gingen» damals nämlich eher schlecht. Nun aber wird sein «Auffliegender Kranich» (eine Leihgabe) aus dem Jahr 1888 an exponierter Stelle präsentiert. Daneben hängt das «Bauernhaus in Ferch» seines Künstlerfreundes Carl Schuch. Da darf man staunen.

F

Adresse Beelitzer Straße 1, 14548 Schwielowsee Ortsteil Ferch
Öffnungszeiten Mi bis So 11 – 17 Uhr und nach Vereinbarung

Herzstück des Museums ist der alte Kolonialwarenladen. Die Sammlung von historischer Werbung und Verkaufsautomaten, die regionale Naturkunde und die Geschichte der Sänger von Finsterwalde bilden weitere Ausstellungsschwerpunkte.

Kreismuseum Finsterwalde

Die Urzelle dieses Museums ist Gottfried Wittkes Laden aus dem Jahr 1850, ein «Material-, Tabak-, Cigarren- und Destillationsgeschäft», wie es in der Eröffnungsanzeige hieß. Aber es gab noch viel mehr! Zwischen Anis und Zimt passte ein gewaltiges Angebot: Eier und Erbsen, Kapern und Kolophonium, Spiritus und Glückwunschkarten, Hafergrützmehl und Fruchtbonbons. Die Ladenglocke läutet noch immer. Wahrlich, in diesem Laden schien es alles zu geben, und was es hier nicht gab, das brauchte man wohl nicht. Man stellte seinen Korb auf den Tresen, wünschte einen angenehmen Tag und ging, denn am Abend konnte man wieder kommen, die Ware entgegennehmen, vielleicht ein wenig plaudern, dann machte man sich auf den Weg nach Haus. Mittlerweile hat der Handel im Museum kräftig expandiert. Im Erdgeschoss des Neubaus tritt der Besucher in die Marktdrogerie, ein Geschäft aus DDR-Zeiten. Es ist eine ganz andere Welt. Ja, beim Betrachten dieses Ladens könnte man meinen, seine Zeit läge weit länger zurück als die des Kaufmanns Wittke. Denn kaum eines der Produkte gibt es noch, und so wundert sich der Besucher über Seifen, die «Karibik» oder «Rose von Florenz» geheißen haben. Da Finsterwalde aber nicht nur eine Stadt des Handels, sondern auch die des gepflegten Liedes ist, sollte man das Obergeschoss besuchen. Hier erfährt man, wie die Stadt zum Titel «Sängerstadt» gekommen ist. Der Grundstein dazu wird vor mehr als 100 Jahren in Berlin gelegt. 1899 bringt Wilhelm Wolff, Direktor der Herrengesellschaft «Hamburger Sänger», die Burleske «Die Sänger von Finsterwalde» auf die Bühnenbretter. Erst trällert die Hauptstadt, später das Reich den neuen Hit. Nach anfänglichem Zögern stimmen auch die Finsterwalder begeistert ein.

Adresse Lange Straße 6/8, 03238 Finsterwalde
Öffnungszeiten Di bis Fr, So 10–12/14–17 Uhr

Das denkmalgeschützte Fabrikgebäude des Museums bietet eine Ausstellung zur Geschichte des Tuchmacherhandwerks und der Stadt Forst. In der Schauwerkstatt können der handwerkliche und mechanische Prozess der Tuchherstellung vom Faserrohstoff bis zum fertigen Tuch sowohl an historischen Handgeräten als auch an Maschinen miterlebt werden.

Brandenburgisches Textilmuseum Forst (Lausitz)

Das Weben mit der Hand, die Arbeit am Webstuhl, ist eine Strapaze. Wer davon leben muss, wird nicht umhin kommen, dieses Handwerk manchmal zu verfluchen. Schon Heinrich Heine schrieb: «Sie sitzen am Webstuhl und fletschen die Zähne», und wer einmal beim Weben zugeschaut hat, wird begreifen, was Heine damit meinte. Dabei entstanden unter den Händen der Weber so kostbare Dinge wie Cheviot, Loden, Flanell, Flausch, Shetland und anderes mehr. Auch weniger gute Tuche wurden auf diese Weise gewebt, doch immer brauchte es Kraft, Ausdauer, Kunstfertigkeit und einen gehörigen Sinn für Mathematik. Allein so ein Webstuhl ist schon ein Meisterstück. Kettbaum und Lade, Peitsche und Schuss, Litzen und Augen, Schützen und Kamm. Wie sollte man das verstehen? Dem Laien erscheint alles als Wunder. Doch die Frauen im Museum kennen sich aus. Da gehen die Füße im Takt. Sie bewegen die Tritte, und die Schäfte führen die Kette, und die Hände, die ziehen die Peitsche, und der Schützen fliegt hin und her, her und hin. So entsteht ein Stück Tuch. In der Stadt, die man einst das Manchester Deutschlands nannte, kann man heute den Weberinnen über die Schulter sehen. Doch damit ist noch nicht Schluss: Hier darf man selbst probieren und merken, wie das Wunder des Webens gelingt. Anfassen ist in diesem Museum ausdrücklich erlaubt. Auch spinnen kann man und lernen, was Spulen, Schären, Aufbäumen, Andrehen und Manipulieren in der Sprache der Weber heißt. Nur das Zähnefletschen – das lernt man hier nicht.

Adresse Sorauer Straße 37, 03149 Forst (Lausitz)
Öffnungszeiten Di bis Do 10–17 Uhr, Fr bis So 14–17 Uhr und nach Vereinbarung

Das Museum in einem der schönsten Barockgebäude der Stadt veranschaulicht die Geschichte der alten Handels- und Hansestadt, der Beamten- und Soldatenstadt sowie der Universitätstadt Frankfurt (Oder).

Museum Viadrina Frankfurt (Oder)

Das Desaster ist im Obergeschoss zu besichtigen. Hier hängt eine kleine, auf den ersten Blick unscheinbare Fotografie aus dem Jahr 1948. Auf ihr sieht man die Oderstadt in Trümmern liegen. Fast die gesamte ehrwürdige Hanse- und Universitätsstadt, die Adolf Hitler am 26. Januar 1945 zur Festung erklärt hatte, liegt damals in Schutt und Asche. Kostbare Renaissancebauten, barocke Bürgerpalais, Heinrich von Kleists Geburtshaus, das Opernhaus Karl Friedrich Schinkels sind für immer verloren. Frankfurt, eine geteilte Grenzstadt, wird ohne Rücksicht auf alte Grundstücksgrenzen und Straßenzüge im Geist der neuen Zeit wieder aufgebaut. Vermutlich wird deshalb staunen, wer dieses Museum betritt. Denn das «Junkerhaus» ist eines der wenigen Häuser, die heute noch ein Gefühl dafür entstehen lassen, wie reich und auch schön Frankfurt einst gewesen ist. Die hellen, großen Räume, in denen unter anderem Professoren der berühmten Universität «Viadrina» wohnten, ihre restaurierten Stuckdecken, die Salons mit dem grandiosen Blick auf den Fluss künden vom Wohlstand, dessen Basis ein florierender Handel war. Mittelalterliche Eichenfässer sehen wir: das damalige Handelsmaß, eine und zwei Pferdelasten groß. Nirgends sonst im hanseatischen Raum gibt es derartiges noch. Doch auch andere Produkte mittelalterlicher Handwerkskunst sind zu bewundern: Schuhe und hölzerne Schalen, Kämme und Töpfe. Der Anfang einer beeindruckenden Sammlung. Denn Frankfurt blühte trotz Kriegsverwüstungen immer wieder auf. Das Matrikelbuch der Universität, kostbare Musikinstrumente, die Gelehrtenbibliothek und Sauer-Orgeln, selbst die Uniformen der Soldaten und die schmetternden Trompeten des Militärmusikus Johann Gottlieb Piefke berichten davon.

Adresse Philipp-Emanuel-Bach-Straße 11, 15230 Frankfurt (Oder)
Öffnungszeiten Di bis So 11 – 17 Uhr

Die Außenstelle des Museums Viadrina dokumentiert die politsche Gewaltherrschaft in der Zeit 1933 – 1945 sowie die politische Strafjustiz in der SBZ (1945 – 1949) und DDR (1949 – 1989).

Gedenk- und Dokumentationsstätte Opfer politischer Gewaltherrschaft Frankfurt (Oder)

Es gibt Geschichten, die glaubt man nicht. Man möchte sie nicht wahrhaben. Alles erfunden, würde man am liebsten ausrufen. Doch hier ist alles echt. Das richtige Leben – und der wahre Tod. Walter Korsing, Nissel Weissmann, Michael Gartenschläger – drei Tote im Deutschland des vergangenen Jahrhunderts. Der erste, Sozialdemokrat, Gewerkschafter und erklärter Gegner der Nationalsozialisten, wurde im Juni 1933 von einem SA-Mann ermordet, – «aus Notwehr», wie es in den Akten heißt–, die zweite, eine 74-jährige Jüdin aus Galizien, die in Frankfurt bei ihrer Tochter wohnte, im August 1942 deportiert und im Vernichtungslager Auschwitz vergast, der dritte, ein ehemaliger DDR-Bürger, nach zehn Jahren Haft in den Westen abgeschoben und 1976 beim Abbau einer Selbstschussanlage an der innerdeutschen Grenze von einem Sonderkommando der Staatssicherheit ohne Vorwarnung erschossen. – Man muss diese drei Schicksale nicht vergleichen. Doch man erschrickt angesichts der Kontinuität und Systematik des Mordens aus Gründen der Weltanschauung. – Und auf einmal steht man mittendrin. Man sieht die Zellen, die Fenster aus trüben Glasbausteinen, die schweren Eisengitter, das hochgeschlossene Bett, Klapptisch und Schemel. Es riecht geradezu nach Unfreiheit. Doch dann hört man Klaviermusik. Seit 1989 nämlich ist der klobig-preußische Klinkerbau kein Gefängnis mehr, sind die Zeiten von Arbeitshaus, Gerichtsgefängnis und Stasi-Untersuchungshaftanstalt vorbei. Zu einer Musikschule haben die Frankfurter das Gefängnis umgebaut und im Erdgeschoss eine Gedenkstätte eingerichtet, in der an die Gewaltherrschaft des vergangenen Jahrhunderts und ihre Opfer erinnert wird.

F

Adresse Collegienstraße 10, 15230 Frankfurt (Oder)
Öffnungszeiten Di und Do 10–17 Uhr, Mi, Fr nach Vereinbarung

Das Museum bewahrt zeitgenössische Kunst aus den Bereichen Malerei, Plastik, Skulptur, Installation, Handzeichnung und Aquarell sowie deutsche und polnische Grafik nach 1945. Einmal jährlich gibt es thematische Ausstellungen aus dem Bestand des Museums.

Museum Junge Kunst, Frankfurt (Oder)

Die schweren, goldbeschlagenen Türen unter dem gotischen Prunkgiebel des Frankfurter Rathauses scheinen verschlossen. Doch wer ein wenig Mut mitbringt, die Klinke herunterdrückt und den Schritt ins Innere wagt, wird unerwartete Entdeckungen machen. Junge Kunst in alten Gemäuern – der Gegensatz könnte größer nicht sein. Zwischen den gedrungenen Säulen des Rathaussaals und unter dem Kreuzgewölbe im gotischen Saal lebt die Kunst. Hier finden sich Emotion und Stille, üppige Farbigkeit und Monochromie, Tafelbild und bewegliches Objekt. Ob an hellen Wänden oder vor lichten Fensterfronten, allerorten entfesselt moderne Kunst ihre Sprache aus Farbe, Form und Material. Ob glänzende Bronze oder schrundiger Gips, Sachlichkeit oder Expressivität, Naturalismus oder Abstraktion, Assemblage oder Tafelbild – die Werke öffnen uns die Augen für die Vielfalt künstlerischer Handschriften der jüngsten Vergangenheit. Doch selbst wenn manch ein Künstler inzwischen in die Jahre gekommen ist, die Arbeiten setzen keinen Staub an. Hier wird nichts weggeschlossen oder verwahrt. Das Museum Junge Kunst ist ein Museum im Fluss. Wechselnde Ausstellungen beleuchten verschiedenartige Aspekte der Sammlung, neue Sichten und Positionen eröffnen sich. Und nicht allein junge Künstler werden «entdeckt». Das Museum hat alte Schranken längst hinter sich gelassen und den Blick für die sich wandelnde Gegenwart geweitet. Offen für Neues, sieht man nicht nur in den Osten des Landes – der ja von Frankfurt aus immer im Westen liegt –, heute schaut man ins ganze Land und über die Grenze hinaus auch in polnische Ateliers.

Adresse Junge Kunst, Carl-Philipp-Emanuel-Bach-Str. 11, 15230 Frankfurt (Oder); Ausstellungsorte: *Packhof* Carl-Philipp-Emanuel-Bach-Str. 11 und *Rathaushalle* Marktplatz 1
Öffnungszeiten Di bis So 11 – 17 Uhr

Frankfurt (Oder) zählt im Sport zu den erfolgreichsten Städten Deutschlands. Das Museum widmet sich der Sportgeschichte der Stadt, beginnend mit den Olympischen Spielen der Neuzeit 1896 mit drei Goldmedaillen für Hermann Weingärtner bis hin zu Karin Balzer, Manfred Wolke oder Henry Maske.

Sportmuseum Frankfurt (Oder)

«Schneller, höher weiter». Ganz nach dem olympischen Motto «Dabei sein ist alles»: Frankfurt ist oft und – vor allem – von Anfang an dabei. Bereits 1896 heimst der gebürtige Frankfurter Hermann Weingärtner bei den ersten Olympischen Spielen der Neuzeit gleich mehrere Siegermedaillen ein. Im Einzelwettbewerb von Athen holt der Turner am Reck das begehrte Gold. Mit der Mannschaft triumphiert er in derselben Disziplin sowie am Barren. Am Seitenpferd und an den Ringen wird er Zweiter, am Barren Dritter. Was für ein Erfolg! – Doch selbst, wenn die Frankfurter nun 68 Jahre warten müssen, bis wieder eine der ihren eine olympische Goldmedaille erkämpft – 1964 gewinnt Karin Balzer bei den Sommerspielen in Tokio den 80-Meter-Hürdenlauf: ihre Stadt wird sich zu einer wahren Sportstadt entwickeln. Im Medaillenspiegel ist noch lange nicht Schluss. Wie viele Olympiasieger und -medaillengewinner, aber auch Welt- und Europameister, Europacup- und Europapokalsieger aus Frankfurt stammen oder am heutigen Olympiastützpunkt in die Lehre gegangen sind, lässt sich im Sportmuseum an der Stadtbrücke erfahren. Seltene Exponate wie Trikots und Pokale von Athleten, wie dem Fußballnationalspieler Erich Hamann, dem Straßenradweltmeister Falk Boden und dem «Stärksten Pionier» und späteren Weltmeister im Gewichtheben Ronny Weller, werden ebenso gezeigt, wie Original-Medaillen und detailgetreue Nachbildungen. Auch das Athener Siegergold Hermann Weingärtners von 1896 ist ausgestellt. Und obwohl man die Unterschrift des berühmtesten Frankfurter Sportlers an der Autogrammtafel (noch) vergeblich sucht – Henry Maske hat längst ein Exponat gestiftet. Es ist der Mantel, den der «Gentleman» vor seinem ersten Kampf gegen Graciano «Rocky» Rocchigiani trug.

Adresse Slubicer Straße 7/8, 15230 Frankfurt (Oder)
Öffnungszeiten Mo bis Fr 10 – 16 Uhr, Sa 12 – 16 Uhr

Die Mahn- und Gedenkstätte Ravensbrück bewahrt Zeugnisse des ehemaligen Frauen-Konzentrationslagers. Die Ausstellungen thematisieren «Ravensbrück – Topographie und Geschichte des Frauen-KZ», «Ravensbrückerinnen», «Die Sprache des Gedenkens», «Ravensbrück – Der Zellenbau» und «Im Gefolge der SS. Aufseherinnen des Frauen-KZ Ravensbrück».

Stiftung Brandenburgische Gedenkstätten

Mahn- und Gedenkstätte Ravensbrück, Fürstenberg

Eingebettet in die herrlichste Landschaft diese Baracken, um menschliches Leben darin verkümmern zu lassen und abzutöten. Hier wurden Menschen als Zwangsarbeiter ausgebeutet, und wenn sie das Lager lebend verlassen konnten, blieben sie für immer gezeichnet. In den Ausstellungsräumen finden sich Schilderungen, wie diese Frauen versucht haben, ein ganz normales «Leben-danach» aufzubauen, und wie die Prägungen der Lagerjahre ihre Versuche immer wieder scheitern ließen. Eine deutsche Hölle für Frauen aus ganz Europa. Die «Sammlung Ravensbrück» umfasst heute unter anderem Archiv, Bibliothek, Mediathek und ein Pressearchiv. Der erste Grundstock für die Sammlungen entstand mit der Eröffnung des Lagermuseums 1959. Ehemalige Häftlinge hatten ca. 800 Gegenstände und Dokumente dem Museum übergeben. Seit 1993 wird der Sammlungsbereich gezielt als Informations- und Dokumentationsstelle zur NS- und Geschlechterforschung ausgebaut. Durch verschiedene Projekte, Kontakte zu Überlebenden und Kooperationen mit anderen Institutionen konnten die Bestände erheblich erweitert und besser erschlossen werden. Ausgestellt sind zum Beispiel Zeugnisse von Verhandlungen, die die SS mit der Stadt «Fürstenberg – Luftkurort in Mecklenburg» um den Bodenpreis führte. Die Hölle war eingebettet in die zivilen Gepflogenheiten von Behörden, von Handel und Gewerbe. Siemens-Halske hat 1942 neben dem Lager 20 Werkhallen errichtet. In der ehemaligen Textilfabrik ist dokumentiert, was unter dem Wort «Zwangsarbeit» zu verstehen ist. Nach dem Zweiten Weltkrieg wurde des Lager bis 1994 von der Sowjetarmee genutzt und ist nur in seinem vorderen Bereich zu besichtigen.

Adresse Straße der Nationen, 16798 Fürstenberg/Havel
Öffnungszeiten Di bis So Gedenkstättengelände 9–18 Uhr (Mai bis September bis 20 Uhr), Ausstellungen 9–17 Uhr, Gruppen Di bis Do 9–16.30 Uhr (Voranmeldung erforderlich)

Das Museum führt in die Stadtgeschichte von der frühen Besiedlung bis zur Gegenwart ein. Eine Ausstellung ist dem Leben und Werk des Grafikers und Malers G. Goßmann gewidmet, dessen Kinderbuchillustrationen vielen bekannt sind.

Städtisches Museum Fürstenwalde

Der berühmte Talerschatz von Fürstenwalde, die größte Geschiebesammlung Brandenburgs, der mächtigste Findling Deutschlands – aus ihm lassen Christian Gottlieb Cantian und Karl Friedrich Schinkel seinerzeit die Granitschale für den Berliner Lustgarten schlagen –, Gerhard Goßmanns Illustrationen für «Robinson Crusoe» und «Don Quijote» – vieles in Fürstenwalde und seiner «steinreichen» Umgebung ist eine Reise wert. Doch dann überrascht auf der Wiese vor der alten Domschule, dem heutigen Stadtmuseum, ein dreiteiliger Korpus aus strahlendem Weiß mit einer leuchtend-roten Haube. Ein Leuchtturm auf dem Festland? Nicht ganz. 73 Jahre lang hat das Leuchtfeuer «Vierendehlgrund» in der Ostsee seinen Dienst getan. Und obwohl manch einer das schwimmende Ungetüm – von einem Turm kann keine Rede sein – längst dem alten Eisen zugeschlagen hatte: Das Lichtzeichen konnte der Verschrottung entkommen. Rund um den Erdball – von Japan bis Feuerland, von den Küsten der Nordsee bis zum südafrikanischen Kap Horn geleiten damals Leuchtfeuer und -bojen der Fabrik Julius Pintsch den Seeleuten durch die Wasserstraßen und Meere. 1815 in Berlin geboren, hat es der Unternehmer bis zu seinem Tod 1884 vom sprichwörtlichen Tellerwäscher zum Millionär gebracht. Dabei beginnt seine Karriere alles andere als spektakulär. In einem Keller in Berlin eröffnet der junge Bürgersohn und gelernte Klempner im 28. Lebensjahr eine bescheidene Werkstatt. Hier tüftelt und bastelt er, verbessert zunächst Gaslampen und -zähler aus englischer Fabrikation. 1847 aber präsentiert Julius Pintsch den ersten Gasmesser aus eigener Produktion: Der Grundstein für das Firmenimperium ist damit gelegt und Fürstenwalde schon bald in aller Welt ein Begriff für «Mehr Licht!»

Adresse Domplatz 7, 15517 Fürstenwalde
Öffnungszeiten Di bis So, Feiertage 13–18 Uhr,
zusätzlich werktags (Gruppenführungen mit Voranmeldung) von 10–12 Uhr

Das Museum versteht sich als «verrücktestes Museum Deutschlands». Es zeigt Objekte ländlicher Alltagskultur in Form zeitgenössischer Objekt- und Installationskunst mit Licht- und Klangdramaturgie, Kunst aus dem Widerstand in der DDR und Reiseschreine aus Übersee.

Kunstaffäre Lügenmuseum e.V., Gantikow

Hinter Kyritz an der B 5 liegt das Dorf Gantikow, soviel ist nicht gelogen. Sobald man aber das Schloss betreten hat, wird die Unterscheidung zwischen Schein und Sein durchaus schwierig, denn die ausgestellten Objekte und Installationen sind nicht, was sie sind. Es sind Reliquien einer traumatisch eingestürzten Inneneinrichtung namens DDR. Es sind Kompositionen aus heiligen Resten, aus Alltagskram, der hier in einer Weise zweckentfremdet oder aus seiner dienenden Rolle erlöst und zum Selbstzweck wird, dass der kunstvoll neue Zusammenhang die Dinge als ihre eigene Karikatur oder Verherrlichung erscheinen lässt. Hier ward das «Wahnsinns»-Wort der Wende wahr: Altäre mit Wimpeln und Orden und Walter-Ulbricht-Fotos, das Mausoleum mit einer darin aufgebahrten verdienten Maus des Volkes. Das meiste aber ist gar nicht irgendwie gemeint, will an gar nichts mehr erinnern, hat die Erinnerung an sich selbst fast aufgegeben und kreist als nutzloses Spielwerk lächelnd um sich selbst: «Maschinen, die ins Leere laufen». Man durchschreitet diese durchinstallierten Räume und spürt, wie die irrwitzigen Zusammenstöße im eigenen Kopf Funken schlagen. In diesem Irrgarten wächst die Lust mitzuspielen, in weltvergessener Bastelei die Überbleibsel – im nicht ganz Hegelschen Sinne – aufzuheben, um ihre verbrauchte Festlegung zu verhüllen und herauszustellen, was sie nie waren und nunmehr auf immer sein dürfen: «bewusstseinserweiternde Haushaltsgeräte». Kurzschlüsse im Kopf können heilsam sein. Der Gründer des Hauses nennt sich Richard von Gigantikow, sein Werk ist die «Psychedelia Maschinka» und der Ort das «Heiligtum des ostdeutschen Widerstandes». Man lächelt und staunt.

Adresse Am Anger 1, Kyritz Ortsteil Gantikow
Öffnungszeiten täglich 11 – 17 Uhr

Die für alle Eisenbahnfreunde höchst sehenswerten Ausstellungsstücke veranschaulichen Geschichte, Technik und wirtschaftliche Bedeutung der Klein- und Privatbahnen in der Region Uckermark, dem Land Brandenburg und Deutschland.

Brandenburgisches Museum für Klein- und Privatbahnen in Gramzow/Uckermark

Man brettert über eine Autobahnbrücke, erhascht einen Blick auf das Überbrückte und fängt an zu träumen. Denn es war ein Gleis, schon halb zugewachsen, magisches Zeichen von einem anderen Zeitmaß des Reisens, es war ein Wink aus der Kindheit. Die Kleinbahn von Gramzow über Damme nach Prenzlau unterquert wirklich die Autobahn, schlängelt sich zwischen Seen und Hügeln hin, durch Wälder und dünn besiedelte Regionen der Uckermark. Sie führt durch dieselbe Welt wie die Autopiste und doch durch eine ganz andere. Kinder lieben Eisenbahnen, denn es sind nicht nur Fahrzeuge, um von hier nach dort zu gelangen, sie verheißen alles, was das Wort Reisen verspricht: sich zu erleben im Abenteuer der Ortsveränderung, die mit einer solchen Kleinbahn denkbar gründlich wahrgenommen werden kann. Die Reise beginnt schon beim Anblick dieser Lokomotiven und Tender, dieser Draisinen und Gleiskrafträder. Ein Lokschuppen mit handbetriebener Drehscheibe ist im Außenbereich zu sehen, ein Wasserkran, eine Bekohlungsanlage mit Sturzbühne und ein originalgetreuer Schmalspurbahnhof mit diversen dazugehörigen Fahrzeugen. Innen wird mit Originalstücken, Schautafeln und Dioramen die Geschichte der Klein- und Privatbahnen der Region Uckermark auf anschauliche Weise verständlich gemacht. Angesichts der umfänglichen Fahrzeugliste wird dem Kenner das Herz höher schlagen: Da sind rare Dampf-, Diesel- und Elektroloks, Trieb- und Beiwagen zu sehen, Bahnmeisterwagen, Packwagen, Kesselwagen, ein Schneepflug, ein Eisenbahn-Drehkran, ein Gleismessfahrzeug, eine Kleinstopfmaschine, ein Bettungskantenpflug und obendrein eine ganz besondere Spielzeugeisenbahn.

Adresse Am Bahnhof 3, 17291 Gramzow
Öffnungszeiten erstes Maiwochenende bis letztes Oktoberwochenende: Di bis So 10–17 Uhr, Führerstandsmitfahrten 14-tägig So 10–17 Uhr

Das Museum informiert über die Gründung der Kolonien im Rhinluch und Dossebruch 1749, ihre Entwicklung bis zur Gegenwart und über die von Friedrich Wilhelm I. gegründete Lehranstalt für Butter- und Käseherstellung. Ein Zinnfigurenkabinett erfreut die Liebhaber dieser Kunst. Auf dem Außengelände findet man alte landwirtschaftliche Geräte, Taubenhaus, Ziehbrunnen, Remise und einen Lehmbackofen.

Museum Kolonistenhof, Großderschau

Was ist zu tun, wenn man am Grund der Havel Weizen ernten will? Richtig – man muss viel Wasser schöpfen. In Großderschau steht solch ein Schöpfgerät: ein Schneckenschöpfwerk, was nicht heißt, dass hier Schnecken im Kreis zu gehen hatten, um das Werk in Gang zu halten. Es waren Pferde und Esel, ausnahmsweise auch Menschen. Zwischen Rhin und Dosse treffen drei Urstromtäler zusammen, hier liegt das Land an seinen tiefen Stellen auf dem Niveau des Havelgrundes. Dazwischen gibt es Inseln, «Ländchen», die sich herausheben aus dem luchigen Umland. Grund genug für den Alten Fritzen, der hier als «Urvater der Region» gefeiert wird, das ganze Luch mit Abflussgräben zu durchädern, an deren Ende Pumpwerke stehen, die allerdings nicht stehen bleiben dürfen. Der Ziehbrunnen auf dem Freigelände des Museums ist nur fünf Meter tief und war noch niemals trocken. So eine Gegend ist das: hart am Wasser gebaut, am Grundwasser. Nur ein paar Meter trennen das Land über vom Land unter dem Stand der Havel. Das war einmal natürliches Überflutungsgebiet der nahen Elbe. Dessen Trockenlegung ist inzwischen ökologisch umstritten. So leben die Bauern – wie mancherorts – im Zwiespalt von Agrikultur und Umweltschutz; zudem sind Überflutungen hier nie ganz auszuschließen. Diese Kolonien sind erst 250 Jahre alt, es sind preußische Gründungen, und was die zugezogenen Kolonisten nicht wussten, wurde ihnen damals von Staats wegen beigebracht: In der «Butterakademie seiner Majestät» zum Beispiel, die man hier zum «Schaubuttern» wiederbelebt hat. Auch einen Dorfbackofen gibt es wieder, und wer etwas abzubacken hat, ob Kuchen, Brot oder Pizza, kann hier bei einer Tasse Kaffee und einem Dorfklatsch warten bis es fertig ist.

G

Adresse Kleinderschauer Straße 1, 16845 Großderschau
Öffnungszeiten Di bis Fr 10–16 Uhr, März bis Oktober: Sa, So und Feiertags 13–17 Uhr

Das Museum dokumentiert Forstwirtschaft, Naturschutz und Jagd in der Schorfheide, die als Jagdgebiet, aber auch zur Ansiedlung und Züchtung ausgestorbener Wildtiere diente.

Schorfheide-Museum Groß Schönebeck

Maxe Schmeling im Schorfheide-Museum? Der Besucher stutzt. Doch bei näherer Betrachtung wird der Zusammenhang offenbar. Männerspielen, seien sie von der fairen oder unfairen Art – ist das Ritual gemein. Davon erzählt dieses Museum. Es ist angefüllt mit den Utensilien der Jagd und des Boxkampfes, mit den Inszenierungen des Zur-Strecke-Bringens und Trophäen-Jagens. Man muss das nicht unbedingt mögen, um hier auf seine Kosten zu kommen. Denn die Exposition verherrlicht nicht, sondern hält kritisch Distanz zu diesen so besonders virilen Unternehmungen, bei denen es nur Sieger und Besiegte geben kann, nichts dazwischen. Oder doch? In der Schmeling-Ausstellung findet sich zwischen Boxarena und Hochsitz ein Foto: Schmeling umarmt den geschlagenen Joe Louis, beide lachen. Es gibt also doch ein Drittes, das Sieger und Besiegte verbinden kann. Die Jagdliebe der Mächtigen wird augenscheinlich angesichts der Rotwildtrophäen Kaiser Wilhelms II. neben denen von DDR-Größen wie Erich Honecker und Günther Mittag. Angesichts auch des Modells von Hermann Görings Waldhof «Carinhall», den er im April 1945 sprengen ließ, um ihn nicht in Siegerhand fallen zu lassen. Jagd und Macht – ein Männerthema, das hier durchaus erhellend aufgegriffen wird. Überdies findet man hier allerart Fangeisen und Jagdflinten, knorpeliges Waldglas und einen Wolfszeugwagen mit unentrinnbar langen Fangnetzen für den bösen, bösen Wolf. Der Wolf erfährt an diesem Ort eine sozusagen posthume Rehabilitation, und die Legenden, die man sich in Jahrhunderten über ihn weitersagte, werden als solche entlarvt. Dem eigentlich sehr scheuen Wolf, heißt es, «wurde viel Unrecht getan».

Adresse Schlossstraße 6, 16244 Schorfheide Ortsteil Groß Schönebeck
Öffnungszeiten täglich 10 – 16 Uhr

Das Museum zeigt die Gubener Stadt- und Industriegeschichte sowie die Produktions- und Kulturgeschichte des Hutes. Das Themenspektrum reicht von der Geschichte Gubens vor und nach 1945, der Hutindustrie und der Glasfaserindustrie zu DDR-Zeiten, bis zur Wilkefamilie, den Begründern der Hutfabrikation in Guben.

Stadt- und Industriemuseum Guben

«Gubener Tuche, Gubener Hüte, weltbekannt für ihre Güte.» – «Sie kennen ja diesen Slogan», lacht die Frau an der Museumskasse. «Guben ist doch etwas Besonderes.» – In der Tat. Und spätestens seit die Gubener in einem Flügel der einstigen Haar-, Velour- und Wollhutfabrik von Carl Gottlob Wilke ein Museum eingerichtet haben, kann das jeder sehen. Wie kein zweiter hat der Hutfabrikant seinerzeit die Stadt an der Neiße geprägt. Schließlich erfand er hier 1854 nicht nur den wetterfesten Filzhut. Kranken- und Invalidenkasse, Betriebsbibliothek – Wilke wusste, nur mit gesunden und gut ausgebildeten Mitarbeitern hat man Erfolg. So erinnert das Museum in der 1864 erbauten Fabrik nur zur Recht an die große Zeit der Gubener Hut- und Textilindustrie. Neben der Geschichte der Stadt, lässt sich hier allerlei Wissenswertes über Kopfbedeckungen erfahren. Doch eine Besonderheit ist ohne Frage auch, dass man die berühmten Exportschlager zum Anlass für die Gestaltung der Ausstellung nahm. In der Fabrikhalle hängen 20 Hauben. Diese «Hüte» unterschiedlicher Größe, Form und Farbe erzählen Geschichte in 20 Kapiteln, stellen renommierte Hutträger vor, lassen die Einwohner der seit 1945 geteilten Stadt zu Wort kommen und nehmen uns sogar in die Welt des großen Kinos mit. Denn was wären die UFA und Hollywood, Marlene Dietrich und Charlie Chaplin ohne ihre Hüte? Ein Film weiht uns in die Geheimnisse der Herstellung eines VIGU-Hutes ein. In 90 Sekunden auf einer Tiefziehmaschine in Form gebracht, war diese Kopfbedeckung eine preisgünstige Alternative zum Strohhut. Und doch wurde Ende 1999 auch die Produktion dieses letzten Gubener Kassenschlagers eingestellt. Was gewiss kaum daran lag, dass Erich Honecker einen solchen Hut getragen hat.

Adresse Gasstraße 4–7, 03172 Guben
Öffnungszeiten Di bis Fr 10–17 Uhr, Sa, So und Feiertage 14–17 Uhr

Das Museum erzählt die Geschichte des Zisterzienserinnenklosters und Stifts vom Mittelalter bis zum 20. Jahrhundert. Es befindet sich in der Klosteranlage, deren Kreuzgang, Stiftskirche, mittelalterliche Abtei und Heiliggrabkapelle besichtigt werden kann.

Museum im Klosterstift zum Heiligengrabe

Das Kloster liegt fast unscheinbar in der weiten Landschaft der Ostprignitz. Wer sich Zeit nimmt, es zu betreten, findet ein Juwel. Das von drei Seiten von mittelalterlichen Mauern umschlossene Gebäudeensemble vermittelt lebendige Geschichte. Der malerische Damenplatz mit den barocken Fachwerkhäusern um die 300 Jahre alte Linde erinnert an das Leben der evangelischen Stiftsfrauen, die 1847 bis 1945 ein renommiertes Internat führten. Das Gelände mit Wiesen, Bäumen, Sträuchern und Teichen atmet Ruhe und Frieden. An diesem Ort ist Geschichte nicht Vergangenheit. Auch heute lebt hier eine tätige evangelische Frauengemeinschaft nach der alten Regel «Ora et labora. – Bete und arbeite.» Zahlreiche Gäste werden empfangen, Führungen erschließen die Historie. Das hier angesiedelte Museum ist der Geschichte und dem geistlichen Ursprung des Ortes verpflichtet. Im Stiftshauptsmannshaus ist eine Dauerausstellung zu besichtigen, die 700 Jahre Klostergeschichte lebendig werden lässt. Hier finden sich auch die unter Äbtissin Anna von Rohr 1532 gemalten Holztafeln der Legende zur Klostergründung. Im Ostflügel der Abtei wird, anknüpfend an das «Heilige Grab», die Bilderwelt «Heiliger Gräber» und die Farbigkeit von Karfreitags- und Osterprozessionen sichtbar. Der interkonfessionelle Ansatz dieser Ausstellung spiegelt die ökumenische Weite des Klosters. Mag der Brückenschlag zu den Symbolen und Denkmustern früherer Gläubigkeit heutigen Besuchern empathische und intellektuelle Bemühung abfordern, so kann sich doch der Zugang zu einem vergrabenen Gefühl öffnen: zur eigenen Sehnsucht nach äußerer Bescheidenheit und innerer Klarheit, nach Demut, Opfersinn und einem Verständnis des eigenen Lebens als Dienst.

H

Adresse Stiftsgelände 1, 16909 Heiligengrabe
Öffnungszeiten Di bis Sa 11–16 Uhr, So und Ostermontag 12–16 Uhr

Zwischen 1943 und 1945 wurden in dem von der Waffen-SS eingerichteten Nebenlager des KZ Sachsenhausen Tausende Juden zur Errichtung des SS-Truppenübungsplatz «Kurmark» zur Zwangsarbeit herangezogen. Nach 1945 wurde das Gelände als sowjetisches Speziallager Nr. 6 weiter genutzt.

Dokumentationsstätte KZ-Außenlager Lieberose und Sowjetisches Speziallager Nr. 6, Jamlitz

An der Chaussee nach Osten beginnt die lange, gerade Straße, der Kiefernweg, der wirklich nur ein Weg ist. Rechts und links einige Häuser, Gärten, Gemüse- und Erdbeerbeete, Obstbäume, Wiesen. Dann diese Tafeln. Die erste an der Kreuzung, gleich neben dem Stein mit der Aufschrift «Arbeitslager Lieberose 1944». Später, dort, wo der poröse Belag in zwei sandige Spuren übergeht und sich der Weg zwischen einem Dutzend Birken sanft windet, um sogleich sanft abzufallen, dem Wald entgegen, werden es mehr. Monumenten, ja Stelen gleich ragen sie in die Landschaft, diese Tafeln aus mattem Glas. Ein Pfad zur Rechten, auf der Linken eine Art Steg, der ins Gelände führt. Ein Parkplatz. Vögel singen. Ein Specht klopft. Ein Hahn kräht. Ansonsten Stille. Nur von fern das Rauschen eines Autos, ein Hundebellen. So klingt für gewöhnlich Idylle. Hier nicht, denn an diesem Ort, inmitten des märkischen Waldes, ließ SS-Führer Heinrich Himmler 1943 ein Konzentrationslager anlegen. Von diesem Lager Lieberose, einem Außenlager des KZ Sachsenhausen, berichten die Tafeln in Text und Bild. Sie erzählen von Völkermord und Krieg, zeichnen Schicksale von Häftlingen nach, so das Überleben des Sanitätsbataillonskommandeurs der Roten Armee und Lagerarztes Victor Braschnikow und das Sterben seines Berliner Berufskollegen Hanns Landshut. 8000 meist jüdische Häftlinge sind hier bis Anfang 1945 inhaftiert. 1971 werden in einer nahen Kiesgrube 511 Skelette geborgen. Doch nach 1945 hört das Sterben nicht auf. Der sowjetische Geheimdienst NKWD nutzt Jamlitz als Internierungslager. Von 10 300 Häftlingen des «Speziallagers Nr. 5» – unter ihnen der Generalintendant der Berliner Bühnen Gustav Gründgens – überleben ein Drittel die «grüne Hölle» nicht.

Adresse Kiefernweg, 15868 Jamlitz
Öffnungszeiten die Open-Air Dokumentationsstätte ist jederzeit begehbar, Führungen nach Vereinbarung

Gezeigt werden archäologische Funde, Zeugnisse der Stadtgeschichte vom Mittelalter über die Reformation bis ins 20. Jahrhundert und zur Geschichte Jüterbogs als Militärstadt.

Stadtmuseum im Kulturquartier Mönchenkloster, Jüterbog

Trutzige Tore, mächtige Mauern, Schießscharten und Zinnen – Noch heute versteht man beim Anblick der Stadtbefestigung, weshalb die Stadt Jüterbog, die bis 1815 zum Königreich Sachsen gehörte, den Vergleich mit manch imposanter Festungsstadt Europas nicht zu scheuen brauchte. «Das sächsische Mantua» wurde sie auch genannt. Das war lange bevor in ihrer Umgebung kaiserliche Offiziere Deutschlands Artilleristen im Kanonenschießen trainierten, Wehrmachtsflieger den Luftkrieg probten oder sowjetische Abfangjäger in den Himmel stiegen. Seit 1832 war Jüterbog Garnison und 1994 neben Berlin die einzige Stadt, in der eine Abschiedsfeier für die abziehenden «Russen» stattfand. Wehrhaft ist Jüterbog seit jeher gewesen. Im altehrwürdigen Franziskanerkloster, das man vor wenigen Jahren zum «Kulturquartier Mönchenkloster» umgebaut hat, begrüßt uns ein geharnischter Rittersmann. Er weist auf die Ursprünge der Stadt als Magdeburgische Gründung hin. 1174 nämlich verleiht Erzbischof Wichmann dem Ort an der Ostgrenze des deutschen Siedlungsgebietes das Stadtrecht nach dem Vorbild der Elbestadt. Mit ihm gibt er den Bürgern des «Hauptes der neuen Provinz» zahlreiche Rechte und schafft damit die Basis für die Entwicklung zur blühenden Handelsstadt. 1517 jedoch katapultiert ein berühmt-berüchtigter Händler zweifelhafter Art Jüterbog in die Annalen der Weltgeschichte: Für bare Münze verspricht der Dominikanermönch Johann Tetzel jedermann Ablass von Schuld und Sünde. Im Wittenberg aber ruft das Geschäft einen anderen Glaubensmann auf den Plan: Sein Name ist Martin Luther. Vor der gewaltigen Holztruhe im Museum mag man sich vorstellen, wie es in «Gottes» Kasse, aber auch in den Ohren des künftigen Reformators geklingelt hat.

Adresse Mönchenkirchplatz 4, 14913 Jüterbog
Öffnungszeiten Di, Mi, Fr, Sa, So 10–17 Uhr, Do 10–18 Uhr

Historische Dokumente und Requisiten erzählen Geschichte und Geschichten vom Alltagsleben der Artisten, Unterhaltungskünstler und dem Fahrenden Volk.

Internationales Artistenmuseum in Deutschland, Klosterfelde

Artisten sind fahrendes Volk, ihr Zuhause ist der Wohnwagen, nur wenn sie reisen, finden sie immer wieder ein neugieriges Publikum, Sprachbarrieren gibt es in ihrem Metier nicht, Grenzen sind ihrem Beruf hinderlich, sie zu überschreiten, gehört zum Handwerk: Das Äußerste zu wagen am Trapez, im Raubtierkäfig, über die menschliche Beschränkung sich zu erheben in Kraftakten und Mutproben und Geschicklichkeitskünsten – und in der Preisgegebenheit der Clowns. Artisten überschreiten Grenzen, die uns Zuschauern gesetzt sind, sie haben exotische Namen und führen exotische Tiere mit sich, sie sind nicht von dieser Welt und überall zu Hause. «Internationales Artistenmuseum» heißt das Haus in Klosterfelde also wohl zu Recht. Ausgestellt sind Kostüme und Zauberkisten, Plakate, Fotos, Requisiten aller Art, der ganze große Zirkus Sarasani von 1930 im Modell mit allen Zelten, Wagen, Ställen. Und immer wieder Ausweise, Genehmigungen, schriftliche Zeugnisse ihrer staatsbürgerlichen Existenz, als wäre man gerade darauf ganz besonders stolz. Gewiß waren die Dokumente kostbar, wenn man viel reisen musste, aber es ist noch etwas anderes. Es liegt etwas Magisches darin. Die Ausweise der internationalen «Artisten-Loge» werden wie Reliquien präsentiert. Und es hat seinen ganz eigenen Ernst, wenn von dem DDR-Komiker Eberhard Cohrs neben vielem anderen hier nicht nur der Berufsausweis, sondern auch der Pass, die Fahrerlaubnis, der Fischereiausweis ausgestellt sind. Es zeigt, wie wichtig für Artisten diese Zugehörigkeit sein muss: im staatsbürgerlichen und gesellschaftlichen Sinne vorhanden zu sein – nicht nur mal hier mal dort und meistens in der Luft. Klosterfelde erzählt von manchem Lebensabenteuer und vom Wagnis einer riskanten Heimat.

Adresse Liebenwalder Straße 2, 16348 Klosterfelde
Öffnungszeiten Mo bis Fr 9–18 Uhr, Sa, So, Feiertage 14–18 Uhr und nach Anmeldung

Das Museum im Kloster bietet eine Ausstellung zur Geschichte des Zisterzienserordens. Sehenswert sind auch die bedeutenden Fresken aus dem 15. Jahrhundert.

Museum Kloster Zinna

Der Geruch allein könnte dich bewegen, der Welt zu entsagen und in dieses Kloster einzutreten. Ein betörender Duft, Weihrauch und Myrrhe? Er steigt dir in die Nase, und verflogen sind die letzten zweifelnden Gedanken. Mit Freude folgst du der Regel des heiligen Benedikt: «So brauchen die Mönche nicht draußen herum laufen, was ihren Seelen ja durchaus nicht zuträglich wäre.» Einzig der strenge Tagesablauf würde vielleicht ein Problem. Um acht ins Bett und Viertel vor zwei wieder aufstehen? Das ist nicht deine Welt. Doch vom Duft berauscht, durchstreifst du die mittelalterlichen Gemäuer der Abtei, entdeckst Kultur und Geschichte des Zisterzienserordens, registrierst den Komfort der Fußbodenheizung, schleichst in die Klosterküche, betrittst das Obergeschoss über den Wendelstein, betrachtest zarte Fresken. Die Schutzheiligen des Klosters umringen dich. Der heilige Mauritius, Bernhard von Clairvaux, die heilige Ursula, Anna Selbdritt heißen dich willkommen. Ein letztes Mal fällt dein Blick aus dem Fenster. Dort auf dem Friedhof wirst du einst enden. – Was? Wie bitte? Nein, Bedenkzeit, noch einmal hinaus! Fünf Minuten vielleicht. Du läufst die Treppe hinunter. Doch da ist wieder dieser Geruch, und von Neugier getrieben, öffnest du eine Tür. Da schlägt dir der Duft erneut entgegen, stärker als je zuvor, Zimt, Lavendel, Kardamom, Pfefferkuchen? Du wirst es nicht erraten. Es zieht dich in diesen Keller, und eine unbekannte Hand hält dir ein Gläschen unter die Nase. Du trinkst den geheimnisvollen braunen Saft und wirst auf einmal so heiter und froh, wie man‹s vom Klosterbruder erzählt, der einst diese Mixtur erfand. Und dann kehrst du zurück – in deine Welt.

Adresse Am Kloster 6, 14913 Kloster Zinna
Öffnungszeiten Di bis So 10–17 Uhr

Malerei und Kunsthandwerk in Brandenburg-Preußen aus der 1. Hälfte des 18. Jahrhunderts, darunter 38 Gemälde König Friedrich Wilhelms I., werden in den historischen Räumen präsentiert.

Stiftung Preußische Schlösser und Gärten Berlin-Brandenburg

Schloss Königs Wusterhausen

Für überflüssig hielt der König die Künste, wenn sie keine Jagdszenen oder Preußens Soldaten zeigten. Eine seiner ersten Amtshandlungen war die Entlassung zahlreicher Künstler, den übrigen kürzte er das Gehalt. Friedrich Wilhelm I. war ein Pragmatiker. Wenn er Geld ausgab, dann musste es sich rechnen. Berühmte Meister hat er damit aus dem Land getrieben. Doch der Monarch sparte nicht nur bei anderen, er selbst fing mit dem Sparen an. Er verkaufte die Schlösser seines Vaters in großer Zahl, straffte die Verwaltung, reformierte das Steuersystem. So wurde sein Staat einer der effizientesten in Europa, ein «schlanker», würde man heute sagen. Die wenigen Vergnügungen des Königs waren die Jagd und der Tabak. Auch Wusterhausen hat er geliebt, das Dorf zu seinem, zu Königs Wusterhausen gemacht. Hier jagte er von Jugend an, drillte seine Elitegrenadiere, die berühmten «langen Kerls», hierher lud er jeden Abend um fünf Offiziere und andere Herren von Stand – das «Tabakkollegium». Man saß bis Mitternacht, rauchte lange Pfeifen, sprach über «Gott und die Welt», trieb zuweilen derbe Scherze, trank Bier, aß Butterbrot mit Käse und Schinken, und manchmal bereitete der König die Mahlzeit auch selbst. Dann reichte er Fisch und Salat. Kartoffeln kannte man zu dieser Zeit im Lande kaum. Da gab es kein «Na, eine isst du noch» und keine «Pommes mit Ketchup oder Majo» für Preußens Kinder. Die litten schon mal Hunger. Des Königs Kinder aber litten unter ihrem Vater. Prinzessin Wilhelmine schrieb, dass Wusterhausen ihre «Hölle» war, und Friedrich plante seine Flucht, weil er sich wie ein Knecht behandelt fühlte von einem kranken Mann, der – welch ein Wunder! – im Alter unter Schmerzen und von Künstlern assistiert zu malen anfing.

Adresse Schlossplatz 1, 15711 Königs Wusterhausen
Öffnungszeiten April bis Oktober: Di bis So 10–18 Uhr, November bis März: Sa, So, Feiertage 10–16 Uhr

Das als Wiege des Rundfunks in Deutschland geltende Gebäude des Museums beherbergt Exponate und Dokumente zur Geschichte der Funk- und Sendetechnik.

Sender- und Funktechnikmuseum Königs Wusterhausen

«Chemie ist das, was kracht und stinkt. Physik ist das, was nie gelingt», scherzte unser Physiklehrer. Vielleicht gelangen seine Experimente ja wirklich nie. Zwischen altmodischen Apparaturen sprangen ein paar langweilige Funken hin und her. Da schliefen wir lieber oder bastelten an den Stinkbomben für die Pause. Jedenfalls sollten die Ausführungen des Lehrers über elektromagnetische Wellen und deren Ausbreitung im Raum den meisten von uns für immer ein Rätsel bleiben. Dass gerade diese Wellen die Übertragung von Sprache oder gar Musik von einem Ort zum anderen, so einfach durch die Luft, ermöglichen sollten, schien uns ganz und gar unverständlich. Wir glaubten zwar schon lang nicht mehr an den kleinen Mann im Radio, doch verstehen, das war uns klar, konnte man diese Technik nicht. So beschlossen wir, Erkenntnisse aus dem Fach Physik für entbehrlich zu halten. Dabei hätte auch uns ein Besuch im Sender- und Funktechnikmuseum klarmachen können, was man mit diesem Wissen anfangen kann. Aber die Chance, Wissenslücken aus ermüdenden Physikstunden durch einen spannenden Museumsbesuch zu schließen, bot sich einfach nicht, weil es das Museum damals nicht gab. Königs Wusterhausen, der Ort, wo der Hörfunk in Deutschland begann, sendete noch immer. 70 Jahre lang gab es hier Radio, seit jenem denkwürdigen Tag im Jahre 1920, als Postbeamte zu ihren Instrumenten griffen und eine freundliche Stimme ins Mikrophon sprach: «Hallo, hier ist Königs Wusterhausen auf Welle 2700. Meine Damen und Herren, zum Zeichen, dass unsere Station jetzt großjährig geworden ist, wollen wir Ihnen ein kleines, bescheidenes Weihnachtskonzert senden.» Und dann erklang – «Stille Nacht, Heilige Nacht».

Adresse Funkerberg Haus 1, 15711 Königs Wusterhausen
Öffnungszeiten Do, Sa und So 13–17 Uhr

Die Industriegeschichte der Lauchhammerwerke ab 1723, die Geschichte des sächsisch-preußischen Eisenkunstgusses (ab 1784), des künstlerischen Bildgusses in Eisen und Bronze bis zur Moderne sowie des Eisen-, Stahl- und Maschinenbaus und des Berg- und Hüttenwesens sind mit wunderbaren Exponaten nacherzählt.

Kunstgussmuseum Lauchhammer

L

Caesar und Homer, Lenin, Brahms und Moltke, Elefanten, Pinguine, Löwen, Christus und der Alte Fritz, auch eine Amazone und ein Liebespaar – sie stehen beieinander, liegen, hocken, kauern auf dem Boden, räkeln sich auf Tischen, in Regalen und – was das Beste ist – als Besucher steht man mittendrin. Denn hier wird nichts weggesperrt, nichts hinter Glas verschlossen. Das Kunstgussmuseum ist ein offenes Depot. Alles zeigen – das ist das Ziel des Hauses. Und was es zeigen kann, das hat es wahrlich in sich. An die 2800 Stücke umfasst der Modellfundus, Kernstück der Sammlung. Ganz genau steht das nicht fest. Noch immer nämlich ist beim täglichen Geschäft, dem Inventarisieren, Ordnen und Bestimmen – es wird auch sorgsam restauriert – kein Ende abzusehen. Abenteuerlich und von Legenden umrankt klingt die Museumsgeschichte: Auf dem Dachboden der 1861 erbauten, nur wenige Schritte durch den Park vom Museum getrennten Bronzegießerei konnte geborgen werden, was lange nur als Arbeitsmittel galt, als Zwischenstufe auf dem Weg zum Guss. Hinter verschlossenen Türen, unter Schichten von Staub fand sich eine außergewöhnliche Sammlung: Gips- und Metallmodelle aus über 200 Jahren Gießereigeschichte. Ein wahrer Schatz! Namhafte Künstler ihrer Zeit haben in Lauchhammer gießen lassen: Gustav Bläser, Emil Cauer, Ernst Seger und – natürlich – der Dresdner Ernst Rietschel, den man als Schöpfer des Goethe-Schiller-Denkmals in Weimar kennt. Gerade das ist zwar nicht in Lauchhammer entstanden. Doch manches Werk ging von hier aus in die weite Welt hinaus. Rietschels Wormser Lutherdenkmal und der Eisengusspalast für Gizeh zum Beispiel. Allein Luther verkaufte sich siebenmal nach Amerika.

Adresse Freifrau-von-Löwendal-Straße 3, 01979 Lauchhammer
Öffnungszeiten Öffnung des Museums voraussichtlich März 2009, dann Öffnungszeiten bitte erfragen

Das Burgmuseum Lenzen präsentiert in zwei Ausstellungen die faszinierende Kultur- und Naturgeschichte der Elbtalaue. Kostbare Originalobjekte, Kleindioramen, Hörstationen und Computeranimationen führen durch die bewegte Geschichte der Stadt. Und in der BUND Elbe-Ausstellung Mensch und Strom erfährt man alles über das Biosphärenreservat Flusslandschaft Elbe und die Jahrhundertflut 2002.

Burgmuseum Lenzen

L

Die Letzten werden die Ersten sein. Lenzens Blütezeit datiert um 1800, da gab es hier eine wichtige Poststation auf den kreuzenden Handelswegen, aus dieser Zeit stammt Lenzens heute noch ahnbare Pracht. Eine folgenschwere Entscheidung hat die Stadt dann vom industriellen Fortschritt abgeschnitten. – Und davor bewahrt. Die Ratsherren hatten sich 1846 gegen den Eisenbahnanschluss entschieden: der Lokomotiv-Abgase wegen! Die großen Industrien entstanden nun in der Nachbarstadt Wittenberge; Lenzen war abgehängt von der Fortschrittslokomotive. Die mittelalterliche Stadt schlief einen Dornröschenschlaf und blieb so vor industriellem Rumor und Zersiedlung, vor Bombardierung und Rekonstruktion bewahrt. Inzwischen hat man das sichtbar natürliche Alter einer Siedlung zu schätzen gelernt, derlei ist selten in Ost und West. Selten auch, wie dies Museum den Zusammenhang markiert zwischen menschlicher Besiedlung und Naturverbrauch. Dargestellt wird die städtische Blütezeit als Beginn einer ökologischen Krisis, der verpasste Bahnanschluss als verpasste Entwicklungschance und als ein bitterer Kelch, der an der Stadt vorüberging, die Jahre des Kalten Krieges als Stagnation und als ökologisch kostbare Zwischenzeit. Heute werden hier die Elbdeiche zurückverlegt, damit neue Überschwemmungsflächen entstehen und die Auenwildnis verlorenes Terrain zurückerobern kann. – Die Elbe hat ihren relativ natürlichen Lauf einer politisch bedingten «Entwicklungs-Hemmung» zu verdanken. Nach der Wende wurde eine Vertiefung und Begradigung geplant, kam aber nach massivem Einspruch der Naturschützer nicht zustande. Im Burgturm steigt man empor, bis man den Vogelblick erreicht, über die Elbauen hin.

Adresse Burgstraße 3, 19309 Lenzen
Öffnungszeiten April bis Oktober: täglich 10–18 Uhr,
November bis März: Mi bis So 10–17 Uhr

Das Heimatmuseum dokumentiert die Geschichte der Stadt Liebenwalde, der Ortsteile Freienhagen, Neuholland, Hammer, Liebenthal und Kreuzbruch. Weiterhin bietet das Museum eine Ausstellung zur Geschichte der regionalen Schifffahrt, zur Niederbarnimer Eisenbahn AG und eine rekonstruierte Gefängniszelle.

Heimatmuseum Liebenwalde im Stadtgefängnis

L

Die kleine Ackerbürgerstadt hat ein Heimatmuseum, dessen Konzept es vor vielen ortsgeschichtlichen Sammelstätten auszeichnet. Die systematisch klug gegliederten Abteilungen widmen sich der Stadt-, Kirchen-, Schul-, Handwerks- und Vereinsgeschichte, den umliegenden Ortsteilen, der Eisenbahn und der Schifffahrt. Hier sucht man den Ort, in dem man lebt, will ihn bestimmen aus dem, was er in Jahrhunderten geworden ist. Dieser Prozess regionaler Bindung ist ein Teil europäischer Integration und wurde in Liebenwalde großzügig von der Europäischen Union gefördert. Das sieht man den grundsanierten Räumen des ehemaligen Stadtgefängnisses an. Liebenwalde hatte im 13. Jahrhundert zwei bedeutende Funktionen: Sitz einer Propstei und eines Vogtes. Das Heimatmuseum dokumentiert die Geschichte der Stadt sowie seiner Ortsteile. Der Finowkanal stellte schon Anfang des 17. Jahrhunderts eine erste Verbindung von Oder und Havel her. Über diesen wurden die Kähne gestakt, gesegelt oder getreidelt. Schiffsmodelle, Karten und Bilder geben darüber Auskunft. Durch den Bau des «Großschiffahrtweges» (Oder-Havel-Kanal) 1906–1914 verlor der Finowkanal seine Bedeutung und wurde bei Zerpenschleuse zugeschüttet. Eine wirtschaftliche Schlagader der Stadt war erloschen. Doch dies soll sich bis 2012 ändern. Die Landkreise Barnim und Oberhavel sowie die Kommunen Wandlitz und Liebenwalde werden zusammen mit dem Wasser- und Bodenverband «Schnelle Havel» im Rahmen der Wassertourismusinitiative Nordbrandenburg den altehrwürdigen Kanal sanft neu beleben. Dann werden Wasserwanderer die Idylle auf und am Kanal genießen und von Liebenwalde aus die Oder erreichen können.

Adresse Marktplatz 20, 16559 Liebenwalde
Öffnungszeiten Mai bis September: täglich 10–16 Uhr; Oktober bis April: gleiche Öffnungszeiten aber Mo und Sa geschlossen

Das Museum konzentriert sich auf die Darstellung Niederlausitzer Geschichte, Kunst und Kultur, insbesondere der Stadt und des Altkreises Lübben.

Stadt- und Regionalmuseum Schloss Lübben

L

Es ist noch gar nicht lange her, da verließen die Lübbener an freien Tagen ihre Häuser, gingen ein Stück des Weges oder einfach ins Land, schwärmten aus, Pilzsuchern gleich. Sie kannten die Stellen. Da stießen sie ihre Spaten in die fruchtbare Erde des Spreewalds, doch nicht, um Gurken zu pflanzen oder Meerrettich zu ernten, sie gruben nach frühzeitlichen Gefäßen. «Urnenstechen» war vor einhundert Jahren ein Volkssport der Bewohner der Stadt. Lübben, gegründet an einem Spreeübergang, ist ein wahrlich historischer Ort, und so verwundert es kaum, dass der Besucher des Museums ein Ausgrabungsgelände betritt. Wir leben auf den Resten vergangener Kulturen, tagtäglich gehen wir auf historischem Grund, über Abfall, über die Gräber der Vorfahren, über Vergangenheit. Doch wer darf schon graben; sehen wir einmal ein Grabungsfeld, so von weitem nur, ein Zaun hält uns fern, und erkennen können wir eigentlich nichts. Im Museum darf der Besucher sogar darüber gehen. Hier entdeckt er Geschichte. Je tiefer es geht, desto älter werden die Funde. Urnen und Beile, Faustkeile, ein Grab, sogar eine Straße, und vielleicht finden wir auch Liubusua, die versunkene Stadt. Doch weiter geht`s. Da liegt ein Schwert in der Erde, und das alte Lübben tut sich vor unseren Augen auf – ein Modell. Wieder geht man hindurch, diesmal an einem Monitor. Da staunt der Besucher, sieht, wie es früher war, hört Geschichten, trifft Menschen, die hier lebten. Und später wird er sie hören, die Geliebte Napoleons, den Kirchenlieddichter. Hier sprechen die Toten, erklingen Choräle, singen Vögel. Na, wenn das kein außergewöhnliches Museum ist!

Adresse Ernst-von-Houwald-Damm 14, 15907 Lübben (Spreewald)
Öffnungszeiten April bis Oktober: Di bis So 10–17 Uhr,
November bis März: Mi bis Fr 10–16 Uhr, Sa, So und Feiertage 13–17 Uhr

Drei altwendische Hofanlagen gewähren Einblicke in das Leben der Spreewälder Landbevölkerung im 19. Jahrhundert. Ein typisches Reet gedecktes Wohn-Stall-Haus und ein im Spreewald selten zu findendes Umgebindehaus zeugen von ideenreicher Volksarchitektur. Fast ausgestorbene Handwerke wie Kahnbauerei und Blaudruck können in den Ausstellungen bewundert werden.

Freilandmuseum Lübbenau / Lehde

L

Manch einer sagt, hier tanzen Hexen, und ein anderer weiß, dass im Finstern böse Geister hinter Büschen sitzen und Fremde in die dunklen Gräben schubsen. Einheimische aber kennen sich aus. Sie wissen, ein roter Faden, den man ums Handgelenk bindet, vertreibt die Geister. Doch am Tage besteht auch für Fremde keine Gefahr. Da kann ein jeder nach Lehde fahren, in den Ort, wo der Spreewald auf kleinstem Raume zeigt, was ihn berühmt gemacht hat. Hier wird man die Bilder finden von der Spree mit den Fließen und Gräben, den Inseln und Erlen. Hier entdeckt man die Heuschober, die Wiesen, Kähne und Brücken, sieht Obstbäume und üppige Gärten und die alten Blockhäuser mit Dächern aus Schilf. Ein Märchenland? Es scheint, als habe jemand die Zeit angehalten. Ein Schleifstein steht verlassen, da eine Karre voll Heu, auch am Webstuhl im Fachwerkhaus ließ einer die Arbeit ruhen. Der Schrank mit den Trachten steht offen. In der Werkstatt liegt ein halbfertiger Kahn. Werkzeug und Späne, Rechnungen und allerlei Material, aber der Bootsbauer ist nicht zu sehen. Doch warum sollte er sich keine Pause gönnen? Nein, dieses Museum ist nicht verhext. Vor dem Doppelstubenhaus weidet ein Schaf, und die Kaninchen in ihren Boxen nagen seelenruhig am Futter. Die Höfe strahlen vor Gemütlichkeit, und gern tritt man hinein, um sich auf die Ofenbank in der Stube zu setzen. Dann wagt man auch wieder den Hals zu strecken, denn nicht die Angst vor Hexen oder Geistern lässt den Besucher krumm durch diese Häuser gehen. Es sind die Decken dieser ach so schönen Räume, die fast so niedrig wie in Puppenstuben sind.

Adresse Kontakt über Verwaltung Spreewald-Museum, Topfmarkt 12, 03222 Lübbenau
Öffnungszeiten April – Oktober: täglich 10 – 18 Uhr und nach Vereinbarung

Unter dem Titel «Luckau – Tor zur Niederlausitz. Mensch. Kultur. Natur.» werden die Beziehungen zwischen Mensch und Natur, Stadt und Land sowie die Geschichte der Stadt Luckau gezeigt. Highlights sind die beheizbare Sitzbank aus Niederlausitzer Ofenkacheln sowie die beeindruckenden Dioramen, die die Natur- und Kulturräume der Region zeigen.

Niederlausitz-Museum Luckau

L

«Dem Kaiser Napoleon I ward hiermit das Bett gewärmt, als er in meinem Hause No. 7 u. 8 in Luckau übernachtete 20/21 Juli 1813.» – Die Wärmflasche des Bürgers Peter Vogt ist zweifelsohne das kurioseste Stück der Sammlung des Niederlausitz-Museums. Die Inschrift erzählt noch heute warum. Doch auch den historischen Spreewaldofen mit seiner dickbauchigen Wasserblase und den braunen Napf- und grünen Blattkacheln kann man ein sehenswertes Stück nennen. Doch allein an diesen Exponaten lässt sich Geschichte kaum festmachen. Dazu ist schon die Vergangenheit der Stadt, die König Wladislaw von Ungarn und Böhmen 1492 die Hauptstadt des Markgraftums Niederlausitz nannte, zu abwechslungsreich. Im Dreißigjährigen Krieg, in den Jahren der Pest zwischen 1634 und 1637, starb die Hälfte der Luckauer Einwohner. Als wäre das nicht Unglück genug, entfesselte bald darauf das Feuer seine vernichtende Kraft: 1644 brannte die Stadt bis auf wenige Häuser vollständig ab. Die Schäden waren so groß, dass die damals noch sächsischen Luckauer Boten zum Sammeln durch das Reich schicken durften. Sogar aus Nürnberg und Straßburg kamen Spenden, die der Stadt zu noch heute sichtbarem Glanz verhalfen. Im Niederlausitz-Museum in der einstigen Kirche des Dominikanerklosters, das seit 1747 mehr als 250 Jahre lang als Gefängnis genutzt wurde, kann sich der Besucher nach einem Spaziergang durch die so gar nicht brandenburgisch anmutenden Straßen und Plätze am alten Kachelofen niederlassen und wendisch/sorbischen Geschichten lauschen. Zwischen diesem Platz auf der Ofenbank, Napoleons Wärmflasche und den beeindruckenden Naturdioramen lässt sich sodann wunderbar die Geschichte der Niederlausitz erkunden.

Adresse Nonnengasse 1, 15926 Luckau
Öffnungszeiten Di bis Fr 10–17 Uhr, Sa, So 13–17 Uhr

Das Museum vermittelt einen Überblick über die Geschichte von Industrie, Handwerk und Lebensweise in der Stadt. Außerdem werden wechselnde Sonderausstellungen geboten

L

Heimatmuseum Luckenwalde

Der Gedanke, das Museum die «gute Stube» der Stadt zu nennen, kann einem kommen. Bereits von außen leuchtet das Gebäude so schön wie nie. Drinnen aber erwarten uns breite, gebeizte Dielen, schwere Möbel mit Messingbeschlägen und Vitrinen mit Echtholzfurnier. «Willkommen» wird man geheißen und sogleich mit 12 Exponaten in wahre «Heimatgeschichte(n)» eingeführt. Ja, Geschichte erzählt man hier in Geschichten. Lehrreich sind diese und manchmal auch heiter, wie die von der Inka-Steinaxt, die Pfarrer Peters aus Blankensee, ein leidenschaftlicher Hobbyarchäologe, seinerzeit in der Nieplitz versenkte, um sie beim Spaziergang mit Fachkollegen «ganz zufällig» zu entdecken. Angesichts des «spektakulären Fundes» übertrafen sich honorige Wissenschaftler mit Theorien, wie das Werkzeug wohl nach Brandenburg gelangt sei. Andere Exponate berichten von berühmten Luckenwaldern: Der gestreifte Wollpullover hat ohne Frage Rudi Dutschke gehört (Der Studentenführer besuchte die hiesige Oberschule). Eine chilenische Briefmarke erzählt von Carl Anwandter, dem Abgeordneten des Preußischen Landtages, der nach der 1848er Revolution auswanderte und in Südamerika als Bierbrauer zum Millionär wurde. Die Feier zum 15. Jahrestag der DDR ist in einem Film zu sehen, bevor der eigentliche Rundgang beginnt: ein Gang, der zeigt wie königliche Entscheidungen, Freidenker, Fabrikanten und Erfinder Wirtschaftskrisen, Nationalsozialismus und jüngere Geschichte das Leben prägten. Weshalb die Stadt an der Nuthe zu ihrem Beinamen «das rote Luckenwalde» kam und, dass in ihr vor kaum 100 Jahren begabte Architekten internationales Aufsehen erregten, wird dabei ebenso wenig vergessen, wie die Frage, was ihre Einwohner heute bewegt.

Adresse Markt 11, 14943 Luckenwalde
Öffnungszeiten Di, Mi, Fr 10 – 17 Uhr, Do 10 – 18 Uhr,
Sa, So (Mai bis Oktober) 11 – 17 Uhr, Sa, So (November bis April) 13 – 17 Uhr

Das Museum veranschaulicht die Technik- und Industriegeschichte der Stadt Ludwigsfelde. Gezeigt werden Daimler-Benz-Flugzeugmotoren (DB 605A), Motorroller (Pitty, Wiesel, Troll) und LKWs (W50, L60). Daneben gibt es eine heimatgeschichtliche Ausstellung mit landwirtschaftlichen und Handwerksgeräten und Einrichtungsgegenständen zur Alltagsgeschichte um 1900.

Stadt- und Industriemuseum Ludwigsfelde

L

Ludwigsfelde ist eine junge Industriestadt. Die stille Waldeinsamkeit der Genshagener Heide wurde für die nationalsozialistische Rüstungsindustrie interessant: Daimler-Benz (die jetzt hier wieder Lastkraftwagen produzieren) ließ unter strengster Geheimhaltung ein Flugzeugmotorenwerk errichten, das größte in Europa. 1938 war es fertig, inklusive der Werkswohnungen. Erst im August 1944 haben alliierte Bomber die im Wald verstreuten Anlagen entdeckt und immerhin zur Hälfte lahmgelegt. – Von alledem gibt es Zeugnisse im Ludwigsfelder Stadtmuseum: einen kompletten Flugzeugmotor der damaligen Produktion, Luftbildaufnahmen der Alliierten, ein Flächenmodell der im Wald versteckten und getarnten Industrieanlagen. Sachzeugen jener «heroischen» Zeiten, in denen erwachsene Männer ihren Geist darauf verwandten, gute Bomber und Jäger zu bauen und dies vor den bösen Bombern und Jägern der anderen zu verbergen. Doch es findet sich in diesem Museum auch eine ganz andere Sicht der Dinge: Es ist die Sicht der Zwangsarbeiterinnen vom Außenlager des KZ Ravensbrück, die in Ludwigsfelde ausgebeutet wurden. Die Ungarin Edith Kiss hat der Stadt ihre Gemälde vom Lager- und Arbeitsalltag hinterlassen, die im Museum einen sinnfälligen Kontrapunkt bilden. Vom Lager ist nichts geblieben, doch die verschiedenen Wohnquartiere der Stadt sind ein Freilichtmuseum des Arbeiterwohnungsbaus. Die Ludwigsfelder Nachkriegsprodukte sind vergleichsweise harmlos: Die LKWs W 50 und L 60 stehen auf dem Hof, auch die Motorroller, die das DDR-Straßenbild prägten, sind vollständig versammelt: der Pitty, der Wiesel, der Berlin und der Troll.

Adresse Am Bahnhof 2, 14974 Ludwigsfelde
Öffnungszeiten Mi bis Fr 10–15 Uhr, Sa, So 13–17 Uhr

Im Modemuseum wird eine große Privatsammlung historischer Kleidungsstücke und Accessoires des 20. Jahrhunderts (1900 – 1970) gezeigt. Weiterhin finden im Museum ständig wechselnde Textil- und Kunstausstellungen internationaler Künstler statt.

Modemuseum und Heimatmuseum im Schloss Meyenburg

M

Noch halten sie still, gleich werden sie losspringen, tanzen, schreiten, geballte Bewegungsenergie hinter Glas, im Augenblick der Betrachtung züchtig gebändigt, doch im nächsten Moment schon belebt von weiblicher Eleganz. In jedem Raum eine andere Musik, jeder Mode ihre ganz eigenen Tänze zugeordnet, zeittypische Möbel, Accessoires, Fotos – so bekommt alles die Atmosphäre, die es braucht, um zu leben. Kein Lufthauch rührt diese federleichten Luftigkeiten, man ist im Keller, im steinernen Gewölbe, doch glaubt man hier im Licht zu sein, alles erstrahlt in reinem Weiß. – Was für ein Gegensatz. Und alle menschliche Bekleidung lebt vom Gegensatz: zwischen innen und außen, zwischen Verhüllen und Zeigen, zwischen Verbot und Verlockung, Öffentlichem und Privatem. In den aufwändig restaurierten Räumen des Schlosses fand Josefine Edle von Krepl ein adäquates Zuhause für ihre in langen Jahren zusammengetragene Modesammlung. Auf Schneiderpuppen und Schaufensterfiguren drapiert, kann man die Kleider bewundern und sich auf eine kleine Zeitreise begeben. Der Rundgang beginnt Anfang des 20. Jahrhunderts mit einem ländlichen Kirchgangscape aus schwarzer Seide und endet mit den psychedelisch gemusterten Hippiekleidern der 70er. Das Meyenburger Schloss beherbergt auch ein ganz besonderes Heimatmuseum: Hier wird eine Biographie stellvertretend für eine Generation präsentiert. Das Museum erzählt die Lebensgeschichte eines Prignitzer Bauern, der von 1915 bis 2001 im Meyenburger Amtsbereich lebte. Erzählt wird dieses an Umbrüchen so reiche vorige Jahrhundert anhand seines Nachlasses, aus einer exemplarischen Innensicht statt der üblichen Draufsichten. Regionalgeschichte, wie man sie sich anschaulicher kaum vorstellen kann.

Adresse Schloss 1, 16945 Meyenburg
Öffnungszeiten März bis Oktober: Di bis So 10 – 18 Uhr, November bis Februar: Di bis So 11 – 17 Uhr

Das erlebnisorientierte Museum präsentiert einen anschaulichen Abriss über die Ziegelei- und Technikgeschichte des ehemals größten Ziegeleigebietes in Europa.

Ziegeleipark Mildenberg

M

Erde, Luft, Feuer und Wasser sind Gastgeber in Mildenberg. Es ist ein riesiges Gelände, das man nach und nach zu Fuß oder per Rad erkunden kann: die Ringöfen, die Dampfmaschine, die historischen Werkstätten, die Baggerausstellung, die Maschinenziegelei. Auf den Gleisen der schmalspurigen Ziegeleibahn kann man bis zur Tongrube fahren, zu einem Tagebau, der noch heute den Rohstoff liefert, jetzt für die moderne Ziegelfabrik, die in der Nähe errichtet wurde. Bis kurz nach der Wende war ein Ringofen von 1859 in Betrieb, nun ist er endgültig erkaltet, man kann ihn besteigen, die Brennkammern begehen, die feine Asche am Boden betasten. Die feuerroten, zu Staub gebrannten Gewölbeziegel erzählen noch von der Hitze, die in einem hochkomplizierten Zugsystem rundum in die Brennkammern geschickt wurde. Der ovale Ringofen mit seinen nunmehr offenen Zugängen wirkt geheimnisvoll wie ein kultischer Raum, als hätte man hier die vier Elemente beschworen: Tonerde, Tausend-Grad-Hitze, regulierte Zugluft. – Das Wasser nicht? Das Wasser auch! Das trug die gebrannten Steine überall hin. «Ganz Berlin ist aus dem Kahn gebaut», heißt ein Zieglerwort. Die Häfen sind zu besichtigen, und nicht nur das: Es gibt eine Badestelle, einen Bootsanleger für den Vergnügungsdampfer «Zehdenixe», und für die vielen Sportboote, die sommers auf der Havel unterwegs sind, gibt es einen Rastplatz. Hier ist viel für Ausflügler, für Familien mit Kindern getan worden. Der Ort, an dem jahrzehntelang geschuftet wurde, ist nun zur Aktiverholung wie geschaffen. Ein Fahrrad- und Kanuverleih, eine Kinderspielwiese und für Regentage das Kino im Kesselhaus.

Adresse Ziegeleiweg 10, 16792 Zehdenick Ortsteil Mildenberg
Öffnungszeiten Mitte März bis Anfang November: täglich 10–17 Uhr

Die Alltagsgegenstände vergangener Zeiten geben ein Bild vom Leben in der einst bedeutsamen Stadt Mittenwalde. Besonders sehenswert ist die Puppenstubensammlung aus dem 19./20. Jahrhundert. Im benachbarten Motzen wird die Geschichte des Ausflugsortes erzählt.

Stadtmuseum Mittenwalde und Heimatmuseum Motzen

M

Ohne eine gehörige Portion Glück gäbe es das Stadtmuseum Mittenwalde an seinem heutigen Standort wohl kaum. Im lehrbuchhaft sanierten Fachwerkhaus am Salzmarkt hat es ein ideales Domizil bezogen. Zwei Etagen, ein spitzes Dach, ein uriger Keller, niedrige Stuben – hier lebt der Geist der Ackerbürger. Tritt man durch die reinliche Waschküche in den üppigen Kräuter- und Weingarten, sieht man die Reben wie Preußens Soldaten in Reih und Glied: Die Mittenwalder Museumstraube ist eine echte Rarität. Auch die Sammlung kann sich sehen lassen. Hochzeitspaar und Hochrad, Feuerlöschgeräte und das Würebuch, in dem man ab 1655 über 200 Jahre lang Versammlungen protokollierte, die Getreidepreise notierte, über Kriege, Viehsterben oder auch Heuschrekkenplagen berichtete, lohnen den Besuch. Erst recht gilt das für die vielen Puppenstuben, die eine Berlinerin dem Museum gespendet hat. Zuvor war diesem das Glück schon einmal hold gewesen: Die großzügige Unterstützung des gebürtigen Mittelwalders Karl-Heinz Drogula ermöglichte erst die Rettung des alten Hauses. Auch in Motzen galt dem Tüchtigen das Glück. Im «Haus des Gastes» fand das hiesige Heimatmuseum eine neue Bleibe. Eiszeitliche Gesteine sind zu sehen – man darf sie in die Hand nehmen und unter einer Lupe studieren. Dann wird die Geschichte des Angler- und Badeparadieses Motzen erzählt. Die Schönheit der Natur lockte früh Berliner in diese Sommerfrische. 1919 wurde die so genannte Viehtrift verpachtet. Auf dieser «Märchenwiese» am See beteten die ersten Nacktbader Deutschlands von nun an die Sonne an – von Kleidern und Scham befreit und wohl auch voller Glück.

Adresse Salzmarkt 5, 15749 Mittenwalde
Karl-Marx-Straße 1, 15749 Mittenwalde Ortsteil Motzen
Öffnungszeiten *Mittenwalde*: bis September: Mi, Do, So 10–17 Uhr, Sa 13–17 Uhr, Oktober bis April: Sa, So 10–16 Uhr; *Motzen*: Oktober bis April: Mi bis So 11–16 Uhr, Mai bis September: Di bis So 10–18 Uhr

Die in der Dorfmitte und in der Dorfkirche beheimateten Dauerausstellungen sind dem Leben und Wirken des Mediziners, Lehrers, Staatsmannes und Agrarwissenschaftlers Albrecht Daniel Thaer (1752–1828) gewidmet. Im Park am kleinen Dorfteich befindet sich das 400 Jahre alte Herrenhaus, in dem Albrecht Daniel Thaer lebte.

Ausstellung und Gedenkstätte Albrecht Daniel Thaer, Möglin

M

Das Fenster seines Zimmers durfte keine Sprossen haben. Er brauchte den freien Blick in den Park, auf den Teich mit der kleinen Insel und den Weiden am Ufer, die noch heute ihre Zweige in das Wasser neigen. Sogar im Winter blühen hier Blumen. Enten fliegen auf, und vor der Feldsteinkirche des Dorfes liegt sein Grab: Albrecht Daniel Thaer. Doch er war nicht gekommen, um den Tod zu erwarten. In Möglin, dem verschlafenen Ort auf den Hügeln im märkischen Sand, mit den Äckern im Wind, will er zeigen, dass überall erfolgreich sein kann, wer Landwirtschaft nach seiner Methode betreibt. Praxis und Theorie seine Fächer. Vom Staat wird er die Freiheit der Bauern fordern und von den Bauern die Freiheit im Kopf, den ungestörten Blick. Intelligenz ist gefragt. Nicht nur das Gewohnte tun. Er schneidet die Zöpfe ab. Und was er bereits im Kleinen getan, hier beginnt er‹s im Großen, analysiert die Böden, führt Fruchtfolgen ein. Nicht immer nur Weizen, auch Kartoffeln, Rüben und Luzerne, den Klee, baut er an. Sieben Jahre im Wechsel und keine Brachen mehr. Nichts ist schlimmer als Nichtstun. Für den Menschen wie für den Boden. Doch gemach, nicht alles auf einmal! Nachhaltig müssen Gewinne sein. Manchmal ist weniger mehr. Die Bauern schütteln bisweilen die Köpfe, glauben an Wunder und überirdische Macht. Doch sie sehen, was sich bewegt. Und die Fremden, sie kommen und lernen, weil Thaer das Wissen nicht für sich behält, sondern die Lehranstalt aufbaut. Die erste im preußischen Land.

Adresse Hauptstraße 10, 15345 Reichenow-Möglin
Öffnungszeiten April bis September: Do bis So 10–17 Uhr, Oktober bis März: Di bis Fr 10–16 Uhr

Stadtgeschichte mit städtischem Handwerk, Elbeschifffahrt und dem Kriegsgefangenen- und Speziallager aus dem 20. Jahrhundert ist Schwerpunkt des Museums.

Stadtmuseum Mühlberg / Elbe

M

Mühlberg, die Doppelstadt: zwei Rathäuser, zwei Märkte, zwei Kirchen. Und Wälle und Gräben. Ein Arm der Elbe trennte Altstadt und Neustadt, und die Bewohner lebten vom Fluss, der ihnen Nahrung und Arbeit gab, den Fischern und Schiffern zwischen Wasserburg und Kloster, wohl an die vierhundert Jahre. Nach der Reformation verließen die Nonnen den Ort. Und der Krieg kam, der Mühlberg berühmt gemacht hat. Der Schmalkaldische Krieg. Karl V., römisch-deutscher Kaiser und spanischer König, zeit seines Lebens ein Feldherr: vier Kriege gegen Frankreich, einer gegen die Türken, Angriffe auf Tunis und Algier, für ihn eroberte Cortez Mexiko, später Pizarro Peru. Karl V. also gegen die protestantischen Fürsten, den Schmalkaldischen Bund. Das geteilte Sachsen auf beiden Seiten der Front: Moritz, er erbaute das Mühlberger Schloss, kämpft auf Seiten des Kaisers, Johann Friedrich aber, der Kurfürst, ist bereits auf der Flucht. Er überschreitet die Elbe und schlägt bei Mühlberg sein Lager auf. Doch die Soldaten des Kaisers nahen, und der Kurfürst zieht seine Truppen zurück. Er will nach Wittenberg. Fort, schnell, auf die Pferde. Und wer keine hat, holt sie sich, und sei es aus einem Stall in der Stadt. Der Kaiser wird‹s danken, denn Bartholomäus Strauchmann, der Besitzer der Pferde und Bürger von Mühlberg, verrät ihm die Furt durch den Fluss, aus Groll über den Raub. So kommt es im Norden der Stadt zur Mühlberger Schlacht, die den Kaiser als Sieger sieht. Nun marschiert er nach Wittenberg, und die Mühlberger – sie gehen wieder ihrer Arbeit nach. Sie fischen, und später fahren sie auch zu Schiff, wohl an die vierhundert Jahre.

Adresse Klosterstraße 9, 04931 Mühlberg/Elbe
Öffnungszeiten Mai bis September: Mo bis Fr 10–12/13–16 Uhr, Sa, So 13–17 Uhr, April, Oktober, November: Mo bis Fr 10–12 Uhr/13–16 Uhr, So 13–16 Uhr

Das Heimatmuseum bietet eine Sammlung von Exponaten und Dokumenten zur Geschichte der Stadt Müllrose und ihrer Umgebung.

Heimatmuseum Müllrose

M

Sie kennen das. Eine Bootsfahrt, ein lauschiger Abend auf dem See, vielleicht auf einem Steg bei Freunden. Sie lassen Ihre Seele und die Beine baumeln. Grillen zirpen. In der Ferne steigt Rauch in den Himmel, ein Lagerfeuer. Das Leben könnte schöner nicht sein. Und dann stehen Sie auf. Sie bücken sich, um den Senkel ihres Schuhs zu binden. Da fällt ihnen der Ausweis aus der Hemdentasche, geradewegs in den See. Der ist weg! Es kann auch das Handy sein. Autoschlüssel oder Kamera sind ähnlich beliebt. Nun geht die Sucherei los, am Ende sind nicht nur Sie, auch etwaige Helfer vom Kopf bis zu den Zehen nass. Allein der Ausweis oder was sonst in den Fluten versank, bleibt verschwunden. Der Abend ist versaut, verdorben. Auch das Essen wird ins Wasser fallen. – Wenn Sie bisher dachten, ein solches Missgeschick könne nur Ihnen geschehen, trösten Sie sich. Es geht Tausenden so. Zwar werden auf diese Art und Weise auch andere Dinge entsorgt, aber denken Sie immer daran: Ein Ausweis richtet im Wasser keinen Schaden an, und die Nachwelt wird etwas zu finden haben. Eines Tages wird auch auf Ihrem See ein Spülschiff fahren und mit dem großen Rüssel all die versunkenen Schätze bergen. Dann wandert Ihr Ausweis mit dem Steinbeil aus der Bronzezeit, den mittelalterlichen Netzsenkern, mit Munition und Knochen, Plastikeimern, Schlüsselbunden und einem Kaleidoskop von Angelhaken in das Museum der nächsten Stadt. Sie werden hinfahren und bemerken, dass es in einem brandenburgischen Heimatmuseum viel mehr zu entdecken gibt als Fundstücke aus einem See. Doch worauf warten Sie noch – fahren Sie jetzt schon mal hin!

Adresse Kietz 5, 15299 Müllrose
Öffnungszeiten April bis Oktober: Di bis Fr 9–16 Uhr,
November bis März: Di bis Fr 9–16 Uhr, Sa, So, Feiertage 10–14 Uhr

Vielfältig ist das Angebot: Darstellungen zur Ur- und Früh- und zur Stadtgeschichte, zum Leben des Kronprinzen Friedrich von Preußen in Ruppin, zur Geschichte der Neuruppiner Bilderbogen, zur Kunsthandwerkersiedlung Gildenhall, zu Leben und Werk des in Neuruppin gebürtigen Karl Friedrich Schinkel, Theodor Fontanes, des Orientmalers Wilhelm Gentz, des Komponisten und Kirchenmusikers Ferdinand Möhring und des Bildhauers Max Wiese.

Museum Neuruppin

Durch ihre weiträumigen Straßen und Plätze wirkt die Stadt auf den ersten Blick eigentümlich; diese «raumverschwenderische Anlage», fand ihr berühmter Sohn Theodor Fontane für eine Provinzstadt bedenklich. Sie gleiche einem zu groß geratenen Rock, in den die Stadt nie hineinwachsen könne. Wenn man aber weiß, dass dieser planmäßigen Neubebauung 1787 ein verheerender Brand vorausgegangen war, der die Stadt eben wegen ihrer mittelalterlichen Enge so gründlich verwüsten konnte, so sieht man die innerstädtische Weite mit anderen Augen und spürt hier den frischen Wind der Aufklärung. Je zwei Räume sind den großen Söhnen der Stadt gewidmet: dem Baumeister Karl Friedrich Schinkel (1781–1841) und dem Schriftsteller Theodor Fontane (1819–1898). Beider Lebenswerk – das wird hier sinnfällig – ist von der Ruppiner Landschaft geprägt, in der sie aufwuchsen. Der eine wusste seine Bauwerke harmonisch in die wasserreiche Gegend zu fügen, der andere war ein begnadeter Chronist seiner märkischen Heimat. Beide liebten diesen Landstrich und können einen lehren ihn zu lieben. Amüsant ist die Sammlung der seinerzeit weltberühmten «Neuruppiner Bilderbogen», die von 1810 bis 1945 in hohen Auflagen erschienen und in fernsehlosen Zeiten einem allgemeinen Interesse nach Unterhaltung, Erbauung und Information genügten. «Was ist der Ruf der ‹Times› gegen die zivilisatorische Aufgabe der Bilderbogen», schrieb der Ironiker Fontane. Die Bogenbilder aus der Biedermeierzeit erscheinen heute erfrischend kernig und komisch; unter einem naiven Gemälde vom «Tod des Gottlosen» steht: «Da kömmt der Tod – er fasst dich an – / Und Satan jauchzt vor Freude: / ‹Jetzt in das Feuer, böser Mann / Fort Karten, Geld, – jetzt leide!›»

Adresse August-Bebel-Straße 14/15, 16816 Neuruppin
Öffnungszeiten April bis Oktober: Di bis Fr 12–17 Uhr, Sa, So 11–17 Uhr, November bis März: Di bis Fr, So 11–16 Uhr

Das 1903 in Betrieb genommene Gaswerk ist die letzte vollständig erhaltene Anlage, die nach der klassischen Methode aus Steinkohle in waagerechten Retortenöfen bis 1980 Stadtgas erzeugte. Zum Denkmal gehören themenbezogene Ausstellungsräume, in denen gasbetriebene Haushaltsgegenstände und Anlagen zu sehen sind. Thema ist auch die Geschichte des Stadtteils Spiegelberg, die Flachglas- und Spiegelproduktion sowie die Geschichte der Hugenotten in Neustadt.

Gaswerk Neustadt

Pech und Schwefel! Mitte des 19. Jahrhunderts wurden die Höllendünste gezähmt und in Dienst gestellt, um das Nachtleben der großen Städte zu illuminieren. Schon 1855 brannten die ersten Gaslaternen auch in Brandenburgs Städten, bald hielten die Gaswerke in der Provinz Einzug. Nachtschwarze Spuren der Steinkohlenentgasung, verwehte Gerüche von Teer und Ammoniack empfangen den Besucher im Neustädter Museum. Glücklicherweise verweht, sonst müsste man, wie dereinst die Gaswerker, eine Sauerstoffmaske tragen. Und glücklicherweise noch nicht ganz verweht, denn es handelt sich um Aromen, die in dieser starken Verdünnung auf ihre Weise gut riechen und zudem manche Erinnerung wachrufen. An Kaminöfen, an Badeöfen, an den guten alten Gasherd. Vorn an den liegenden Retorten, die man bis 1980 noch rund um die Uhr mit Stein- oder Braunkohle beschickte, riecht es kaum mehr nach Gaswerk. Hinten aber finden sich schwache Ausdünstungen der «Gaswaschanlage», wo das Rohgas den porigen Raseneisenstein durchströmte und sich dabei seiner unbrennbaren Rückstände entledigte. Mit dem Fortschrittsglauben der Gründerjahre erfand man auch allerlei hilfreiche Haushaltsgeräte, die sich mit Stadtgas betreiben ließen. Eine am Boden wärmende Badewanne von 1880, ein Gasplissiereisen oder einen gasbeheizten Ondulierstab, die sich neben manch anderem Gerät im Museum finden. Das Gaswerk, leicht erkennbar am Gasometer, wurde 1903 nahe dem berühmten Neustädter Gestüt errichtet. In den Ställen der edlen Tiere war man für die moderne Beleuchtung sehr dankbar – und konnte sie bezahlen. Wer vom Gaswerk noch nicht die Nase voll hat, kann hier schräg über die Straße gehen und Stallduft schnuppern.

N

Adresse Havelbergerstraße 25, 16845 Neustadt (Dosse)
Öffnungszeiten Mai bis September: Di bis Fr 10–16 Uhr, Sa, So 10–16 Uhr, Oktober bis April: Di bis Fr 10–16 Uhr und nach Vereinbarung

Im Stift, dem «Barockwunder der Mark Brandenburg», sind neben der wunderbaren Stiftskirche, dem Klostergelände und dem Klostergarten Wechselausstellungen zur Klostergeschichte und Klosterkunst zu besichtigen.

Stift Neuzelle

«Gehet hin in alle Welt», sagte Jesus zu seinen Jüngern. Dieser Weisung folgten auch die Zisterziensermönche des sächsischen Klosters Altzella im Sommer des Jahres 1281. Sie machten sich auf den Weg in den nördlichsten Zipfel der Niederlausitz. Fernab der Heimat begannen sie, nicht nur dem Wort des Evangelisten Markus getreu, «aller Kreatur» zu predigen. Auf einer Anhöhe nahe der Oder errichteten sie die Klosteranlage, die noch heute majestätisch über der breiten Flußniederung thront, ein Vorposten christlicher Zivilisation. Die Mönche brachten Kultur ins Land. Sie rodeten Wälder, legten Felder und Gärten an, züchteten Fisch und Vieh. Sie stauten einen Bach, gruben Kanäle, errichteten Mühle und Schmiede, Wäscherei, Brauhaus, eine Schule. Was hier entstand, war eine kleine, sich selbst versorgende Stadt – Neuzelle. Es muss ein hartes Stück Arbeit gewesen sein, die Wildnis zu formen. Doch als wäre das nicht Mühsal genug, die Feldzüge der Hussiten und später Wallensteins plündernde Truppen brachten Tod und Verderben über Kloster und Land. Von den Zerstörungen des Dreißigjährigen Krieges sollte sich Neuzelle nur langsam erholen. Doch vielleicht glaubten die Mönche an Wunder – mitten im evangelischen Land entstand ihr Kloster in einzigartiger Schönheit, und wenn die Ordensbrüder durch die Paradiespforte in ihre Kirche traten, sahen sie die barocke Pracht: purpurne Baldachine, tanzende Putten, musizierende Engel, Stuck und Gold, den auferstandenen Christus, Johannes den Täufer, die Heiligen Benedikt und Bernhard, Markus und David, den König, Joseph, Maria. Und über allem, im Osten, der aufgehenden Sonne gleich, schwebte wie heute der Heilige Geist.

Adresse Stiftsplatz 7, 15898 Neuzelle
Öffnungszeiten Öffnung der neu gestalteten Ausstellung Mitte 2009, dann bitte Öffnungszeiten erfragen

Technikhistorisches des Schiffs- und Wasserstraßenbaus sowie der Binnenschifffahrt und -fischerei ist beheimatet im Oderberger Museum. Attraktion der Freilichtausstellung ist der Schaufelraddampfer «Riesa».

Binnenschifffahrts-Museum Oderberg

Die Oder ist ihrem Ziel, der Ostsee, schon sehr nahe, wo die Havel noch ein Stück Weges vor sich hat zur Elbe und mit ihr in die Nordsee. Der Höhenunterschied von 36 Metern zwischen beiden Strömen hat die Binnenschiffer seit Jahrhunderten träumen lassen: von Flugbooten oder dem Landtransport ihrer Schiffe von einem Fluss zum anderen. Seit 1934 steht in der Nähe Oderbergs ein Stahlkoloss, der eine Riesenbadewanne jene 36 Meter auf und ab bewegen kann und in ihr Schiffe aller Art. Das Schiffshebewerk ist eine Sehenswürdigkeit. Man kann sich, von der Hauptstadt kommend, mit dem Ausflugsdampfer talwärts senken und den Blick dabei von Barnimhöhen weit ins flache Oderbruch schweifen lassen, man kann, wenn man es noch nicht glauben will, das Ganze als Modell ansehen im nahen Städtchen Oderberg, das auch per Schiff erreichbar ist. Dieses Museum liegt direkt am Wasser und ist ganz leicht zu finden: Es ist die schlanke «Riesa» mit den Schaufelrädern, die ihr Lebtag Elbedampfer war. Nun ruht sie aus, mit ihr diverse Oderkähne, Strombereisungs- und Stoßboote, deren anschauliche Überreste hier das Ufer zieren. Obendrein hat das Museum vierzehn Ausstellungsräume. Unten ist die Entwicklung der Region von der Steinzeit bis ins späte Mittelalter dargestellt sowie die Geschichte des Wasserstraßen- und Kanalbaus im Odergebiet. Um 1900 gab es in und um Oderberg elf Sägewerke und fünfzehn Kahnbauereien. Liebevoll ausgestattete Dioramen in der mittleren Etage lassen die damalige Holzindustrie und eine Schiffswerft bis in Einzelheiten verständlich werden. Das Schönste sind die meisterhaften Schiffsmodelle vom Kaffenkahn über Dampfschlepper bis zur modernen Schubeinheit.

Adresse Hermann-Seidel-Straße 44, 16248 Oderberg
Öffnungszeiten April bis September: Di bis Fr 10–17 Uhr,
Sa, So, Feiertage 13–17 Uhr,
Oktober, November, Februar, März: Di bis Fr 9–16 Uhr, So, Feiertage 13–16 Uhr

In Dauer- und Wechselausstellungen erinnert die Gedenkstätte am authentischen Ort und in den historischen Gebäuden an die Geschichte des Konzentrationslagers Sachsenhausen (1936 – 1945), an das sowjetische Speziallager Nr. 7/Nr. 1 (1945 – 1950) sowie an die Geschichte der Nationalen Mahn- und Gedenkstätte (1945 – 1961).

Stiftung Brandenburgische Gedenkstätten

Gedenkstätte und Museum Sachsenhausen, Oranienburg

Monumentale Leere, Fußwege wie Bußwege so weit, einzelne Baracken und andere Originalgebäude, darin die Museen: Man muss dieses Sachsenhausen suchen, es wird einem nicht geschenkt, schon gar nicht aufgedrängt. Und nur so kann man Sachsenhausen finden und den großen Himmel darüber. Diesen riesigen leeren Platz als einen Schrei gen Himmel. Während der Berliner Olympiade 1936 begannen Häftlinge in Sachsenhausen mit dem Bau eines «modernen, vollkommen neuzeitlichen Konzentrationslagers» (Heinrich Himmler). Es entstand ein «Musterlager», in dem zwischen 1936 und 1945 mehr als 200 000 Menschen verschiedener Nationen inhaftiert waren. Zehntausende kamen durch Hunger, Krankheiten, Zwangsarbeit, Misshandlung oder durch geplante Mordaktionen ums Leben. Seit 1938 avancierte Sachsenhausen zum «Leitlager», hier wurden Kommandanten und Wachpersonal für andere KZ ausgebildet, im sogenannten T-Gebäude hatte die oberste Verwaltungsbehörde aller Konzentrationslager ihren Sitz. Die Häftlinge mussten in zahlreichen Außenlagern, meist in Berlin, Zwangsarbeit leisten. Im April 1945 wurden Sachsenhausen und die Außenlager evakuiert, auf dem «Todesmarsch» gen Norden kamen wiederum Tausende ums Leben. Ab August nutzte der sowjetische Geheimdienst das gerade geräumte Lager zur Internierung von NS-Funktionären, aber auch von Oppositionellen und vermeintlichen Gegnern ihrer Herrschaft. Von den 60 000 Inhaftierten starben 12 000 an Hunger und Krankheiten. Heute wird die Geschichte des Gedenkens selbst zum Gegenstand der Ausstellungen. So ist die Baracke 38, die 1992 durch einen Brandanschlag versehrt wurde, zu einem Mahnmal auch gegen den aktuellen Rechtsradikalismus neu gestaltet worden.

Adresse Straße der Nationen 22, 16515 Oranienburg
Öffnungszeiten Mitte März bis Mitte Oktober: Di bis So 8.30 – 18 Uhr, Mitte Oktober bis Mitte März: Di bis So 8.30 – 16.30 Uhr

Im Schloss wird eine ständige Ausstellung zur Ur- und Frühgeschichte der Region, zu Volkskunde und Handwerk im Glin, zur Schlossgeschichte, Geschichte der Stadt Oranienburg, Leben und Werk Friedlieb Ferdinand Runges sowie Kunst und Kultur vom 15. bis 20. Jahrhundert gezeigt.

Kreis- und Schlossmuseum Oranienburg

Nach dem Dreißigjährigen Krieg war das Städtchen Bötzow verödet, kaum 150 Einwohner hatte es noch. Dass nun, nach dreißig Jahren, Frieden sei und eine neue Zeit, war wenig glaubhaft, man hatte die Erinnerung an Friedenszeiten nahezu verloren. Der Kurfürst Friedrich Wilhelm musste seine Untertanen den Frieden lehren und deutliche Zeichen setzen eines sinnenfrohen Lebens, das sich an allem Schönen freuen kann. Er tat es mit seinen Schlossbauten, die er mit Bildnissen von Naturschönheit und Lebensfreude ausstaffierte, dass nur ja das gewohnte Grauen seine Hand nicht durch die nackten Wände recke. Ab 1651 entstand das dreigeschossige Hauptgebäude des Oranienburger Schlosses nebst zweigeschossigen Pavillons, von Wasser umgeben wie seine niederländischen Vorbilder. Das Schloss hat eine wechselvolle Geschichte. Nun strahlt es wieder, wenn nicht in altem, so in neuem Glanz; es bietet diversen Ämtern Raum und zwei Museen. Das Kreismuseum zeigt Zeugnisse zur Stadt- und Regionalgeschichte, der märkischen Binnenschifffahrt und der Kunst und Kulturgeschichte aus mehreren Jahrhunderten. Dem Chemiker Friedlieb Ferdinand Runge ist ein eigener Ausstellungsraum gewidmet. Das Schlossmuseum birgt königliches Inventar, das zwar nur in Ausnahmefällen ursprünglich hierher gehört, aber durchaus in den historischen Zusammenhang der Hohenzollernherrschaft: Kostbarste Wandteppiche, Elfenbeinmöbel, Ölgemälde, eine Schatzkammer voller Prunksilber, ein Porzellanzimmer mit verspiegelten Etageren. Filigran bezaubernd aber jene raren freigelegten Fensternischenmalereien aus der Entstehungszeit des Schlosses: Da ist sie wieder, die frische Heiterkeit, die Lebensfreude des Barock.

Adresse Schloss Schlossplatz 1, 16515 Oranienburg
Öffnungszeiten April bis Oktober: Di bis So 10–18 Uhr, November bis März: Sa, So 10–17 Uhr

Die wunderschöne klassizistisch gebaute Hütte in Peitz erinnert an die brandenburgische Eisenproduktion. Zu besonderen Anlässen findet ein Schaugießen statt. Im Jahr 2006 eröffnete im linken Flügel des ehemaligen Eisenhütten- und Hammerwerkes das neue Fischereimuseum. Mit zahlreichen Exponaten und Inszenierungen wird viel Wissenswertes zur Geschichte und Tradition der Fischerei und des Teichgutes Peitz vermittelt.

Hütten- und Fischereimuseum Peitz

Karpfen und Kanonenkugeln – das ist Peitz. – Wie bitte? Kaltblütige Teichbewohner und todbringende Geschosse? Gibt es da einen Zusammenhang? In Peitz auf jeden Fall. Aus der Geschichte dieser Stadt ist beides nämlich kaum wegzudenken. Seit 1364 lag die Stadt als Exklave Brandenburgs im böhmischen, später im sächsischen Land. Und so künden noch heute beredte Zeugen von der Wehrhaftigkeit dieses Vorpostens im Feindesland. Festungsturm und Hammergraben, selbst die Karpfenteiche hat Markgraf Johann von Küstrin zur Stadtverteidigung errichten lassen. Wer sein Peitz erobern wollte, musste erst neben sumpfigen Wiesen nun auch diese Teiche überwinden. Damals, entstand auch das Hüttenwerk, eine imposante Gießerei, in der während der folgenden 500 Jahre nicht allein Kanonenkugeln gegossen wurden. Kuchenformen, Transmissionsräder, Ofenblasen, auch Grabkreuze verließen die Fabrik. Heute vermutet man hinter der repräsentativen Fassade der Hochofenhalle, wenn nicht ein Herrenhaus, so wenigstens eine Orangerie. Tritt man jedoch durch das zweiflüglige Tor in das Innere des Hüttenmuseums, findet man sich in einem nahezu heilig anmutenden Raum. Der gemauerte Ofen mit dem Spitzbogen, das hohe Dach aus geschweiften Bohlenbindern, emporenartige Podeste: Vieles lässt an eine Kathedrale denken. Das Erstaunlichste an diesem Museum ist allerdings, dass hier an einigen Tagen im Jahr wieder Eisen gegossen wird. Und weil dieses Metall und der Fisch aus den Teichen vor Peitz zusammengehören, erfährt man im benachbarten Fischereimuseum Wissenswertes über die kaltblütigen Teichbewohner und die Teichwirtschaft. Im Restaurant «Karpfenklause» gleich nebenan darf man sich den berühmten Peitzer sogar schmecken lassen.

Adresse Am Hüttenwerk 1, 03185 Peitz
Öffnungszeiten April bis Oktober: Mo bis Fr 10–16 Uhr, Sa und So 13–18 Uhr, November bis März: täglich 10–16 Uhr

Das Museum widmet sich der Ur- und Frühgeschichte, der Stadtgeschichte und dem ländlichen Leben der Umgebung. Zu bestaunen ist der Perleberger Kolonialwarenladen aus dem Jahre 1896 sowie die umfangreiche Lotte Lehmann Sammlung. Fotosammlung (u. a. Max Zeisig) und Bibliothek stehen dem Besucher zur Verfügung.

Stadt- und Regionalmuseum Perleberg

Das 750jährige Perleberg hat ein altes und berühmtes Museum mit einer wahrhaft opulenten Sammlung. Viele Heimatmuseen ließen sich ausstatten mit diesem Fundus, viele kleinere Museen erübrigen sich mit diesem einen, das repräsentativ ist für die Geschichte der Westprignitz. An der heutigen B 5 ziemlich genau zwischen Hamburg und Berlin gelegen, lebte die Stadt vom Handel, dem Handwerk, später auch von den Beamten und der Garnison (seit 1772). Nun fehlt das Militär, der Transrapid kommt auch nicht, und die Kreisstadt weiß nicht recht, wovon sie – außer der Verwaltung – leben soll. Schön ist sie immer noch und wird es nun erst recht, die spätmittelalterliche Innenstadt ist gut erhalten, wird sorgfältig restauriert. Doch die Jugend sucht andernorts ihr Glück, Perleberg träumt von Vergangenem, sein Herz ist dies Museum im vierstöckigen Fachwerkhaus nahe der Stadtkirche, wo man in aller Ausführlichkeit bewundern kann, was früheren Geschlechtern wertvoll war. Dreißigtausend Sammlungseinheiten finden auch in den 19 Ausstellungsräumen keinen Platz, die Magazine bersten. Schon 1899 fing das große Sammeln an mit der Entdeckung des bronzezeitlichen Königsgrabes im benachbarten Seddin. Die Funde kamen ihrer Bedeutung gemäß ins hauptstädtische Märkische Museum und riefen den Honoratioren der Stadt den Wert ihrer «Altertümer» ins Bewußtsein. 1905 konstituierte sich eine Altertumsdeputation, die sich in jeder Hinsicht um «vaterländische Altertümer» bemühte – womit das Museum gegründet war. Die Geschichte des Museums ist ein Spiegel des vergangenen Jahrhunderts. Heute kann man hier Töpfern, Hochradfahren, Schatztruhen knacken und Einkaufen wie vor hundert Jahren in einem originalen Tante-Emma-Laden von 1896.

Adresse Mönchort 7–11, 19348 Perleberg
Öffnungszeiten Juni bis September: Di bis Fr 10–17 Uhr, So 10–16 Uhr, Oktober bis Mai: Di bis Fr und jeden 2. und 4. So 10–16 Uhr

Das Museum zeigt Exponate aus dem Alltag in der DDR und eine Fülle von Druckerzeugnissen der Parteien, Massenorganisationen, der Volksbildung und des militärischen Bereiches.

DDR – Geschichtsmuseum, Perleberg

Im DDR-Museum kann man sich der eigenen Lebensgeschichte vergewissern, einer Vergangenheit, die nicht vergangen ist, weil die DDR so plötzlich und so spurlos verschwand, dass sie bei manchem einen Phantomschmerz hinterließ. Man hatte keine Zeit, damit «fertig zu werden», Verteufelung oder Ostalgie helfen da nicht weiter, dieses Museum schon: Auf DDR-typische Weise improvisiert und provisorisch, versammelt es zahllose Anlässe, sich zu erinnern, ohne sie auch gleich in den «richtigen» Deutungszusammenhang zu stellen: Staat, Militär, Propaganda, Schule, Arbeit, Freizeit. Hier wird man nicht belehrt, über den politisch korrekten Umgang mit der eigenen Vergangenheit, hier wird der DDR-Alltag nicht denunziert als das «falsche Leben», dessen man sich zu schämen hat. All diese Alltagsdinge wären durchaus geeignet zu ostalgischer Betrachtung, wenn sie nur auch recht putzig präsentiert würden, herausgeputzt und in der Aura jener speziellen Ästhetik, in der DDR-Design dem unbefangenen Auge erscheinen kann. Doch hier hat man anderes im Sinn: Klärungs- und Aufklärungsarbeit mit Betroffenen. Hier ist die Muffigkeit des DDR-Alltags immer präsent, und die kam nicht von einem bestimmten Design her, sondern hatte mit der Machtanmaßung der Partei und Staatssicherheit zu tun. In diesem Museum ist man auf ähnliche Weise von der DDR umzingelt wie damals, als es deren unentrinnbare politische Verhältnisse noch gab. Das tut bei den Besuchern Wirkung, sie werden herausgefordert, sich ihrer Erinnerung zu stellen. Das ist manchmal lustig und kann auch wehtun. In diesen Räumen wird gelacht, geflucht, gestritten und geweint. Pfarrer Freimark, der das Museum leitet und permanent erweitert, ist immer wieder als Seelsorger gefordert.

Adresse Feldstraße 98, 19348 Perleberg
Öffnungszeiten April bis November: Do, Fr 10 – 13 Uhr, Sa, So und Feiertage 14 – 16 Uhr und nach Vereinbarung

Das Museum zeigt die Geschichte der Babelsberger Filmstudios zur Zeit von UFA und DEFA. Kino und Sonderausstellungen widmen sich der internationalen Film- und Medienentwicklung.

Filmmuseum Potsdam

100 volle Jahre! – 2012 feiern die Studios in Babelsberg ihren 100. Geburtstag. Das Filmmuseum feiert kräftig mit. Aus gutem Grund! Schließlich lässt sich auf ein pralles Jahrhundert großer Filmgeschichte zurückblicken. Anfangs allerdings kann von einem florierenden Geschäft mit dem neuen Medium zwar noch keine Rede sein, doch die Zwanziger Jahre machen die Namen UFA und Babelsberg weltbekannt. Die Dauerausstellung im ehemaligen Marstall des Potsdamer Stadtschlosses reißt in ihrem Entree die Zeit vor 1945 glanzvoll an. Wahre Ikonen sind da zu entdecken: Zarah Leanders prächtiges Kostüm für «Das Herz der Königin» aus dem Jahr 1940, eine Perücke, die Otto Gebühr in einer seinen vielen Rollen als Preußens König Friedrich II. getragen hat und vieles mehr. Natürlich gibt es auch bewegte Bilder zu sehen, so Ausschnitte aus Wochenschauen, die hinter die Kulissen der aufblühenden Filmstadt blicken lassen, aber auch aus Filmen wie «Der Hitlerjunge Quex» und «Jud Süß». Denn ab 1933 gehört auch Babelsberg zum gleichgeschalteten Propagandaapparat der Nationalsozialisten. Welche Streifen man ab 1945 dreht, wird umfassender beleuchtet. Von «Ehe im Schatten» 1947 und «Das Beil von Wandsbek», dem ersten «Verbotsfilm» der DEFA über «Ernst Thälmann», «Geliebte weiße Maus», «Goya» und dem Indianerfilm «Die Spur des Falken», «Die Legende von Paul und Paula» bis zu «Solo Sunny», «Sonnenallee» und «Halbe Treppe» – von zahlreichen Filmen werden Originalrequisiten, Drehbücher und Auszeichnungen gezeigt. Da Filme aber immer auch Zeitgeschichte spiegeln, «läuft» parallel dazu der «Film» historischer Ereignisse: vom Kriegsende, über den Mauerfall bis in die Gegenwart. Auch das ist großes Kino.

Adresse Breite Str. 1a, 14467 Potsdam
Öffnungszeiten täglich 10–18 Uhr

Das Haus zeigt die ständige Ausstellung «Land und Leute. Geschichten aus Brandenburg-Preußen», die mit rund 400 originalen Objekten, Fotos, Filmen sowie Multimedia- und Hörstationen durch 900 Jahre Landesgeschichte führt. Es bietet außerdem wechselnde Sonderausstellungen und ein breit gefächertes Veranstaltungsprogramm.

Haus der Brandenburgisch-Preußischen Geschichte, Potsdam

«Land und Leute» heißt die Dauerausstellung des Haus der Brandenburgisch-Preußischen Geschichte im einst königlichen Kutschstall. Fangen wir mit den Leuten an: mit Johann Georg Pfund, dem Leibkutscher des Königs. Der hatte mit dem heutigen Gebäude zwar nichts am Hut. Er muss aber in der Tat ein wahrer «Pfundskerl» gewesen sein, ein echtes Vorbild seiner Zunft. Warum hätte man ihn wohl sonst als geschickten Pferdelenker in der Quadriga über dem Portal verewigt? Glaubt man dem Dichter August Kopisch, so hat «Aller Kutscher Muster» Pfundt seine Majestät, den Alten Fritzen, dereinst allerdings schon ein wenig derb herumbugsiert. Prompt, so ist's in Kopischs Gedicht zu lesen, degradierte der König ihn zum Holztransporteur, beförderte ihn jedoch angesichts seiner Fahrkünste – «Umschmeißen kann er nicht» – wieder. Von der Legende in die Wirklichkeit. Und zum Land, aus dem Leute wie König, Kutscher, viele andere Brandenburger – und Fremde – in einem runden Jahrtausend eine ansehnliche Kulturlandschaft formten. Von der Gründung des Bistums 948 geht es hier deshalb über Reformation, Barock, Kaiserzeit und Weltkriege bis zum Einigungsvertrag. Xenopsylla cheopis, dem Pestfloh, und den wulstigen Schädeldellen des Dreißigjährigen Krieges folgen das «Edikt von Potsdam», niederländische «Fayancenbäcker», würziger Tabak und der Damast der Hugenotten, den zackigen Eisenspeeren der Oderfischer schließen sich der Scheffel, die Agrarreformen Albrecht Daniel Thaer und die Kartoffel an. Dem Grabstein Heinrich von Kleists folgt Theodore Fontanes üppiges Tintenfass. Doch selbst von dort ist es bis zum Autobahnschild «Willkommen im Land Brandenburg» noch immer ein «weites Feld».

P

Adresse Kutschstall, Am Neuen Markt 9, 14467 Potsdam
Öffnungszeiten Di bis Fr 10–17 Uhr, Sa, So, Feiertage 10–18 Uhr, Mo geschlossen

Im historischen Holländerhaus werden in den Obergeschossräumen ständig wechselnde Ausstellungen zu Kunst und Kultur regional wie auch überregional gezeigt. In den unteren Räumen sind Objekte aus der Sammlung und fotografische Ansichten von Potsdam vor und nach dem Zweiten Weltkrieg zu sehen.

Potsdam-Museum

Potsdam? Für viele Touristen ist es der unbedeutende Appendix der Schlösser und Gärten von Sanssouci. Aber die ganze Stadt war gemeint, als die UNESCO 1991 das Gesamtkunstwerk Potsdam mit seinen mehr als 2000 denkmalwürdigen Bauten und Objekten aus drei Jahrhunderten zum «Welt- und Kulturdenkmal» deklarierte und in die «World Heritage List» aufnahm. Potsdam heute? Wo fängt es an, wo hört es auf? Hat es ein Zentrum? Residenz- und Garnisonstadt der Hohenzollern ist es seit dem Ende des Ersten Weltkriegs nicht mehr, ein intaktes, imposantes Ensemble sehenswerter Bauten, Plätze, Alleen war es noch bis zum Ende des Zweiten. Im April 1945 ist Potsdam durch Bombardements im Kern zerstört worden, das Stadtschloss, die Garnisonkirche und viele andere charakteristische Gebäude fehlen seither im Stadtbild. Ganz gesichtslos ist die Stadt deshalb nicht. Wer sich auf sie einlässt, auch auf die Verödungen und Idyllen von vierzig DDR-Jahren, wer in dem historische Holländerhaus in der Benkertstraße, dem momentanen Sitz des Potsdam-Museums, nach ihr sucht, für den sind die historischen Brüche des vorigen Jahrhunderts mit Händen zu greifen. Vor allem in den fotografische Ansichten der Stadt vor und nach dem Zweiten Weltkrieg. Aber schon der nächste Bruch wird folgen, oder besser eine Rückkehr. Potsdams Mitte wird umgestaltet, und auch das Potsdam-Museum erhält einen neuen, würdigen Platz, im Alten Rathaus nahe dem ehemaligen und neuen Stadtschloss. Einen Platz im einst verloren gegangenen Zentrum – ein hoffentlich dauerhafter Neuanfang.

Adresse Benkertstraße 3, 14467 Potsdam;
voraussichtlich ab 2012 Am Alten Markt, 14467 Potsdam
Öffnungszeiten Di bis So 10–18 Uhr

Die Gedenkstätte zeigt in der Dauerausstellung «Kommandantenhaus-Amtsgericht-Gefängnis» die Geschichte des Hauses und erinnert mit dem Ausstellungsteil «Widerstand und Repression» an die Repressalien der Häftlinge zu DDR-Zeiten.

Potsdam-Museum/Gedenkstätte Lindenstraße, Potsdam

Wir kommen mit dem Schrecken davon. Selbst, wenn uns die Tür aus der Hand fällt, donnernd hinter unserem Rücken ins Schloss kracht. Freiwillig sind wir gekommen. Wie jedoch ist es jenen ergangen, die gegen ihren Willen diesen Hof betraten, die in vergitterten Wagen kamen, begleitet von Polizisten oder Geheimdienstleuten? Von der Straße aus merkt man dem 1737 erbauten «Großen Holländischen Haus» das bedrückende Innere kaum an. Schon deshalb jagen einem Schauer über den Rücken, steht man auf einmal in dem kahlen Gefängnishof. Mauern, Laternen, Stacheldraht und Fenstergitter, eiserne Tore, Überwachungskameras und ein vier Etagen hoher Zellentrakt – nahezu unsichtbar liegt diese Haftanstalt mitten in Potsdams quirlig-pulsierender Innenstadt. Dort das Leben, hier Unfreiheit und Gewalt – und was für Verbrechen im Namen des Gesetzes! Seit 1936 ordnete hier das «Erbgesundheitsgericht» rassenpolitisch motivierte Zwangssterilisierungen an. Ab 1940 entschieden die Richter des «Volksgerichtshofes» über Leben und Tod von Widerständlern und Oppositionellen. Nach dem Krieg bezieht der sowjetische Geheimdienst NKWD Quartier. Ab Anfang der 50er-Jahre richtet die Staatsicherheit ein Untersuchungsgefängnis ein. Die Schicksale der Gefangenen aus diesen Zeiten, ihre Haftbedingungen und die Verhörmethoden sind nüchtern, aber umfassend in der Ausstellung dokumentiert. Dass das «Große Holländische Haus» jedoch nicht immer Haftanstalt gewesen ist, sondern 1809 in seinem Saal die erste freigewählte Stadtverordnetenversammlung tagte und sich hier 1990 Bürgerbewegungen und Parteien auf die erste freie Volkskammerwahl vorbereiteten, lässt nach dem Schrecken doch einen Funken Hoffnung zu.

Adresse Lindenstraße 54/55, 14467 Potsdam
Öffnungszeiten Di bis Sa 10–18 Uhr

Das Museum ist im ehemaligen «Ständehaus der Zauche» untergebracht. Die Ausstellung lädt zu einem Spaziergang durch die Tier- und Pflanzenwelt des Landes Brandenburg ein.

Naturkundemuseum Potsdam

In Wollys Reich schwirrt ein Schwarm Ukeleien durch das Hornkraut, versteckt sich der Wasserfrosch unter Steinen und Holz. Die Rotwangenschmuckschildkröte kratzt an der Scheibe, während der Wels in der Ecke döst. Was in Brandenburgs Gewässern kreucht und fleucht, hüpft und schwimmt – im Keller des Naturkundemuseums lässt es sich trefflich beobachten. In Terrarien und Aquarien lebt die märkische Wasserwelt. Auch dem Vorbild von Wolly, einer echten Wollhandkrabbe, kann man hier begegnen. Wolly aber – die kleine Comicfigur – begrüßt uns freundlich in der Unterwelt und lädt uns zu einem Rundgang durch die obere Etage des Museums ein. Wie die farbenfrohen Mandarinenten – in der Potsdamer Havelbucht, nur wenige Schritte vom Museum entfernt, sind diese Tiere das ganze Jahr über in Natura zu beobachten – kamen auch Wollys Vorfahren aus der Ferne in unser Land. Hier haben sie sich prächtig eingelebt – wie viele andere Einwanderer, die unsere Wolly bestens kennt. Von Kamberkrebsen, Waschbären und Mufflons, vom Bisam, den Fasanen, der Streifengans, dem Marderhund und ihrem Leben kann Wolly deshalb kenntnisreich berichten. Viele von Wollys Freunden sind in Vitrinen und Freidarstellungen als verblüffend lebendig wirkende Präparate zu sehen. Weil Wolly außerdem erfahren hat, dass viele kleine und große Menschen heute kaum noch wissen, wie sich das Fell von Bisam, Mink und Rotfuchs anfühlt, darf man die Felle der kleinen Raubtiere hier sogar berühren. Das gilt jedoch nicht für die Exponate in den anderen Etagen des Museums, wo wir neben der einheimischen Tierwelt in Garten und Park auch Tiere sehen, die bereits ausgestorben oder bedroht sind – wie die winzige Feldspitzmaus oder der große Elch.

Adresse Breite Straße 13, 14467 Potsdam
Öffnungszeiten Di bis So 9–17 Uhr

Das Orangerieschloss entstand 1851–64 als letztes Gebäude im Park Sanssouci. Im Raffaelsaal sind unzählige Kopien nach Werken Raffaels ausgestellt.

Stiftung Preußische Schlösser und Gärten Berlin-Brandenburg

Park und Schlösser Sanssouci, Potsdam

Potsdam wäre kaum weltberühmt ohne diesen Park und seine Schlösser. Die zweihundert wichtigsten Jahre hohenzollernscher Bautätigkeit sind in ihren schönsten Ergebnissen in dieser Stadt versammelt, die denn auch der eigentlichen Hauptstadt Berlin den Rang ablief und zeitweise zur heimlichen Hauptresidenz wurde. Potsdam, die Garnisonstadt der Preußenkönige, hat für das riesige Heer gelebt und produziert, Friedrich II. führte Krieg, als er sein berühmtes Weinbergschlösschen in Auftrag gab (erbaut 1745–1747 von Georg Wenzeslaus von Knobelsdorff). Den kriegerischen Geist seiner Entstehungsjahre sieht man ihm nicht an, es ist der Gegenpol des Kriege-Führen-Müssens, das Friedrich längst nicht so liebte, wie man ihm nachsagt. Es ist wunderbar unernst, verspielt, eben «sans souci»: um der Sorgenfreiheit willen in eine heitere Landschaft gefügt. Hier hat der König seine Sommer verlebt, Legende wurden seine Musizierlust, seine Verehrung für Voltaire, seine Tafelrunden. Die Orte seiner Mußestunden, Musikzimmer, Bibliothek und Marmorsaal, sind unter anderen wohlerhalten zu besichtigen. Die Repräsentation konnte auf der kühlen Nordseite stattfinden, da empfängt einen das Schloss denn auch gebührend streng und klassisch offiziell. Nach Süden hin aber lächelt es beinahe privat in heiterem Rokoko mit seinen hohen Fenstertüren zwischen weintrunkenen Karyatiden. Der ganze Park mit seinem Chinesischen Teehaus, seinen Römischen Bädern ist so ein Traum von ferner Schönheit, ein In-die-Ferne-Reisen ohne fortzugehen. Ein über Jahrhunderte gewachsenes exotisches Gesamtkunstwerk. Schloss Sanssouci hat zwei ähnliche Pendants zu beiden Seiten: Bildergalerie und Neue Kammern. Die Galerie (erbaut 1755–1764 von Johann Gottfried Büring) gilt als der erste deutsche Museumsbau, plastischer Fassadenschmuck nimmt allegorischen Bezug auf die Künste und Wissenschaften. Trotz ihrer wechselvollen Geschichte ist es gelungen, den ursprünglichen Charakter der Galerie zu erhalten. Heute wie einst sind hier repräsentative Werke des italienischen und niederländischen Barock zu sehen, die

Die Bildergalerie von Sanssouci gehört zu den ältesten in ihrer Funktion erhaltenen Museumsbauten. Sie wurde 1755–63 für die Gemäldesammlung König Friedrichs II. errichtet. Ausgestellt sind niederländische, italienische und französische Gemälde des 17./18. Jahrhunderts, darunter Werke von Rubens, van Dyck und Caravaggio.

in alter Manier dicht neben- und übereinander die Nordwand des langgestreckten Saales zieren. Die Neuen Kammern (erbaut 1771–1774 von Georg Christian Unger) dienten Friedrich II. als Gästehaus. Eine Reihe kostbarer Festsäle wie der Jaspissaal oder die Ovidgalerie machen deutlich, zu welchen Raumschöpfungen das friderizianische Rokoko noch fähig war, als der Klassizismus schon weitgehend den Geschmack der Zeit bestimmte. Das Neue Palais am Ende der breiten Mittelachse des Parks (erbaut 1763–1769 von Johann Gottfried Büring, Heinrich Ludwig Manger, Carl von Gontard) ist Friedrichs letzter Schlossbau, es hat den repräsentativen Charakter, der in den früheren Bauten nicht so wichtig war. Unmittelbar nach dem Ende des durchaus nicht nur siegreichen Siebenjährigen Krieges brauchte der Alte Fritz offenbar eine solche «Fanfaronade» (Prahlerei), wie er das Neue Palais selbst nannte. Er konnte sich mit der neuen Wohnung im Seitenflügel aber nie recht anfreunden. Das Palais ist innen ganz Rokoko, wie das Weinbergschlösschen, aber der Spätstil hat seine Leichtigkeit verloren und liegt mit dem aufkommenden Louis-Seize-Stil im Widerstreit. Ein Grottensaal ist mit seltenen Mineralien und Schmucksteinen ausstaffiert, der Marmor-Festsaal geht hier über zwei Etagen und ist für philosophische Tafelrunden, wie sie der junge Herrscher geliebt hatte, eher ungeeignet. Ein Teil des heute gezeigten Mobiliars stammt aus dem zerstörten Potsdamer Stadtschloss. Schloss Charlottenhof (erbaut 1826–1829 von Karl Friedrich Schinkel) und die Orangerie gehören einer anderen Epoche an. Friedrich Wilhelm IV. erweiterte den Schlosspark im Süden nach Plänen von Peter Joseph Lenné, der die großen Sichtachsen bruchlos anfügte. Und doch ist es, als käme man von drinnen nach draußen, wenn man durch die von hohen Hecken gesäumten geraden Wege des älteren «französischen» Parks in den «englischen» Landschaftspark gelangt: in ein freieres, offenes Gelände, das natürlich gewachsen scheint mit seinen anmutigen Hügeln und Wasserflächen, Bäumen, Wiesen, Sträuchern, und das doch in

Das Schloss Charlottenhof entstand 1826–29 nach Plänen von Karl Friedrich Schinkel. Die Entwurfsskizzen hatte der Bauherr, Kronprinz Friedrich Wilhelm, beigesteuert. Zu bewundern sind das berühmte Zeltzimmer und Wohnräume des Kronprinzenpaares.

jedem Detail geplant worden ist. Karl Friedrich Schinkel gelang mit dem Schloss Charlottenhof ein Bauwerk von besonderer Anmut und geistiger Klarheit, ein Schloss an der Grenze zur bürgerlichen Villa, klassizistisch, nach römischem Vorbild. Es ist dem damaligen Zeitgeschmack entsprechend biedermeierlich eingerichtet, macht also auch innen einen eher bürgerlichen als höfischen Eindruck. Die Italiensehnsucht des Königs fand auch für die Orangerie (erbaut 1850–1864 von Ludwig Persius, August Stüler, Ludwig Ferdinand Hesse) Vorbilder in Rom und Florenz: Der Mittelbau ist der Villa Medici nachempfunden, in den Eckbauten wird der Durchgang von den Uffizien zum Arno zitiert. Die Orangerie ist bis heute in Funktion, in den langen Hallen überwintern jene südländischen Gewächse, die sommers davor stehen und das ihrige tun, um den Besucher im Vorübergehen nach Italien zu versetzen. Die Wohnräume, mit holzgetäfelten Wänden oder mit rotem Damast bespannt im Stil des «Zweiten Rokokos», waren Gästewohnungen. Im Zentrum erhebt sich – nach dem Vorbild der Sala Regia im Vatikan – der Raffaelsaal über mehrere Geschosse. Er beherbergt eine umfängliche Sammlung von Kopien deutscher Künstler des 19. Jahrhunderts nach Raffael-Gemälden. Die Vollendung des Schlosses hat Friedrich Wilhelm IV. nicht mehr erlebt, vor dem Gebäude, auf der breiten Terrasse, ist ihm ein Denkmal gesetzt.

Adresse Besucherzentrum an der Historischen Mühle, 14467 Potsdam
Öffnungszeiten zu erfragen unter T (0331) 9694-202/-200 und -201

Das Marmorpalais im Neuen Garten entstand ab 1787 zunächst nach Plänen Carl von Gontards, später übernahm Carl Gotthard Langhans die Leitung. Die Raumausstattungen sind im Frühklassizismus gehalten mit Intarsienkabinetten, Möbeln von Fiedler und Roentgen und Wedgwood-Keramik.

Stiftung Preußische Schlösser und Gärten Berlin-Brandenburg

Neuer Garten mit Marmorpalais und Schloss Cecilienhof, Potsdam

«Zu Hilfe! Zu Hilfe! Sonst bin ich verloren…», riefe der Besucher, würde man von ihm verlangen, den Neuen Garten zu erklären. Dieser Garten ist ein Mysterium, und so fragt der überforderte Fremde nur: «Was hör ich? Wo bin ich? Welch unbekannter Ort?» Vielleicht ist dieses Zitat aus Mozarts Oper «Die Zauberflöte» überhaupt das passende Motto für einen Spaziergang durch diesen Potsdamer Park. Vielleicht sollte man nicht versuchen, ihn zu verstehen, und Sphinx und Tempel, Pyramide und Obelisk, Grotte und Hieroglyphen als Ausdruck einer uns vertrauten Sehnsucht nach südlichen Gefilden deuten. Doch wenn man erfährt, dass Friedrich Wilhelm II., der Schöpfer des Gartens und Erbauer des Marmorpalais, ein Rosenkreuzer, also ein Ordensbruder, ein Freimaurer war, ist es um diese Auslegung geschehen. Dann ziehen einen die geheimnisvollen Elemente vollends in ihren Bann, und die Verbindung zur Mozart-Oper wird offenbar. Aber muss man das wissen? Lässt man seiner Phantasie freien Lauf, kommt einem vielleicht in den Sinn: In diesem Garten möchte man wohnen. Und egal, ob die Wahl auf das Winzerhaus, auf eines der Backsteinhäuser des Holländischen Etablissements oder auf das am Ufer des Heiligen Sees gelegene Rote Haus fiele, hier ist für jeden etwas dabei. Ein Spaziergang verleitet zu solchen Träumen. Die Eichenallee entlang: Da tut sich der See auf, im Norden die schmale Landenge, dahinter die Havel, der Jungfernsee, Sacrow, Pfaueninsel, Glienicke – Sichtachsen, wie im ganzen Park auf Gotische Bibliothek, Orangerie, Meierei und Ruinen und auf die Schlösser: das Marmorpalais und – hinter Bäumen verborgen – Cecilienhof. Hier holt uns die Wirklichkeit ein, das runde Beet mit einem Sowjetstern aus Blumen und im Innern der runde, der gewaltige Tisch, die Fahnen, 1945, 2. August. Es ist der schwere Atem der Geschichte, das Ende deutscher Großmachtpläne und Anfang eines neuen, «kalten» Krieges. Da saßen die Sieger – sie belauerten einander schon – und blickten aus dem Schloss der Hohenzollern über den schönen Havelsee. Ihre Namen unter dem Abkommen zerschnitten nicht nur

Cecilienhof war der letzte Schlossbau der Hohenzollern. Er wurde für den Kronprinzen Wilhelm und dessen Gattin Cecilie von Mecklenburg- Schwerin 1913–1917 errichtet. Die Planung übernahm der Architekt Paul Schultze-Naumburg. Im Schloss fand vom 17. Juli bis 2. August 1945 die Potsdamer Konferenz der Siegermächte des II. Weltkrieges statt.

diesen Blick auf Jahre. Unerreichbar das Ufer, und das marmorne Schloss in der Mitte des Gartens wurde zur Festung – Kanonen, Panzer, Raketen –, Armeemuseum der DDR, Ausflugsziel zahlreicher Schulklassen. Die Kinder hatten keinen Blick mehr auf die Nibelungen an der Gartenseite des Schlosses. Schon gar nicht auf den Fluss. Doch heute sind die Blicke wieder frei – die Mauer steht auch hier nicht mehr–, und das Schloss Friedrich Wilhelms II. ist seine Waffen los. Weder ein Tag noch diese Seiten genügen, alle Geschichten auch nur anzudeuten, die mit diesem klassizistischen Kleinod verbunden sind. Vom König wäre zu reden, der selbst im Park «Akazien» pflanzte, der die Kunst und auch die Frauen liebte, seine Freundinnen zu Gräfinnen machte – wenn sie es noch nicht waren – und zu mehrfachen Müttern auch. Und von den Bewohnern Cecilienhofs wäre zu berichten, vom Kronprinzen Wilhelm, des letzten Kaisers Sohn, einem Preußen, wie er im Buche steht, mit Reitstiefeln und Uniform, und von Cecilie, der schönen Prinzessin, die Rosen liebte und eine deutsche «Königin der Herzen» war.

Adresse Neuer Garten, 14469 Potsdam
Öffnungszeiten *Marmorpalais* Januar bis April: Sa, So und Feiertag: 10–16 Uhr, Mai bis Oktober: Sa, So 1018 Uhr, November bis Oktober: 10–16 Uhr
Schloss Cecilienhof April bis Oktober: Di bis So 10–18 Uhr,
November bis März: Di bis So 10–17 Uhr, 10. April (Karfreitag ab 11 Uhr)

Das ehemalige Dominikanerkloster beherbergt neben dem Historischen Stadtarchiv der Stadt Prenzlau, der Stadtbibliothek und der Kulturarche das Kulturhistorische Museum, das die Kulturgeschichte der Uckermark am Beispiel der Stadt Prenzlau darstellt und einen Einblick in die mittelalterliche Klosterwelt gewährt. Des Weiteren sind Originale des klassizistischen Landschaftsmalers Jakob Philipp Hackert ausgestellt.

Dominikanerkloster Prenzlau – Kulturhistorisches Museum

Von der einst prächtigen Stadt ist nach dem letzten Krieg nicht viel geblieben, das Dominikanerkloster überstand und bietet dem Museum einen würdigen Rahmen. Hier sind die Ausstellungsräume selbst kulturhistorisch bedeutsam mit ihren gotischen Kreuzrippengewölben, Spitzbögen, Stützpfeilern mit Kapitellen. In langen Kreuzgängen sind die Vitrinen, Schautafeln und größeren Fundstücke chronologisch aufgereiht; man geht durch die Zeiten, und das Vergangene wird lebendig. Mönchschritte, Betgemurmel, sakraler Gesang hallt durch die lichtdurchfluteten Gewölbe, wenn man sich in den Anblick der Kleinodien vertieft, die vom Zisterzienserkloster Marienwerder geborgen wurden. Mittelalterliches Markttreiben ist zu hören, wenn man vor den reichhaltigen keramischen Funden aus der näheren und weiteren Umgebung stehen bleibt. Das Schlachtgetümmel des Dreißigjährigen Krieges hat auch um und durch die Stadt getobt, sichtbar an den ehernen Rüstungen, Lanzen und Hellebarden. Seit hundert Jahren schon hat der Uckermärkische Museums- und Geschichtsverein eine beachtliche Mittelalter-Sammlung zusammengetragen mit Fundstücken aus der gesamten Uckermark. Dalmatika des 15. Jahrhunderts, Armbrust und Plastiken aus gleicher Zeit und die Schwurhände des Prenzlauer Bürgermeisters von 1426 zählen zu den wertvollsten Stücken. Als der letzte große Krieg schon fast vorüber schien, erbebte das Kloster unter den Detonationen, die die Stadt ringsum in Schutt und Asche legten. Nun war jede Unterkunft willkommen, das Kloster wurde für die ersten Nachkriegsjahre zum Notquartier. Auch die Geschichten, die man sich damals in diesen Mauern erzählte, hallen hier nach und gehören zum ideellen Bestand des Museums.

Adresse Uckerwiek 813, 17291 Prenzlau
Öffnungszeiten Di bis So 10–17 Uhr

Das Stadt- und Brauereimuseum bietet mit seinen Ausstellungen Einblick in die Stadt- und Regionalgeschichte Pritzwalks vom Hochmittelalter bis zur Gegenwart und dokumentiert die lokale Handwerks- und Industriegeschichte.

Stadt- und Brauereimuseum Pritzwalk

Viel gute Prignitzer Luft empfängt den Besucher am Bahnhof, hier ist noch in den letzten Kriegstagen 1945 ein Munitionszug beschossen worden, mit verheerenden Folgen. Pritzwalk empfängt den Gast mit der Weite und Offenheit einer modernen Stadtanlage, doch erhaltene Teile der Stadtmauer bezeugen auch, dass die Siedlung in der Dömitz-Niederung weit in die Geschichte reicht. Krieg, Pestilenz, Überschwemmungen haben die Stadt heimgesucht, die mittelalterliche Bebauung fiel 1821 einem Brand fast vollständig zum Opfer. Nur wenige Jahre später begann der industrielle Aufschwung, die Tuchindustrie lieferte Stoffe fürs ansässige Militär, Eisenbahnen fuhren in vier Himmelsrichtungen, Pritzwalk erhielt das gründerzeitliche Gepräge, das es bis heute erkennbar macht. Die geologische und historische Verortung ist im neuen Stadt- und Brauereimuseum eindrücklich gelungen: Die Zeitschichten, die sich unterm heutigen Straßenpflaster finden, stehen hier hinter Glas und erzählen vom Schicksal früherer Generationen. Auf den 20er-Jahre-Fotos sieht man die Straßen, Plätze in einer Weise belebt, wie es heute kaum mehr vorstellbar ist. Die Industriegeschichte ist im Museum ganz zu recht ein Schwerpunkt – das Zahnradwerk produziert noch heute, die Erzeugnisse der Brauerei lassen sich gleich nebenan verkosten. In einem großen Fotobilderbuch kann man Geschichten aus dem DDR-Alltag aufblättern, kann sich erinnern, ohne Nötigung, sich auch zu schämen. Das Museum ist im Keller der alten und neuen Schau-Brauerei untergebracht; über dem Pritzwalker Pflaster ist viel Raum, der Zeitpfeil weist ins Offene. Bei dem, was diese Stadt schon durchgestanden hat, kann den Pritzwalkern um ihre Zukunft gar nicht bange sein.

Adresse Meyenburger Tor 3a, 16928 Pritzwalk
Öffnungszeiten Di bis Fr 10–12 und 13–17 Uhr, Sa und So 13–16 Uhr

Die Slawenburg Raddusch ist eine Adaption der ausgegrabenen slawischen Wehranlage aus dem 9./10. Jahrhundert. Die integrierte Ausstellung beleuchtet an Hand der Funde aus der Braunkohlenarchäologie die Ur- und Frühgeschichte der Niederlausitz.

Slawenburg Raddusch

Der slawische Volksstamm der Lusizi gab der Lausitz ihren Namen. Vor über 1200 Jahren zog er in ein nahezu unbesiedeltes Gebiet. Die Slawen waren die Pioniere der hiesigen Zivilisation. Sie gründeten erste Siedlungen, züchteten Vieh und lebten vom Ackerbau und der Jagd. Sie waren Töpfer, Pechsieder, Karrmacher und Weber. Sie gossen Eisen, bauten mit Holz und Lehm und begruben ihre Toten in Urnen. Ihr Siedlungsgebiet sicherten sie durch zahlreiche Burgen. Das waren uns heute relativ klein erscheinende, im Grundriss kreisförmige Bauwerke, Wälle aus einer mit Erde verfüllten Holzkonstruktion, zum Schutze von Wassergräben umgeben. An die vierzig solcher Burgen gab es in der Niederlausitz, und eine solche kann der Besucher in Raddusch bestaunen. Auch wenn es sich hier um eine Rekonstruktion mit modernen Materialien handelt, sie steht am historischen Ort. Dem Braunkohleabbau in den neunziger Jahren mussten die Reste des historischen Radduscher Burgwalls weichen. Doch bei jahrelangen Ausgrabungen wurden wertvolle Funde geborgen, und als die Kohle abgebaggert war, entstand der außergewöhnliche Plan, das Bauwerk wiederherzustellen. Heute naht der Besucher einem neun Meter hohen Wall mit imposanter Mauerkrone. Zwei Tore geben den Weg ins Innere frei, ein kleiner Hof empfängt ihn im Rund des Museums. Was dann beginnt, ist ein wirklicher Rundgang durch die Ur- und Frühgeschichte der Niederlausitzer Region, ein Einblick in das Leben ihrer frühen Bewohner.

Adresse Zur Slawenburg 1, 03226 Vetschau/Spreewald Ortsteil Raddusch
Öffnungszeiten April bis Oktober: täglich 10–18 Uhr; November bis März (Januar geschlossen) täglich 10–16 Uhr; im Januar für Gruppen auf Anfrage

Das Museum bietet eine Ausstellung zur Entwicklungsgeschichte der optischen Industrie in Deutschland, die durch den Pfarrer Johann Heinrich August Duncker in Rathenow begründet wurde.

Optik Industriemuseum Rathenow

Johann Heinrich August Duncker, ein Pfarrerssohn aus Rathenow, wollte klarer sehen. Schon während seines Theologiestudiums hat er sich mit theoretischer Physik befasst, insbesondere mit den Keplerschen Lichtbrechungsgesetzen. Er hat eine Maschine erfunden, an der man mit Hilfe einer Handdrehkurbel viele Gläser gleichzeitig schleifen kann: die Vielschleifmaschine, die in dem Rathenower Museum zu besichtigen ist. Diese Erfindung hatte für die Optik eine ebenso große Bedeutung wie die Erfindung der mechanischen Webstühle und Spinnmaschinen für die englische Textilindustrie. So konnte Duncker passende, sehscharfe Brillen fertigen, was im damaligen Deutschland ein absolutes Novum war und sich bald herumsprach. Friedrich Wilhelm III. erteilte 1801 die Konzession zum Führen einer optischen Industrieanstalt an den jungen Pfarrer, der den Grundstein dafür gelegt hat, dass Rathenow zur «Stadt der Optik» wurde, zur ersten optischen Industriestadt Deutschlands, in der auch die Kleinbetriebe der Zulieferer aus dem Boden schossen, so dass sich die Einwohnerzahl im 19. Jahrhundert verfünffachte. Mit seinen Sozialbauten hat der Bauhaus-Architekt Otto Haesler der Stadt in den zwanziger Jahren eine bis heute modern wirkende Prägung gegeben, die auch im Museum zu studieren ist. Inzwischen ist es etwas stiller geworden in und um Rathenow, die optische Produktion schrumpfte und spezialisierte sich nach 1990. Doch die hier ausgestellten Mikroskope, Ferngläser, Fotoapparate, Teleskope und anderen optischen Geräte haben für die Geschichte der deutschen optischen Industrie exemplarischen Wert.

Adresse Märkischer Platz 3, 14712 Rathenow
Öffnungszeiten Di bis So 11 – 17 Uhr

Im ehemaligen Wohnsitz der Adelsfamilie von Rochow bietet die Dauerausstellung vielfältige Einblicke in das Wirken des berühmtesten Schlossherrn. Durch Friedrich Eberhard von Rochow wurden die Dorfschule (heute Schulmuseum) und das Schloss zu einem Zentrum für aufgeklärte Zeitgenossen.

Rochow-Museum und Schulmuseum, Reckahn

Das Dorf Reckahn war ein wichtiger Knotenpunkt im Netzwerk der Spätaufklärung, die gesellschaftliche Prominenz der Zeit, Fürsten, Minister, Pädagogen aber auch «gemeine Menschen» trafen sich bei dem Gutsherren Friedrich Eberhard von Rochow (1734–1805), dessen agrarische und pädagogische Reformen modellbildend wirkten. Im Gartensaal des Herrenhauses ist ein «aufgeklärtes Gespräch» inszeniert, man kann teilhaben an «gelehrter Geselligkeit». Im Nebenraum hört man den Gutsherren mit seinen Bauern über die Seidenraupenzucht und die beste Art des Pflügens disputieren. Das 18. Jahrhundert wird in klugen Texten und feinsinnig arrangierten Exponaten als das der Freundschaft und der Pädagogik erlebbar. «Vernunft fürs Volk» – das war ein Leitspruch von Rochow, dem «Vater der preußischen Volksschule». Im alten Schulhaus nahe dem Herrenhaus ist ein Dorfschulklassenraum zu besichtigen, wie er um 1915 ausgesehen haben mag. Alles in diesem Raum – die geraden Pulte mit den Klappsitzen, die reinlichen Schreibfedern in den Tintenfässern, die Griffel, Schiefertafeln und die Fibel – das alles will einen noch immer kindlich neugierig machen auf die Wunder der wirklichen Welt. Die «Landgnadenschule» wurde 1773 gegründet, als erste zweiklassige Volksschule in Deutschland. Von Rochows Idee, den Kindern von Bauern und Tagelöhnern das Lesen, Schreiben und Rechnen beizubringen, war damals revolutionär, seine dialogische oder, wie es damals hieß: «kathechisierende» Methodik wurde über die Landesgrenzen berühmt und nachgeahmt, sein Lesebuch «Der Kinderfreund» in mehrere Sprachen übersetzt. Es hat sich bis zur Mitte des 19. Jahrhunderts als meistbenutztes Lesebuch in Deutschland und Europa behauptet.

Adresse Reckahner Dorfstraße 23 bzw. 27, 14797 Kloster Lehnin, Ortsteil Reckahn
Öffnungszeiten März bis Oktober: Di bis Fr 10–17 Uhr, Sa 10–18 Uhr, So 10–17 Uhr, November bis Februar: Di bis So 10-16 Uhr, Feiertage 10–17 Uhr und nach Vereinbarung

Das Schloss Rheinsberg wurde ab 1734 für Kronprinz Friedrich II. errichtet. Georg Wenzeslaus von Knobelsdorff übernahm die Planung einer U-förmigen Anlage von dem kurmärkischen Baudirektor Johann Gottfried Kemmeter. Nach seinem Regierungsantritt schenkte Friedrich II. das Schloss 1744 seinem Bruder Prinz Heinrich, der es 50 Jahre lang bewohnte. Raumdekorationen stammen aus dem frühen friderizianischen Rokoko und aus der Zeit des Frühklassizismus.

Stiftung Preußische Schlösser und Gärten Berlin-Brandenburg

Schloss Rheinsberg

Wenn man sich vom Wasser nähert, spiegelt sich das Schloss im See, es steht so selbstverständlich an diesem Ufer, als wäre es hier gewachsen. Knobelsdorff hat es auf seine geniale Art der Landschaft so eingefügt, dass es ihre Formen aufnimmt und an die umgebende Natur zurückgibt. Kronprinz Friedrich hatte sich hierher zurückziehen dürfen (1736–1740), nachdem er den Forderungen des gestrengen Vaters nachgekommen war und standesgemäß geheiratet hatte. Manches, was er später mit seinem Baumeister Knobelsdorff im Schloss Sanssouci verwirklichen konnte, hatte hier seine Premiere. Das leichte, heitere Rokoko, die Verbindung von innen und außen, von Natur und Kultur wurde in Rheinsberg erprobt. Aus Friedrichs Zeiten haben sich Vorkammer und Spiegelsaal, die beiden Turmkabinette, der Rittersaal und der Billardsaal erhalten. Vor allem im Spiegelsaal finden sich die für das friderizianische Rokoko typischen Ornamente: schwingende Blumengirlanden über Türen und Fenstern, Supraportenreliefs mit Szenen nach Ovids «Metamorphosen». Das Arbeitszimmer im Turm wurde zum Vorbild für die Bibliothek von Sanssouci. Der 14 Jahre jüngere Bruder Prinz Heinrich prägte viele Räume im frühklassizistischen Stil. Am anderen Ufer geht der Park kaum merklich in einen ausgedehnten Forst über. Ist man noch in der Aura des Schlosses oder schon in freier Wildbahn? – Der Spaziergänger wird sich dem See zuwenden und sich noch lange im Blick dieser gespiegelten Schönheit finden.

Adresse Schloss Rheinsberg, 16831 Rheinsberg
Öffnungszeiten April bis Oktober: Di bis So 10–18 Uhr, November bis März: Di bis So 10–17 Uhr

Das Museum widmet sich Leben und Werk des Schriftstellers und Herausgebers der «Weltbühne» Kurt Tucholsky. Sonderausstellungen zu zeitgenössischer Bildender Kunst sind fester Bestandteil des Museums.

Kurt Tucholsky Literaturmuseum, Schloss Rheinsberg

Am Ende der Seenkette liegt das Schloss im Park, gepflegt, restauriert, in endgültiger Idylle. Der 22jährige Jurastudent Kurt Tucholsky (1890–1935) war mit der Medizinstudentin Else Weil, seiner späteren Frau, in Rheinsberg; er beschreibt die Reise in einer Stimmung, die Frühling und Herbst zugleich ist. Sein Erstling «Rheinsberg – ein Bilderbuch für Verliebte» erschien 1912 und begründete seine Karriere als Schriftsteller. Eine zart verschattete Romanze von jungem Liebesglück, von drei besonders hellen Freitagen des Studentenpaares Claire und Wölfchen, von einem erotisch wetterleuchtenden Ausbruchsversuch aus bürgerlichen Zwängen in kindische Verrücktheit, von getanzten Spaziergängen um diesen See und von den seltsam schwärzlichen Sträuchern am Wegrand. In seinem ersten Buch ist er schon ganz Tucholsky, es ist der Erinnerung wert an diesem Ort, in diesem Schloss, und mehr: Der ganze «Tucho» lebt hier auf in einer graphisch originellen Zusammenschau von Zeitgeschichte, Biographie und Werk. Ein Mensch, der so beeindruckbar war, der sich den Zeitenbrüchen seiner Lebensjahre so aussetzte und so feinsinnig darauf reagierte, der sich als Autor so viel Politik auflud, den kann man wohl nur in diesen Zusammenhängen fassen: als Zeugen, Mitgestalter und Kind seiner Zeit. Die großen Lebensabschnitte seines Engagements bei der «Weltbühne», der Pariser Jahre, seines Schwedischen Exils sind informativ und bewegend dargestellt. Dazwischen Tucholsky-Sätze, die weise wirken wie von einem alten Mann. Aber er ist ja nicht alt geworden. 1935 nahm er sich im Exil das Leben. Else Weil (Claire), jüdische Ärztin, wurde 1942 in Auschwitz ermordet.

Adresse Schloss Rheinsberg, 16831 Rheinsberg
Öffnungszeiten April bis Oktober: Di bis So 10–17.30 Uhr,
November bis März: Di bis So 10–16.30 Uhr (Mittagspause 12.30–13 Uhr)

Im «Haus der Steine» informiert die Dauerausstellung über die Geologie der Kalklagerstätte Rüdersdorf und gewährt einen Blick in das «Bilderbuch der Erdgeschichte». Der Museumspark bietet historische und geologische Führungen durch den ehemaligen Tagebau. Das Sammeln von Fossilien, museumspädagogische Angebote und Landrovertouren ergänzen das Angebot.

Museumspark der Baustoffindustrie Rüdersdorf

Vor einigen Jahren war der Ort mit einer grauen Staubschicht überzogen. Über Bäumen, Zäunen, Häusern, auch über den Menschen, möchte man meinen, lag ein Schleier aus Zement. Produktion um jeden Preis, hieß die Devise. Die Rüdersdorfer aber und die imposanten Denkmale der Industriegeschichte auf dem Werksgelände drohten im Dreck zu versinken. Heute wird Umweltschutz groß geschrieben. Auf den ersten Blick erinnert nichts an ein Industriegebiet. Der Besucher betritt einen Park. Vögel singen, das Grün der Bäume, das Mühlenfließ, die Dampferanlegestelle, ein Kinderspielplatz. Hier erlebt alt und jung spannende Stunden. Man kann Fossilien finden, die Technik historischer wie moderner Kalköfen und die Zementfabrik besichtigen, festungsartige Bauwerke bewundern, interessante Ausstellungen sehen, Tiere füttern, die «Kathedrale des Kalkes» besuchen oder auf einem Land Rover in den Steinbruch fahren. Seit über 750 Jahren wird in Rüdersdorf Baumaterial gewonnen – und der Blick über den gewaltigen Tagebau wird jedem, ob er nun Geologe, technikbegeistert, Architekturfan oder einfach nur abenteuerlustig ist, ein unvergessliches Erlebnis bleiben. Wo im Mittelalter die Mönche des Klosters Zinna und später die preußischen Könige den Baustoff in Quadern aus den Kalkbergen brechen ließen, geht es heute bis 49 Meter unter Normalnull in die Tiefe. Da gähnt ein gewaltiges Loch, auf dessen Grund die schweren Bulldozer und Lastkraftwagen beim Bergen der Steine wie Spielzeugautos anmuten.

Adresse Heinitzstraße 11, 15562 Rüdersdorf
Öffnungszeiten täglich 10–18 Uhr

Das Stadtmuseum sammelt Exponate zur Ur-, Früh- und Stadtgeschichte insbesondere auch zur jüdischen Geschichte. Die Dependance in Vierraden widmet sich dem Tabakanbau und seiner Verarbeitung in der Uckermark.

Städtische Museen Schwedt (Oder) und Tabakmuseum Vierraden

Weltläufiges Schwedt! – Es scheint, als habe die Stadt am östlichen Rand einen besonderen Ehrgeiz entwickelt, ihre Weltverbundenheit zu bekunden, zumindest in ihren Museen. Die Oder- und Grenzlage wird hier in ihren historischen Schifffahrts-, Brücken- und Fährverbindungen gefeiert, Schwedt nicht als abgelegene Provinz, sondern als Ort der Begegnung deutscher, polnischer, hugenottischer, jüdischer Kulturen. Das Museum selbst liegt in der Jüdenstraße und grenzt an das Areal des ehemaligen jüdischen Gemeindezentrums. Nicht weit entfernt steht auch das wohl einzige erhaltene jüdischen Ritualbad (Mikwe) in Brandenburg. Wechselnde Ausstellungen im Stadtmuseum widmen sich den für Schwedt immer lebenswichtigen Verkehrsverbindungen und den durch- oder zuziehenden «Fremdlingen». – Das Schloss ist nur noch auf Gemälden und Stichen zu bewundern. Wie ein einladend offenes Tor sah es auf die Oder hinaus und weit ins Land. Im nahe gelegenen Vierraden erinnert ein Tabakmuseum an den Zuzug der Hugenotten, die im 17. Jahrhundert den Tabak aus Frankreich mitbrachten und ihn als Heil- und Genussmittel einbürgerten. Um 1800 gab es in der Uckermark das größte geschlossene Tabakanbaugebiet Deutschlands. Der Museumsgarten bewahrt verschiedene Tabakpflanzen und Rauchwerk zum Abgewöhnen mittels Brechreiz. Aus der Dresdner Zigarettenfabrik stammt eine Maschine von 1930, die bis zum Ende der DDR noch fleißig Zigaretten drehte. Tabakmanufakturen gab es auch um Vierraden und überall die typischen hohen Tabak-Trockenscheunen. In einer solchen ist das Museum untergebracht, vom Hof aus sieht man noch ein paar übrig gebliebene Scheunen wie Mahnmale in die Landschaft ragen; der Tabak wächst heute anderswo.

Adresse *Stadtmuseum* Jüdenstrasse 17, 16303 Schwedt (Oder); *Tabakmuseum* Breite Straße 14, 16306 Schwedt/Oder Ortsteil Vierraden
Öffnungszeiten *Stadtmuseum* Di bis Fr 9 – 17 Uhr, So 14 – 16 Uhr; *Tabakmuseum* April bis September: Di bis Do 10 – 16 Uhr, Sa, So 10 – 17 Uhr, Oktober bis März: nach Voranmeldung

Das Museum versteht sich als Konsultationsstelle zur Geschichte des Nationalsozialismus, des II. Weltkrieges und der Nachkriegszeit im Land Brandenburg. Die ständige Ausstellung gilt den Kampfhandlungen im Frühjahr 1945 zwischen der Oder und Berlin. Eine Präsenzbibliothek mit Fotoarchiv und Zeitzeugenberichten über den II. Weltkrieg kann genutzt werden.

Gedenkstätte und Museum Seelower Höhen, Seelow

Der Museumsbau erinnert an einen Gefechtsstand: ein schmaler Quader aus Holz und Beton, halb in den Hang gegraben, von Büschen und Bäumen umrahmt. Von der Höhe überblickt man das Bruch, diese weite und fruchtbare Ebene westlich der Oder, bei dessen Anblick schon Fontane ins Schwärmen geraten war. Friedrich II. hatte das einstige Sumpfgebiet trockenlegen lassen, er gründete Dörfer und siedelte Kolonisten an. Im Winter 1944/45 jedoch stand wohl niemandem der Sinn nach der Schönheit der Landschaft. Für den deutschen Feldherren Adolf Hitler, der sich so gern mit dem Alten Fritz vergleichen ließ, waren Fluss und Oderbruch nur noch von strategischer Bedeutung. Am 31. Januar 1945 hatten die ersten Soldaten der Roten Armee den Fluss erreicht. Ihre Offensive war über das besetzte Polen hinweggefegt, hatte die Wehrmacht vor sich hergetrieben, nun stoppte ihr Vormarsch 80 Kilometer vor Berlin. – Wie würde es weitergehen? Hitlers Befehl vom 2. Februar, die Oder unter allen Umständen zu verteidigen, war am selben Tag schon Makulatur. Rotarmisten hatten den Fluss an einigen Stellen überquert, erste Brükkenköpfe etabliert. Das Ende des Krieges schien greifbar nahe. Doch während das Oberkommando in Moskau das weitere Vorgehen beriet und Hitler am 9. März die Oderfront höchstpersönlich inspizierte, ging der Krieg weiter. Von Westen und Süden rückten die Alliierten unaufhaltsam vor, die Rote Armee rüstete zum großen Sturm auf Berlin, und der Wehrmacht letztes Aufgebot – unerfahrene Soldaten, zusammengewürfelte Einheiten, Hitlerjungen und Volkssturm – verschanzte sich auf den Höhen bei Seelow zu einer der letzten, aber auch größten und blutigsten Schlachten des Zweiten Weltkrieges.

Adresse Küstriner Strasse 28 a, 15306 Seelow
Öffnungszeiten Di bis So 10–17 Uhr (November bis März bis 16 Uhr) und nach Vereinbarung

Das Museum widmet sich der mit Festung und Schloss architektonisch manifestierten Herrschaftsgeschichte und ihrer Auswirkungen auf die Entwicklung der Region. Zum Museum gehört die Kunstsammlung Lausitz mit Gemälden, Grafiken und Plastiken von Künstlern der Region.

Museum in der Festungsanlage Senftenberg

Da steht er im Schlosshof, verhärmt und hungrig – im Winter wohl auch frierend. Die Krücken hat er weit in die Achselhöhlen gepresst. Er hängt mehr darauf, als dass er wirklich stünde. Blickt dieser Mann in den Himmel? Oder ins Obergeschoss des herrschaftlichen Hauses, jenem stattlichen Schloss, dieser Festungsanlage, die sich hier mit all ihren nach italienischem Vorbild in der Zeit der Renaissance erbauten Bastionen, mächtigen Wällen, der Poterne, dem Ausfall, mit Pulvertürmchen und Kommandantenhaus erhalten hat? Wen klagt er an? Einen Gott oder weltlichen Herrscher? Ernst Barlachs «Bettler auf Krücken», 1930 im nahen Großräschener Klinkerwerk für die Lübecker Katharinenkirche gefertigte Skulptur, ist nur ein Exponat der Kunstsammlung Lausitz. Arbeiten von mittlerweile 100 Malern und Bildhauern, die in der Region geboren oder mit ihr durch ihr Werk verbunden sind, umfasst diese bemerkenswerte Kunstsammlung. Doch im Museum in der Festung kann es vorkommen, dass ein Besucher fragt, wie lange im Keller denn Kohle gefördert wurde. Neben der umfassenden Kollektion von bezauberndem Kircheninventar der Bergbauregion Niederlausitz, Handwerkszeug und bäuerlichem Mobiliar – wie einer Bauernstube mit Napfkachelofen, Spinnrad und breitem Familienbett –, anschaulichen Dioramen und urzeitlichen Exponaten finden wir nämlich im Keller ein Modellbergwerk. Da geht es den Fallort hinunter, zwischen Stempeln hindurch an der Gezähkammer vorbei bis zu Bruchort und Förderschacht. Dunkel ist es und es herrscht ein seltsames Wetter. Man stolpert schon mal über Schienen und glaubt tatsächlich, man durchquere ein echtes Bergwerk.

Adresse Schloss, 01968 Senftenberg
Öffnungszeiten März bis Oktober: Di bis So 10 – 17 Uhr, November bis Februar: Di bis So 14 – 17 Uhr

Das Museum im Schloss erforscht und präsentiert Regionalgeschichte, Volks- und Naturkunde der Niederlausitz. Es besitzt eine Sammlung von Kunstwerken, die das schriftstellerische Werk von Erwin Strittmatter reflektieren.

Niederlausitzer Heidemuseum Spremberg

Da steht ein Bauernhof im Schatten der Mauern. Ungleiche Welten, nur einen Steinwurf voneinander entfernt. Der mächtige Bau der einstigen Wasserburg, trutzig und wehrhaft, mit Zinnen und Türmen, ein herrschaftliches Schloss, daneben das niedrige Blockhaus, lehmverputzt, mit winziger Stube und schwarzer Küche, Fachwerkscheune, Backhaus und Ziehbrunnen. Welch Gegensätze! Ein Ort für Märchen vielleicht. Ja, Aschenputtel könnte hier Linsen lesen und am Abend im Schlosssaal tanzen gehen. So, glaubt man, kann es im alten Spremberg gewesen sein. Jahrhundertelang schauten die Bauern und Städter zur Burg – nicht hinauf, nur über die Spree –, einerlei, ob dort einer der Herren von Kittlitz oder der Herzog Heinrich von Sachsen-Merseburg Hof hielt. Heute jedoch erklingt aus den Fenstern Musik. Bücher warten auf neugierige Leser, und das offene Schlosstor lädt ins Museum ein. Niemand zieht ehrfürchtig den Hut, wenn er das Haus betritt, kein Knicks wird verlangt, und friedlich vereint findet sich unter dem Schlossdach höfische Pracht mit bäuerlichem Leben, Handwerk und Volkskunst, Hausbau und Trachten, Blaudruckwerkstatt, Brautkrönchen, ein «Hochzeitsschäfchen», aber auch andere Tiere und Pflanzen der Niederlausitzer Heidelandschaft, deren Gestalt der Mensch durch den Abbau der Kohle so einschneidend verändert hat. Doch das Museum hat uns zahlreiche Zeugen bewahrt, die an Orte erinnern, deren Namen längst von den Landkarten verschwunden sind. Und wer nach dem Rundgang noch mehr erfahren will, sollte die Geschichten lesen, die der in Spremberg geborene Erwin Strittmatter über die Menschen dieser Gegend geschrieben hat.

Adresse Schlossbezirk 3, 03130 Spremberg
Öffnungszeiten Di bis Fr 9 – 17 Uhr, So, So, Feiertage 14 – 17 Uhr

Das Heimatmuseums informiert über die Geschichte der Stadt Strausberg von den Anfängen bis zur Gegenwart. Die Darstellung historischer Zeugnisse von Tuchmachern, Schuhmachern, Handel, Vereinswesen, Kultur und Lebensweise der Stadtbevölkerung steht im Mittelpunkt.

Heimatmuseum Strausberg

Sind nicht das Schönste im Museum die Geschichten? Man sieht ein Paar Holzschuhe, eine Schulbank, einen Topf, Großvaters Uhr, die Kasperlepuppen und erinnert sich. Begegnungen, Erlebnisse kommen in den Sinn – Geschichten. Und was man nicht kennt, kann man erfahren, und was niemand weiß, denkt man sich aus. Wer soll dir die Freude nehmen, Geschichten zu erfinden, dir auszumalen, wie das Leben war, damals zu Großmutters Zeiten oder früher noch, im Dreißigjährigen Krieg in der befestigten Stadt am Straussee. Wer mag es gewesen sein, der vor mehr als 350 Jahren im Fußboden eines Strausberger Hauses einen Topf voller Taler versenkte und anschließend die schützende, nun auch den Schatz verbergende Lehmschicht sorgfältig wieder schloss? Wir wissen es nicht. War es ein reicher Kaufmann oder ein Soldat, ein Fremder oder ein Einheimischer, ein ehrlicher Mensch oder ein Dieb? Wir können es nur vermuten. Doch hätte der Strausberger Denkmalpfleger Dr. Rolf Barthel die Mittagspause eines Baggerfahrers am 30. Juli 1985 nicht genutzt, um den Standort des soeben niedergerissenen Hauses zu untersuchen, der Schatz wäre vielleicht bis heute nicht gefunden. So aber gelang die Bergung des unscheinbaren Tongefäßes, und die 106 prächtigen Silbermünzen aus den Jahren 1599 bis 1647, in Städten von Holland bis Pommern, von der Schweiz bis Schweden geprägt, gelangten über den Schreibtisch des Historikers in das Heimatmuseum. Dort können wir sie bewundern. Doch zur Frage, wer hat warum so viel Geld vergraben, denken wir uns eine Geschichte aus.

Adresse August-Bebel-Straße 33, 15344 Strausberg
Öffnungszeiten Di bis Do 10 – 12/13 – 17 Uhr oder nach Vereinbarung

Das denkmalgeschütze Haus von 1711 dient zur Bewahrung der Stadtgeschichte vom örtlichen Vereinsleben über Handwerkertraditionen zur Geschichte der regionalen Landwirtschaft.

Heimatmuseum der Stadt Teltow

Wenn man die Stadt mit offenen Augen durchquert, sieht man die Brüche, die hier von den Zeitläuften geschlagen wurden. Es gibt noch Reste der Ackerbürgerstadt, die nach dem letzten Großbrand 1801 als geschlossenes Ensemble wiederaufgebaut wurde. Das imposante Modell im Heimatmuseum zeigt die Stadt nach dem Wiederaufbau um 1890, kurz vor der Industrialisierung, die mit der Anbindung an den Teltowkanal (erbaut 1901–1906) Einzug hielt und Teltow wiederum grundlegend veränderte. Zwischen den geduckten Ackerbürgerhäusern sieht man heute mehrgeschossige Stadthäuser aufragen, die man damals hastig für die Industriearbeiter errichtete. Sie wirken nun älter als das älteste Teltower Haus, in dem das Museum sein Domizil fand. Im Museum kann man erfahren, welche vergleichsweise lange Zeit vonnöten war, die «guten alten» Kulturtechniken zu entwickeln, die wir verworfen und vergessen haben. Ein Diorama zeigt eine Marktszene Mitte des 18. Jahrhunderts. In der gemütlichen Wohnstube um 1900 wurde auch gebügelt und genäht, und bei aller Enge fanden hier stets Gäste Platz. Die reich ausgestatteten Räume wirken nicht «aufgebaut», sondern so, als wäre hier alles an seinem Platz. Auch auf dem Dachboden findet sich, was hierher gehört: eine enge Schlafkammer mit Kamin, ein Strohsack für den Gast. Das Fachwerk mit Lehmstakenfüllung blieb ebenso sichtbar wie die restaurierte Spliß-Dachkonstruktion. Die Stadt wirkt momentan etwas verwirrt, weil hier schon wieder eine große Modernisierung auf halbem Wege steckenbleibt; in ihrem Museum aber hat alles seinen rechten Platz gefunden.

Adresse Hoher Steinweg 13, 14513 Teltow
Öffnungszeiten April bis Oktober: So 13–18 Uhr, November bis März: So 13–17 Uhr

Unter einem Dach vereint befinden sich in Velten eine noch arbeitende Ofenfabrik und das Ofen- und Keramikmuseum. Gesammelt und ausgestellt werden im Museum Öfen und Ofenteile, Herde, Gefäß-, Zier- und Baukeramik, Maschinen und Ausrüstungsgegenstände historische Fotografien zu den Produktionsstufen der Kachelherstellung.

Ofen- und Keramikmuseum Velten

Der Tonstaub ist noch in den Dielen, sie haben das edle Grau der Kacheln angenommen, die in diesen Räumen jahrzehntelang produziert wurden. Das Ofen- und Keramikmuseum ist in der letzten Veltener Ofenfabrik untergebracht, man kann hier die Verarbeitungsschritte vom Tonschlamm zur Schmelzkachel bis zum fertigen Ofen im wörtlichen Sinne begreifen, also auch anfassen, riechen. Und man kann hören, wie eine mehr oder weniger trockene, wie eine gebrannte Kachel klingt, was der Ton für Töne macht. Man ist ganz nahe dran an diesem wunderbar geschmeidigen Werkstoff Ton, der immer noch reichlich vorhanden ist in der näheren Umgebung Veltens, wo um 1900 fast vierzig Fabriken an die hunderttausend Kachelöfen für die nahe Hauptstadt produzierten. Velten galt seither als Ofenstadt. Der Boom ließ nach, als die Zentralheizung in Mode kam. Kachelöfen und -herde sind heute ein Luxusgegenstand, diese besondere Art, das Feuer zu zähmen, die milde Strahlungswärme und hohe Energieausnutzung des Kachelofens sind schwer zu ersetzen oder zu imitieren. Das aufgeschnittene Ofeninnere mit den sich verjüngenden Zügen macht die Effizienz des Wärmetausches sinnfällig. Alte Fotos aus Veltens Blütezeit zeigen die Schritte zur glasierten Kachel mit fantasievollen farbigen Reliefs, – und wie sie dann zuletzt von rauhen Händen behutsam in Heu gebettet und aufs Pferdefuhrwerk verladen wurde. Heute bietet das Energie- und Umweltkabinett im Museum Beratung in allen Fragen zu alternativen und umweltfreundlichen Heizmethoden. Die Museumswerkstatt für kleine und große Ton-Entdecker, die gemütliche Töpperkantine und das Porzellanatelier runden den Besuch ab.

Adresse Wilhelmstraße 32, 16727 Velten
Öffnungszeiten Di bis Fr 11–17 Uhr, Sa und So 13–17 Uhr

Das Agrarmuseum bietet den Besuchern Einblick in die landwirtschaftliche Entwicklung und die Agrarpolitik des 19. und 20. Jahrhunderts, in die dörfliche Alltagsgeschichte und Heimatgeschichte des Ortes Wandlitz. Die umfangreiche Sammlung an Landmaschinentechnik ist besonders sehenswert.

Agrarmuseum Wandlitz

«Ein Dampfross auf dem Acker,/und wacker./Ganz ohne Eisenbahngeleise/zog es, wenn auch nicht eben leise,/der Pflüg› und Eggen viele:/Wer ist `s, wer ist `s,/Ihr wißt `s gewiß:/Die Dampflokomobile.» (Volksmund). Nun steht sie auf dem Freigelände des Agrarmuseums und macht immer noch mächtig was her, diese hundert Jahre alte Acker-Lokomotive. Im ehemaligen Milchladen von Wandlitz hat man nach dem letzten Krieg zu sammeln begonnen, was alt war. Eine stattliche Ausstellung ist daraus geworden, auf zweitausend Quadratmeter gewachsen ist die inzwischen sachlich und zeitlich systematisierte Exposition zur Entwicklung der Landwirtschaft und des bäuerlichen Lebens in der Mark Brandenburg vom ausgehenden 18. Jahrhundert bis in die jüngste Vergangenheit. Staunenswert und kurios sind die ersten Versuche, die schwere Feldarbeit den Maschinen zu übertragen. Max von Eyth (1836–1906) ist ein Pionier jenes Dampfpfluges, der von Stahlseilen hin und her übers Feld gezogen wurde und den er in vielen Ländern einzuführen versuchte. Er hat ein wunderbares Buch darüber geschrieben («Hinter Pflug und Schraubstock»), das den technischen Enthusiasmus seiner Zeit humorvoll beschreibt. Den technischen Glanzstücken von Wandlitz sieht man den Stolz ihrer Erfinder und Besitzer noch an: dem LANZ-Bulldog (fünf Originale der Baujahre 1921, 1924 und 1940), der HANOMAG-Dieselraupe von 1923. Aber auch stolze DDR-Landtechnik ist zu besichtigen, wie etwa die Traktoren «Brockenhexe» von 1949 und «Aktivist» von 1950. Am schönsten aber ist und bleibt die riesige HEUKE-Dampflokomobile von 1910, ein Denkmal des Technikglaubens, dem man vor dem Museum so etwas wie eine kleine Kirche errichtet hat.

Adresse Breitscheidstraße 22, 16348 Wandlitz
Öffnungszeiten April bis Oktober: Di bis So, Feiertage 10–17 Uhr, November bis März: Di bis Fr 10–17 Uhr

Das Zweiradmuseum bewahrt etwa 50 Fahrräder aus zwei Jahrhunderten, ebenso viele Motorräder der Baujahre 1920 bis 1960 sowie historische Technik aus der Stadtgeschichte Werders. Die Geschichte des Flugplatzes Werder/Havel wird in einer gesonderten Ausstellung vorgestellt. Auf zwei Rädern zu fahren, das ist dem Fliegen ähnlich: Man muss sich in die Kurve legen, man kippt, sobald man anhält.

W

Zweiradmuseum Werder

Das Zweiradfahren ist den Menschen nicht in die Wiege gelegt worden. Sie sollen von Natur aus auf ihren zwei Füßen gehen, statt sie auf Pedale zu setzen und rotieren zu lassen. Die ersten Räder sind dieser normalen Haltung des Gehens noch sehr verpflichtet, man saß ganz gerade auf dem ersten Hochrad, man wahrte die Würde des aufrechten Gangs und wirkte vielleicht gerade deshalb ein bisschen komisch. Aber die Räder von 1893 sehen unseren heutigen schon sehr ähnlich, das Prinzip hat sich nicht mehr wesentlich verbessern lassen; man brauchte das Rad, wie es im Sprichwort heißt, nicht noch einmal zu erfinden. Erfunden werden mussten Details wie zum Beispiel die Beleuchtung: In Werder sind intakte Karbid-Fahrradlampen zu besichtigen, die durch dosierte Wassertropfen heller oder schwächer brennen. Und viel mehr als das: Insgesamt fünfzig Fahrräder aus zwei Jahrhunderten sind hier zu bestaunen, ebenso viele Motorräder der Baujahre 1920 bis 1960: Eine Orionette von 1921, eine Stock und eine NSU von 1925 – das sind schicke Insekten-Mädchen! Die FN von 1928, die Victoria von 1937 und die BMW von 1954 gehören eher dem männlichen Geschlecht an: halbstarke Kerle, die gern ein bisschen angeben. Aber die eigentlichen Fluggeräte sind doch die Räder: Ein Tretkurbelrad von 1860, ein amerikanisches Star-Rad – eines der letzten – von 1883, ein Deutschland-Rad von 1907 und ein Kinder-Tretroller von 1930. – Das Tretrollern kommt ja wieder in Mode, und die Haltung ist tadellos, wenn man mit geringem pedalem Aufwand stockgerade durch die Einkaufspassage schwebt.

Adresse Mielestraße 2, 14542 Werder
Öffnungszeiten April bis Oktober: Mi, Do, Sa, So 10–17 Uhr, November bis März: So 10–16 Uhr

Die in einem kreuzgratgewölbtem Raum eingerichtete Heimatstube bietet eine Dokumentation über das Schloss Wiesenburg. Das Eingangstor und der Aufgang zum Schlossturm sowie der Innenhof mit historischem Brunnenhäuschen können besichtigt werden. Von der Aussichtsgalerie auf dem Schlosstum gibt es eine schöne Aussicht auf Wiesenburg und Umgebung.

Heimatmuseum Wiesenburg

Zurück in die Gründungszeit der Mark, genauer gesagt, in die des Bistums Brandenburg, als wuchtige Burgen die Grenzen des jungen Landes schirmten. Im Torgebäude des Schlosses Wiesenburg ist zu erleben, mit welch einfachen Mitteln unsere Vorfahren wehrhafte Burganlagen bauten. Im über eine enge Wendeltreppe erreichbaren Dachgeschoss sehen wir ein Modell der Wiesenburg, das uns den Bau von Turm und Mauer zeigt. Dann entdecken wir echte Bodenfunde: Scherben von irdenen Töpfen und Krügen, von Bierflaschen und Pfeifenköpfen, aber auch Zimmermannsnägel, Tierknochen und in der Vitrine gegenüber – wie die Frau an der Kasse lachend meint – «den ältesten Besucher» der Burg: ein männliches Skelett. Es ist eines von 26 Gerippen, die 1997 auf dem nahen Goetheplatz geborgen wurden, als man bei Bauarbeiten auf das Gräberfeld eines mittelalterlichen Friedhofs stieß. Nun wird hier anhand dieser archäologischen Sensation der Ablauf einer fachgerechten Grabung erläutert. Neben dem freigelegten Knochenmann sehen wir Arbeitsplatz und Ausrüstung eines Archäologen. Ein Stockwerk tiefer ist Wissenswertes über die «Burg an der Wiese» und das gleichnamige Städtchen zu erfahren, das sich im Schutze der Burg mit Gutshof, Wirtschafts- und Wohngebäuden ansehnlich entwickelte. Man erinnert an Hermann Boßdorf, den niederdeutschen Mundartdichter, der es von hier aus bis ans Hamburger Ohnsorg-Theater schaffte. Wer zudem nicht scheut, den dicken Burgturm hinaufzusteigen, kann dort einiges über die «Kultur auf dem Lande», die Wiesendorfer Milchkutscher, die Jagd und die Post und manch anderes lernen. Das jedoch krönt der Blick weit in die Landschaft des Flämings und seine weiten Wiesen hinaus.

Adresse Schlossstraße 1, 14827 Wiesenburg
Öffnungszeiten Mo bis Fr 10–17 Uhr, Sa, So 10–18 Uhr

Die traditionsreiche Geschichte der Nähmaschinenproduktion in Wittenberge ist ein Forschungs- und Ausstellungsschwerpunkt des Museums. Weiterhin wird die rasante Expansion Wittenberges vom Herrensitz und Elbe-Städtchen zum bedeutenden Verkehrs- und Gewerbestandort und die Entwicklung von den mittelalterlichen Anfängen als Fähr- und Burgort bis zur jüngsten Zeit als Festspielstadt der Operette veranschaulicht.

Stadtmuseum «Alte Burg», Wittenberge

W

«Nähe elektrisch!» – das waren Zeiten, als man für Stromverbrauch werben musste, wo doch die Nähmaschinen damals auch ein Fußpedal hatten. Heute könnten sie wieder in Mode kommen, die fußbetriebenen «Singer», die man ihrer schönen Formen wegen gern auch nur zur Dekoration ins Wohnzimmer stellt. 1903 begann die Singer AG in Wittenberge ihr Werk zu bauen. 1928/29 entstand der mächtige Uhrenturm, den man als Wasser-Hochbehälter brauchte. Der fast 50 Meter hohe Turm ist heute Ausstellungs-Nebenstelle des Stadtmuseums. Von der alten «Singer» bis zur «Veritas» aus DDR-Produktion, die gern auch als «Naumann» in Ungarn oder im westlichen Versandhandel gekauft wurde, ist hier alles Sehenswerte vorhanden: 150 verschiedene Haushaltsnähmaschinen vor allem aus der Wittenberger Produktion bis 1991, aber auch Strick- und Bügelmaschinen. – Sehenswert und erquicklich auch die Elbauen von oben, wenn man den Treppenaufstieg hinter sich hat. Im ältesten Wohnhaus der Stadt, in der «Alten Burg» (1669), zeigt das Museum die Geschichte der Stadt, die eng an die des Werkes geknüpft ist: an die rasante industrielle Entwicklung mit Elbhafen, Tuchfabrik, Ölmühle, Eisenbahnausbesserungswerk. Die neu gestaltete Exposition erlaubt dem interessierten Besucher tiefere Einblicke in die DDR-Geschichte mittels Werksfilmen, Originaldokumenten, die man z. B.in einem nachgestellten Pausenraum entdecken kann. So etwa die Kultur- und Bildungspläne für die «Werktätigen». Offenbar war man als Betriebsangehöriger von «VEB Veritas» rundum versorgt: mit Kultur, Weiterbildung, einem FDGB-Ferienplatz, mit HO-Geschäften, Ambulanz, Wäscherei und Sparkasse direkt nebenan auf dem Werksgelände.

Adresse Putlitzstraße 2, 19322 Wittenberge
Öffnungszeiten Di bis So 11 – 17 Uhr und nach Vereinbarung

Die alte Burg beherbergt das Museum des Dreißigjährigen Krieges, das an die Geschichte dieses nicht nur für Brandenburg verheerenden Krieges und an die Schlacht von Wittstock erinnert, und das Ostprignitzmuseum, das die Alltagsgeschichte der Prignitz bewahrt.

Museen Alte Bischofsburg Wittstock

Es ist das einzige Museum seiner Art in Europa, und es ist einzigartig: Dieser Dreißigjährige Krieg, der bis in die Gegenwart tiefe Spuren im kollektiven Bewusstsein und Unterbewusstsein vor allem in Deutschland hinterlassen hat, wird hier in thematischen Schnitten durchsichtig. Die sieben Etagen im Amtsturm der alten Bischofsburg sind eine siebenschichtige Exposition. Der Turm selbst wurde von den verschiedenen Kriegsparteien erobert und besetzt, vor den Toren der Stadt gewannen die Schweden eine bedeutende Schlacht. Doch mit dem Gewinnen war es nicht weit her, im ganzen Krieg herrschte wilde Verwirrung von Siegern und Besiegten. Der Schluss war ein Erschöpfungsfrieden, Erwachen aus wüstem Alptraum menschlichen Daseins. Eine zwei Meter lange Radschlossbüchse zeugt für das Prozedere dieser gründlichen Selbstausrottung. Unterm Mikroskop liegt ein Pestfloh; die demographische Katastrophe, an der er mitbeteiligt war, wird in Diagrammen deutlich. Die Ursachen und Folgen des Krieges werden erläutert, doch es bleibt Raum auch für das Irrationale, den Irrsinn in den Gesichtern auf alten Stichen, in einer Puppenszene «Gerichtsbarkeit», in den Radierungen von Jacques Callot (1592–1635) «Les Grandes Misères de la Guerre». Fernes Schlachtgetümmel ist zu hören, wo man das alte Kriegshandwerk studieren kann. Von hier steigt man ins Licht und in die Atmosphäre erlöster Choräle, diese letzte Ebene heißt «Der langersehnte Friede». Eine schmale Stiege führt zum Ausguck über die Prignitz und Wittstock, und auch dies gehört zum Museum: der im Aufsteigen gewonnene neue Blick auf unseren so selbstverständlichen Frieden.

Adresse Amtshof 1–4, 16909 Wittstock
Öffnungszeiten Di und Do 9–16 Uhr, Mi 9–18 Uhr, Fr 9–13 Uhr, Sa 13–16 Uhr, So 11–16.30 Uhr

Die Außenstelle der Gedenkstätte Sachsenhausen dokumentiert die Geschichte des Todesmarsches der Häftlinge des Konzentrationslagers Sachsenhausen im Jahre 1945. Gezeigt werden unter anderem Gegenstände, die von den Häftlingen im Belower Waldlager zurück gelassenen wurden.

Gedenkstätte Belower Wald, Wittstock

W

Rätselhafte Spuren im Wald, überwachsene Einkerbungen an den mächtigen Buchenstämmen, kaum lesbare Buchstaben, selten in deutscher Sprache geschrieben, Zeichnungen, Symbole, letzte Nachrichten vielleicht von Todgeweihten. Vieles ist schwer zu erkennen. – An zwei nasskalten Apriltagen 1945 hatte die SS das Hauptlager Sachsenhausen evakuiert und alle marschfähigen Häftlinge hierher zusammengetrieben, wo man sie in einem «Waldlager» mehrere Tage gefangen hielt. Kaum mit dem Nötigsten versorgt, hausten die Häftlinge hier im Freien und warteten, je nachdem, auf die Befreiung durch die herannahenden alliierten Armen, auf das Rote Kreuz, das dem Treck gefolgt war, auf den Weitermarsch gen Westen, auf eine Gelegenheit zur Flucht, auf den Tod. Geraspelte Rinde diente als Nahrung. Eine Futterrübe ist in die Borke geritzt; auf dem Marsch hatten Häftlinge versucht, ihren unerträglichen Hunger an Rübenmieten zu stillen und waren dafür von den Bewachern erschossen worden. Der Weg des «Todesmarsches» ist mit Gräbern gesäumt. – Die verschiedenen Routen dieses Marsches zwischen Oranienburg und Schwerin sind durch 120 Erinnerungstafeln am Wegrand markiert, in Below gibt es ein Museumsgebäude, das die Funde und Zeugnisse des letzten Gewaltaktes der SS präsentiert. In der neu gestalteten Freiluftausstellung werden gläserne Stelen dem Besucher bei der Orientierung und Deutung helfen. Auch Schulklassen können ohne Führung alles Wichtige erfahren. – Die DDR inszenierte hier mit regelmäßigen «Großkundgebungen» ihren Antifaschismus; nach der Wende gab es einen neofaschistischen Brandanschlag. Auch die – durchaus nicht gewaltfreie – Geschichte des Gedenkens ist in Below dokumentiert.

Adresse Damm 1, 16909 Wittstock
Öffnungszeiten Di bis Fr 9 – 17 Uhr (Dezember bis Februar nur nach Vereinbarung), Sa, So 10 – 17 Uhr (Juni bis August 10 – 18 Uhr); Das Museum wird neugestaltet und ist bis zur voraussichtlichen Wiedereröffnung im April 2010 geschlossen

Das Schloss-Museum dokumentiert die Geschichte der Familie Gans Edle Herren zu Putlitz, insbesondere ihrer Herrschaft Wolfshagen, und bietet einen Einblick in die Wohnkultur des märkischen Landadels mit Ausstellungsstücken des 16. bis 20. Jahrhunderts: Ahnenbildern, Möbeln, Glas, Silber und Porzellan.

Schlossmuseum Wolfshagen

Statt in Ehrfurcht zu erstarren, fühlt man sich hier gleich wohl, als gern gesehener Gast. Die in Öl gemalten Ahnen der Edlen Gans zu Putlitz lächeln vergnügt von den Wänden herab. Nicht herablassend, sondern lebensfroh. Hier, das spürt man gleich, wussten sie zu leben, die preußischen Landadligen, die niemals wirklich prassen und verschwenden konnten, dazu waren ihre Böden nicht fett genug. Vielleicht ist es diese spürbare Bescheidenheit und Zurückhaltung, die auf den heutigen Besucher des Schlosses so sympathisch wirkt. Der eigentliche Adel dieses Gebäudes und seiner Ausstattung hat weniger mit materiellem Reichtum als mit Lebenskunst zu tun. Die Ballsaison verbrachte man in der Stadt, den Sommer auf dem Lande. Vom Adel lernen hieße heute, mit wenig Aufwand ein reiches, frohes Leben zu gestalten: Der Zusammenhang von Stil und Würde ist hier zu besichtigen, man hielt auf sich, auch wenn man verarmt war und kaum noch was zu beißen hatte. Eine bedeutende Sammlung von unterglasurgemaltem Porzellan findet man im Obergeschoss, darauf zu erkennen: Blumen, spielende Kinder, Vögel. Der Humor, die Heiterkeit dieser Motive konnte einen wohl zur Not satt machen, wenn Schmalhans Küchenmeister war. Zur Lebenskunst gehört auch, schlimme Zeiten zu überstehen: Nach 1945 wurden die Edlen nach Workuta verschleppt oder arbeiteten als Nachtwächter, der Lennépark um das Schloss verwilderte und wurde bebaut, das Schlossinventar fand private Liebhaber. Ein Teil des Verlorenen hat hierher zurück gefunden, so dass man heute einen Eindruck gewinnt von der Wohnkultur des Prignitzer Landadels um 1900. Im Schlosscafé kann man daran sogar partizipieren.

Adresse Putlitzer Straße 16, 19348 Wolfshagen/Prignitz
Öffnungszeiten Mi bis So 11–17 Uhr

Das im Herbst 1994 entstandene Museum beschäftigt sich in seiner Forschungs und Ausstellungstätigkeit mit der geologischen Herausbildung, der natürlichen Entwicklung, sowie der Besiedlungs- und Kulturentwicklung der in der Eiszeit entstandenen Teltow-Landschaft.

Museum des Teltow, Wünsdorf

W

Der Teltow, das ist die Landschaft im Süden Berlins, die weit in das heutige Gebiet der deutschen Hauptstadt reicht. Schöneberg und Neukölln, Treptow und Wilmersdorf, Köpenick und Zehlendorf – halb Berlin gehört dazu. Tempelhof und Teltowkanal, Kanalisation und Rieselfelder, Großstadt und Ausflugsverkehr – im kleinen Museum in der Wünsdorfer Dorfschule erfährt man Zusammenhänge, begreift das Verhältnis von Stadt und Land, das nicht immer ein ausgewogenes war. Städte wachsen nun mal. Schon die Plakate aus den dreißiger Jahren zeigen das. Als die Schule vor einhundert Jahren gebaut wurde, war Wünsdorf ein verschlafenes Nest am Rande eines märkischen Kiefernwaldes. Noch – denn seine Lage an der Dresdner Eisenbahn, die Nähe zur rasch wachsenden Hauptstadt und niedrige Bodenpreise sollten die Umgebung des Ortes bald von Grund auf verändern. Was mit einem Übungsplatz des kaiserlichen Militärs im Jahre 1910 begann, wurde zum Sitz des Oberkommandos der Wehrmacht, einem gewaltigen Areal mit Bunkeranlagen und Panzerhallen, und endete als größte russische Stadt außerhalb Russlands mit eigenem Bahnhof und direkten Zügen nach Moskau. Wie kaum ein anderer Ort in der Umgebung Berlins erzählt Wünsdorf von der wechselvollen Geschichte eines ganzen Landes, und vielleicht gibt es gerade deshalb keinen besseren Ort für dieses Museum. Hier erfährt man Geschichte aus Geschichten, liest von umgesiedelten Dorfbewohnern, von fragwürdigen Tonbandaufnahmen und bedenklichen Fahrten ins Grüne, von zerstörten Gräbern, aber auch von der wahrscheinlich ersten Moschee in Deutschland.

Adresse Schulstraße 15, 15806 Zossen Ortsteil Wünsdorf
Öffnungszeiten Fr bis So 13–16 Uhr nach vorheriger Vereinbarung

Das Museum zeigt in der Dauerausstellung «Wege in die Himmelsstadt» unter anderem die Baugeschichte der erstmals 948 erwähnten Bischofsburg Ziesar sowie die eng mit dem Standort verknüpfte Entstehungsgeschichte der Mark Brandenburg.

Bischofsresidenz Burg Ziesar

Z

«Auf dieser Burg» so heißt es auf einer schlichten Tafel im Bergfried der Bischofsburg Ziesar, «weilte Burggraf Friedrich VI. von Nürnberg bevor er mit seinem Einzuge in Brandenburg am 21. Juni 1412 die ruhmreiche Herrschaft der Hohenzollern in der Mark Brandenburg begründete. Enkel, gedenket der Taten eurer Voreltern!» – Wo ginge das besser als hier. 948 wird Ziesar erstmals urkundlich erwähnt, und doch soll es noch 200 Jahre dauern, bevor die heilige Kirche diese auch wirklich in Besitz nehmen kann. Aufständische Slawen verjagen die Eroberer aus dem Westen nämlich ein ums andere Mal. Mit dem Jahr 1214 ist der erste Aufenthalt eines Bischofs von Brandenburg belegt. Um die Mitte des 14. Jahrhunderts beginnt der Umbau zur repräsentativen Bischofsresidenz. Schon deshalb dürfte niemanden verwundern, dass das alte Gemäuer mit zahlreichen Schätzen aufwarten kann. Doch selbst Fachleute waren überrascht, als großflächige Wandmalereien und das System einer Fußbodenheizung aus dem Mittelalter entdeckt wurden. Mit dem gotischen, reich verzierten Backsteinbau der Burgkapelle und deren außergewöhnlichen Malereien im Inneren bietet sich uns nach der behutsamen Instandsetzung der Gesamtanlage ein einzigartiges Denkmalensemble. In der Dauerausstellung lässt sich sowohl die Bau- und Nutzungsgeschichte erkunden, als auch auf religiösen Spuren wandeln. Von der Ostexpansion bis zur Reformation gelangt man so in den «Jerusalemraum» im Obergeschoss des einstigen Palastes, wo die wandfüllende Darstellung der heiligen Stadt und eine Klanginstallation des Künstlers Robin Minard zurückhaltend und doch eindringlich die Bedeutung Ziesars als Ort auf dem Weg der Christen in ihre «Himmelsstadt» beschwören.

Adresse Mühlentor 15a, 14793 Ziesar
Öffnungszeiten Mai bis September: Di bis So 10–18 Uhr,
Oktober bis April: Di bis So 10–17 Uhr

In dem originalgetreu restaurierten barocken Fachwerkbau mit großer Schwarzer Küche sind bäuerliches Inventar, hauswirtschaftliche Gebrauchsgegenstände und Werkzeuge ausgestellt.

Museum und Begegnungsstätte «Alter Krug», Zossen

Wie oft haben die Zossener wohl daran gedacht, alles hinzuwerfen. Hätten sie geahnt, wie viel Arbeit sie sich aufladen würden, sie hätten vermutlich gar nicht erst begonnen, sich um dieses Haus zu kümmern. «Wir wollten eine Begegnungsstätte schaffen, einen Platz, wo wir, die Bewohner des alten Zossener Ortsteils Weinberge, unsere Weinbergfeste feiern können», blickt Dieter Frambach zurück und holt tief Luft. «So fing das an. Nach dem Tod der letzten Besitzerin war die alte Küche mit Brettern zugeschlagen, dahinter aber hingen noch eine Wurst und ein Kanten Speck. Wir hätten das aufheben sollen.» Man sieht Dieter Frambach an, dass er ein Besessener ist. Sein Leben lang hat er gesammelt. Als vor zwanzig Jahren die Sache mit dem Alten Krug begann, da war es um ihn und manch anderen Enthusiasten geschehen. Heute können die Zossener nicht ohne Stolz von den langwierigen und oft mühseligen Sanierungsarbeiten berichten. Viele haben geholfen, der Heimatverein wurde gegründet, und doch sind Jahre vergangen. Wer das älteste Zossener Schankhaus jetzt zum ersten Mal sieht, wird kaum glauben, dass es einst einzustürzen drohte. Von der Diele bis zum Schornstein wurde das denkmalgeschützte Gebäude in alten Techniken originalgetreu restauriert. Lehm, Stroh, Holz, Feldsteine und Reet wurden verbaut.Genug der Herausforderungen? Beileibe nicht. Mittlerweile gibt es auch ein Schulmuseum in Zossen. In einem Predigerhaus von 1746 in dem viele Jahre lang die Kinder zur Schule gingen. Hinwerfen? Man sieht, das ist die Sache der Zossener nicht.

Adresse Weinberge 15, 15806 Zossen
Öffnungszeiten Dezember bis März: geschlossen, aber auf Anfrage zu öffnen, April bis Oktober: Mi 15–18 Uhr und auch auf Anfrage.
Bei Wechselausstellungen außerdem zusätzlich geöffnet.

Kleines Forstmuseum Alt Ruppin T (0 33 91) 4 00 01 19/7 51 07
In der Ausstellung wird die regionale Forstgeschichte sowie die Arbeit des Försters und des Waldarbeiters thematisiert.
Adresse Friedrich-Engels-Str. 33a, 16827 Alt Ruppin; www.mluv.brandenburg.de (Betriebsteil Alt Ruppin)
Anfahrt Bahn: Regionalbahn, Bahnhof Neuruppin oder Bahnhof Löwenberg, Bus bis Alt Ruppin; Auto: A 24 (Berlin – Hamburg), Abf. Neuruppin, B 167, Alt Ruppin
Öffnungszeiten Wiedereröffnung Juli/August 2009, dann Öffnungszeiten und Eintrittspreise erfragen

Heimatstube «Langes Haus» Altfriedland T (03 34 76) 5 09 57
Ortsgeschichte, Geschichte der Fischerei und einzelne Aspekte der Geschichte des Oderbruchssind Ausstellungsschwerpunkte in Altfriedland.
Adresse Langes Haus, 15320 Altfriedland
Anfahrt Bahn: Regionalbahn, Bahnhof Seelow/Bahnhof Wriezen, Umstieg Bus Altfriedland; Auto: B 167 (Eberswalde – Seelow), Altfriedland, Parkmöglichkeiten vorhanden
Öffnungszeiten nach Vereinbarung unter T (03 34 76) 5 09 57
Eintrittspreise kostenfrei (Spende erwünscht)
weitere Sehenswürdigkeiten Ortsführungen, Gedenkstätte Seelow, Kunstspeicher Friedersdorf, Museum Schloss Gusow, Wassermühle Worin, Freilichtmuseum Altranft
Erholungsgebiet Märkische Schweiz, Oderbruch, Bademöglichkeiten, ausgeschilderte Rad- und Wanderwege, Fischräucherei, europäisches Vogelschutzgebiet

Ausstellung Historischer Ringofen Altglietzen T (03 33 69) 752 43, F (03 33 69) 752 44
Die Ausstellung veranschaulicht die Geschichte der Ziegelindustrie in der Region. Kernstükke sind das Industriedenkmal Hoffmannscher Ringofen sowie Restaurationsziegel der Firma GOLEM Formziegel.
Adresse Chausseestraße 60, 16259 Bad Freienwalde/Oder, Ortsteil Altglietzen, ringofenaltglietzen@web.de
Öffnungszeiten nach Vereinbarung
Eintrittspreise kostenfrei (Spende erwünscht)
Anfahrt Auto: B 158 (Berlin – Hohenwutzen), Bad Freienwalde, Altglietzen
Extras behindertengerechter Zugang
weitere Sehenswürdigkeiten Oderlandmuseum und Schloss Bad Freienwalde, Thaer-Gedenkstätte Möglin, Binnenschiffahrtsmuseum Oderberg, Freilichtmuseum Altranft
Erholungsgebiet Oderbruch, Märkische Schweiz, ausgeschilderte Wanderwege

Schul- und Bethaus Altlangsow T/F (0 33 46) 84 43 43
Das 1832 von Karl Friedrich Schinkel erbaute Schul- und Bethaus ist eine architektonische Sehenswürdigkeit. Im Bethaus wird zeitgenössische bildende Kunst vorgestellt.
Adresse Lindenstraße, 15306 Werbig Ortsteil Altlangsow
Anfahrt Bahn: Regionalbahn Berlin-Küstrin bis Bahnhof Werbig, 1 km Fußweg; Auto: B 1 über Müncheberg bis Seelow, Richtung Werbig
Öffnungszeiten April bis Oktober: Mi bis So 13 – 17 Uhr
Eintrittspreise kostenfrei
Extras behindertengerechter Zugang
weitere Sehenswürdigkeiten Gedenkstätte Seelower Höhen, Skulpturengarten «Friedenswald» in Seelow, traditioneller Backofen Buschdorf
Erholungsgebiet Oderbruch, ausgeschilderte Rad- und Wanderwege
Fremdenverkehr Touristinformation Seelow/Oderbruch, Zimmervermittlung, Mittelstraße 10, 15306 Seelow, T (0 33 46) 84 98 08, F (0 33 46) 8 98 07; seelow-tours@t-online.de

Brandenburgisches Freilichtmuseum Altranft – Bockwindmühle Wilhelmsaue
T (0 33 44) 41 43 00/443 19, F (0 33 44) 41 43 25
Das erlebnisorientierte agrarhistorische Museum vermittelt «Geschichte zum Anfassen». Vom Schloss aus werden die Besucher durch das Dorf und seine Gebäude geführt (Kirche, Spritzen-, Fischer-, Waschhaus, Bauerngehöft mit Scheune, Wohnhaus, Sägegatterund Göpelanlage). In den historischen Werkstätten (u. a. Schmiede, Holzschuhmacherei, Sägewerk und Backhaus) finden Schauvorführungen statt. In Wilhelmsaue bei Letschin betreibt

das Freilichtmuseum die letzte erhaltene Bockwindmühle des Oderbruchs.
Adresse Dorfstraße 27, 16259 Altranft, www.freilichtmuseum-altranft.de, freilichtmuseum-altranft@tonline.de
Anfahrt Bahn: Regionalbahn Richtung Eberswalde, Bahnhof Altranft; Auto: B 158 (Berlin – Bad Freienwalde) bis Bad Freienwalde, B 167 bis Altranft
Öffnungszeiten Freilichtmuseum Altranft: April bis Oktober: Di bis Fr 9 – 17 Uhr, Sa, So, Feiertage 11 – 18 Uhr, November bis März: Di bis Fr 10 – 16 Uhr, Sa, So11 – 16 Uhr; Bockwindmühle Wilhelmsaue: Fr 10 – 16 Uhr, Sa, So, Feiertage11 – 16 Uhr, außerhalb der Öffnungszeiten Anmeldung unter T (03 34 75) 5 02 91, Führungen nach Anmeldung
Eintrittspreise nur Schloss: 2,50 € Erwachsene, 1 € Kinder, 5 € Familienkarte, Schloss und Freibereich: 4 € Erwachsene, 2 € Kinder, 8 € Familienkarte
Extras individuelle Besucherbetreuung, Spezialführungen (Handwerk, dörfliche Gemeinschaft), museumspädagogische Programme für Kinder (traditionelles Handwerk u. a.), Verkauf von Literatur, Bauernkeramik usw.
weitere Sehenswürdigkeiten Bad Freienwalde (Stadtbesichtigung, Oderlandmuseum, Schloss), Albrecht-Daniel-Thaer-Gedenkstätte Möglin, Binnenschiffahrtsmuseum Oderberg
Erholungsgebiet Oderbruch, Märkische Schweiz, ausgeschilderte Rad- und Wanderwege
Fremdenverkehr Touristen-Information Bad Freienwalde Tourismus GmbH, Zimmervermittlung, Uchtenhagenstr. 2, 16259 Bad Freienwalde, T (0 33 44) 15 08 90, F (0 33 44) 1 50 89 20; www.bad-freienwalde.de

Ehm Welk- und Heimatmuseum, Angermünde T/F (0 33 31) 3 33 81
In dem um 1840 errichteten Fachwerkhaus führen Texte, Dokumente, Fotos und Gebrauchsgegenstände in die literarische Welt des Schriftstellers Ehm Welk ein. Wechselnde Sonderausstellungen vermitteln den Besuchern einen Einblick in die Geschichte und die Traditionen der Region.
Adresse Puschkinallee 10, 16278 Angermünde; info@museumangermuende.de, www.museumangermuende.de
Anfahrt Bahn: Regionalbahn, Bahnhof Angermünde, 10 min Fußweg; Auto: A 11 (Berlin – Prenzlau) Abf. Joachimsthal, B 198, B 2 bis Angermünde, Parkmöglichkeiten am Museum
Öffnungszeiten Mi bis So, Feiertage 13 – 17 Uhr
Eintrittspreise 1,50/0,50 € ermäßigt/Führungen und Lesungen zusätzlich 10 €
Extras behindertengerechter Zugang, Museumsshop, Museumscafé (nur Getränke)
weitere Sehenswürdigkeiten lohnende Ortsbesichtigung (St. Marienkirche, Franziskanerklosterkirche, Pulverturm, Barock-Rathaus, Bürgerhäuser, Tierpark, Zooschule)
Erholungsgebiet Biosphärenreservat Schorfheide-Chorin, Nationalpark «Unteres Odertal», Wolletzsee (Strandbad, Bootsverleih, Fahrradverleih, Campingplatz)
Fremdenverkehr Tourismusverein Angermünde e.V., Brüderstrasse 20, 16278 Angermünde, T (0 33 31) 29 76 60, F (0 33 31) 29 76 61; info@angermuende-tourismus.de

Haus der Naturpflege, Bad Freienwalde T/F (0 33 44) 35 82
Die Geschichte des Naturschutzes von 1946 bis heute und das Wirken von Kurt und Erna Kretschmann werden vorgestellt. Das Museum befindet sich im einstigen Wohnhaus des Ehepaares, das 1982 eine Wohnung in unmittelbarer Nachbarschaft bezog. Es stellt das große Engagement der Schöpfer des ostdeutschen Naturschutzsymbols (Waldohreule) vor. 2008 wurde zusätzlich ein Archiv eingerichtet. Ausstellungen zum Weißstorch und zum Naturschutz in der Region sind ebenso aufschlussreich und sehenswert.
Adresse Dr.-Max-Kienitz-Weg 1/2, 16259 Bad Freienwalde
Anfahrt Bahn: Regionalbahn bis Bad Freienwalde, 25 min Fußweg durch die Stadt und den Schlosspark; Auto: B 158 nach Bad Freienwalde, Ortseingang links
Öffnungszeiten April bis Oktober: tgl. außer Mo 10 – 18 Uhr, November bis März: Di bis Fr 9 – 16 Uhr, Führungen nach Vereinbarung
Eintrittspreise 0,50 €, Führungen pro Stunde 3/2,50 € ermäßigt, Kinder 1 €, Kinder über 10 Jahre 1,50 €
Extras ökologischer Schau- und Lehrgarten, Übernachtungen auf dem Museumsgelände
weitere Sehenswürdigkeiten Stadtwanderweg mit Informationstafeln, Freilichtmuseum Altranft, Albrecht- Daniel-Thaer-Gedenkstätte Möglin, Binnenschifffahrtsmuseum Oderberg
Erholungsgebiet Märkische Schweiz, Oderbruch, ausgeschilderte Rad- und Wanderwege
Fremdenverkehr Touristen-Information Bad Freienwalde Tourismus GmbH,

Zimmervermittlung, Uchtenhagenstr. 2, 16259 Bad Freienwalde, T (0 33 44) 15 08 90, F (0 33 44) 1 50 89 20; www.bad-freienwalde.de

Oderlandmuseum Bad Freienwalde T (0 33 44) 20 56, F (0 33 44) 3 27 24
Die Kulturgeschichte des Oderlandes, beginnend bei der Ur- und Frühgeschichte, und die Entwicklungsgeschichte der Stadt Bad Freienwalde, der ältesten Kur- und Badestadt in Brandenburg, sind im Oderlandmuseum anschaulich dargestellt.
Adresse Uchtenhagenstraße 2, 16259 Bad Freienwalde; www.kultur-in-mol.de/oderlandmuseum, oderlandmuseum@kultur-in-mol.de
Anfahrt Bahn: Regionalbahn, Bahnhof Bad Freienwalde F (O), 10 min Fußweg; Auto: B 158 (Berlin – Bad Freienwalde), Bad Freienwalde, Marktplatz, Parkmöglichkeiten am Museum
Öffnungszeiten Mo bis Fr 9 – 18 Uhr, Sa, So, Feiertage 10 – 15 Uhr
Eintrittspreise 2/1 € ermäßigt
Extras behindertengerechter Zugang nur in der unteren Etage, Museumsshop

Walther-Rathenau-Gedenkstätte im Schloss Freienwalde T (0 33 44) 34 07, F (0 33 44) 30 05 18
Die Gedenkstätte im klassizistischen Schloss widmet sich dem Wirken des deutschen Außenministers der Weimarer Republik, Walther Rathenau, der von 1909 bis zu seinem Tode 1922 im Schloss lebte.
Adresse Schloss Freienwalde, 16259 Bad Freienwalde; www.kultur-in-mol.de, schlossfreienwalde@ kultur-in-mol.de
Anfahrt Bahn: Regionalbahn, Bahnhof Bad Freienwalde F (O), 15 min Fußweg; Auto: B 158 (Berlin – Bad Freienwalde), Bad Freienwalde, Schloss, Parkmöglichkeiten am Schloss
Öffnungszeiten Mi bis So und an Feiertagen 11 – 17 Uhr (November bis März bis 16 Uhr)
Eintrittspreise 3/1,50 € ermäßigt
Extras Museumsshop: Kassenverkauf

Kreismuseum Bad Liebenwerda T (03 53 41) 1 24 55, F (03 53 41) 4 99 92
Die Spezialsammlung zum Marionettentheater ist Herzstück des Museums, das die Regional-, Natur- und Landschaftsgeschichte des Schwarz-Elster-Landes bewahrt. Jährlich findet im September ein internationales Puppenspielfestival im Museum statt.
Adresse Burgplatz 2, 04924 Bad Liebenwerda; kreismuseumbadliebenwerda@lkee.de
Anfahrt Bahn: Regionalbahn, über Bahnhof Falkenberg/Elster nach Bahnhof Bad Liebenwerda; Auto: B 101 (Berlin – Bad Elsterwerda) bis Bad Liebenwerda
Öffnungszeiten Mi bis Fr 14 – 17 Uhr, Sa, So 10 – 12 und 14 – 17.30 Uhr; Führungen und Turmbesichtigung auch nach Vereinbarung
Eintrittspreise 2,50/1,50 € ermäßigt/2 € p.P. bei Gruppen/7,50 € Führung
Extras thematische Führungen zum mittelalterlichen Bergfried
weitere Sehenswürdigkeiten Mühlberg (Stadtmuseum, historische Innenstadt, Kloster), Heimatstube Uebigau, Brikettfabrik «Louise» Domsdorf, Elstermühle Plessa Erholungsgebiete Waldbad Zeischa, Grünewalder Lauch, Naherholungsgebiet «Kiebitz»
Fremdenverkehr Tourismusverband Elbe-Elster Land e.V., Markt 20, 04924 Bad Liebenwerda, T (03 53 41) 306 52, F (03 53 41) 1 26 72; info@elbe-elster-land.de, www.elbe-elster-land.de

Heimatstube Festes Haus, Badingen T (0 33 07) 21 98/22 16
Haushaltsgegenstände und landwirtschaftliche Geräte der näheren Umgebung werden in Badingen bewahrt. Große Teile der Burg – erstmals 1270 als Festes Haus erwähnt – stammen aus der Zeit der Renaissance und können ebenfalls besichtigt werden.
Adresse Badinger Dorfstraße 46, 16792 Zehdenick Ortsteil Badingen
Anfahrt Bahn: Regionalbahn bis Gransee oder Zehdenick, weiter mit Bus bis Badingen; Auto: B 96 bis Gransee, Abf. Richtung Zehdenick bis Badingen
Öffnungszeiten nach Vereinbarung
Eintrittspreise kostenfrei (Spende erwünscht)

Museumsdorf Baruther Glashütte T (03 37 04) 98 09 14, F (03 37 04) 98 09 22
Die Geschichte der Glasproduktion in Glashütte (u. a. die Produktion von Lampenschirmen und -zylindern, von Gärballons) und die Geschichte des in Glashütte gebürtigen Erfinders der Thermosflasche – Reinhold Burger – werden in der alten Glasfabrik anschaulich dargestellt.
Adresse Hüttenweg 20, 15837 Baruth Ortsteil Klasdorf; www.museumdorf-glashuette.de

Anfahrt Bahn: Regionalbahn, Bahnhof Klasdorf, Umstieg Bus/Taxi (10 km bis Klasdorf-Glashütte); am Wochenende Bahnhof Klasdorf, 3 km bis Glashütte; Auto: B 96 (Berlin – Luckau), Richtung Baruth, Abzweig Klasdorf/Glashütte
Öffnungszeiten April bis Oktober: Di bis So, Feiertage 10 – 18 Uhr, November bis März: Di bis So, Feiertage 10 – 16 Uhr
Eintrittspreise incl. Glastier aus der Glashütter Produktion: 5,50 €, Kinder bis 14 Jahre 3 €, Schwerbeschädigte 3 €, Schüler, Studenten, Azubis 3,50 €, Familienkarte 13 €, Gruppenrabatte, Museumsführungen 1 € pro Person, Mindestgruppengebühr 15 €
Extras behindertengerechter Zugang, Museumsshop, Kinderspielplatz, Glasladen, Feldscheune mit Hanfproduktion, Töpfercafé im Ort
weitere Sehenswürdigkeiten Wildpark Johannismühle, Garnisonmuseum und Bücherstadt Wünsdorf, Kanow-Mühle Sagritz
Erholungsgebiet Naturlehrpfad, ausgeschilderte Rad- und Wanderwege
Fremdenverkehr Fremdenverkehrsverband Teltow-Fläming, Zinnaer Straße 34, 14943 Luckenwalde, T (0 33 71) 64 35 35, F (0 33 71) 64 35 39; fvv-tf@t-online.de; www.teltow-flaeming.de

Heidekrautbahn-Museum Basdorf T/F (03 33 97) 7 26 56
Mit den vielen in den Fahrzeughallen und Lokschuppen des Museums ausgestellten historischen Eisenbahnfahrzeugen gibt das Museum Einblick in die Geschichte der Eisenbahntechnik. Die Fahrten mit dem Museumsdampfzug im Naturpark Barnim sind eine besondere Attraktion (von Himmelfahrt bis 3. Oktober jeden ersten Sonntag im Monat). Der aktuelle Fahrplan und weitere Informationen unter www.berliner-eisenbahnfreunde.de
Adresse An der Wildbahn 2 a, 16348 Wandlitz Ortsteil Basdorf
Anfahrt Bahn: Regionalbahn, Bahnhof Basdorf oder mit dem Dampfzug Berlin-Rosenthal; Auto: B 109 (Berlin – Prenzlau)
Öffnungszeiten April bis Oktober: Sa 11 – 17 Uhr
Eintrittspreise 2 €, Kinder bis 12 Jahre frei
Extras behindertengerechter Zugang, Museumsshop, Kinderservice: Teddybär- und Nikolausfahrten, Buffetwagen
weitere Sehenswürdigkeiten neues Dorfzentrum Basdorf, Agrarmuseum und Waldsiedlung Wandlitz (ehemaliger Wohnort der DDR-Regierung), Artistenmuseum Klosterfelde
Erholungsgebiet Naturpark Barnim, Badeseen, ausgeschilderte Rad- und Wanderwege
Fremdenverkehr Tourismusverein «Naturpark Barnim e.V.», Zimmervermittlung, Prenzlauer-Chaussee 157, 16348 Wandlitz, T/F (03 33 97) 6 61 31; www.tourismusverein-naturparkbarnim.de; Fahrradverleih am Bahnhof Basdorf

Beelitzer Heimatmuseum «Alte Posthalterei» T (03 32 04) 3 91 94, F (03 32 04) 3 91 35
Anknüpfend an die Geschichte des Hauses wird Regional- und Stadtgeschichte mit Postvergangenheit verbunden. Wenn man das Museum betritt, ertönt ein Posthornsignal – und der Postmeister begrüßt den eintretenden Besucher.
Adresse Poststraße 16, 14547 Beelitz; heimatmuseum@beelitz.de Das Museum befindet sich in der Beelitzer Altstadt, nahe dem Rathaus.
Anfahrt Bahn: Regionalbahn, Bahnhof Beelitz-Stadt oder Bahnhof Beelitz-Heilstätten, Umstieg Bus, Haltestelle Post; Auto: A 9 (Berlin – Leipzig), Abf. Beelitz
Öffnungszeiten wegen Umbaumaßnahmen geschlossen, Wiedereröffnung Herbst 2010
Eintrittspreise 1/0,50 € ermäßigt, Gruppen 0,70 €, Schulklassen frei
Extras Multimedia-Angebote
weitere Sehenswürdigkeiten Beelitz-Heilstätten, Burgendreieck Belzig- Rabenstein-Wiesenburg, Spargelmuseum Schlunkendorf, Hans-Grade-Museum Borkheide Erholungsgebiet Naturschutzgebiet Hoher Fläming, Naturschutzgebiet Nuthe-Nieplitz- Niederung, Naturschutzzentrum Stücken, Seddiner See, ausgeschild. Wander-, Reit- und Radwege
Fremdenverkehr Informationen über die Stadtverwaltung Beelitz, Berliner Straße 202, 14547 Beelitz, T (03 32 04) 39 15 3; www.beelitz.de; www.potsdam-mittelmark

Regionalmuseum Burg Beeskow T (0 33 66) 35 27 01, F (0 33 66) 2 11 17
Die Ausstellungen im Bergfried und im Salzhaus der Burg Beeskow haben die Ur- und Frühgeschichte der Region Beeskow sowie die Beeskower Stadtgeschichte zum Thema. Im Ausstellungszentrum wird in wechselnden Ausstellungen vor allem Kunst gezeigt.
Adresse Frankfurter Straße 23, 15848 Beeskow, info@burg-beeskow.com,

www.burg-beeskow.de
Anfahrt Bahn: Regionalbahn (ODEG), Bahnhof Beeskow; Auto: A 12 (Berlin – Frankfurt/Oder), Abf. Fürstenwalde-Ost, Fürstenwalde, Beeskow, Parkmöglichkeit an der Ostseite der Burganlage
Öffnungszeiten April bis September: Di bis So 10 – 20 Uhr, Oktober bis März: Di bis So 11 – 17 Uhr
Eintrittspreise Tageskarte für Burganlage: 5/3 € ermäßigt
Extras behindertengerechter Zugang für Museum und Veranstaltungen, Museumsshop
weitere Sehenswürdigkeiten lohnende Ortsbesichtigung (Stadtmauer, Marktplatz und Pfarrkirche St. Marien), Stadtmuseum und Städtische Galerie Fürstenwalde, Ludwig-Leichhardt-Museum Trebatsch, Museen in Eisenhüttenstadt, Stiftung Stift Neuzelle
Erholungsgebiet Scharmützelsee, Storkower See, Schlaubetal, Wassersport, ausgeschilderte Rad- und Wanderwege
Fremdenverkehr Märkische Tourismuszentrale, Zimmervermittlung, Berliner Straße 30 (Rathaus), 15848 Beeskow, T (033 66) 229 49, F (033 66) 25 36 54, www.beeskow-tourismus.de

Museum Burg Eisenhardt Belzig T (03 38 41) 4 24 61, F (03 38 41) 4 50 03
In der spätgotischen Festungsanlage werden Burggeschichte und die Geschichte des regionalen Handwerks erzählt. Ein Zinnfigurendiorama veranschaulicht die Landwehrschlacht auf dem Hagelberg von 1813.
Adresse Wittenberger Straße 14, 14806 Belzig, BiblBelzig@t-online.de
Anfahrt Bahn: Regionalbahn, Bahnhof Belzig, 10 min Fußweg zur Burg; Auto: A 9 (Berlin – Leipzig), Abf. Niemegk, Richtung Belzig, Burg (im Süden der Stadt)
Öffnungszeiten Mi bis Fr 13 – 16 Uhr, Sa, So, Feiertage 10 – 17 Uhr
Eintrittspreise Museum und Turm 2,50 €, 1,50 € ermäßigt und für Kinder ab 5 Jahre, Familienkarte 6,50 € (2 Erw., 3 Kinder), Gruppenrabatt ab 10 Personen für Museum und Turm, Erw. 2/1 € ermäßigt, nur Turmbesteigung für alle 1 €, Führungen Mo bis Fr ganztägig nach Absprache möglich, bis 17 Uhr 20 €, ab 17 Uhr 30 €, Sa, So, Feiertag bis 17 Uhr 40 €, ab 17 Uhr 50 €
Extras Museumsshop, Kinderservice, Führungen nach Voranmeldung, Museumscafé, Mittelalterprojekte, Hochzeitsrituale
weitere Sehenswürdigkeiten historische Altstadt und Stadtkirche, Schloss und Park Wiesenburg, Burg Rabenstein, Naturparkstation Raben, Hans-Grade-Museum Borkheide, Kunstwanderweg von Belzig nach Wiesenburg, Panoramaweg um Belzig
Erholungsgebiet «Naturpark Hoher Fläming» (Luftkurort Belzig), Rad- und Wanderwege
Fremdenverkehr Touristeninformation Belzig, Straße der Einheit 5, 14806 Belzig, T (03 38 41) 3 04 10, F (03 38 41) 3 03 49, www.flaeming-tourismus.de; Fahrradverleih im «Burghotel Belzig»

Stiftung Roger Loewig Haus – Museum und Gedenkstätte, Belzig T (03 38 41) 4 21 67
Ständige Ausstellung von Werken des Malers, Zeichners und Dichters Roger Loewig (1930 – 1997). Gemälde, Zeichnungen, Druckgrafik, Texte, Objekte; zeit- und werkgeschichtliche Gedenkstätte in landschaftlich eindrucksvoller Lage des Hohen Flämings
Adresse Flämingweg 6, 14806 Belzig
Anfahrt Bahn: Regionalbahn, Bahnhof Belzig, 10 min. Fußweg; Auto: A 9 Abfahrt Niemegk/Belzig, B 102, 246. Parken am Museum
Öffnungszeiten Eröffnung im Juni 2009; Mi 10 – 17 Uhr, So 14 – 17 Uhr sowie nach Vereinbarung und bei Veranstaltungen
Eintrittspreise kostenfrei (Spende erwünscht)
Extras behindertengerechter Zugang nur im Erdgeschoss, Museumsshop

Veteranen-Fahrzeugmuseum «Herbert Schmidt», Bergholz-Rehbrücke T (03 32 00) 4 01 65, F (03 32 00) 4 01 66
Gezeigt werden aus der Sammlung Herbert Schmidt Motorräder ab Baujahr 1904, Fahrräder, Automobile, sowie Stationär- und Bootsmotoren (NSU, Victoria und Zündapp).
Adresse Schlüterstrasse 40, 14558 Nuthetal, Ortsteil Bergholz-Rehbrücke, www.oldtimermuseum-schmidt.de
Anfahrt Bahnhof Potsdam-Stadt, weiter mit Bus/Tram bis Bergholz-Rehbrücke/RB bis Bahnhof Rehbrücke; Auto: A 115/E51 Abf. Saarmund/Rehbrücke
Öffnungszeiten nach Vereinbarung
Eintrittspreise bitte erfragen

Mühlenhaupt Museum Bergsdorf T (03 30 88) 5 05 50, F (03 30 88) 5 05 55
Das Museum bewahrt neben Bildern, Graphiken, Büchern und Skulpturen der Künstler Kurt und Willi Mühlenhaupt sehenswerte historische Handdruckpressen. Wechselausstellungen zeitgenössischer Kunst, Konzerte und Theateraufführungen beleben den Kunstort.
Adresse Dorfstraße 1, 16754 Bergsdorf; www.muehlenhaupt.de
Anfahrt Bahn: Regionalbahn Berlin-Templin, Bahnhof Bergsdorf; Auto: B 96 (Berlin-Stralsund) bis Löwenberg, Abzweig B 176, Abzweig Bergsdorf
Öffnungszeiten Sa, So, Feiertage 13–18 Uhr, und nach tel. Anmeldung (für Gruppen)
Eintrittspreise kostenfrei
Extras behindertengerechter Zugang, Museumsshop, Museumscafé
weitere Sehenswürdigkeiten Schloss Liebenberg, Ziegeleipark Mildenberg, Klosterscheune Zehdenick, Heimatmuseum Liebenwalde, Schinkel-Kirche in Großmutz
Erholungsgebiet Liebenberger Lanke, Bruchlandschaft (Badeseen), Rad- und Wanderwege

Heimatmuseum Bernau – Steintor und Henkerhaus T (0 33 38) 29 24 (Steintor), T (0 33 38) 22 45 (Henkerhaus)
Die Ausstellung im Henkerhaus erzählt aus der Geschichte der Scharfrichterei und über die Lebensweise der Bürger um die Jahrhundertwende. Im Steintor mit Rüstkammer, Wehrgang und Hungerturm wird die mittelalterliche Geschichte Bernaus lebendig.
Adresse Steintor: Berliner Straße, Henkerhaus: Am Henkerhaus, 16321 Bernau, Museum@Bernau-bei-Berlin.de
Anfahrt Bahn: Regionalbahn, S-Bahn, Bahnhof Bernau, 3 min Fußweg; Auto: A 11 (Berlin–Prenzlau), Abf. Bernau-Nord, Stadtzentrum
Öffnungszeiten Steintor: Mai bis Oktober: Di bis Fr 9–12/14–17 Uhr, Sa, So 10–13/14–17 Uhr; Henkerhaus: ganzjährig geöffnet: Di bis Fr 9–12/13–17 Uhr, Sa, So 10–13/14–17 Uhr
Eintrittspreise Steintor: 1/0,50 € ermäßigt, Henkerhaus: 1/0,50 € ermäßigt
Extras Museumsshop, Museums- und Stadtführungen
weitere Sehenswürdigkeiten Bernau (Stadtmauer, St.-Georgen-Hospital, Kantorhaus, Pulverturm), Agrarmuseum Wandlitz, Artistenmuseum Klosterfelde, Heidekrautbahnmus. Basdorf
Erholungsgebiet Naturpark Barnim, Barnimer Feldmark, Wandlitzer Seengebiet
Fremdenverkehr Fremdenverkehrsamt, Zimmervermittlung, Stadtführungen, Bürgermeisterstrasse 4, 16321 Bernau, T (0 33 38) 76 19 19, F (0 33 38) 76 19 70; fremdenverkehrsamt@bernau-bei-berlin.de; www.bernau-bei-berlin.de

Wolf Kahlen Museum, Bernau T (0 33 38) 75 31 75
Das intermediäre Kunstmuseum zeigt Kunstwerke des Medienkünstlers Wolf Kahlen von 1956 bis heute. In einem Sonderraum werden sporadisch Projekte von anderen Künstlern aller Gattungen in Ausstellungen vorgestellt.
Adresse Am Pulverturm, 16321 Bernau; www.wolf-kahlen.net; wolf-kahlen.museum@wolfkahlen. net
Anfahrt Bahn: Regionalbahn, S-Bahn, Bahnhof Bernau; Auto: B 2 bis Bernau
Öffnungszeiten Fr, Sa, So 14–18 Uhr, jeden ersten So im Monat 11–20 Uhr
Eintrittspreise 4 €, Führungen ab 15 Pers. 5 € pro Person
Extras jeden ersten So im Monat Videopräsentationen um 11 und um 18 Uhr,
Eintritt 6 €
weitere Sehenswürdigkeiten Bernau (Stadtmauer, St.-Georgen-Hospital, Kantorhaus, Pulverturm), Agrarmuseum Wandlitz, Artistenmuseum Klosterfelde, Heidekrautbahnmus. Basdorf
Erholungsgebiet Naturpark Barnim, Barnimer Feldmark, Wandlitzer Seengebiet

Heimatstube Biesenthal T (0 33 37) 4 01 59
In den Räumen des alten Rathauses von Biesenthal wird über die Ortsgeschichte informiert und Wohnkultur um 1900 präsentiert.
Adresse Berliner Str. 1, 16359 Biesenthal; www.heimatverein-biesenthal.de
Anfahrt Bahn Regionalbahn, Bahnhof Bernau, Bus nach Wandlitz; Auto: A 11 (Berlin – Stettin) Abf. Lanke, Biesenthal
Öffnungszeiten Do 10–12 Uhr
Eintrittspreise kostenfrei
weitere Sehenswürdigkeiten Bernau (Stadtmauer, St.-Georgen-Hospital, Kantorhaus,

Pulverturm), Agrarmuseum Wandlitz, Artistenmuseum Klosterfelde, Heidekrautbahnmus. Basdorf
Erholungsgebiet Naturpark Barnim, Barnimer Feldmark, Wandlitzer Seengebiet

Clara-Zetkin-Gedenkstätte, Birkenwerder T (0 33 03) 40 27 09
Die Ausstellung im einstigen Wohnhaus widmet sich Leben und Werk der Frauenrechtlerin und sozialdemokratischen Politikerin Clara Zetkin, die in diesem Haus ca. drei Jahre lebte.
Adresse Summter Straße 4, 16547 Birkenwerder
Anfahrt Bahn: S-Bahn Richtung Oranienburg, Bahnhof Birkenwerder, 5 min Fußweg; Auto: A 10 (Berliner Ring), Richtung Oranienburg, Abf. Birkenwerder, Richtung Bahnhof Parkmöglichkeiten vorhanden
Öffnungszeiten Mo und Fr 11 – 16 Uhr, Di bis Do 11 – 18 Uhr, am Wochenende nach telefonischer Absprache unter (0 33 03) 50 29 20
Eintrittspreise kostenfrei
weitere Sehenswürdigkeiten Schloss und Heimatmuseum Oranienburg, Gedenkstätte KZ Sachsenhausen
Erholungsgebiet Briesetal, Umgebung von Birkenwerder ideal zum Wandern und Radfahren

Bauernmuseum Blankensee T/F (03 37 31) 8 00 11
Die Sammlung des Museums in einem wunderbar restaurierten Bauerngehöft dokumentiert die etwa zweihundert Jahre alte bäuerliche Wohn- und Arbeitskultur in der Region Thümenscher Winkel.
Adresse Dorfstraße 4, 14959 Blankensee, Bauernmuseum befindet sich im Dorfkern, www.bauernmuseum-blankensee.de
Anfahrt Auto: B 101 (Berlin – Luckenwalde) bis Trebbin, B 246, Schönhagen, Landstraße nach Blankensee, Parkmöglichkeiten am Dorfeingang
Öffnungszeiten Mi bis Fr 10 – 12/13 – 17 Uhr, Sa, So 13 – 17 Uhr
Eintrittspreise 2/1 € ermäßigt/1 € Kinder
Extras Museumscafé, Museumsshop
weitere Sehenswürdigkeiten Schlosspark Blankensee – Wohnsitz des Schriftstellers Hermann Sudermann, Dorfkirche, Johannische Kirche (1929), Bohlensteg, Naturbeobachtungsturm
Erholungsgebiet Wildgehege Glauer Tal, ausgeschilderte Rad- und Wanderwege
Fremdenverkehr Fremdenverkehrsverband Teltow-Fläming, Zinnaer Straße 34, 14943 Luckenwalde, T (0 33 71) 64 35 35

Heimatstube Bleyen T (03 34 79) 2 51
Die Heimatstube bewahrt die Alltagsgeschichte der Gemeinde, die Geschichte des Ritterguts und der einzelnen Ortsteile. Dargestellt werden die Arbeit der Bauern, der Fischer, der Gemeindeschwester, die Geschichte des Bleyener Kindergartens und der Schule.
Adresse Schulweg 2, 15328 Bleyen
Anfahrt Bahn: Regionalbahn Berlin bis Küstrin-Kietz, 3 km Fußweg; Auto: B 1 bis Küstrin-Kietz, weiter Richtung Bleyen
Öffnungszeiten Mo bis Fr 8 – 14 Uhr, nach tel. Anmeldung an Wochenenden T (03 34 79) 3 51
Eintrittspreise kostenfrei (Spende erwünscht)
weitere Sehenswürdigkeiten Fort Gorgast, Küstrin, Schul- und Bethaus Wuschewier, Gedenkstätte Seelower Höhen
Erholungsgebiet Bruchsee mit Badestelle, Oderstrand ca. 500 m, Pension und Campingplatz, ausgeschilderte Rad- und Wanderwege,
Fremdenverkehr Touristinformation «Oderbruch» e.V. Seelow, Berliner Str. 1–3, 15306 Seelow, T (0 33 46) 84 98 08, F (0 33 46) 84 98 07, www.oderbruch-tourismus.eu

Heimatstube für «Dörfliche Alltagskultur», Bliesdorf
Einblick in das dörfliche Arbeits- und Alltagsleben zum Ende des 19. und Beginn des 20. Jahrhunderts erhält der Besucher in Bliesdorf.
Adresse Am Anger 1, 16269 Bliesdorf
Anfahrt Bahn: Regionalbahn, Bahnhof Wriezen, Umstieg Bus, Bliesdorf; Auto: B 167 (Eberswalde – Seelow), Abzweig Bliesdorf
Öffnungszeiten Do 12–16 Uhr, Mai bis September zusätzlich So 14–17 Uhr und nach Vereinbarung
Eintrittspreise kostenfrei (Spende erwünscht)

Extras Kinderservice: Modenschauen für Kinder
weitere Sehenswürdigkeiten Freilichtmuseum Altranft, Stadtmuseum Wriezen (Malzfabrik), Heimatstube Neulewin, Heimatstube Neurüdnitz, Heimatstube «Langes Haus» Altfriedland, Oderlandmuseum und Rathenau-Gedenkstätte Bad Freienwalde
Erholungsgebiet Märkische Schweiz, Oderbruch, Moorbad Bad Freienwalde, Bademöglichkeiten, ausgeschilderte Rad- und Wanderwege
Fremdenverkehr Tourist-Information Bad Freienwalde Tourismus GmbH Uchtenhagenstraße 2, 16259 Bad Freienwalde, T/F (03344) 150890, F (03344) 1508920, www.bad-freienwalde.de

Niederlausitzer Sorbisches Museumsdorf Bloischdorf – Dolnolužyski serbski wejsny muzej Błobošojce T (035 63) 60 89 99, F (035 63) 34 58 62
Geschichte, Kultur und Alltagsleben der sorbischen Dorfbevölkerung in der Niederlausitz vom 18. bis 20. Jahrhundert lebendig zu bewahren, ist Aufgabe des Dorfmuseums.
Adresse Gutsweg 1, 03130 Felixsee Ortsteil Bloischdorf; museum@bloischdorf.de, www.bloischdorf.de
Anfahrt Bahn: Regionalbahn, Bahnhof Spremberg, Umstieg Buslinie 856; Auto: A 15 (Berlin – Forst), Abf. Roggosen, B 115, Richtung Bad Muskau, Abf. Spremberg
Öffnungszeiten Di bis Fr 10–17 Uhr, Sa, So, Feiertage 13–17 Uhr und nach Vereinbarung
Eintrittspreise 1,50/1 € ermäßigt
Extras behindertengerechter Zugang, Museumshop, museumspädagogische Angebote
weitere Sehenswürdigkeiten Agrarhistorischer Bauernhof Bloischdorf, Strittmatter-Laden Bohsdorf, Pückler-Landschaftspark Bad Muskau, Schloss mit Kreismuseum Spremberg
Erholungsgebiet Naherholungszentrum «Felixsee» Bohsdorf, Radwandernetz (durch Bloischdorf führt der Europäische Wanderweg Ostsee-Böhmerwald-Mittelmeer)

Schulmuseum Blumberg T/F (03 33 94) 2 10
Schüler der Arbeitsgemeinschaft Schulgeschichte haben zum hundertjährigen Bestehen ihrer Grundschule eine Sammlung von Fotos, Schulbüchern, Handarbeiten aus den Jahren seit 1901 aufgearbeitet und im schuleigenen Museumsraum präsentiert.
Adresse Schulstraße 10, 16356 Ahrensfelde Ortsteil Blumberg
Anfahrt Bahn: S-Bahn S 7 bis Ahrensfelde, Bus bis Blumberg; Auto: A 10 Abf. Blumberg
Öffnungszeiten nach Vereinbarung
Eintrittspreise kostenfrei (Spende erwünscht)
weitere Sehenswürdigkeiten Henkerhaus Bernau, Heimatmuseum Strausberg

Heimatstube Blumenthal T (03 39 84) 7 02 85
Ein komplett funktionierender Webstuhl und ein Zahnarztstuhl mit manuell betriebenem Zahnbohrer sind vielleicht die Highlights der Ausstellung. Ansonsten wird anhand von ca. 1 000 Exponaten die facettenreiche Ortsgeschichte präsentiert.
Adresse Parkweg 2, 16928 Blumenthal (bzw. Straße der Solidarität, 16928 Blumenthal)
Anfahrt Bahn: Regionalbahn, Bahnhof Blumenthal; Auto: A 24 (Berlin – Hamburg), Abf. Herzsprung, Landstraße bis Blumenthal
Öffnungszeiten nach Vereinbarung
Eintrittspreise kostenfrei (Spenden sind willkommen)

Museum «Alte Landpfarrstelle», Blüthen T (03 87 97) 5 47 45
Der 1863 errichtete Pfarrhof ist als idealtypisches Beispiel einer evangelischen Pfarrstelle mit Pfarrhaus und Wirtschaftsgebäude zu besichtigen. Es wird die Geschichte des ländlichen Pfarrhauses in Brandenburg, historische Wirtschaftsräume und Wechselausstellungen gezeigt.
Adresse Pfarrhaus 22, 19357 Blüthen
Anfahrt Auto: A 24 (Berlin – Hamburg) Abf. Putlitz, Landstraße bis Blüthen
Öffnungszeiten nach Vereinbarung
weitere Sehenswürdigkeiten Feldsteinkirche
Fremdenverkehr Tourismusverband Prignitz e.V., Großer Markt 4, 19348 Perleberg, T (03876) 30741920, F (03876) 30741929; info@dieprignitz.de

Gedenkstätte Erwin Strittmatter – Der Laden – Bohsdorf T (03 56 98) 2 21, F (03 56 98) 80 59 07
Das Elternhaus des Schriftstellers Erwin Strittmatter, der durch seine Roman-Trilogie «Der Laden» allgemein bekannt wurde, beherbergt die historische Ladenausstattung (um 1920)

und eine kleine Ausstellung zur Familie und zum historschen Umfeld des Romans.
Adresse Dorfstraße 37, 03130 Felixsee/Ortsteil Bohsdorf, www.strittmatter-verein.de
Anfahrt Regionalbahn, Bahnhof Spremberg, Umstieg Bus nach Döbern-Friedrichshain, Bohsdorf; Auto: A 15 (Berlin – Cottbus), Abf. Roggosen, B 115b Richtung Bohsdorf-Vorwerk
Öffnungszeiten Di bis So 13–17 Uhr, Sa und So 10–12/13–17 Uhr
Eintrittspreise 2 € Erwachsene, 0,50 € Kinder
Extras Museumsshop, ergänzende Ausstellungsflächen und Vortragsraum in der Begegnungsstätte «Unter Eechen», Dorfstraße 35, 03130 Felixsee/Ortsteil Bohsdorf (Videovorführungen möglich)
weitere Sehenswürdigkeiten Heidemuseum Spremberg mit Strittmatter-Ausstellung, Agrarhistorischer Bauernhof Bloischdorf, Ostdeutscher Rosengarten Forst
Erholungsgebiet Talsperre Spremberg, Muskauer Faltenbogen, ausgeschilderte Rad- und Wanderwege («Auf den Spuren Erwin Strittmatters»)

Klostermühle Boitzenburg, Technisches Denkmal und Museum T (03 98 89) 2 36, F (03 98 89) 6 14 58
Das Museum befindet sich in der seit 1271 nachgewiesenen Wassermühle mit Müllerwohnung, historischem Mühlenbackofen, alter Schmiede und Stellmacherei.
Adresse Mühlenweg 5a, 17268 Boitzenburger Land (Die Klostermühle liegt am östlichen Ortsausgang); www.zur-klostermuehle.de, www.gemeinde-boitzenburger-land.de
Anfahrt Bahn: Regionalbahn, Bahnhof Prenzlau, Umstieg Bus, Boitzenburg; Auto: A 11 (Berlin – Prenzlau), Abf. Pfingstberg, Haßleben, Abzweig Boitzenburg
Öffnungszeiten Di bis So 10–17 Uhr (Sommerzeit), 10–16 Uhr (Winterzeit)
Eintrittspreise 2,50/1,50 € Kinder
Extras behindertengerechter Zugang, Museumsshop, Kinderservice, Museumscafé, jährliches Mühlenfest (Pfingstmontag) «»Alttechniktreffen» (1. Sa im Oktober), Lesung zu historischen Themen und Antik- und Trödelmarkt (1. Sa im Mai), Genealogen-Treffen (letzter Sa im August), Radiofreunde-Treffen (2. Sa im Juli)
weitere Sehenswürdigkeiten Kulturhistorisches Museum im Dominikanerkloster Prenzlau
Erholungsgebiet ausgeschilderte Rad- und Wanderwege rund um Boitzenburg (Carolinenhain, Tiergarten, Fasanengarten, Schumellensee, Haussee), Zeltplatz Thomsdorf

Hans-Grade-Museum Borkheide T (03 38 45) 4 02 10/4 03 69
Das in einem Flugzeug Typ IL 18 befindliche Museum widmet sich Leben und Werk des Flugpioniers Hans Grade und seinem Wirken in Borkheide (1909–1946). Es dokumentiert die Geschichte des Flugplatzes Borkheide von 1909 bis zur Gegenwart.
Adresse Am Flugplatz, 14822 Borkheide; www.hans-grade.de
Anfahrt Bahn: Regionalbahn (Berlin – Beelitz/Dessau), Bahnhof Borkheide; Auto: A 9 (Berlin–Leipzig), Abf. Beelitz, B 246 Richtung Brück, Abzweig Borkheide
Öffnungszeiten März bis Oktober: Mi und Sa 14–17 Uhr, So und Feiertage 13–17 Uhr, Gruppenbesuche nach Vereinbarung
Eintrittspreise 2 €
weitere Sehenswürdigkeiten Beelitz (mittelalterlicher Stadtkern, Heimatmuseum), Bauernmuseum Blankensee, Naturschutzzentrum Stücken, Spargelmuseum Schlunkendorf
Erholungsgebiet Naturschutzgebiet Hoher Fläming, Naturschutzgebiet Nuthe-Nieplitz-Niederung, Seddiner See; Wander-, Reit- und Radwege ausgeschildert

Archäologisches Landesmuseum im Paulikloster, Brandenburg T (0 33 81) 4 10 41 12
Das gotische Paulikloster in der Brandenburger Neustadt, bis 2002 noch Ruine, wurde als neue Heimstatt für das Archäologische Landesmuseum Brandenburg aufwändig saniert. Der Museumsrundgang erstreckt sich über insgesamt acht Räume von der Altsteinzeit bis in die jüngste Vergangenheit. Die brandenburgischen Landesarchäologie auf einen Blick!
Adresse Neustädtische Heidestr. 28, 14776 Brandenburg, www.paulikloster.de
Anfahrt Bahn: Regionalbahn, Hauptbahnhof Brandenburg, 10 min Fußweg; Auto: B 1 (Potsdam – Brandenburg), Brandenburg, Parkmöglichkeiten vorhanden
Öffnungszeiten Di bis So 10–17 Uhr, Mo geschlossen, außer Ostermontag, Pfingstmontag sowie an Feiertagen, die auf einen Montag fallen (1. 5., 3. 10., 31. 10., 1. und 2. Weihnachtsfeiertag 25./26. 12., Neujahr 1. 1., Karfreitag, Heilig Abend 24. 12., Silvester 31. 12.
Eintrittspreise 5/3,50 € ermäßigt, Familien 10 €, Führungen nach Voranmeldung

Computermuseum Fachhochschule Brandenburg / Havel T (0 33 81) 35 54 01
Ein mit entsprechender Rechnertechnik ausgestatteter Raum an der Fachhochschule Brandenburg ist Schauplatz einer Führung zur Geschichte der Computerentwicklung.
Adresse Fachhochschule Brandenburg, Informatikgebäude, Magdeburger Str. 50, 14776 Brandenburg, www.fhbrandenburg.de/informatik/rechnermuseum.html
Anfahrt Bahn: Regionalbahn, Hauptbahnhof Brandenburg, Umstieg Straßenbahnlinie Tra. 2, Haltestelle Fouquéstr./Fachhochschule; Auto: B 1 (Potsdam – Brandenburg), Brandenburg: Neustädter Markt
Öffnungszeiten in der Vorlesungszeit, Führungen immer dienstags nach vorheriger telefonischer Anmeldung
Eintrittspreise kostenfrei

Dokumentationsstelle Brandenburg / Havel T/F (0 33 01) 20 02 00, F (0 33 01) 20 02 01
Die Gedenkräume in der Hinrichtungsstätte des Zuchthauses Brandenburg dokumentieren die Verbrechen der Nationalsozialisten in der Haftanstalt Brandenburg. Eine Gedenkstätte am Nicolaiplatz ist im Aufbau. Sie wird an die Geschichte der «Euthanasie»-Mordanstalt in Brandenburg erinnern, wo 1940 mehr als 9 000 Anstaltspatienten ermordet wurden, und auf andere Gedenkorte verweisen.
Adresse Anton-Saefkow-Allee 22, 14772 Brandenburg; besucherdienst@gedenkstaettesachsenhausen.de; www.stiftung-bg.de
Anfahrt Bahn: Regionalbahn, Hauptbahnhof Brandenburg, Straßenbahn Linie 1 bis Anton-Saefkow-Allee; Auto: B 1 (Potsdam – Brandenburg), B 1 bis Ortsausgang/Strafvollzugsanstalt
Öffnungszeiten Führungen nur nach tel. Vereinbarung
Eintrittspreise 15 € Gruppenführung/Projekttag bis 15 Pers., 25 € bis 30 Pers., bei fremdsprachigen Angeboten zzgl. 25 € je Gruppe

Domstift-Dommuseum, Brandenburg / Havel T (0 33 81) 2 11 22 21/2 11 22 23, F (0 33 81) 2 11 22 12
Das Dommuseum veranschaulicht die Geschichte des Bistums und Domkapitels Brandenburg, des Schwanenordens und der Ritterakademie am Dom zu Brandenburg. Es präsentiert Teile des Domschatzes: sakrale, mittelalterliche Kunst, liturgische Handschriften und Drucke, Paramente, Möbel, Skulpturen und Tafelmalerei.
Adresse Burghof 10, 14776 Brandenburg (Zugang zum Dommuseum durch den Dom), www.dom-brandenburg.de
Anfahrt Bahn: Regionalbahn, Hauptbahnhof Brandenburg, Straßenbahn Linie 2/6, Richtung Neustädtischer Markt, Umstieg Buslinie B, Haltestelle Domlinden; Auto: B 1 (Potsdam – Brandenburg), Brandenburg, Neustädtischer Markt, Dom, Parkmöglichkeiten im Burgweg und am Grillendamm
Öffnungszeiten Mo bis Sa 10 – 17 Uhr, So ca. 11.30 (nach Gottesdienst) – 17 Uhr, Mai bis September: Mi 10-12 Uhr
Eintrittspreise 3/2 € ermäßigt, Museumsführung 3 €, Dom- und Museumsführung 5 €
Extras Museumsshop im Kreuzgang (Ostflügel), Dom-Restaurant im Burghof

Fahrradausstellung «Olle & dolle Räder» Brandenburg / Havel T (0 33 81) 33 64 25
Zu besichtigen sind Originalrennräder, wie z. B. von Rudi Kirchhoff, und andere interessante Stücke, die von der Geschichte des Fahrradbaus erzählen.
Adresse Kurstr. 71, 14776 Brandenburg, www.olleunddolleraeder.net
Anfahrt Bahn: Regionalbahn, Hauptbahnhof Brandenburg, Umstieg Straßenbahnlinie Tra. 6, Haltestelle Brandenburg, Hauptstr.; Auto: B 1 (Potsdam – Brandenburg), Brandenburg
Öffnungszeiten Di bis Fr 10 – 16 Uhr, April bis Oktober: zusätzlich Sa, So 13 – 17 Uhr, Führungen nach Vereinbarung
Eintrittspreise kostenfrei

Fischereiausstellung Plaue, Brandenburg / Havel T (0 33 81) 43 08 29/40 31 47
Thema ist die Fischerei in Brandenburg, vor allem in Plaue.
Adresse Genthiner Str. 7, 14776 Brandenburg
Anfahrt Bahn: Regionalbahn, Hauptbahnhof Brandenburg; Auto: B 1 (Potsdam – Brandenburg) bis Brandenburg
Öffnungszeiten Mi bis So 10 – 17 Uhr
Eintrittspreise kostenfrei

Heimatstube des Bundes der Vertriebenen, Brandenburg / Havel T (0 33 81) 21 29 22
Die Heimatstube der Vertriebenen wurde 1990 als Bürgergruppe gegründet. Fotos, Dokumente und Exponate künden von den früheren deutschen Ostgebieten – Ostpreußen, Pommern, Schlesien, dem Sudetenland – aus denen jeder vierte Havelstädter stammt, der vor dem Ende des Zweiten Weltkrieges geboren wurde.
Adresse Kurstr. 17, 14776 Brandenburg
Anfahrt Bahn: Regionalbahn, Hauptbahnhof Brandenburg; Bahnlinie Tra. 6, Haltestelle Brandenburg, Neustädtischer Markt; Auto: B 1 (Potsdam – Brandenburg), Brandenburg Altstadt
Öffnungszeiten Di bis Fr 10 – 17 Uhr, Sa 13 – 17 Uhr
Eintrittspreise kostenfrei

Industriemuseum Brandenburg / Havel T (0 33 81) 30 46 46, F (0 33 81) 30 46 48
Herzstück des Industriemuseums ist der letzte Siemens-Martin-Ofen des einstigen Stahlwerkes, ein Wahrzeichen Brandenburger Industriekultur, deren Geschichte mit einer Dauerausstellung und Videoaufzeichnungen dokumentiert ist.
Adresse August-Sonntag-Straße 5, 14770 Brandenburg/Havel, www.industriemuseum-brandenburg.de
Anfahrt Bahn: Regionalbahn, Hauptbahnhof Brandenburg, Umstieg Straßenbahnlinie 2, Haltstelle Am Stadion/Industriemuseum, 6 min Fußweg; Auto: B 1 (Potsdam – Brandenburg), Brandenburg, Richtung Genthin, Kreuzung Magdeburger Landstraße, August-Sonntag-Straße, SWB-Industrie- und Gewerbepark, Parkmöglichkeiten vorhanden
Öffnungszeiten Di bis So und Feiertage 10 – 17 Uhr (November bis Februar bis 16 Uhr) und nach Vereinbarung
Eintrittspreise Museum und Denkmal 4/2 € ermäßigt, mit Führung 6/3 € ermäßigt, Gruppen ab 10 Pers. Führung 4,50/Pers.
Extras Museumsshop

Museum im Frey-Haus – Museum im Steintorturm, Brandenburg / Havel T (0 33 81) 58 45 01, F (0 33 81) 58 45 04, Steintorturm: T (0 33 81) 20 02 65
Das Museum im Frey-Haus hat seinen Sitz in einem barocken Gebäudekomplex von 1723 im Herzen der historischen Altstadt Brandenburgs. Es bietet in seinen Ausstellungen als einzige Einrichtung der Stadt eine systematisch-chronologische Darstellung von über tausend Jahren Stadtgeschichte und berührt, aufgrund der historischen Bedeutung der Stadt, an vielen Stellen auch die Landesgeschichte.
Adresse Ritterstraße 96 (Frey-Haus), Steinstraße (Steintorturm), 14770 Brandenburg, www.stadt-brandenburg.de, museum@stadtbrandenburg.de
Anfahrt Bahn: Regionalbahn, Hauptbahnhof Brandenburg; zum Frey-Haus/Umstieg Straßenbahnlinie 2/6, Ausstieg Haltestelle «Ritterstraße – Museum im Frey-Haus»; zum Steintorturm/Umstieg Straßenbahnlinie 1, Haltestelle «Große Gartenstraße»; Auto: B 1 (Potsdam – Brandenburg), Brandenburg Altstadt/Neustadt, Parkmöglichkeiten vorhanden
Öffnungszeiten (Frey-Haus und Steintorturm) Di bis Fr 9 – 17 Uhr, Sa, So, Feiertage 10 – 17 Uhr
Eintrittspreise 3/2 € ermäßigt, Familienkarte 5 €, Jahresticket 10 €
Extras behindertengerechter Zugang im Frey-Haus, Museumsshop, Anmeldungen von Gruppenführungen unter (03381) 52 20 48

Slawendorf, Brandenburg / Havel T (0 33 81) 21 24 66
Nachbildung einer slawischer Siedlung.
Adresse Neuendorfer Str. 89 c, 14770 Brandenburg
Anfahrt Bahn: Regionalbahn, Hauptbahnhof Brandenburg; Tra. 6 Haltestelle Nicolaiplatz; Auto: B 1 (Potsdam – Brandenburg), Brandenburg B 102
Öffnungszeiten April bis Oktober: Do bis So 13 – 17 Uhr
Eintrittspreise kostenfrei

Ständige Ausstellung im Asklepios Fachklinikum, Brandenburg / Havel T (0 33 81) 78 21 01, F (0 33 81) 78 22 72
Die Dauerausstellung ist der Geschichte der Landesklinik in der Zeit des Nationalsozialismus gewidmet.
Adresse Anton-Saefkow-Allee 2, 14772 Brandenburg
Anfahrt Bahn: Regionalbahn, Hauptbahnhof Brandenburg, Straßenbahn Linie 1 bis

Anton-Saefkow-Allee; Auto: B 1 (Potsdam – Brandenburg), B 1 bis Ortsausgang
Öffnungszeiten Di, Do, Sa 10 – 17 Uhr
Eintrittspreise kostenfrei

Straßenbahnmuseum, Brandenburg / Havel T (03381) 534300
Dokumentation und Sachzeugnisse zur Geschichte der Straßenbahn. Außerdem gibt es eine Ausstellung zur Luftfahrt.
Adresse Bauhofstr. 2 (altes Straßenbahndepot), 14776 Brandenburg
Anfahrt Bahn: Regionalbahn, Hauptbahnhof Brandenburg; Bus 554 Lehnin, Busbahnhof Haltestelle Bauhofstr.; Auto: B 1 (Potsdam – Brandenburg), Brandenburg
Öffnungszeiten nach Vereinbarung
Eintrittspreise kostenfrei

Ständige Ausstellung «Von der Eiszeit zum Ökodorf», Brodowin T (033362) 70337/70123
Den Besucher erwartet ab 2010 eine wissenschaftlich fundierte und künstlerisch gestaltete Ausstellung zur eiszeitlichen Landschaftsentstehung und zur achttausendjährigen Besiedlungsgeschichte der südlichen Uckermark.
Adresse Dorfstr. 5 a, 16230 Chorin Ortsteil Brodowin, www.brodowin.de
Anfahrt Bahn: Regionalbahn, Bahnhof Pehlitz; Auto: B 2 (Eberswalde – Angermünde), Abzweig Brodowin
Öffnungszeiten nach Vereinbarung
Eintrittspreise tel. zu erfragen
weitere Sehenswürdigkeiten Schiffshebewerk Niederfinow, Binnenschifffahrtsmuseum Oderberg, Kloster Chorin
Erholungsgebiet Biosphärenreservat Schorfheide-Chorin, gut ausgeschilderte Wanderwege, Fahrgastschifffahrt, Campingplatz Parsteinsee und Pehlitzwerder
Fremdenverkehr Gemeindebüro T (033362) 252

Heimatmuseum Brüssow T (039742) 80360
Das Museum befindet sich in einer ehemaligen altlutherischen Kirche. Die Geschichte dieser Gemeinde wird in der Dauerausstellung thematisiert.
Adresse Karl-Marx-Str. 16a, 17326 Brüssow
Anfahrt Auto: A 20 (Berlin – Rostock) Abf. Kreuz Uckermark, B 109, Brüssow
Öffnungszeiten nach Vereinbarung unter T (039742) 80360
Eintrittspreise 1 €
weitere Sehenswürdigkeiten lohnende Ortbesichtigung (Kirche, teilweise erhaltene Stadtmauer), 5 km Wanderweg zu den Großsteingräbern bei Hammelstall, Freilandmuseum Penkun
Fremdenverkehr Tourismusverein «Brüssower Land»e.V., Prenzlauer Straße 6, 17326 Brüssow, T (039742) 86939

Brecht-Weigel-Haus, Buckow T (033433) 467, F (033433) 56215
Das Sommerhaus von Bertolt Brecht und Helene Weigel gibt Auskunft über das gemeinsame Leben und Arbeiten des Künstlerpaares. Originale Einrichtungsgegenstände, Bühnenbildmodelle, Planwagen und Kostüme zu Brechts Theaterstück «Mutter Courage und ihre Kinder» illustrieren das gemeinsame Wirken des Dramatikers und Lyrikers und der Schauspielerin.
Adresse Bertolt-Brecht-Straße 30, 15377 Buckow (am Scharmützelsee, 1 km vom Ortskern), www.brechtweigelhaus.de
Anfahrt Bahn: Regionalbahn, Station Müncheberg, Umstieg Buslinie 928, Ausstieg Haltestelle«Am Markt»/«Am Strandbad», 1 km Fußweg; Auto: B 1 (Berlin – Frankfurt/Oder), Müncheberg, Abzweig Waldsieversdorf, Abzweig Buckow, Parkplätze vorhanden
Öffnungszeiten April bis Oktober: Mi bis Fr 13 – 17 Uhr, Sa, So 13 – 18 Uhr, November bis März: Mi bis Fr 10 – 12/13 – 16 Uhr, Sa, So 11 – 16 Uhr
Eintrittspreise 3/2 € ermäßigt, Gruppenführungen und Vorträge (ab 8 Personen) 5/4 € ermäßigt, Schulklassen 3 €, Filmvorführungen (ab 8 Personen) 4/2,50 € ermäßigt
Extras Museumsshop, Museumscafé am Wochenende (im Sommer), Lesungen, musikalisch-literarische Veranstaltungen und Diskussionen in den Sommermonaten
weitere Sehenswürdigkeiten Töpferei, Kräuterstübchen, Besucherzentrum für Natur- und Umwelterziehung in Buckow, Gedenkstätte Seelower Höhen, Museen in Bad Freienwalde
Erholungsgebiet Märkische Schweiz (Kneippkurort Buckow, Wassersport), «Klassik im

Grünen» (Mai bis August), Buckower Rosentage (Juni)
Fremdenverkehr Kultur- und Tourismusamt Märkische Schweiz, Sebastian-Kneipp-Weg 1, 15377 Buckow, T (03 34 33) 5 75 00, F (03 34 33) 5 77 19, www.maerkischeschweiz.eu

Eisenbahnmuseum im Bahnhof Buckow T (03 34 33) 5 71 15
Brandenburgische Eisenbahngeschichte, speziell die der Buckower und Müncheberger Kleinbahn, der Oderbruchbahn und der Berliner S-Bahn, ist hier für alle Liebhaber im Bahnhofsgebäude museal aufbereitet.
Adresse Bahnhofstraße 1, 15377 Buckow (Postadresse: Eisenbahnverein Märkische Schweiz e.V., Alte Mühle 8, 15345 Garzau); mail@buckower-kleinbahn.de; www.buckower-kleinbahn.de
Anfahrt Bahn: Regionalbahn, Station Müncheberg, Umstieg Buslinie 928, Ausstieg Haltestelle «Neue Promenade»; Auto: B 1 (Berlin – Frankfurt/Oder), Müncheberg, Waldsieversdorf
Öffnungszeiten Mai bis Oktober: Sa, So, Feiertage 10 – 16 Uhr und nach Vereinbarung
Eintrittspreise 2/1,50 € Kinder 6 bis 14 Jahre
Extras Museumsshop

Heimatstube Burg T (03 56 03) 7 57 29, F (03 56 03) 7 50 16 16
Historische Trachten und Alltagsgegenstände aus dem 18. bis 20. Jahrhundert werden in der Heimatstube bewahrt und ausgestellt. Einen Schwerpunkt bildet die Geschichte und Gegenwart des Ortes Burg.
Adresse Am Hafen 1, 03096 Burg (Spreewald)
Anfahrt Bahn/Bus: Regionalbahn, Bahnhof Cottbus, Buslinien 47 nach Burg; Auto: A 9/A 10 (Berlin – Cottbus) Abf. Vetschau, Richtung Burg, Parkmöglichkeiten im Ort.
Öffnungszeiten Ostern bis Oktober: Mi bis So 13 – 17 Uhr, November bis Ostern: Mi bis Fr 12 – 16 Uhr und nach Vereinbarung
Eintrittspreise 1,50/1 € ermäßigt
Extras Heimat- und Trachtenfest in der letzten Augustwoche
weitere Sehenswürdigkeiten Ortsbesichtigung und Bismarckturm in Burg, Schinkelkirche und Holländermühle in Straupitz, Schloss und Park Branitz, Braunkohletagebau
Erholungsgebiet Spreewald, Willischzasee in Burg und weitere Badeseen in der Umgebung, Rad- und Wanderwege, Landtherme «Zur Bleiche»
Fremdenverkehr Touristinformation im Haus des Gastes, Am Hafen 6, 03096 Burg, T (03 56 03) 75 01 60, F (03 56 03) 7 50 16 16, touristinfo-burg.spreewald@t-online.de, www.burgspreewald- tourismus.de

Jagdmuseum Soechting, Buschow T (03 38 76) 4 02 33
Das Museum beherbergt die seit 1758 angelegte Familiensammlung mit 3 600 Exponaten, darunter Trophäen aus Afrika und Europa sowie präparierte Tiere der Region.
Adresse Kolonie 15, 14715 Märkisch Luch Ortsteil Buschow
Anfahrt Bahn: Regionalbahn bis Bahnhof Buschow, halbstündiger Fußweg; Auto: B 5 über Nauen Richtung Friesack, hinter Selbelang Abzweig Brandenburg 6 km
Öffnungszeiten nach Vereinbarung
Eintrittspreise kostenfrei
Extras nach Vereinbarung wird eine historische Waldwanderung angeboten
weitere Sehenswürdigkeiten Bienenmuseum Möthlow
Erholungsgebiet ausgeschilderte Rad- und Wanderwege im ehemaligen kaiserl. Jagdrevier

Ausstellung «Einsteins Sommer-Idyll» im Bürgerhaus Caputh T (03 32 09) 21 77 72, F (03 32 09) 21 77 73
Die Ausstellung informiert über Einsteins Leben und Wirken in seiner Berliner und Caputher Zeit sowie über die Architektur und die wechselvolle Geschichte des von Konrad Wachsmann geschaffenen Einsteinhauses in Caputh
Adresse Bürgerhaus Caputh (gegenüber von Schloss und Kirche), Straße der Einheit 3, 14548 Schwielowsee, Ortsteil Caputh, www.sommeridyll-caputh.de, info@sommeridyll-caputh.de
Anfahrt Buslinie 607 ab Potsdam Hauptbahnhof bis Haltestelle Schloss Caputh, Bahn: Regionalbahn, Bahnhof Caputh/Schwielowsee; Auto Berliner Ring A 10, Abfahrt Michendorf
Öffnungszeiten April bis Oktober: täglich außer Mo 11–17 Uhr, November bis März: Fr bis So

11–17 Uhr, an Feiertagen geöffnet
Eintrittspreise 2 €, nach Vereinbarung sind Führungen und Sonderöffnungszeiten möglich
weitere Sehenswürdigkeiten Schwielowsee: Schloss Caputh, Heimathaus, Sommerhaus von Albert Einstein, Havelländische Malerkolonie Ferch, Bonsai-Garten Ferch
Erholungsgebiet Schwielowsee, Strandbad Caputh, Strandbad Ferch
Fremdenverkehr «Schwielowsee-Tourismus» e.V., Straße der Einheit 3, 14548 Schwielowsee Ortsteil Caputh, T/F (033209) 70886

Heimathaus Caputh T (033209) 71422/70666
In einem der ältesten Häuser des Caputher Dorfkerns wird Wohnkultur um 1900 präsentiert, die Orts- und Vereinsgeschichte von Caputh ist dargestellt. Ein Teil der Ausstellung ist dem Maler und Caputher Ehrenbürger Magnus Zeller gewidmet. In der ehemaligen Sommerküche finden wechselnde Ausstellungen statt.
Adresse Krughof 28, 14548 Schwielowsee, Ortsteil Caputh
Anfahrt Bahn: Regionalbahn, Potsdam Hbf, Bus 607 Richtung Ferch bis Caputh Schloss, 7 min Fußweg; Auto: A 10 (Berliner Ring), Abf. Michendorf bis Caputh
Öffnungszeiten April/Mai bis Oktober: Sa, So 15–18 Uhr, Sonderführungen nach Vereinbarung
Eintrittspreise kostenfrei (Spende erwünscht)
weitere Sehenswürdigkeiten Caputh: Schloss, Ausstellung im Bürgerhaus, Sommerhaus von Albert Einstein, Schloss Petzow, Erholungsgebiet Schwielowsee, Strandbad Caputh, Strandbad Templin

Schloss Caputh, Stiftung Preußische Schlösser und Gärten Berlin-Brandenburg
T (033209) 70345
Schloss Caputh ist der einzige in der Potsdamer Kulturlandschaft erhaltene Schlossbau aus der Zeit des Großen Kurfürsten. Es wurde 1662 erbaut und ab 1671 erweitert. Zu besichtigen sind der Fliesensaal und die Wohnräume des Kurfürsten Friedrich Wilhelm und seiner zweiten Gemahlin, der Kurfürstin Dorothea.
Adresse Straße der Einheit 2, 14548 Caputh
Anfahrt Bahn, Regionalbahn, Hauptbahnhof Potsdam, Umstieg Buslinie 607, Haltestelle Schloss/Rathaus Caputh – oder: Regionalbahn, Bahnhof Caputh-Schwielowsee, 20 min Fußweg; Auto: B 2 (Potsdam – A 10) Abzweig Caputh
Öffnungszeiten 15. Mai bis 15. Oktober: Di bis So 10–17 Uhr, 16. Oktober bis 14. Mai: Sa und So 10–16 Uhr, Führungen (Anmeldung Besucherzentrum T (0331) 9694200, –201)
Eintrittspreise 4/3 € ermäßigt/Führung 1 €
Extras Museumsshop, Landschaftsgarten von Peter Josef Lenné
weitere Sehenswürdigkeiten Sommerhaus von Albert Einstein in Caputh, Schloss Petzow
Erholungsgebiet Schwielowsee, Strandbad Caputh, Strandbad Templin

Kloster Chorin T (033366) 70377, F (033366) 70378
Die Klosterruine Chorin ist eines der bedeutendsten Baudenkmale der frühen Backsteingotik in Brandenburg. Zu besichtigen sind alle erhaltenen Klosterbegäude.
Adresse Klosterverwaltung, Amt Chorin 11a, 16230 Chorin; www.kloster-chorin.de, Kloster-Chorin@t-online.de
Anfahrt Bahn: Regionalbahn, Bahnhof Chorin; Auto: A 11 (Berlin – Prenzlau), Abf. Finowfurt, B 167 nach Eberswalde, B 2 Richtung Angermünde, Abzweig Chorin
Öffnungszeiten täglich, April bis Oktober: 9–18 Uhr, November bis März: 9–16 Uhr
Eintrittspreise 3/2 € ermäßigt, Gruppenermäßigung möglich, Führungen bitte anmelden, bei Veranstaltungen begrenzter Zutritt
Extras Museumsshop, Führungen, Projektstunden und Projekttage zu Kunstgeschichte, Klosterleben, Baugeschichte, Botanik, Forstwesen, Naturkunde und Heimatgeschichte, Konzertund Theaterveranstaltungen im Sommer
weitere Sehenswürdigkeiten Ökodorf Brodowin, Schiffshebewerk Niederfinow, Heimatmuseum und Ehm-Welk-Museum Angermünde, Museum in der Adler-Apotheke Eberswalde
Erholungsgebiet Biosphärenreservat Schorfheide-Chorin (Naturschutzgebiet Plagefenn), Wassersport, ausgeschilderte Rad- und Wanderwege

Brandenburgisches Apothekenmuseum, Cottbus T (0355) 23997, F (0355) 3831848
Der Besucher lernt den über 750 Jahre alten Beruf des Apothekers mit seinen vielfältigen

Tätigkeiten in authentischen Räumen (Arzneikeller, Labor, Offizin, Kräuter- und Giftkammer) kennen. Ihm werden die Praxis der Arzneibereitung und die verwendeten Ingredenzien aus Vergangenheit und Gegenwart vorgestellt.
Adresse Altmarkt 24, 03046 Cottbus (Stadtzentrum), info@brandenburgischesapothekenmuseum.de, www.brandenburgisches-apothekenmuseum.de
Anfahrt Bahn: Regionalbahn, Hauptbahnhof Cottbus, Tram 3, Haltestelle Altmarkt/Zentrum; Auto: A 15 (Berlin – Cottbus), Abf. Cottbus, Stadtzentrum
Öffnungszeiten nur Führungen, Di bis Fr 11 und 14 Uhr, Sa, So, Feiertage 14 und 15 Uhr und nach Vereinbarung
Eintrittspreise 3/1,50 € ermäßigt
Extras Museumsshop (u. a. Kräuter, Teemischungen, Verkauf Di bis Fr 10 – 17 Uhr)

Flugplatzmuseum Cottbus e.V. T/F (03 55) 3 20 04
Das Museum stellt über 20 Flugzeuge und Hubschrauber, KFZ-Technik und IFA-Prototypen aus. Es dokumentiert die Luftfahrtgeschichte der Region Cottbus/Lausitz, die Luftkriegsgeschichte und den Flugsport.
Adresse Fichtestraße 1, 03046 Cottbus; info@flugplatzmuseumcottbus.de, www.flugplatzmuseumcottbus.de
Anfahrt Bahn: Regionalbahn, Bahnhof Cottbus/Görlitzer Straße, Umstieg Tram 2, Richtung Ströbitz, Endhaltestelle, 10 min Fußweg; Auto: A 13 (Berlin – Cottbus), Abf. Vetschau, B 115, Cottbus, 2. Ampelkreuzung nach Ortseingang Cottbus links, Parkmöglichkeit
Öffnungszeiten März bis Oktober: Di bis Fr 10 – 16 Uhr, Sa, So 10 – 17 Uhr, November bis Februar: Di bis Sa 10 – 16 Uhr
Eintrittspreise 4/2 € ermäßigt/10 € Familienkarte/1,50 € p.P. Schülergruppe ab 10 Personen
Extras Museumsshop, Führungen nach Voranmeldung, Bastelangebote für Kindergruppen bis 12 Jahre (nach Voranmeldung), Hubschrauberbesichtigung, Plastmodellbauausstellung (Oktober), Modellflugvorführung

Kunstmuseum Dieselkraftwerk Cottbus T (03 55) 49 49 40 40/49 49 40 45, F (03 55) 49 49 40 44
Das im Jahr 2008 im ehemaligen Dieselkraftwerk neu eröffnete Kunstmuseum zeigt angefangen vom Dresdner Expressionismus bis zur Gegenwart, Werke aus den Gattungen Malerei, Skulptur, Grafik, Fotografie und Plakat.
Adresse Uferstraße/Am Amtsteich 15, 03046 Cottbus; www.museum-dkw.de, info@museumdkw.de
Anfahrt Bahn: Regionalbahn, Bahnhof Cottbus, Tram/Bus 2/3; Auto: A 15 (Berlin – Cottbus), Abf. Cottbus, Stadtzentrum
Öffnungszeiten Di bis So 10 – 18 Uhr, Do 10 – 20 Uhr
Eintrittspreise 4/2,50 € ermäßigt/2 € Kinder ab 12 Jahren/5 € Familienkarte (1 Erwachsener, 1 Kind)/10 € Familienkarte (2 Erwachsene + bis zu 4 Kinder) je weiters Kind 1,50 €/20 € Jahreskarte/35 o Jahreskarte für 2 Personen/3 € p.P. Gruppenkarte ab 10 Personen/frei Vorschulkinder und Förderschüler/1 € p.P. Gruppenkarte für Schüler, Studenten, Auszubildende; 1. Mittwoch im Monat Eintritt frei
Extras Museumsshop, Kunstgespräche, Konzerte, Musik- und Literaturabende, Kinderatelier, Jugendwerkstatt, Kreativwerkstatt für Behinderte, Werkstatt für Senioren, Kurse für Malen, Zeichnen, plastisches Gestalten
weitere Sehenswürdigkeiten Jugendstiltheater, Bibliothek der BTU (Herzog/De Meuron), Spreeauenpark, Tierpark mit Parkeisenbahn
Erholungsgebiet Spreewald, Radtouren, Wanderungen, Wassersport, Senftenberger See
Fremdenverkehr Cottbus Service, Zimmervermittlung, T (03 55) 75 42 0, F (03 55) 75 42 45 5; cottbus-service@cmt-cottbus.de, www.cottbus.de

Stadtmuseum Cottbus T (03 55) 38 07 70, F (03 55) 3 80 77 99
Das Museum widmet sich der Geschichte und Kultur der Stadt Cottbus. Es veranschaulicht die Entwicklung der Stadt zu einem wirtschaftlichen, politischen und kulturellem Zentrum der Region seit 1800. Weitere Themen sind die Naturgeschichte und Geologie der Region, die Geschichte des Braunkohleabbaus sowie die Ur- und Frühgeschichte der Niederlausitz.
Adresse Bahnhofstraße 52, 03046 Cottbus (Nähe Bahnhofs); stadtmuseum@stadtmuseum.cottbus.de, www.cottbus.de
Anfahrt Bahn: Regionalbahn, Bahnhof Cottbus, 10 min. Fußweg (über Bahnhofsbrücke); Auto:

A 15, Abf. Cottbus-Süd, Stadtzentrum, Parkmöglichkeiten am Museum
Öffnungszeiten Di bis Fr 11–17 Uhr, Sa, So und Feiertage 13–17 Uhr
Eintrittspreise 2/1,50 € ermäßigt
Extras behindertengerechter Zugang, Museumsshop: Kassenverkauf

Stiftung Fürst-Pückler-Museum Park und Schloss Branitz, Cottbus T (03 55) 7 51 50, F (03 55) 7 51 52 30
Hermann Fürst von Pückler-Muskau (1785–1871) schuf mit seinen Parks Weltkulturerbe. Den Landschaftspark in Branitz bezeichnete er als sein «Meisterstück». Hier verwandelte er die «Wüste» der alten Besitzung in eine «Oase». Im Besucherzentrum auf dem Gutshof gibt eine Multimedia-Ausstellung überraschende Einblicke in Pücklers Lebenswerk.
Adresse Stiftung Fürst-Pückler-Museum Park und Schloss Branitz, Robinienweg 5, 03042 Cottbus; info@pueckler-museum.de; www.pueckler-museum.de
Anfahrt Bahn: Regionalbahn, Bahnhof Cottbus, Umstieg Straßenbahnlinie 2, Ausstieg Haltestelle «Stadtpromenade», Umstieg Buslinie 15, Ausstieg Haltestelle «Robinienweg»; Auto: A 13 (Berlin – Cottbus), Abf. Roggosen, L 49, Branitz (Park), 250 Parkmöglichkeiten Parkplatz Kastanienallee
Öffnungszeiten April bis Oktober: Schloss, Gutshof und Marstall täglich 10–18 Uhr November bis März: Schloss und Gutshof Di bis So 11–17 Uhr, Marstall geschlossen
Eintrittspreise Schloss oder Gutshof: 4,50/3,50 € pro Person Marstall: 3,50/2,50 € pro Person Führung Schloss oder Park a 45 min: 2/1,50 € pro Person Ermäßigung erhalten Schüler, Studenten, Azubis, Wehr- und Zivildienstleistende und schwerbehinderte Personen, Angebot von Verbundkarten
Extras Museumsshop u. a. mit Kunstguss aus Lauchhammer, Café und Restaurant im Cavalierhaus

Technisches Denkmal Spreewehrmühle, Cottbus T (03 55) 70 00 03/(01 52) 01 35 32 23
Die Wassermühle, in der Getreide zu Mehl gemahlen wurde, ist in ihrem originalen Bestand erhalten und zu besichtigen.
Adresse Am großen Spreewehr 2, 03044 Cottbus; info@spreewehrmuehle.com, www.spreewehrmuehle.com
Anfahrt Bahn: Regionalbahn, Bahnhof Cottbus, Tram 4, Ausstieg Nordring, 10 min Fußweg; Auto: A 15 (Berlin – Cottbus), Abf. Cottbus-Süd, Stadtzentrum, B 97 Richtung Peitz
Öffnungszeiten Mi 10–12 und 14–18 Uhr, Do, Sa, So 14–18 Uhr und nach Vereinbarung
Eintrittspreise 2/4 € p.P. Führung
Extras behindertengerechter Zugang, Museumsshop

Wasserwerk Sachsendorf, Cottbus T (03 55) 3 50 11 06, F (03 55) 3 50 12 29
Das Wasserwerk, das seit über 100 Jahren in Betrieb ist, beherbergt eine Ausstellung zur Geschichte der Wasserversorgung. Im Wasserturm werden die Bauzeichnungen von 1897 gezeigt, alte Analysegeräte, Wasserzähler, Geräte zur Verlegung der Rohrleitungen durch die ganze Stadt und die Wasserwerksberichte, die Zeugnis von der Betriebsgeschichte ablegen.
Adresse Saarbrücker Straße, 03048 Cottbus (Postanschrift: LWG Lausitzer Wasser GmbH & Co.KG, Frau Dittmann, Berliner Straße 19–21, 03046 Cottbus)
Anfahrt Bahn: Regionalbahn, Hauptbahnhof Cottbus, Buslinien 16/17 Richtung Sachsendorf/Madlow bis Haltestelle Waldweg, 500 m Fußweg; Auto: A 15 (Berlin – Cottbus), Abf. Cottbus- West, nach 400 m Einfahrt zum Wasserwerksgelände, Parkmöglichkeiten vorhanden
Öffnungszeiten nach Vereinbarung für Gruppen
Eintrittspreise kostenfrei

Wendisches Museum Cottbus – Serbski muzej, Chośebuz T (03 55) 79 49 30, F (03 55) 70 12 75
Das Museum zeigt die Geschichte und Kultur der Sorben und Wenden in der Niederlausitz, beginnend mit der Besiedlung der Region vor 1 500 Jahren. Thematisiert werden die Sprache und das Schrifttum, Traditionen und Bräuchen, Musik und Liedgut, bildender Kunst und Volkskunst, Stickereien und Nationaltrachten der Sorben und Wenden
Adresse Mühlenstrasse 12, 03046 Cottbus; info@wendischesmuseum.de, www.wendisches-museum.de
Anfahrt Bahn: Regionalbahn, Bahnhof Cottbus, 15 min Fußweg oder Straßenbahn; Auto: A 15 (Berlin – Cottbus), Abf. Cottbus-Süd, Zentrum, Parkmöglichkeiten in der Innenstadt

Öffnungszeiten Di bis Fr 8.30 – 18 Uhr, Sa, So, Feiertage 14 – 18 Uhr
Eintrittspreise 2,50/1,50 € ermäßigt
Extras behindertengerechter Zugang, Museumsshop: Kassenverkauf

Heimatstube «Willi Westermann», Cumlosen T (03 87 94) 3 02 49, F (03 87 94) 2 09 29
Die Heimatstube beherbergt eine naturkundliche und eine historische Ausstellung.
Adresse Dorfplatz, 19322 Cumlosen
Anfahrt Bahn: Regionalbahn, Bahnhof Wittenberge, Umstieg Bus/Taxi, Cumlosen; Auto: B 195 (Wittenberge – Boizenburg), Wittenberge, Richtung Cumlosen, Parkmöglichkeiten vorhanden
Öffnungszeiten Mai bis Oktober: 1. Sonntag im Monat, Feiertage 9.30 – 11.30 Uhr und nach Vereinbarung
Eintrittspreise kostenfrei
Extras behindertengerechter Zugang
weitere Sehenswürdigkeiten Stadtmuseum Wittenberge, Friedrich-Ludwig-Jahn-Gedenkstätte Lanz, Rhododendronpark Gadow, Heimatmuseum Eldenburg
Erholungsgebiet Radower See, Landschaftsschutzgebiet Brandenburgische Elbtalaue, ausgeschilderte Rad- und Wanderwege, Spielplätze am Badeteich

Heimatstube Dahlwitz-Hoppegarten T (0 33 42) 30 06 96
Die Heimatstube erzählt vom Pferdesport und Renngeschehen auf der Pferderennbahn Hoppegarten von 1880 bis 1950. Eine Sammlung von Hausrat, bäuerlichen Arbeitsgeräten und Kinderspielzeug erhellt die Alltagsgeschichte des Ortes.
Adresse Lindenallee 16, 15366 Dahlwitz-Hoppegarten
Anfahrt Bahn: Berliner S-Bahn, Station Hoppegarten, Lindenallee (10 min Fußweg); nach Vereinbarung Auto: B 1 (Berlin – A 10), Hoppegarten/Rennbahnallee, Lindenallee
Öffnungszeiten Do und So 15 – 17 Uhr
Eintrittspreise kostenfrei (Spende erwünscht)
weitere Sehenswürdigkeiten Heimatmuseen Strausberg und Schöneiche, Museumspark der Baustoffindustrie Rüdersdorf
Erholungsgebiet Müggelsee, Berliner Forst

Heimatmuseum Dahme / Mark T/F (03 54 51) 4 93
Das Museum im Fachwerkhaus zeigt Exponate zu Leben und Werk des Münzmedailleurs F. W. Kullrich, bietet Interessantes zum Blaudruck, zu den Trachten und zum Brauchtum des Niederen Fläming, zur Entwicklung des städtischen Handwerks und der Tabakfabrikation.
Adresse Töpferstraße 16, 15936 Dahme/Mark (Stadtzentrum, am Töpfermarkt)
Anfahrt Bahn/Bus: Regionalbahn, Bahnhof Luckau/Uckro weiter mit dem Bus bis Dahme, Haltestelle «Hauptstraße», 200 m Fußweg; Auto: B 102, zwischen Luckau und Jüterbog, Parkmöglichkeiten vor dem Museum
Öffnungszeiten Di bis Fr 9 –12/13 – 16 Uhr, Mai bis Oktober: Sa 10 – 14 Uhr, So 14 – 17 Uhr und nach Vereinbarung
Eintrittspreise 2/1 € ermäßigt/0,50 € Schulklassen
Extras Wechselnde Ausstellungen, Museumsshop, auf Bestellung Stadtführung und Fläming-typische Klemmkuchen
weitere Sehenswürdigkeiten lohnende Ortsbesichtigung, Schloss Wiepersdorf
Erholungsgebiet «Ferienidyll Körbaer See» mit Campingplatz und Bungalowvermietung, ausgeschilderte Rad- und Wanderwege
Fremdenverkehr Touristinformation, Töpferstraße 17, 15936 Dahme, T/F (03 54 51) 9 15 55

Heimatmuseum, Deetz / Havel T (0 33 207) 5 24 80/3 20 99
Neben der Ortsgeschichte einschließlich der Geschichte der Ziegeleien des Ortes und der Umgebung werden in den Räumen des Gemeindehauses wechselnde Ausstellungen gezeigt.
Adresse Alte Dorfstr. 1 (Gemeindehaus), 14550 Groß Kreutz (Havel), Ortsteil Deetz
Anfahrt Bahn: Bahnhof Groß Kreutz, Bus nach Deetz; Auto: A 9 (Berlin – Nürnberg) Abf. auf B 107 bis Deetz
Öffnungszeiten nach Vereinbarung, Adventszeit Sa, So 14 – 18 Uhr
Eintrittspreise kostenfrei (Spende erwünscht)
weitere Sehenswürdigkeiten Ziegeleirundweg, Havelradweg, Stadt Werder, Petzow
Erholungsgebiet Glindower und Plessower See, Erdeberge (Naturlehrpfad, Campingplatz,

Strandbad), Glindower Alpen, Obsthöfe (Weinproben), Wanderwege und Fahrradrouten
Fremdenverkehr Tourismusbüro Werder, Zimmervermittlung, Kirchstraße 6/7, 14542 Werder/Havel, T (03327) 783374/43110, F (03327) 783322; www.werder-havel.de

Renaissance-Schloss Demerthin T/F (033977) 80344
Das restaurierte Schloss beherbergt bäuerlichen Hausrat, Webstühle, altes Handwerkszeug und andere Alltagsgegenstände aus der Prignitz.
Adresse Schulstraße 10, 16866 Gumtow Ortsteil Demerthin; kontakt@schloss-demerthin.de
Anfahrt Bahn: Regionalbahn, Bahnhof Kyritz, Umstieg Bus nach Demerthin; Auto: A 24 (Berlin – Hamburg) Abf. Neuruppin, B 167, B 5 bis Demerthin
Öffnungszeiten täglich 10–16 Uhr
Eintrittspreise 2/1 € Kinder
Extras thematische Führungen nach Vereinbarung
weitere Sehenswürdigkeiten Lügenmuseum Gantikow
Erholungsgebiet Rhinluch/Dreetzer See, Breddiner Schweiz, Kyritzer Seenkette, ausgeschilderte Wander- und Radwege, Wassersport

Heimatstube Demnitz T (033636) 5258/27212
Die Heimatstube in dem 1830 erbauten Gutshaus präsentiert eine Sammlung von bäuerlichen Haus- und Arbeitsgeräten der Region aus dem 19. und 20. Jahrhundert.
Adresse Dorfstraße 56, 15518 Steinhöfel Ortsteil Demnitz; www.gemeinde-steinhoefel.de
Anfahrt Bahn: Regionalbahn; Bahnhof Fürstenwalde, Umstieg Bus bis Demnitz Auto: A 12 (Berlin – Frankfurt/Oder), Abf. Fürstenwalde-Ost, Fürstenwalde, Richtung Demnitz
Öffnungszeiten nach Vereinbarung
Eintrittspreise kostenfrei
weitere Sehenswürdigkeiten Kirchenbesichtigung, Städtisches Museum Fürstenwalde, Gutsschlösser und Gärten Alt Madlitz und Steinhöfel
Erholungsgebiet Bad Saarow, Scharmützelsee
Fremdenverkehr F.T.V. Fürstenwalder Tourismusverein e.V., T (03361) 760600, F (03361) 760601; info@fuerstenwaldetourismus.de

Dorfmuseum Dennewitz T (033741) 72030/80906, F (033741) 72032
Das Museum erinnert an die Schlacht bei Dennewitz am 6. September 1813. Kernstück ist das 2 x 2 m große Diorama, in dem die Schlacht mit 2400 Flachzinnfiguren nachgestellt ist.
Adresse Dorfstraße 35 (gegenüber der Gaststätte «Zum Grafen Bülow», dort Schlüssel), 14913 Niedergörsdorf, Ortsteil Dennewitz, www.wirtshaus-dennewitz.de, wirtshaus-dennewitz@t-online.de
Anfahrt Bahn: Regionalbahn, Bahnhof Niedergörsdorf; Auto: B 101 (Berlin – Jüterbog), Jüterbog, Landstraße Richtung Niedergörsdorf
Öffnungszeiten nach Vereinbarung
Eintrittspreise 1,50 €, Kinder bis 6 Jahre frei
weitere Sehenswürdigkeiten wechselnde Sonderausstellungen, Dennewitz: Bockwindmühle, Dorfkirche, Denkmäler der Befreiungskriege, ehem. Fliegertechnische Schule, Kulturzentrum Niedergörsdorf, Stadtmuseum Jüterbog im Abtshof, Kloster Zinna
Erholungsgebiet Freibad Oehna, Flämingskate
Fremdenverkehr Touristinformation Niedergörsdorf, T (033741) 80906, F (033741) 80904, Kastanienallee 21, 14913 Niedergörsdorf/Ortsteil Flugplatz; www.niedergörsdorf.de

Glashütte Annenwalde, Densow T (03987) 200250, F (03987) 200251
Die 1754 gegründete Glashütte bietet umfangreiche Informationen zur historischen Glasherstellung sowie Schauvorführungen und Führungen
Adresse Annenwalde 28, 17268 Templin Ortsteil Densow, info@glashuette-annenwalde.de, www.glashuette-annenwalde.de
Anfahrt B 109 Richtung Templin, Annenwalde; Bahn: Regionalbahn, Bahnhof Templin, Bus nach Densow
Öffnungszeiten Di bis So 11–17 Uhr
Eintrittspreise 2 €
Extras Museumsshop, Führungen, Projektstunden und Projekttage zu Kunstgeschichte, Klosterleben, Baugeschichte, Botanik, Forstwesen, Naturkunde und Heimatgeschichte,

Konzert- und Theaterveranstaltungen im Sommer
weitere Sehenswürdigkeiten Schiffshebewerk Niederfinow, Heimatmuseum und Ehm-Welk-Museum Angermünde, Museum in der Adler-Apotheke Eberswalde
Erholungsgebiet Biosphärenreservat Schorfheide-Chorin (Naturschutzgebiet Plagefenn), Wassersport, ausgeschilderte Rad- und Wanderwege

Lilienthal-Museum, Derwitz T (03 32 07) 7 02 67/5 04 49
Flugzeugminiaturmodelle und Texte zu Otto und Gustav Lilienthal werden im ehemaligen Spritzenhaus des Ortes gezeigt.
Adresse Am Derwitzer Dorfplatz, 14542 Werder (Havel), Ortsteil Derwitz
Anfahrt Bahn: Regionalbahn, Bahnhof Werder, Bus bis Derwitz, Auto: B 1 (Potsdam – Brandenburg) bis Derwitz
Öffnungszeiten nach Vereinbarung
Eintrittspreise kostenfrei (Spende erwünscht)
weitere Sehenswürdigkeiten Derwitz: Lilienthal-Denkmal auf dem Mühlenberg, Gedenkstein für Lilienthal, Dorfkirche, Stadt Werder (Inselrundgang, Museen) Petzow (Schloss und Park, Stüler-Kirche)
Erholungsgebiet Glindower und Plessower See, Erdeberge (Naturlehrpfad, Campingplatz, Strandbad), Glindower Alpen, Obsthöfe (Weinproben), Wanderwege und Fahrradrouten
Fremdenverkehr Tourismusbüro Werder

Heimatmuseum Dissen T (03 56 06) 2 56, F (03 56 06) 2 37
Das Heimatmuseum führt in Lebensweise und Arbeitsalltag, Feste und Bräuche der sorbisch-wendischen Bauern in der Region zwischen Cottbus und Burg ein. Eine Besonderheit ist der Fundus an niedersorbischen Trachten. Von der bäuerlichen Alltags- bis zur kunstvoll bestickten Brautjungferntracht und anderen Festtrachten sind verschiedene Variationen und Einzelstücke aus dem 18. Jahrhundert zu sehen.
Adresse Hauptstraße 32, 03096 Dissen; heimatmuseum@dissen-spreewald.de, www.dissenspreewald.de
Anfahrt Bahn: Regionalbahn, Bahnhof Cottbus, Buslinie 44, Dissen; Auto: A 15 (Berlin – Cottbus) Abf. Cottbus West, Cottbus, Dissen
Öffnungszeiten Di bis Do 9 – 12 und 13 – 16 Uhr, zusätzlich von Ostern bis Ende Oktober: So, Feiertage 14 – 17 Uhr, Führungen nach tel. Anmeldung auch außerhalb der
Öffnungszeiten Eintrittspreise 2/1 € ermäßigt
weitere Sehenswürdigkeiten Stadt und Museen Cottbus
Erholungsgebiet Spreewald, Talsperre Spremberg, Senftenberger See, ausgeschilderte Fahrradund Wanderwege
Fremdenverkehr Cottbus Service, Zimmervermittlung, T (03 55) 75 42 0, F (03 55) 75 42 45 5; cottbus-service@cmt-cottbus.de, www.cottbus.de

Schloss Doberlug T (03 53 22) 3 91 00
Die Ausstellung im Schloss zeigt Objekte zur Geschichte der Stadt und des Schlosses Doberlug.
Adresse Schlossplatz, 03253 Doberlug-Kirchhain; foerderverein@schloss-doberlug.de, www.schlossdoberlug.de
Anfahrt Bahn: Regionalbahn, Bahnhof Doberlug-Kirchhain, Umstieg Bus nach Doberlug; Auto: A 13 (Berlin – Dresden) Abf. Duben B 87 über Luckau, Landstraße bis Doberlug
Öffnungszeiten Mai bis Oktober: Di bis Do, Sa, So 10 – 17 Uhr
Eintrittspreise 1,50/1 € Turmbesteigung
Extras Weinfest, jährlicher Workshop zum Schloss

Weißgerbermuseum Doberlug-Kirchhain T (03 53 22) 22 93, F (03 53 22) 22 71
Das Museum veranschaulicht die Geschichte und Technik des Gerbens. Eine originale Gerberwerkstatt, eine Sammlung exotischer Leder und Felle, kostbarer Zinnwaren, eine Schuhmacherwerkstatt, eine Gesellenstube und die technische Ausstellung sind zu besichtigen.
Adresse Potsdamer Straße 18, 03253 Doberlug-Kirchhain; weissgerbermuseum@doberlugkirchhain.de, www.weissgerbermuseum.de
Anfahrt Bahn: Regionalbahn, Bahnhof Doberlug-Kirchhain, Umstieg Bus, Zentrum Kirchhain; Auto: A 13 (Berlin – Dresden) Abf. Duben B 87 über Luckau, B 96 bis Doberlug-Kirchhain
Öffnungszeiten Di bis Do 9 – 12/14 – 17 Uhr, Fr 10 – 12/14 – 16 Uhr, Sa nach Voranmeldung,

So 14–16 Uhr
Eintrittspreise 2,50/2 € Kinder, Jugendliche, Studenten, Rentner
Extras Museumsshop

Heimatstube Döbern T (03 56 00) 64 82
Die Glasherstellung, die Bergbaugeschichte als Reviergeschichte und die Hauswirtschaft der ländlich Bevölkerung zeigt die Heimatstube zur Illustration der Döberner Ortsgeschichte.
Adresse Ringstraße 53, 03159 Döbern
Anfahrt Bahn: Regionalbahn, Bahnhof Forts, Buslinie 851, Döbern; Auto: A 15 (Berlin – Cottbus) Abf. Roggosen, Döbern
Öffnungszeiten So 15–17 Uhr, Führungen nach tel. Vereinbarung auch außerhalb der Öffnungszeiten
Eintrittspreise kostenfrei
weitere Sehenswürdigkeiten Stadt und Museen Cottbus
Erholungsgebiet Spreewald, Talsperre Spremberg, Senftenberger See, ausgeschilderte Fahrradund Wanderwege
Fremdenverkehr Cottbus-Information, T (03 55) 2 42 54, F (03 55) 79 19 31; www.cottbus.de

Technisches Denkmal Brikettfabrik «Louise», Domsdorf T (03 53 41) 9 40 05, F (03 53 41) 9 48 94
Europas älteste Brikettfabrik mit der funktionellen Technik des 19. Jahrhunderts gibt Einblick in die Industriegeschichte im 19. und 20. Jahrhundert.
Adresse Louise 111, 04924 Domsdorf; TD_brikettfabrik_louise@t-online.de, www.brikettfabriklouise.de
Anfahrt Bahn: Regionalbahn, Bahnhof Cottbus nach Bahnhof Drebkau, Bus bis Domsdorf; Auto: A 13 (Berlin-Cottbus) bis Abf. Duben, B 87 über Luckau Richtung Bad Liebenwerda bis Domsdorf
Öffnungszeiten April bis Oktober: täglich 10–18 Uhr, November, Januar bis März: Mo bis Fr 10–15 Uhr, So 10–16 Uhr, Dezember nach Vereinbarung
Eintrittspreise 5/2 € ermäßigt/3,50 € Gruppen ab 10 Personen Extras: bedingt behindertengerecht, Museumsshop, Gruppenerlebnisangebote, Dampftage, Grubenbahn, Konzerte

Mühlenmuseum Dorf Zechlin T (03 39 23) 7 02 67, F (03 39 23) 7 12 67
In der ehrenamtlich geführten Dorfmahlmühle wird das Müllerhandwerk veranschaulicht. Bäuerliche Werkzeuge und Gebrauchsgegenstände ergänzen das Bild dörflichen Lebens.
Adresse Am Kunkelberg 14, 16837 Dorf Zechlin (Zugang über den Mühlenhof); krueger@muehlenhof-zechlin.de, www.muehlenhof-zechlin.de
Anfahrt Bahn: Regionalbahn, Rheinsberg, Umstieg Bus, Richtung Flecken Zechlin, Ausstieg Dorf Zechlin; Auto: A 19 (Berlin – Rostock), Abzweig Wittstock, Landstraße nach Flecken Zechlin, Dorf Zechlin, Parkmöglichkeiten auf dem Mühlenhof und vor dem Museum
Öffnungszeiten Mai bis September: Mi bis Mo 12–19 Uhr, Oktober bis April: Sa, So 12–19 Uhr und nach Vereinbarung
Eintrittspreise 1,50 €
Extras Museumscafé: Mühlenschänke im Keller des Museums
weitere Sehenswürdigkeiten Schloss, Kurt-Tucholsky-Gedenkstätte, Zinnfigurenmuseum und Keramikfabrik Rheinsberg, Alfred-Wegener-Gedenkstätte Zechliner Hütte
Erholungsgebiet Rheinsberger Seengebiet (Wassersport), Wander- und Radwege

Heimatmuseum «Kólasko» Drachhausen T (03 56 01) 81 50/7 07 83
«Kólasko» bedeutet im Deutschen Spinnrad. Dem entsprechend beherbergt das Museum Gegenstände des täglichen Lebens der ländlichen Bevölkerung, insbesondere zur Tradition der Flachsverarbeitung aus der Gegend um Drachhausen.
Adresse Dorfstraße 40, 03185 Drachhausen
Anfahrt Bahn: Regionalbahn, Bahnhof Cottbus, Bus über Peitz bis Drachhausen; Auto: A 15 (Berlin – Cottbus) Abf. Vetschau, Richtung Burg bis Drachhausen
Öffnungszeiten Mo, Do 10–16 Uhr, Di, Mi, Fr 10–14 Uhr und nach Vereinbarung
Eintrittspreise kostenfrei
Fremdenverkehr Kultur- und Tourismusamt Peitz, Markt 1, 03185 Peitz, T (03 56 01) 81 50, F (03 56 01) 8 15 15; tourismus@peitz.de, www.peitz.de

Sorbische Webstube Drebkau – Serbska tkajarskaspa Drjowk T (03 56 02) 2 21 59
Das Museum zeigt die Kultur und Arbeitswelt der Sorben. Zu besichtigen sind funktionierende Webstühle, Gerätschaften und Erzeugnisse der Leineweberei. Die Ostereierausstellung und die Trachten der Region künden vom sorbischen Brauchtum.
Adresse Am Markt 10, 03116 Drebkau,
Anfahrt Bahn: Regionalbahn (Cottbus – Dresden), Bahnhof Drebkau; Auto: A 15 (Berlin – Cottbus) bis Abf. Cottbus-West, B 169 bis Drebkau
Öffnungszeiten Do und Fr 13 – 17 Uhr, an jedem 1. So im Monat 13 – 17 Uhr und nach Vereinbarung
Eintrittspreise 1,50/1 € ermäßigt
weitere Sehenswürdigkeiten Altstadt Drebkau mit Ackerbürgerhäusern, Informationszentrum zum Braunkohlebergbau Gut Geisendorf, Lausitzring
Erholungsgebiet Wanderungen in das Landschaftsschutzgebiet Steinitzer Alpen
Fremdenverkehr Fremdenverkehrsverein «Region Spremberg» e.V., Zimmervermittlung, Am Markt 2, 03130 Spremberg, T (0 35 63) 45 30, F (0 35 63) 59 40 41, ti@spremberg.de; www.spremberg.de; Fahrradverleih im Ort

Heimatstube Dreetz T (03 39 70) 8 61 40/8 55 92/8 61 92
Die Sammlung der Heimatstube umfasst etwa 400 Gebrauchsgegenstände, Geräte und Dokumente, die die Geschichte und den Alltag des Ortes und seiner Umgebung belegen.
Adresse Wilhelm-Pieck-Straße 57, 16845 Dreetz
Anfahrt Bahn: Regionalbahn, Bahnhof Neustadt(Dosse), Umstieg Bus, Dreetz; Auto: B 5 (Berlin – Kyritz), Bückwitz, Köritz, Abzweig Dreetz, Parkmöglichkeit am Museum
Öffnungszeiten nach Vereinbarung
Eintrittspreise kostenfrei (Spende erwünscht)
weitere Sehenswürdigkeiten Neustadt (Wassermühle, Ursulinenkloster, Kreuzkirche, Brandenburgisches Haupt- und Landgestüt mit Kutschenmuseum) Mumie Ritter von Kalebuz
Erholungsgebiet Rhinluch/Dreetzer See, Breddiner Schweiz, Kyritzer Seenkette, ausgeschilderte Wander- und Radwege, Wassersport

Flugplatzmuseum Drewitz T (03 56 07) 6 93, F (03 56 07) 6 94
In einer kleinen Ausstellung wird die Geschichte des Fluplatzes von 1908 bis in die Gegenwart erzählt.
Adresse Flugplatzstraße 1, 03197 Jänschwalde; museum@flugplatz-drewitz.de, www.flugplatzcottbus- drewitz.de
Anfahrt Bahn: Regionalexpress, von Bahnhof Cottbus oder Bahnhof Frankfurt (Oder) nach Jänschwalde; Auto: A 15 (Berlin – Cottbus) Abf. Roggosen, Jänschwalde
Öffnungszeiten Di bis So 10 – 16 Uhr und nach Vereinbarung
Eintrittspreise kostenfrei
weitere Sehenswürdigkeiten Stadt und Museen Cottbus, Flugplatzmuseum Cottbus
Fremdenverkehr Cottbus Service, Zimmervermittlung, T (03 55) 75 42 0, F (03 55) 75 42 45 5; cottbus-service@cmt-cottbus.de, www.cottbus.de

Museum in der Adler-Apotheke, Eberswalde T (0 33 34) 6 45 20, F (0 33 34) 6 45 21
Die ehemalige Adler-Apotheke ist das älteste Fachwerkhaus der Stadt und eines der bedeutendsten Baudenkmale im Land Brandenburg. Präsentiert werden Haus und Stadtgeschichte sowie thematisch wechselnde Sonderausstellungen.
Adresse Steinstraße 3, (Postanschrift: Breite Straße 42), 16225 Eberswalde (Das Museum befindet sich gegenüber der Rathauspassage); www.eberswalde.de
Anfahrt Bahn: Regionalbahn, Bahnhof Eberswalde, Umstieg Bus, Haltestelle Marktplatz; Auto: A 11 (Berlin – Prenzlau), Abf. Finowfurt, B 167 Richtung Eberswalde, Marktplatz Parkmöglichkeiten vor dem Museum
Öffnungszeiten Di bis Fr 10 – 13 Uhr, 14 – 17 Uhr, Sa 10 – 13 Uhr, So 13 – 17 Uhr, an Feiertagen geschlossen
Eintrittspreise 2/1 € ermäßigt
Extras behindertengerechter Zugang nur für das Erdgeschoss, Museumsshop
Fremdenverkehr Tourist-Information Eberswalde, Zimmervermittlung, Steinstraße 3, 16225 Eberswalde, T (0 33 34) 6 45 20; www.eberswalde.de; Fahrradverleih: Radhaus Kattanek, Eisenbahnstraße 87, 16225 Eberswalde, T (0 33 34) 21 21 19

Papiermuseum Wolfswinkel-Spechthausen, Eberswalde T/F (03334) 354943
Wie wird aus dem pflanzlichen Faserstoff ein Blatt Papier? Im Papiermuseum kann der Besucher das Schöpfen von Büttenpapier miterleben und alte Wasserzeichen aus der Region, wunderschöne Siebe zur Herstellung handgeschöpfter Papiere, Holländer und Kalander bewundern. An der Lehrbütte können Schüler sich probieren.
Adresse Eberswalder Straße 27–29, 16227 Eberswalde-Finow
Anfahrt Bahn: Regionalbahn, Hauptbahnhof Eberswalde, Umstieg Buslinie Richtung «Kleiner Stern» oder «Schönholzer Straße» bis zur Haltestelle «Familiengarten», in Fahrtrichtung ca. 300 m Fußweg rechts, Einfahrt «Autoservice Barnim»; Auto: A 11 (Berlin – Prenzlau), Abf. Finowfurt, Richtung Eberswalde ca. 7 km, linksseitig die Einfahrt vom «Autoservice Barnim» benutzen
Öffnungszeiten Mai bis September: Di und Mi 10–16 Uhr oder nach Vereinb. an Museums-, Mühlen- und Denkmaltagen geöffnet (9–17 Uhr), Schauschöpfen
Eintrittspreise kostenfrei (Spende erwünscht)
Extras behindertengerechter Zugang

Wäschereimuseum «Omas Waschküche», Eberswalde T (03334) 526990, 383190/279231 F (03334) 13521
Waschen und Plätten im Wandel der Zeiten, Besichtigung von Waschmaschinen, Mangeln und Bügeleisen
Adresse Angermünder Str. 15, 16227 Eberswalde, www.omaswaschkueche.de, L.Amlow@waeschereimuseum.de
Anfahrt Bahn: Regionalbahn, Bahnhof Eberswalde, Umstieg Bus; Auto: A 11 (Berlin – Prenzlau), Abf. Finowfurt, B 167 Richtung Eberswalde
Öffnungszeiten Fr 10–18 Uhr, Sa 10–18 Uhr, So 10–16 Uhr
Eintrittspreise 3/1 € ermäßigt (Schüler bis 16 Jahre), Gruppentarif, Führungen nach Anmeldung

Dokumentationszentrum Alltagskultur der DDR, Eisenhüttenstadt T (03364) 417355, F (03364) 418947
Das Dokumentationszentrum bewahrt etwa 150000 Objekte der Alltagskultur der DDR in einem ehemaligen Kindergarten aus dem Beginn der Stadtentwicklung in den 50er Jahren.
Adresse Erich-Weinert-Allee 3, 15890 Eisenhüttenstadt; info@alltagskultur-ddr.de; www.alltagskultur-ddr.de
Anfahrt Bahn: Regionalexpress bis Bahnhof Eisenhüttenstadt, Bus bis Haltestelle Postamt; Auto: A 12 (Berlin – Frankfurt/Oder), Abf. Frankfurt/Oder, B 112, Eisenhüttenstadt, Parkmöglichkeiten vorhanden
Öffnungszeiten Di bis Fr 13–18 Uhr, Sa, So, Feiertage 10–18 Uhr
Eintrittspreise 3/1 € ermäßigt/6 € Familienkarte/25 € Gruppen bis 20 Personen/15 € Schülergruppen/25 € Führung
Extras behindertengerechter Zugang, Museumsshop u. a. mit Überlebenstüte «Der süsse Osten», Museumscafé
Weitere Sehenswürdigkeiten «Historische Wohnung» der 50er Jahre mit Erläuterungen zur Stadtgeschichte, Straße der Republik 29, Eisenhüttenstadt (gegenüber Postamt), geöffnet Sa, So 11–17 Uhr,
Eintritt 1/0,50 € ermäßigt. Stadtspaziergang durch die «Erste sozialistische Stadt» mit geschlossenem architektonischen Erscheinungsbild der 50/60er Jahre, EKO Stahlwerk (Voranmeldung T (03364) 372066, Mo bis Fr 8–16 Uhr), Stift Neuzelle Erholungsgebiete Oder-Spree-Seengebiet, Schlaubetal, Wander- und Fahrradwege, Oder-Neiße- Radweg
Fremdenverkehr Tourismusverein Oder-Region Eisenhüttenstadt e.V., Lindenallee 25, 15890 Eisenhüttenstadt, T (03364) 413690, F (03364) 771783; tor-eisenhuettenstadt@t-online.de, www.tor-eisenhuettenstadt.de

Feuerwehr- und Technikmuseum Eisenhüttenstadt T (03364) 28243
Die historische Entwicklung der Feuerlöschtechnik steht im Mittelpunkt der Sammlungs- und Ausstellungstätigkeit des ersten Brandenburgischen Feuerwehrmuseums, das sowohl historische als auch moderne Einsatzgeräte aufbewahrt.
Adresse Heinrich-Pritzsche-Straße 26, 15890 Eisenhüttenstadt; info@museum-eisenhuettenstadt.de, www.museum-eisenhuettenstadt.de
Anfahrt Bahn: Regionalbahn, Bahnhof Eisenhüttenstadt, 10 min Fußweg, Altstadt; Auto: A 12

(Berlin – Frankfurt/Oder) Abf. Frankfurt (Oder), B 112, Eisenhüttenstadt, Altstadt, Parkmöglichkeiten vorhanden
Öffnungszeiten Di bis Fr 10–16 Uhr, Sa, So 13–16 Uhr und nach Vereinbarung
Eintrittspreise 2/1 € ermäßigt/4 € Familienkarte/1,50 € Mitglieder der Freiwilligen Feuerwehr/1,50 € p.P. bei Gruppen ab 10 Personen

Städtisches Museum Eisenhüttenstadt – Städtische Galerie T (0 33 64) 21 46, F (0 33 64) 23 66
Ausstellungsschwerpunkte des Städtischen Museums sind die wichtigsten Gewerke der Stadt Fürstenberg. Die Stadt wurde erst im Jahre 1961 in Eisenhüttenstadt eingemeindet. Die Ausstellungsteile widerspiegeln die Geschichte der heutigen Ortsteile Fürstenberg, Schönfließ und der Neustadt – bekannter unter dem Namen Stalinstadt. Die Sammlung der Galerie umfasst vor allem ostdeutsche Kunst.
Adresse Löwenstraße 4, 15890 Eisenhüttenstadt (Nähe Marktplatz/Altstadt); info@museumeisenhuettenstadt.de, www.museum-eisenhuettenstadt.de
Anfahrt Bahn: Regionalbahn, Bahnhof Eisenhüttenstadt, 15 min Fußweg in Richtung Altstadt; Auto: A 12 (Berlin – Frankfurt/Oder), Abf. Frankfurt/Oder, B 112, Eisenhüttenstadt, Altstadt, Parkmöglichkeiten vorhanden
Öffnungszeiten Di bis Fr 10–16 Uhr, Sa, So 13–16 Uhr und nach Vereinbarung
Eintrittspreise 2/1 € ermäßigt/4 € Familienkarte/1,50 € p.P. bei Gruppen ab 10 Personen

Museum im Speicher, Eldenburg T (03 87 92) 77 31
Das Museum bietet mit seiner historischen Sammlung von Arbeitsgeräten für Feld, Stall und Haus einen Einblick in die dörfliche Lebenswelt von vor 1900 bis 1960.
Adresse Hubert Meier, Neue Reihe 9, 19309 Eldenburg
Anfahrt Bahn: Regionalbahn, Bahnhof Wittenberge, Umstieg Bus; Auto: B 195 (Wittenberge – Boizenburg), Lenzen (Elbe), Eldenburg
Öffnungszeiten Mo bis Fr 7–16 Uhr, Sa, So nach Vereinbarung
Eintrittspreise 1 €
Extras Museumsführungen
weitere Sehenswürdigkeiten Quitzowturm mit Judenklemme in Eldenburg, Rhododendronpark in Gadow, Friedrich-Ludwig-Jahn-Gedenkstätte Lanz
Erholungsgebiet Landschaftsschutzgebiet Brandenburgische Elbtalaue, ausgeschilderte Rad- und Wanderwege, Hofladen in Lenzen
Fremdenverkehr Stadtinformation Lenzen, Berliner Straße (Stumpfer Turm), 19309 Lenzen/Elbe, T (03 87 92) 73 02, F (03 87 92) 8 05 42; lenzen-info@t-online.de

Backofenmuseum, Emstal T (0 33 82) 504
Das Museum widmet sich der Geschichte und Geschichten rund ums Backen mit Bäckereimaschinen, Küchengeräte und Utensilien der Dorf- und Hausbäckerei. Historische Lehmbacköfen befinden sich auf dem Backofenplatz vor dem Museum.
Adresse Hauptstr. 29 (Am Backofenplatz), 14797 Kloster Lehnin Ortsteil Emstal
Anfahrt Bahn: Regionalbahn, Bahnhof Beelitz, Bus; Auto: A 10 (Berliner Ring) Abf. Glindow Richtung Kloster Lehnin bis Emstal
Öffnungszeiten März bis Oktober: Sa 14–16 Uhr und nach Vereinbarung
Eintrittspreise kostenfrei (Spende erwünscht)
weitere Sehenswürdigkeiten Kloster Lehnin, Zweiradmuseum und Obstbaumuseum Werder, Ziegeleimuseum Glindow, Stadt Brandenburg mit Dom-, Industrie- und Stadtgeschichtsmuseum
Erholungsgebiet Havelseenlandschaft, ausgeschilderte Rad- und Wanderwege

Gerhart-Hauptmann-Museum, Erkner T (0 33 62) 36 63, F (0 33 62) 7 00 01 41
Das Museum gibt Einblick in Leben und Werk Gerhart Hauptmanns, der in diesem Haus vier Jahre lebte. Eine Sammlung von Sekundärliteratur zu Gerhart und Carl Hauptmann, eine Kollektion von Theatralia, Hauptmannporträts und Werkillustrationen, Werk- und Einzelausgaben sowie ein umfangreiches Foto- und Zeitungsartikel-Archiv von den Anfängen der Hauptmannkritik bis in die Gegenwart ergänzen die Ausstellung.
Adresse Gerhart-Hauptmann-Straße 1–2, 15537 Erkner; info.erkner@gerhart-hauptmann.org, www.gerhart-hauptmann.org
Anfahrt Bahn: Regionalbahn, S-Bahn, Bahnhof Erkner, 15 min Fußweg über Friedrichstraße; Auto: A 10 (Berliner Ring) Abf. Erkner, Zentrum

Öffnungszeiten Di bis So 11–17 Uhr
Eintrittspreise 2/1,50 ermäßigt/10 € Führung
Extras behindertengerechter Zugang, auf Wunsch Dokumentarfilm, Führungen zu Hauptmann-Plätzen (telefonische Voranmeldung), Museumsshop
weitere Sehenswürdigkeiten Sommervilla des Klavierfabrikanten Carl Bechstein in Erkner, Museumspark der Baustoffindustrie Rüdersdorf, Woltersdorfer Schleuse
Erholungsgebiet umliegendes Seengebiet; Badestellen, ausgeschilderte Rad- und Wanderwege (Fontane-Weg, Leistikow-Weg, Gottesbrücker Weg, Albert-Kiekebusch-Weg), Reittouristik, Kremserfahrten

Heimatmuseum Erkner – Museumshof am Sonnenluch T (0 33 62) 2 24 52, F (0 33 62) 88 82 32
Funde aus der Stein- und Bronzezeit bis hin zu Exponaten und Dokumenten der Gegenwart beschreiben anschaulich die Geschichte der Stadt. Schwerpunkte bilden die Zeit der Friderizianische Binnenkolonisierung und die Geschichte der Chemieindustrie in Erkner.
Adresse Heinrich-Heine-Straße 17/18, 15537 Erkner; hv-erkner@freenet.de, www.heimatvereinerkner.de; chemieverein.erkner@gmx.de, www.chemieforum-erkner.de (T (0 33 62) 7 22 04)
Anfahrt Bahn: Regionalbahn, S-Bahn, Bahnhof Erkner, Umstieg Bus, Haltestelle Buchhorster Straße; Auto: A 10 (Berliner Ring) Abf. Erkner, Parkmöglichkeiten vorhanden
Öffnungszeiten Mi, Sa, So 13–17 Uhr und nach Vereinbarung
Eintritt 1,30/0,80 € ermäßigt
Extras Museumsshop

Brandenburgisches Eisenbahnmuseum Falkenberg T/F (03 53 65) 3 69 97
Exponate und Fotos belegen die Geschichte der Eisenbahnlinie Jüterbog – Falkenberg/Röderau von 1848 bis heute. In der ehemaligen Rot-Kreuz-Station des Bahnhofes Falkenberg ist sie beheimatet.
Adresse Schwarzer Weg, 04895 Falkenberg Anfahrtsempfehlung Bahn: Regionalbahn, Bahnhof Falkenberg; Auto: A 13 (Berlin-Cottbus) bis Abf. Duben, B 87 über Luckau bis Falkenberg
Öffnungszeiten Mo bis Fr 8–16 Uhr und nach Vereinbarung
Eintritt 2/1 € Kinder
Extras Museumsshop
weitere Sehenswürdigkeiten Heimatstube Wahrenbrück, Brikettfabrik «Louise» Domsdorf, Naturschutzzentrum Kleinrössen, Kreismuseum Bad Liebenwerda, Heimatstube Uebigau
Erholungsgebiet «Kiebitz» Falkenberg (See, Campingplatz, Wassersport, Inline-Skater-Anlage); Landschaftsschutzgebiet «Schweinert» (mit größtem mitteleuropäischem Hügelgräberfeld/642 Grabhügel)
Fremdenverkehr Tourismuszentrum «Haus des Gastes», Lindenstraße 6, 04895 Falkenberg, T (03 53 65) 3 80 36, F (03 53 65) 3 80 37; haus-des-gastes@t-online.de, www.falkenberg-elster.de

Naturkundliche Heimatstube Falkenberg T (03 53 65) 3 80 36, F (03 53 65) 3 80 37
Die Heimatstube informiert über Flora und Fauna der Region. Sie zeigt Eier einheimischer Brutvögel, Gewölle von Greifvögeln, einheimische Käfer und andere Insektenarten, Tierpräparate und eine heimatkundliche Sammlung aus der bäuerlichen Lebenswelt.
Adresse Markt 4, 04895 Falkenberg
Anfahrt Bahn: Regionalbahn, Bahnhof Falkenberg; Auto: A 13 (Berlin-Cottbus) bis Abf. Duben, B 87 über Luckau bis Falkenberg
Öffnungszeiten Wiedereröffnung voraussichtlich Sommer 2009, nach Vereinbarung
Eintrittspreise kostenfrei (Spende erwünscht)

Heimatmuseum Falkensee T/F (0 33 22) 2 22 88
Regionale Ur- und Frühgeschichte, die Stadtgeschichte Falkensees und ein musealer Bereich zur Flora und Fauna bilden den Grundstock des sehenswerten Museums. Die Kunstgalerie und ein Museumsgarten, in dem ein Backofen aus dem 19. Jh. steht, gehören dazu.
Adresse Falkenhagener Straße 77, 14612 Falkensee; www.falkensee.net/heimatmuseum; heimatmuseum@falkensee.net
Anfahrt Bahn: Regionalbahn RB 10 u. RB 14, Bahnhof Falkensee; Bus: Buslinie 337 ab Rathaus Berlin-Spandau, Haltestelle Rathaus Falkensee; Auto: B 5 (Berlin – Nauen), Dallgow, Landstraße Richtung Falkensee

Öffnungszeiten Di, Mi 10 – 16 Uhr, Do, Sa und So 14 – 18 Uhr, Führungen nach Vereinbarung
Eintrittspreise 1/0,50 € ermäßigt
Extras Museumsshop, Kunstgalerie, jährliches Backofenfest am 2. Septembersonntag, Führungen zum Geschichtspark Falkensee
weitere Sehenswürdigkeiten Geschichtspark – Gedenkstätte KZ-Außenlager
Erholungsgebiet Falkenhagener See, Neuer See, Dünenlandschaft, Falkenseer Alpen, Rad- und Wanderwege
Fremdenverkehr Falkensee-Information: Am Gutspark 1, 14612 Falkensee, T/F (0 33 22) 24 38 52

Heimatmuseum Fehrbellin T (03 39 32) 7 03 78
Das Museum im Rathaus zeigt Objekte zur Stadtgeschichte mit den Schwerpunkten Handwerk, Feuerwehr, Kirchengeschichte und Eisenbahn. Ein besonderes Augenmerk wird auf die Geschichte der Poststraße Berlin – Hamburg gelegt.
Adresse Johann-Sebastian-Bach-Str. 6, 16833 Fehrbellin
Anfahrt Auto: A 24 (Berlin – Hamburg) Abf. Fehrbellin
Öffnungszeiten Fr 16 – 18 Uhr und nach Vereinbarung
Eintrittspreise kostenfrei (Spenden sind willkommen)

Museum Havelländische Malerkolonie, Ferch T/F (0 33 209) 2 10 25/7 09 41
Das Museum im denkmalgeschützten Kossätenhaus präsentiert Havelländische Künstler, die Ende des 19. bis Anfang des 20. Jahrhunderts die Region Schwielowsee für Landschaftsstudien aufsuchten. Dazu gehörten u. a. Karl Hagemeister, Carl Schuch, Theo von Brockhusen, Franz Heckendorf und Hans von Stegmann.
Adresse Beelitzer Str. 1/Dorfstraße, 14548 Schwielowsee Ortsteil Ferch, museum@havellaendische-malerkolonie.de, www.havellaendische-malerkolonie.de
Anfahrt Bahn: Regionalbahn, Bahnhof Ferch-Lienewitz oder von Potsdam Hbf mit dem Bus; Auto: A 10 (Berliner Ring) Abf. Ferch bis Ferch
Öffnungszeiten Mi bis So 11 – 17 Uhr sowie nach Vereinbarung
Eintrittspreise 2 €
Extras Führungen nach Vereinbarung

Luftfahrtmuseum Finowfurt T (0 33 35) 72 33, F (0 33 35) 32 62 24
Die Luftfahrthistorische Sammlung ist die größte ihrer Art in den neuen Bundesländern. Ca. 30 Flugzeuge, Hubschrauber, Triebwerke und Modelle aus den Bereichen der Zivil- und Militärluftfahrt können auf dem ehemaligen Militärflugplatz Finow besichtigt werden.
Adresse Museumsstr. 1, 16244 Schorfheide Ortsteil Finowfurt, www.luftfahrtmuseum-finowfurt.de, info@Luftfahrtmuseum-Finowfurt.de
Anfahrt Bahn: Regionalbahn, Bahnhof Eberswalde, Umstieg Buslinie 910, 913, Haltestelle «Hauptstraße Finowfurt», 1,5 km Fußweg; Auto: A 11 (Berlin – Prenzlau), Abf. Finowfurt, B 167 bis Finowfurt, Biesenthaler Straße
Öffnungszeiten März bis Oktober: Mo bis So 10 – 17 Uhr, November bis Februar: Mo bis So 10 – 16 Uhr
Eintrittspreise 4/3 € erm./2,50 € Kinder 6 bis12 Jahre/Führungen extra
Extras Museumsshop, Kinderservice: Fliegertrainingsgerät
weitere Sehenswürdigkeiten Binnenschifffahrtsmuseum Oderberg, Eberswalde, Kloster Chorin, Schiffshebewerk Niederfinow
Erholungsgebiet Region Finowkanal (Wasserwanderrastplätze), Rundflüge über den Barnim (Air-Service GmbH, Am Flugplatz 1, 16227 Eberswalde, T/F (0 33 34) 35 25 06), Rad- und Wanderwege
Fremdenverkehr Tourist-Information, Zimmervermittlungen, Steinstraße 3, 16225 Eberswalde, T (0 33 34) 6 45 20; www.eberswalde.de; Fahrradverleih: Radhaus Kattanek, Eisenbahnstraße 87, 16225 Eberswalde, T (0 33 34) 21 21 19

Feuerwehrmuseum Finsterwalde T (0 35 31) 27 04
Das Museum führt in die Geschichte der Feuerwehr in der Region ein, vermittelt einen Überblick über die Entwicklung der Feuerlöschtechnik von 1870 bis zur Gegenwart.
Adresse Schlossstraße 7, 03238 Finsterwalde; www.finsterwalde.de
Anfahrt Bahn: Regionalbahn, Bahnhof Falkenberg/Elster nach Bahnhof Finsterwalde, Stadtzentrum; Auto: A 13 (Berlin-Dresden), Abf. Bronkow, Finsterwalde

Öffnungszeiten April bis Oktober: Mi 14–17Uhr, So 9.30–12 Uhr, November bis März: So 9.30–12 Uhr und nach Vereinbarung
Eintrittspreise kostenfrei (Spende erwünscht)
Extras behindertengerechter Zugang, 1. So im Mai Veranstaltung zum Floriantag
weitere Sehenswürdigkeiten lohnende Ortsbesichtigung (Markt, Kirche), Weißgerbermuseum Doberlug-Kirchhain, Bauernmuseum Lindena, Schloss und Park Fürstlich-Drehna
Erholungsgebiet Grünewalder Lauch, Niederlausitzer Heidelandschaft, Senftenberger See, ausgeschilderte Rad- und Wanderwege, Bademöglichkeiten
Fremdenverkehr Tourismusinformation, Rathaus Markt 1, 03238 Finsterwalde, T (0 35 31) 71 78 30; saengerstadtmarketing@t-online.de; www.finsterwalde.de

Kreismuseum Finsterwalde T/F (0 35 31) 3 07 83, F (0 35 31) 50 19 88
Schwerpunkte des Museums sind ein original eingerichteter Kolonialwarenladen und eine Drogerie aus der DDR. Weitere Ausstellungsbereiche zeigen Verkaufsautomaten, historische Werbung, regionale Naturkunde und die Geschichte der Finsterwalder Sänger.
Adresse Lange Straße 6/8, 03238 Finsterwalde (Nähe Rathaus); KreismuseumFinsterwalde@lkee.de, www.lkee.de
Anfahrt Bahn: Regionalbahn, Bahnhof Doberlug-Kirchhain nach Bahnhof Finsterwalde, Stadtzentrum; Auto: A 13 (Berlin-Dresden), Abf. Bronkow, Finsterwalde
Öffnungszeiten Di bis Fr, So 10–12/14–17 Uhr Gruppen nach Anmeldung auch außerhalb der Öffnungszeiten
Eintrittspreise 2,50/1,50 € ermäßigt/2 € p.P. Gruppen
Extras Museumsshop mit Repliken historischer Werbeschilder, Bibliothek

Archiv verschwundener Orte, Forst-Horno T (0 35 62) 69 48 36, F (0 35 62) 69 74 85
Das Archiv verschwundener Orte dokumentiert die Geschichte der Lausitzer Orte, die ganz oder teilweise dem Tagebau weichen mussten. Mittelpunkt der Ausstellung bildet eine begehbare Landkarte. Zahlreiche Zeitzeugenberichte und Filmclips sind auf Medienstationen abrufbar.
Adresse An der Dorfaue 9, 03149 Forst (Lausitz) Ortsteil Horno; archiv@verschwundene-orte.de
Anfahrt Bahn: Regionalbahn, Bahnhof Forst (Lausitz), 25 min Fußweg oder Busanbindung; Auto: A 15/E 36 Forst (Lausitz), Ortsteil Horno
Öffnungszeiten Di bis Do 10–17 Uhr, Fr bis So 14–17 Uhr
Eintrittspreise 2/1,50 € ermäßigt

Brandenburgisches Textilmuseum Forst / Lausitz T (0 35 62) 9 73 56, F (0 35 62) 97 35 79
Das denkmalgeschützte Fabrikgebäude des Museums bietet eine Ausstellung zur Geschichte des Tuchmacherhandwerks und der Stadt Forst. In der Schauwerkstatt können der handwerkliche und mechanische Prozess der Tuchherstellung an historischen Handgeräten sowie Maschinen miterlebt werden.
Adresse Sorauer Straße 37, 03149 Forst (Lausitz); info@textilmuseum-forst.de; www.textilmuseum-forst.de; (Bahnhofsnähe, Zutritt über altes Fabrikgebäude)
Anfahrt Bahn: Regionalbahn, Bahnhof Forst, 5 min Fußweg; Auto: A 15 (Berlin – Breslau), Abf. Forst, Stadtzentrum, Bahnhof, Parkmöglichkeiten auf dem Museumshof
Öffnungszeiten Di bis Do 10–17 Uhr, Fr bis So 14–17 Uhr und nach Vereinbarung
Eintrittspreise 2/1 € ermäßigt/0,50 € p.P. bei Schülergruppen ab 10 Schüler/1,50 € p.P. bei Reisegruppen ab 10 Personen/6 € Technikvorführung bei Gruppen ab 10 Personen/12 € bei Gruppen ab 20 Personen
Extras Museumsshop, Kinderservice: museumspädagogische Veranstaltungen nach Anmeldung/Ferienprogramme, Ausstellungen zu Kunst, Fotografie, Stadtgeschichte und Kulturgeschichte, Autorenlesungen und Theatervorführungen
weitere Sehenswürdigkeiten lohnende Ortsbesichtigung (Ostdeutscher Rosengarten, Wasserturm, Wassermühle Noßdorf, Stadtkirche St. Nikolai) «Brandenburgische Technik-Tour» Peitz-Forst-Guben (Hüttenmuseum Peitz, Wasserkraftwerk Grießen, Sprucker Mühle und Hutmuseum Guben)
Erholungsgebiet Natur- und Badesee Groß Jamno (Campingplatz), Badesee Eichwege, Wettertouristenzentrum Mattendorf
Fremdenverkehr Touristinformation Forst/Lausitz e.V., Cottbuser Straße 10, 03149 Forst/Lausitz, T (0 35 62) 66 90 66, F (0 35 62) 66 90 67; www.forst-information.de

Kleist-Museum Frankfurt (Oder) T (03 35) 53 11 55, F (03 35) 5 00 49 45
Das Museum bietet eine Dauerausstellung zu Leben, Werk und Wirkung des Dichters Heinrich von Kleist (1777 – 1811). Es beherbergt Sammlungen zu Ewald Christian (1715 – 1759) und Franz Alexander (1769 – 1797) von Kleist und zu Friedrich de la Motte Fouqué (1777 – 1843). Thematische Wechselausstellungen zu künstlerischen, literarischen sowie kulturgeschichtlichen Themen bereichern das Museum.
Adresse Faberstraße 7, 15230 Frankfurt/Oder; www.kleist-museum.de, info@kleist-museum.de
Anfahrt Bahn: Regionalbahn, Bahnhof Frankfurt (O) 5 min Fußweg, Stadtzentrum; Auto: A 12 (Berlin – Frankfurt), Abf. Frankfurt (O), Stadtzentrum
Öffnungszeiten Di bis So 10 – 18 Uhr
Eintrittspreise 3/2 € ermäßigt/2 € p.P. Gruppe ab 10 Personen/0,50 € Schüler/1 € Führung
Extras Museumsshop mit eigenen wissenschaftlichen Publikationsreihen, Ferienprogrammangebote für Schüler der Klassenstufe 1 bis 5
weitere Sehenswürdigkeiten Marienkirche (größte Hallenkirche Norddeutschlands), Konzerthalle «C. Ph. E. Bach» in der ehemaligen Franziskanerkirche
Erholungsgebiet Freizeit- und Campingpark Helene-See
Fremdenverkehr Tourismusverein Frankfurt (Oder) e.V., Karl-Marx-Str. 1, 15230 Frankfurt (Oder), T (03 35) 32 52 16, F (03 35) 2 25 65; laden@frankfurt-oder-tourist.de

Museum Junge Kunst Frankfurt (Oder) T (03 35) 40 15 60, F (03 35) 4 01 56 11
Bildende Kunst aus den Bereichen Malerei, Plastik, Skulptur, Installation, Handzeichnung und Aquarell sowie deutsche und polnische Grafik nach 1945 sind Hauptbestandteile der umfangreichen Sammlung zeitgenössischer Kunst.
Adresse Museum Junge Kunst, Carl-Philipp-Emanuel-Bach-Str. 11, 15230 Frankfurt/Oder; verwaltung@museum-junge-kunst.de, www.museum-junge-kunst.de; Ausstellungsorte: Packhof, Carl-Philipp-Emanuel-Bach-Str. 11 und Rathahushalle, Marktplatz 1
Anfahrt Bahn: Regionalbahn, Bahnhof Frankfurt (O), mit den Straßenbahnlinien 1, 3 oder: Buslinie 980, 981, Haltestelle Zentrum oder 10 min Fußweg; Auto: A 12 (Berlin – Frankfurt), Abf. Frankfurt (O), Zentrum
Öffnungszeiten Di bis So 11 – 17 Uhr
Eintrittspreise Packhoff Junkerhaus: 3/2,10 € ermäßigt/1,50 € Kinder, Schüler; Rathaushalle: 2/1,40 € ermäßigt/1 € Kinder, Schüler
Extras behindertengerechter Zugang nur zur Rathaushalle und zum Packhof

Museum Viadrina, Frankfurt (Oder) T (03 35) 40 15 60, F (03 35) 4 01 56 11
Das Museum in einem der schönsten Barockgebäude der Stadt veranschaulicht die Geschichte der alten Handels- und Hansestadt, der Beamten- und Soldatenstadt sowie der Universitätsstadt Frankfurt (O). Weiterhin beherbergt es die Reka-Sammlung historischer Musikinstrumente.
Adresse Carl-Philipp-Emanuel-Bach-Straße 11, 15230 Frankfurt (O) (Nähe Rathaus) verwaltung@museum-viadrina.de, www.museum-viadrina.de
Anfahrt Bahn: Regionalbahn, Bahnhof Frankfurt (O), Stadtzentrum; Auto: A 12 (Berlin – Frankfurt), Abf. Frankfurt (O), Stadtzentrum
Öffnungszeiten Di bis So 11 – 17 Uhr
Eintrittspreise Packhoff/Junkerhaus: 3/2,10 € ermäßigt/1,50 € Kinder, Schüler; Rathaushalle: 2/1,40 € ermäßigt/1 € Kinder, Schüler
Extras Museumsshop, behindertengerechter Zugang nur zur Rathaushalle und zum Packhof

Museum Viadrina – Gedenk- und Dokumentationsstätte «Opfer politischer Gewaltherrschaft», Frankfurt (Oder) T (03 35) 6 80 27 12, F (03 35) 4 01 56 11
Die Außenstelle des Museums Viadrina dokumentiert die politsche Gewaltherrschaft in der Zeit 1933 – 1945 und 1945 – 1950 sowie die politische Strafjustiz in der DDR (1949 – 1989).
Adresse Collegienstraße 10, 15230 Frankfurt (O); verwaltung@museum-viadrina.de, www.museumviadrina.de
Anfahrt Bahn: Regionalbahn, Bahnhof Frankfurt/Oder, Stadtzentrum, Konzerthalle; Auto: A 12 (Berlin – Frankfurt/Oder), Abf. Frankfurt/Oder, Stadtzentrum, Konzerthalle, Musikschule, Parkmöglichkeiten vorhanden
Öffnungszeiten Di und Do 10 – 17 Uhr, Mi, Fr nach Vereinbarung, Führung nach Vereinbarung
Eintrittspreise kostenfrei

Sportmuseum Frankfurt (Oder) T (03 35) 6 65 96 63
Frankfurt (Oder) zählt im Sport zu den erfolgreichsten Städten Deutschlands. Das Museum widmet sich der Sportgeschichte der Stadt, beginnend mit den Olympischen Spielen der Neuzeit 1896 mit drei Goldmedaillen für Hermann Weingärtner bis hin zu Karin Balzer, Manfred Wolke oder Henry Maske.
Adresse Slubicer Straße 7/8, 15230 Frankfurt (Oder); info@sportmuseum-ffo.de, www.sportmuseum-ffo.de
Anfahrt Bahn: Regionalbahn, Bahnhof Frankfurt (O), ca. 15 min Fußweg; Auto: A 12 Abf. Frankfurt (O), Zentrum, Parkmöglichkeit am Museum
Öffnungszeiten Mo bis Fr 10 – 16 Uhr, Sa 12 – 16 Uhr
Eintrittspreise 1,50 € in Form einer Spende
Extras Buchverkauf

Archäologischer Park Freyenstein T (01 73) 1 34 10 73
Auf dem Areal der im Mittelalter wüst gefallenen Stadt Freyenstein können heute die Ergebnisse der hier durchgeführten archäologischen Untersuchungen (1980 – 2004) besichtigt werden.
Adresse Altstadt 11, 16981 Freyenstein; www.park-freyenstein.de
Anfahrt Bahn: Regionalbahn, Bahnhof Wittstock, Bus bis Freyenstein; Auto: A 19 (Berlin – Rostock) Abf. Wittstock, B 198 Freyenstein
Öffnungszeiten April bis Oktober: Mo bis Fr 10.30 – 16.30 Uhr, Sa, So 13 – 17 Uhr, November bis März: 10.30 – 15 Uhr
Eintrittspreise 1,50/1 € ermäßigt/4 € Familienticket/4 € Kombiticket für Archäologie Park, Burg, Schloss und Kirche
weitere Sehenswürdigkeiten Burg Freyenstein
Fremdenverkehr Touristinformation Walter-Schulz-Platz 1, 16909 Wittstock, T (0 33 94) 43 34 42, F (0 33 94) 44 89 96; info@wittstock.de, www.wittstocker-land.de

Kunstspeicher, Friedersdorf T (0 33 46) 84 38 56, F (0 33 46) 85 49 22
Der ehemalige Getreidespeicher (von 1922/23) beherbergt neben wechselnden Kunstausstellungen, Ausstellungen zur Erstbesiedlung der Region, zur Getreideverarbeitung und zur Geschichte der Oderbruchbahn.
Adresse Frankfurter Straße 39, 15306 Vierlinden Ortsteil Friedersdorf www.kunstspeicher-friedersdorf.de, info@kunstspeicher-friedersdorf.de
Anfahrt Bahn: Regionalbahn, Bahnhof Seelow, Bahnhof Wriezen, Umstieg Bus, Altfriedland; Auto: B 167 (Eberswalde – Seelow), Altfriedland, Parkmöglichkeiten vorhanden
Öffnungszeiten Di bis So 11 – 18 Uhr und nach Vereinbarung
Eintrittspreise 2/1,50 € ermäßigt/1 € p.P. Gruppen ab 10 Personen
Extras behindertengerechter Zugang zum Erdgeschoss, Museumsshop, Wirtshaus
weitere Sehenswürdigkeiten Gedenkstätte Seelower Höhen, Heimatstube Altfriedland, Wassermühle Worin, Freilichtmuseum Altranft
Erholungsgebiet Märkische Schweiz, Oderbruch, Bademöglichkeit, ausgeschilderte Rad- und Wanderwege (Fontaneweg, Europaweg, Oder-Neiße-Weg)
Fremdenverkehr Tourist-Information «Oderbruch» e.V. Seelow, Berliner Straße 1–3, 15306 Seelow, www.oderbruch-tourismus.eu, T (0 33 46) 84 98 08, F (0 33 46) 84 98 07

Dorfmuseum Friedrichsaue T (03 34 73) 32 51
Anhand zahlreicher landwirtschaftlicher Geräte und Gerätschaften des Haushalts wird die Geschichte des einstigen königlichen Vorwerks – gegründet von König Friedrich Wilhelm I. – und späteren Amtes Friedrichsau vermittelt.
Adresse Helmut Hulitschke, Neuer Weg 11, 15328 Zechin Ortsteil Friedrichsaue
Anfahrt Bahn: Regionalbahn über Strausberg nach Golzow, 4 km Fußweg; Auto: B 1 Richtung Seelow, ca. 6 km Richtung Küstrin, Abf. Golzow/Friedrichsaue
Öffnungszeiten nach Vereinbarung
Eintrittspreise 1/0,25 € Kinder
weitere Sehenswürdigkeiten Gedenkstätte Seelower Höhen, Heimatstuben Bleyen, Alt Tucheband, Wollup, Schul- und Bethaus Altlangsow, Dorfbackofen/Korbmacherei Buschdorf
Erholungsgebiet Freibad Zechin mit Campingplatz (1 km), Odervorland mit ausgeschilderten Rad- und Wanderwegen, Genschmarer See

Heimatstube Friedrichswalde T (03 33 67) 3 71
Die Exponate der im Jahr 2002 eröffneten Heimatstube vermitteln einen Eindruck vom harten Leben der Friedrichswalder Bauern und Holzschuhmacher. Ab Sommer 2009 gibt es eine Holzschuhmacher-Schauwerkstatt.
Adresse Dorfstr. 101 (im Pfarrhaus), 16247 Friedrichswalde, Post: Frau Schulze, Reiersdorfer Str. 6, 16247 Friedrichwalde
Anfahrt Auto: A 11 (Berlin – Stettin) Abf. Joachimsthal, Friedrichswalde
Öffnungszeiten nach Vereinbarung
Eintrittspreise kostenfrei (Spende erwünscht)
weitere Sehenswürdigkeiten Krummer See mit Badestelle und Angelmöglichkeiten

Heimatmuseum Friesack T/F (03 32 35) 15 37
Exponate und Dokumente aus Handwerk, Landwirtschaft und Alltagsleben geben einen Überblick über die kulturgeschichtliche Entwicklung der Stadt Friesack.
Adresse Marktstraße 19, 14662 Friesack (auf dem Marktplatz)
Anfahrt Bahn: Regionalbahn, Bahnhof Friesack, 2 km Fußweg zum Zentrum; Auto: B 5 (Nauen – Kyritz), Friesack, Parkmöglichkeiten auf dem Marktplatz
Öffnungszeiten Di und Do 10–12 und 13–16 Uhr, Mi und Fr 10–12 und nach Vereinbarung unter (03 32 35) 2 24 39
Eintrittspreise kostenfrei
weitere Sehenswürdigkeiten Naturdenkmal Siebenbrüdereiche und Judenfriedhof in Friesack, Wehrkirche Kampehl (Mumie Ritter von Kalebuz)
Erholungsgebiet Rhinluch/Dreetzer See, Kyritzer Seenkette, ausgeschilderte Wander- und Radwege, Wassersport
Fremdenverkehr Tourismusverband Havelland e.V., T (0 33 85) 5 19 00, F (0 33 85) 51 90 10, www.havelland-tourismus.de

Brandenburgisches Forstmuseum Fürstenberg / Havel T (03 30 93) 3 98 93
Im ehemaligen städtischen Krankenhaus wird das Thema Wald und Forstwirtschaft präsentiert. Unter der Überschrift «Waldwege – Von der Arbeit, Wald zu gestalten» werden Einblikke in die Kulturgeschichte des Waldes, die Alltagswelt der Förster der Region und die «Planung» des Waldes gegeben.
Adresse Rathenaustr. 16, 16798 Fürstenberg/Havel, www.forstmuseum-brandenburg.de
Anfahrt Bahn: Regionalbahn, Bahnhof Fürstenberg, Fußweg ca. 6 min; Auto: B 96 (Berlin – Neustrelitz), Fürstenberg, A 10 Abf. Prenzlau, Parkmöglichkeiten vorhanden
Öffnungszeiten Mai bis Oktober: Di bis So 10–17 Uhr, November bis April: Di bis Fr 10–16 Uhr, Sa 12–16 Uhr
Eintrittspreise 2,50 €, Kinder bis 11 Jahre frei
weitere Sehenswürdigkeiten Mahn- und Gedenkstätte Ravensbrück, Heimatmuseum Gransee, Ziegeleimuseum Mildenberg, Klosterkirche Himmelpfort, Heimatstube Menz
Erholungsgebiet Wasserstadt Fürstenberg, Campingplatz; Schiffsrundfahrten, Kanuverleih, Yachthafen, Draisinefahrten
Fremdenverkehr Touristinformation Fürstenberg, Am Bahnhof, 16798 Fürstenberg/Havel, www.fuerstenberg-havel.de, T (03 30 93) 3 22 54, F (03 30 93) 3 25 45

Mahn- und Gedenkstätte Ravensbrück, Fürstenberg / Havel T (03 30 93) 60 80, F (03 30 93) 6 08 29
Die Mahn- und Gedenkstätte Ravensbrück bewahrt Zeugnisse des ehemaligen Frauen-Konzentrationslagers. Die Ausstellungen thematisieren «Ravensbrück – Topographie und Geschichte des Frauen-KZ», «Ravensbrückerinnen», «Die Sprache des Gedenkens», «Ravensbrück – Der Zellenbau» und «Im Gefolge der SS. Aufseherinnen des Frauen-KZ Ravensbrück».
Adresse Straße der Nationen, 16798 Fürstenberg/Havel; info@ravensbrueck.de.de; www.stiftung-bg.de
Anfahrt Bahn: Regionalbahn, 3 km Fußweg; Auto: B 96 (Berlin – Neustrelitz) Fürstenberg, Gedenkstätte ausgeschildert
Öffnungszeiten Di bis So Gedenkstättengelände 9–18 Uhr (Mai bis September bis 20 Uhr), Ausstellungen 9–17 Uhr, Gruppen Di bis Do 9–16.30 (Voranmeldung erforderlich)
Eintrittspreise kostenfrei, 15 € Gruppenführung/Projekttag bis 15 Pers., 25 € bis 30 Pers., bei fremdsprachigen Angeboten zzgl. 25 € je Gruppe/3 € thematische Sonderführung pro

Person/2 € ermäßigt pro Person
Extras behindertengerechter Zugang, Studientage, Projektwochen, Workcamps, Zeitzeugengespräche, Internationale Jugendbegegnungsstätte, Museumsshop

Haus Brandenburg, Fürstenwalde T (0 33 61) 31 09 52, F (0 33 61) 31 09 56
Die Ausstellung verfügt über einen Fundus von Exponaten zur Geschichte und Landeskunde Ostbrandenburgs.
Adresse Parkallee 14, 15517 Fürstenwalde; www.haus-brandenburg-fuerstenwalde.de
Anfahrt Bahn: Regionalbahn, Bahnhof Fürstenwalde; Auto: A 15 (Berlin – Frankfurt/Oder), Abf. Fürstenwalde, Fürstenwalde
Öffnungszeiten Mo bis Fr 9 – 13 Uhr
Eintrittspreise kostenfrei
Extras Bibliothek (Di/Do 10 – 15Uhr)
Fremdenverkehr F.T.V. Fürstenwalder Tourismusverein e.V., Tourismusbüro, Mühlenstraße 26, 15517 Fürstenwalde/Spree, T (0 33 61) 76 06 00, F (0 33 61) 76 06 01; info@fuerstenwaldetourismus.de

Städtisches Museum Fürstenwalde T (0 33 61) 21 30
Das Museum führt in die geologische Entwicklung, die Ur- und Frühgeschichte der Region und in die Stadtgeschichte (v. a. Handwerk und Industrie) ein. Dem Grafiker und Maler G. Goßmann, dessen Kinderbuchillustrationen vielen bekannt sind, ist ein gesonderter Ausstellungsbereich gewidmet.
Adresse Domplatz 7, 15517 Fürstenwalde (im Stadtzentrum, zwischen Dom und Rathaus); museum@kulturfabrik-fuerstenwalde.de, www.kulturfabrik-fuerstenwalde.de
Anfahrt Bahn: Regionalbahn, Bahnhof Fürstenwalde, Stadtzentrum, 20 min Fußweg; Auto: A 15 (Berlin – Frankfurt/Oder), Abf. Fürstenwalde, Fürstenwalde-Stadtzentrum
Öffnungszeiten Di bis So, Feiertage 13 – 18 Uhr, zusätzlich Werktags (Gruppenführungen mit Voranmeldung) von 10 – 12 Uhr
Eintrittspreise 4/2 € ermäßigt/10 € Familienkarte/35 € Gruppen (10 – 15 Personen, je weitere Person 2 €)/25 € Gruppen ermäßigt (Schüler, Studenten)/Führungen: 10 €
Extras Museumsshop: Kassenverkauf, diverse kulturelle Angebote siehe www.kulturfabrikfuerstenwalde.de
weitere Sehenswürdigkeiten Heimatstuben Demnitz, Gutsschlösser und Gärten Alt Madlitz und Steinhöfel
Erholungsgebiet Bad Saarow, Scharmützelsee

Uckermärkische Heimatstube Fürstenwerder T (03 98 59) 2 02/2 30
Zeugnisse der Ortsgeschichte, besonders die des ansässigen Tischler-, Ziegler-, Schuhmacher-, Fischer- und Bäckerhandwerks, landwirtschaftliche Werkzeuge, Geräte und Maschinen und eine Freiluftschmiede gehören neben den Bildern des Heimatmalers Andreas Kranzpiller zum Bestand der Heimatstuben.
Adresse Ernst-Thälmann-Straße 26, 17291 Nordwestuckermark Ortsteil Fürstenwerder
Anfahrt Bahn: Regionalbahn, Bahnhof Prenzlau, Umstieg Bus, Fürstenwerder; Auto: A 11 (Berlin – Prenzlau) Abf. Gramzow, B 198, Prenzlau, B 109, Abzweig nach Fürstenwerder
Öffnungszeiten April bis Oktober: Mo bis Fr 10 – 16 Uhr und nach Vereinbarung, Führungen, Ortsrundgänge und Kirchenbesichtigungen nach Voranmeldung auch außerhalb der
Öffnungszeiten Eintrittspreise 2/1 € Kinder
Extras Museumsshop, Backvorführungen am Holzbackofen
weitere Sehenswürdigkeiten Mühlenmuseum Boitzenburg, Dominikanerkloster Prenzlau, Fachwerkkirche Hildebrandshagen, Gutspark Warbende
Erholungsgebiet Uckermärkische Seenplatte, Unter- und Oberuckersee, Rad- u. Wanderwege
Fremdenverkehr Fremdenverkehrsverein Fürstenwerder e.V., T (03 98 59) 2 02, F (03 98 59) 6 30 06; fuerstenwerderinfo@t-online.de

Lügenmuseum, Gantikow T/F (03 39 71) 5 47 82
Das zeitgenössische Kunstmuseum präsentiert dadaistische Objekt- und Installationskunst, mit Licht- und Klangdramaturgie, aus Unbehagen vor und nach der Wende in 12 thematischen Räumen. Der Künstler Reinhard Zabka und internationale Gäste laden zum Lügentee.
Adresse Am Anger 1, 16866 Kyritz Ortsteil Gantikow; info@luegenmuseum.de,

www.luegenmuseum.de
Anfahrt Bahn: über Nauen oder Neustadt/Dosse, Bus ab Kyritz bis Gantikow, Auto: Abf. Neuruppin, B 5 nach Kyritz, B 103 6 km bis Gantikow, Parkmöglichkeiten am Museum
Öffnungszeiten täglich 11 – 17 Uhr
Eintrittspreise 4 € Autofahrer/3 € Radfahrer/2 € Kinder
Extras behindertengerechter Zugang, Kräutertee, Freskogalerie, Skulpturgarten
weitere Sehenswürdigkeiten Neustadt/Dosse (Gaswerk, Brandenburgisches Haupt- und Landgestüt mit Kutschenmuseum), Feldsteinkirche Kampehl (Mumie Ritter von Kalebuz)
Erholungsgebiet Rhinluch/Dreetzer See, Breddiner Schweiz, Kyritzer Seenkette, ausgeschilderte Wander- und Radwege, Wassersport
Fremdenverkehr Fremdenverkehrsverein Ostprignitz e.V., Zimmervermittlung, Maxim-Gorki-Straße 32, 16866 Kyritz, T (03 39 71) 5 23 31, F (03 39 71) 7 37 29; fvv@kyritz.de; www.knatterdosseland.de

Ackerbürgermuseum Gartz (Oder) T (03 33 32) 8 03 09, F (03 33 32) 8 69 97
Den Besonderheiten des Lebens und Arbeitens in der Ackerbürgerstadt Gartz vom 18. Jahrhundert bis in die Gegenwart widmet sich das Ackerbürgermuseum.
Adresse Stettiner Straße 14a, 16307 Gartz (Oder)
Anfahrt Bahn: Regionalbahn, Bahnhof Schwedt, Bus nach Gartz; Auto: A 11 (Berlin – Stettin), Abf. Penkun, B 113, B 2, Gartz, Parkmöglichkeiten Nähe Museum
Öffnungszeiten Mai bis Oktober: Mo bis Fr 10 – 17 Uhr, November bis April: Mo bis Do 10 – 16 Uhr, Fr 10 – 12 Uhr
Eintrittspreise 1,50/1 € p.P. für Kinder- und Schülergruppen
weitere Sehenswürdigkeiten lohnende Ortsbesichtigung mit St. Stephanskirche, Tabakmuseum Vierraden, Deutsch-Polnischer Kinderlandhof «Arche»
Erholungsgebiet Nationalpark Unteres Odertal, Rundreisen auf der Oder bis nach Szczecin
Fremdenverkehr Tourismusinformation im Museum

Salveymühle 3, Geesow T (03 33 33) 3 03 35
Das Museum thematisiert die Nutzung der Kräfte der Natur (Wind, Wasser, Sonne). Die alte Mahlmühle kann im Leerlauf betrieben werden, der Mühlenfahrstuhl und ein über 100 Jahre altes Horizontalsägegatter sind zu besichtigen. Zeitgenössische Kunst ist in der angeschlossenen Galerie zu sehen.
Adresse Salvey Mühle 3, 16307 Geesow; info@salveymuehle.de, www.salveymuehle.de
Anfahrt Auto: A 11 (Berlin-Stettin), Abf. Penkun, bis Tantow, Richtung Geesow
Öffnungszeiten März bis November: täglich 9 – 18 Uhr und nach Vereinbarung, Führungen für Gruppen
Eintrittspreise Spenden willkommen
Extras Feste zum Deutschen Mühlentag und zum Tag des offenen Denkmals, ökologisch umgebaute Ferienwohnungen
weitere Sehenswürdigkeiten Museum und Stadt Gartz, Bockwindmühle Luckow, Tabakmuseum Vierraden, Deutsch-Polnischer Kinderlandhof «Arche»
Erholungsgebiet Naturschutzgebiet Salveybachtal, Naturschutzgebiet Geesower Hügel (seltene Orchideenarten), Nationalpark Unteres Odertal

Handweberei «Henni Jaensch-Zeymer» – Aktives Museum, Geltow T (0 33 27) 5 52 72, F (0 33 27) 5 62 89
Die Handweberei gibt Einblick in die Geschichte des Handweberei-Gewerbes und des Geltower Webhofes von Henni Jaensch. An den 200 bis 300 Jahre alten Webstühlen wird noch gearbeitet und der Besucher kann unter sachkundigen Erläuterungen beim Spinnen und Weben zuschauen. Schären, Zwirnen und Spulen sind manchmal ebenfalls zu beobachten.
Adresse Ulla Schünemann, Am Wasser 19, 14548 Schwielowsee, Ortsteil Geltow, www.handweberei-geltow.de, handwebereigeltow@web.de
Anfahrt Bahn: Regionalbahn, S-Bahn, Hbf Potsdam, Umstieg Bus 631, Ausstieg Haltestelle Geltow/Pappeltor, 15 min Fußweg; Auto: B 1 (Potsdam – Brandenburg), Geltow, Eiche/Golm
Öffnungszeiten Februar bis Mitte Dezember: Di bis So 11 – 17 Uhr, feiertags geschlossen
Eintrittspreise 2,50/1,50 € Kinder ab 12 J./1,50 € ermäßigt
Extras Museumsshop: Leinenladen (Bekleidung, Tischwäsche, Gubener Hüte, Bollhagen-Keramik, Bütten-Briefpapier, Lauchhammer-Kunstguß, Webkurse, Café im Webhof geöffnet

April bis Oktober: Sa, So 11–17 Uhr
weitere Sehenswürdigkeiten Zweiradmuseum und Obstbaumuseum Werder, Ziegeleimuseum Glindow, Kirche, Park und Schloss Petzow
Erholungsgebiet Havelseenlandschaft, Rad- und Wanderwege, Ausflugsschifffahrt
Fremdenverkehr Fremdenverkehrsverein Schwielowsee e.V., Zweigstelle Geltow, Zimmervermittlung, Caputher Chaussee 8, 14542 Geltow, T (0 33 27) 56 82 89

Heimatstube Geltow T (0 33 27) 57 19 09/5 52 11
Fotografien, Gemälde, Alltagsgegenstände informieren über die Geschichte Geltows.
Adresse im Haus der Gaststätte Baumgartenbrück, Baumgartenbrück 4, 14548 Schwielowsee Ortsteil Geltow
Anfahrt Bahn: Regionalbahn, S-Bahn, Hbf Potsdam, Umstieg Bus 631 bis Geltow; Auto: B 1 (Potsdam – Brandenburg), Geltow, Eiche/Golm
Öffnungszeiten nach Vereinbarung
Eintrittspreise kostenfrei
weitere Sehenswürdigkeiten Handweberei Geltow, Zweiradmuseum und Obstbaumuseum Werder, Ziegeleimuseum, Glindow, Kirche, Park und Schloss Petzow
Erholungsgebiet Havelseenlandschaft, Rad- und Wanderwege, Ausflugsschifffahrt

Heimat- und Fischerstube in der Wasserburg, Gerswalde T (03 98 87) 2 49
Zur hundertjährigen uckermärkischen Fischereigeschichte, zur Schul- und Alltagsgeschichte der Region erfährt man vieles in der alten Wasserburg Gerswalde.
Adresse Dorfmitte, 17268 Gerswalde; www.gerswalder-wasserburg.de
Anfahrt Bahn: Regionalbahn, Bahnhof Wilmersdorf, Umstieg Bus, Gerswalde; Auto: A 11 (Berlin – Prenzlau), Abf. Pfingstberg, Gerswalde
Öffnungszeiten April bis September: Di bis Fr 10–16 Uhr, Sa, So 10–17 Uhr und nach Vereinbarung
Eintrittspreise kostenfrei (Spenden sind willkommen)
Extras Wasserburgfest am 3. Wochenende im Juni
weitere Sehenswürdigkeiten Mühlenmuseum Boitzenburg
Erholungsgebiet Uckermärkische Seenplatte, Sporthotel und Freizeitanlagen Schloss Herrenstein, ausgeschilderte Rad- und Wanderwege

Dorfmuseum und Redern-Museum Glambeck T (03 33 61) 7 02 65, F (03 33 61) 7 02 65
Eine Darstellung der Ortsgeschichte von der Urzeit bis heute sowie wechselnde Sonderausstellungen erwarten den Besucher des Dorfmuseums. Die Ausstellung im Glambecker Taubenturm erzählt von Friedrich Wilhelm Graf von Redern (1802–1883). Als Generalintendant der Königlichen Schauspiele kam ihm eine wichtige Rolle im kulturellen und politischen Lebens Berlins zu. 1862 erwarb er das Gut Glambeck.
Adresse Weg am Park (gegenüber dem Taubenturm), 16247 Friedrichswalde Ortsteil Glambeck, www.Glambeck-Schorfheide.de
Anfahrt Bahn: Regionalbahn, Bahnhof Angermünde, Umstieg Bus; Auto: B 2 (Eberswalde – Angermünde), Abzweig Lüdersdorf, Lunow
Öffnungszeiten April bis Oktober: täglich 10–18 Uhr und nach Vereinbarung

Heimatmuseum Glindow T (0 33 27) 4 01 42, F (0 33 27) 57 06 88
Das in einem märkischen Büdnerhaus mit Schwarzer Küche untergebrachte Heimatmuseum zeugt mit seinen Ausstellungsstücken – Möbel, Geschirr, Gerätschaften, Bilder, Fotos u. a. – vom Alltag und der Geschichte Glindows und seiner Umgebung.
Adresse Am Kiez, 14542 Werder (Havel), Ortsteil Glindow
Anfahrt Bahn: Regionalbahn, Bahnhof Werder/Havel, Buslinie 633, Haltestelle Glindow/Kirche; Auto: B 1 (Potsdam – Brandenburg) bis Glindow, A 10 (Berliner Ring) Abf. Glindow
Extras Museumsshop, Kaffee im Museum auf Vorbestellung
Öffnungszeiten März bis Oktober: Sa, So 11–17 Uhr und nach Vereinbarung
Eintrittspreise kostenfrei
weitere Sehenswürdigkeiten Lohnende Ortsbesichtigung (Kirche, Kunsthof Glindow, Villa Zaske), Stadt Werder (Inselrundgang, Museen) Petzow (Schloss und Park, Stüler-Kirche)
Erholungsgebiet Glindower und Plessower See, Erdeberge (Naturlehrpfad, Campingplatz, Strandbad), Glindower Alpen, Obsthöfe (Weinproben), Wanderwege und Fahrradrouten

Märkisches Ziegeleimuseum Glindow T (0 33 27) 66 93 95, F (0 33 27) 66 93 54
Der Besucher erfährt Wissenswertes über den Tonabbau, der hier erstmals 1462 stattfand, und die Backsteinherstellung. Eine Führung geleitet durch die historischen Produktionsanlagen, deren berühmtester Teil der originale Hoffmannsche Ringofen ist.
Adresse Alpenstraße 44, 14542 Werder (Havel), Ortsteil Glindow; www.ziegeleimuseum-glindow.de
Anfahrt Bahn: Regionalbahn, Bahnhof Werder/Havel, Buslinie 633, Haltestelle Glindower Alpen; Auto: B 1 (Potsdam – Brandenburg), Abf. Glindow, Parkmöglichkeiten am Museum
Öffnungszeiten März bis Oktober: Mi, Sa, So, Feiertage 10 – 16 Uhr, Gruppenführungen auch nach Vereinbarung
Eintrittspreise 4/3 € ermäßigt/2 € Kinder
Extras behindertengerechter Zugang, Museumsshop, kindergerechte Führungen und Arbeiten mit Ton

Heimatstube Hetzdorf, Gneisenau T (03 97 45) 2 07 62
Die Heimatstube bietet Wissenswertes zur Dorfgeschichte und zur Geschichte von Landwirtschaft und Handwerk im 19. und 20. Jahrhundert.
Adresse Gneisenau 34, 17337 Uckerland (in der Kita)
Anfahrt Bahn: Regionalbahn, Bahnhof Prenzlau, Umstieg Bus, Gneisenau; Auto: A 11 (Berlin – Prenzlau), Abf. Gramzow, B 198 nach Prenzlau, Richtung Woldegk, Abzweig Hetzdorf/Gneisenau
Öffnungszeiten nach Voranmeldung
Eintrittspreise kostenfrei (Spende erwünscht)
weitere Sehenswürdigkeiten Feldsteinkirche Hetzdorf (13. Jahrhundert), Baudenkmäler in Wolfshagen/Haussee, Lenné-Park Lemmersdorf, Museum und Stadt Prenzlau
Erholungsgebiet Uckermärkische Seenplatte, Unter- und Oberuckersee, ausgeschilderte Fahrradrouten und Wanderwege

«Alte Brennerei» Museum, Golzow T (0 33 83 5) 6 05 88/401 99, F (0 33 83 5) 6 02 55
Der Besucher erfährt neben der Geschichte der Schnapsbrennerei auch etwas über die Geschichte des Ortes und der Landwirtschaft.
Adresse Belziger Str. 39, 14778 Golzow
Anfahrt Bahn: Regionalbahn, Bahnhof Brandenburg/Havel, Bus bis Golzow; Auto: A 2 (Berlin – Hannover) Abf. Brandenburg, B 102 bis Golzow
Öffnungszeiten März bis Oktober: Mo, Di, Do bis So 12 – 16 Uhr, Mi geschl.
Eintrittspreise 1 €
Extras Führungen nach Vereinbarung

Filmmuseum «Die Kinder von Golzow», Golzow T (03 34 72) 5 18 82, F (03 34 72) 5 88 98
Das Museum ist der berühmten Langzeitstudie von Winfried und Barbara Junge und Hans-Eberhard Leupold gewidmet. Gezeigt werden Fotos, Dokumente, Drehbücher, Briefe, Zensurprotokolle, Kritiken, Plakate, Auszeichnungen, filmisches Gerät und selbstverständlich Filmausschnitte.
Adresse Hauptstraße 16, 15328 Golzow
Anfahrt Bahn: Regionalbahn 26 bis Golzow, 2 km Fußweg bis Golzow; Auto B 1 (Berlin – Küstrin) bis Abf. Golzow
Öffnungszeiten Di bis Fr 11 – 17 Uhr, Sa 11 – 18 Uhr
Eintrittspreise 3/Kinder ab 10 Jahre 1,50 €, Gruppen ab 10 Personen 2 €
weitere Sehenswürdigkeiten Fort Gorgast, Küstriner Altstadt, Dorfbackofen und Korbmachermuseum Buschdorf, Gedenkstätte Seelower Höhen, Heimatstube Bleyen
Erholungsgebiet Ausflüge ins Odervorland mit beschilderten Rad- und Wanderwegen, Freibad Zechin mit Campingplatz, Wanderungen im Oderbruch
Fremdenverkehr Touristinformation Oderbruch e.V., Berliner Str. 1–3, 15306 Seelow, T (0 33 46) 84 98 08, F (0 33 46) 84 07, www.oderbruch-tourismus.eu, Zimmervermittlung; Fahrradverleih auf dem Campingplatz

Museum im Handwerkerhof, Görzke T (0 33 84 7) 4 02 55
Im Museum werden neben dem traditionellen Handwerk und einigen technischen Geräten (z. B. Dampfmaschine), Modelle typischer regionaler Bauten, eine Puppenausstellung und Exponate zur Forstgeschichte gezeigt.

Adresse Kirchstr. 18–19, 14828 Görzke, www.toepferort-goerzke.de
Anfahrt A 2 (Berlin – Hannover) Abf. Wollin, Landstraße bis Görzke
Öffnungszeiten März bis Oktober: Mo bis Fr 9–16 Uhr, Sa, So 13–16 Uhr, November bis Februar: Mo bis Fr 9–16 Uhr, Sa, So 13–16 Uhr, Gruppenführungen nach Vereinbarung
Eintrittspreise 2,50/0,75 € Kinder 6 bis14 Jahre
Extras Hofladen, Gaststätte
weitere Sehenswürdigkeiten Dorfkirche, Kriegerdenkmal, Kräutergarten, Freibad

Dampfmaschinenmuseum Goyatz T (03 54 78) 1 20 53
Zehn stationäre Dampfmaschinen können in dem kleinen Museum besichtigt werden. Sie dienten einst in Sägewerken, Handwerks- und Industriebetrieben sowie Kraftwerken. Die Älteste stammt aus dem Jahr 1898.
Adresse Wiesengrund 1, 15913 Schwielochsee Ortsteil Goyatz
Anfahrt Bahn: Regionalbahn, Bahnhof Lübben, Umstieg Bus; Auto: A 13 Berlin – Dresden) Abf. Freiwalde, B 115 Richtung Lübben, Landstraße bis Goyatz
Öffnungszeiten nach Vereinbarung
Eintrittspreise kostenfrei (Spende erwünscht)
Fremdenverkehr www.goyatz.de

Heimatmuseum Schwielochsee Goyatz T (03 54 78) 4 33
Das Museum widmet sich der Geschichte der Spreewaldbahn und ihrer Pferdebahn. Hausrat und Geräte eines Bauernhofes geben Einblick in die lokale Wohn- und Arbeitskultur, Ackergeräte verschiedener Zeiten werden auf dem Freigelände präsentiert.
Adresse Am Bahnhof 27, 15913 Goyatz; www.schwielochsee.com/goyatz
Anfahrt Bahn: Regionalbahn, Bahnhof Lübben, Umstieg Bus; Auto: A 13 Berlin – Dresden) Abf. Freiwalde, B 115 Richtung Lübben, Landstraße bis Goyatz, Parkmöglichkeiten vorhanden
Öffnungszeiten nach Vereinbarung
Eintrittspreise bitte erfragen
weitere Sehenswürdigkeiten Ludwig-Leichhardt-Museum Trebatsch, Technisches Denkmal «Holländermühle» Straupitz
Erholungsgebiet Schwielochsee, Scharmützelsee (Wassersport), Unterspreewald, Rad- und Wanderwege, Campingplatz

Gramzower Heimatstuben T (03 98 61) 2 67
Das ehrenamtlich geführte Museum informiert über die Geschichte des Ortes von der Ersterwähnung 1168 bis zur Gegenwart und über die bäuerliche Lebensweise in der Uckermark.
Adresse Am Klosterberg, 17291 Gramzow
Anfahrt Bahn: Regionalbahn, Bahnhof Prenzlau, Umstieg Bus/Richtung Gramzow, 15 min Fußweg; Auto: A 11, Abf. Gramzow, B 198 Richtung Gramzow
Öffnungszeiten Führungen nach Vereinbarung
Eintrittspreise kostenfrei (Spende erwünscht)

Brandenburgisches Museum für Klein- und Privatbahnen in Gramzow / Uckermark, Gramzower Museums-Bahn T/F (03 98 61) 70 159
Die für alle Eisenbahnfreunde höchst sehenswerten Ausstellungsstücke sollen Geschichte, Technik und wirtschaftliche Bedeutung der Klein- und Privatbahnen in der Region Ucker-Mark, dem Land Brandenburg und Deutschland veranschaulichen.
Adresse Am Bahnhof 3, 17291 Gramzow; www.eisenbahnmuseumgramzow.de
Anfahrt Bahn: Regionalbahn, Bahnhof Prenzlau, Umstieg in Bus, Gramzow, 15 min Fußweg; Auto: A 11 (Berlin – Prenzlau) Abf. Gramzow, B 198 nach Gramzow, Parkplatz am Museum
Öffnungszeiten erstes Maiwochenende bis letztes Oktoberwochenende: Di bis So 10–17 Uhr, Führerstandsmitfahrten 14-tägig So 10–17 Uhr, Hebeldraisinen zum Selberfahren (max. 6 Pers. pro Draisine) (Preise und Fahrtermine im Internet)
Eintrittspreise 3/2 € ermäßigt/8 € Familie/2 € p.P. Gruppe (ab 10 Personen)
Extras behindertengerechter Zugang, Museumsshop, elektrische Spielbahn für Kinder
weitere Sehenswürdigkeiten Klosterruine und Wehrkirche Sankt Marien Gramzow, Mühlstein-Museum Neu Kleinow, Hölzener Roland in Potzlow, Backsteinkirche Hohengüstow
Erholungsgebiet Uckermärkische Seenplatte, Unter- und Oberuckerseee; Wolletzsee (Strandbad, Boots- und Fahrradverleih, Campingplatz)

Heimatmuseum Stadt Gransee T (0 33 06) 21 60, F (0 33 06) 2 16 12
Das Heimatmuseum und die Touristinformation sind im ehemaligen Heiligen-Geist-Hospital untergebracht. Die ständige Ausstellung zeigt Exponate der Ur- und Frühgeschichte, chronologisch aufgebaute Geschichte der Stadt Gransee, von der Erstbesiedelung bis zur Gegenwart, und Exponate des historischen Handwerks. Im Dachgeschoss befindet sich ein Stadtmodell, das Gransee um 1930 zeigt. Zum Heimatmuseum gehören auch die beiden Türme Pulverturm und Stadttor, wo von April bis Oktober: wechselnde Ausstellungen stattfinden.
Adresse Rudolf-Breitscheid-Straße 44, 16775 Gransee, museum@gransee-info.de, www.gransee-info.de
Anfahrt Bahn: Regionalbahn, Bahnhof Gransee; Auto: B 96 (Berlin – Neustrelitz), Gransee
Öffnungszeiten Mai bis September: Di bis Fr 10–16.30 Uhr, Sa, So 10–16 Uhr, Oktober bis April: Di bis Fr 10–16 Uhr, Sa, So 12–16 Uhr
Eintrittspreise Heimatmuseum: 2 €, Türme 1 €, Gruppen ab 20 Personen 20% Ermäßigung
Extras behindertengerechter Zugang, Museumsshop
weitere Sehenswürdigkeiten Ziegeleipark Mildenberg, Gut Zernikow, Heimatstube Menz Erholungsgebiete Stechlinsee bei Neuglobsow, Naturparkhaus Menz, Rheinsberger Seenkette, ausgeschilderte Fahrradrouten und Wanderwege
Fremdenverkehr Touristinformation der Stadt Gransee, Rudolf-Breitscheid-Straße 44, 16775 Gransee, T (0 33 06) 2 16 06, F (0 33 06) 2 16 12

Alte Schule Graustein T (03 56 03) 34 82 31
In dieser Alten Schule wurde 1919 Erwin Strittmatter eingeschult. In dem ehemaligen Klassenraum widmen sich zwei Ausstellungen der Schule zur Zeit Strittmatters sowie Strittmatter und Graustein.
Adresse An der Dorfaue 1, 03130 Spremberg Ortsteil Graustein
Anfahrt Bahn: Regionalbahn, von Bahnhof Cottbus nach Bahnhof Spremberg, mit Bus über Bloischdorf nach Graustein; Auto: A 15 (Berlin – Cottbus) Abf. Roggosen, Richtung Spremberg nach Graustein
Öffnungszeiten Do 10–15 und nach Vereinbarung über Kulturamt Stadt Spremberg T (0 35 63) 34 04 11/9 02 84
Eintrittspreise kostenfrei
Fremdenverkehr Fremdenverkehrsverein «Region Spremberg» e.V., Zimmervermittlung, Am Markt 2, 03130 Spremberg, T (0 35 63) 45 30, F (0 35 63) 59 40 41, ti@spremberg.de; www.spremberg.de

Museum Dreiseitenhof, Grebs T (0 33 82) 74 15 72
Im typischen Drei-Seiten-Bauernhof dient die Sammlung von landwirtschaftlichen Geräten, Produktionstechniken und Gegenständen des bäuerlichen Lebens der Darstellung landwirtschaftlicher Kultur und Lebensweise zwischen 1870 und 1950. Ein Schwerpunkt ist die Geschichte der Herstellung von Holzpantinen, eines in Grebs mehr als 100 Jahre ansässigen Gewerbes.
Adresse Dorfanger 12, 14797 Kloster Lehnin, Ortsteil Grebs
Anfahrt Bahn: Regionalbahn, Hauptbahnhof Brandenburg, Umstieg Buslinie 553, Grebs; Auto: A 2 (Berlin – Magdeburg) Abf. Nahmitz/Netzen, Richtung Brandenburg, Grebs
Öffnungszeiten Sa, 14–17 Uhr, und täglich nach Vereinbarung
Eintrittspreise 1,50 €, Kinder ab 8 Jahre 0,50 €, Gruppen ab 6 Pers. 1 € pro Person, bei Führungen zzgl. 6 € pro Gruppe
weitere Sehenswürdigkeiten Kloster Lehnin, Schulmuseum Reckahn
Erholungsgebiet Märkische Wald- und Seenplatte, Wandergebiet
Fremdenverkehr Amt Lehnin, Friedensstraße 3, 14797 Lehnin, T (0 33 82) 73 07 17

Kranichs Ackermuseum, Grieben T (03 30 86) 7 02 28
Ackermaschinen und Hauswirtschaftsgerät rund ums bäuerliche Leben auf dem Land zeigt das kleine Privatmuseum.
Adresse Familie Kranich, Dorfstraße 29 a, 16775 Löwenberger Land Ortsteil Grieben
Anfahrt Bahn: Regionalbahn, Bahnhof Gransee, Umstieg Bus Grieben.; Auto: A 10 (Prenzlau – Hamburg) Abf. Kremmen, nach Grieben
Öffnungszeiten nach Vereinbarung
Eintrittspreise kostenfrei

weitere Sehenswürdigkeiten Uckermärkisches Volkskundemuseum Templin, Ziegeleipark Mildenberg, Zisterziensernonnenkloster Zehdenick, Heimatmuseum Gransee
Erholungsgebiet Zehdenicker Tonstichlandschaft, Naturpark «Uckermärkische Seen», Wildpark Schorfheide, ausgeschilderte Rad- und Wanderwege

Heimatstube Groß Breese T/F (0 38 77) 40 36 45/7 46 99
Die Heimatstube widmet sich der Darstellung bäuerlicher Haus- und Hofwirtschaft in der Region Prignitz. Neben einer Knechtskammer sind Gerätschaften zum Weben und Spinnen, Küchengeräte und historische Fotos ausgestellt.
Adresse Groß Breesener Allee 42, 19322 Groß-Breese
Anfahrt Bahn: Regionalbahn, Bahnhof Groß Breese Ausbau, Bus nach Groß Breese; Auto: A 24 (Berlin – Hamburg) B 5 bis Kletzke, Groß Breese
Öffnungszeiten nach Vereinbarung
Eintrittspreise kostenfrei (Spende erwünscht)
Extras Führungen durch das Museum und das Dorf, Kirchenführung, Sonderausstellungen in der Pfarrkirche, Orgelmusiktage im Sommer
weitere Sehenswürdigkeiten Stadt und Museum Wittenberge, Holländerwindmühle und Fachwerkkirche Weisen, Rundlingsdorf Kuhblank, Wunderblutkirche St. Nikolai Bad Wilsnack, Storchendorf Rühstädt
Erholungsgebiet Wanderungen in den Elbtalauen, Radwanderungen auf dem Elbdeich

Heimatstube Groß Kölzig T/F (03 56 00) 2 21 80
Die Erläuterung der eiszeitlichen Entwicklung des geologisch interessanten Muskauer Faltenbogens wird ergänzt durch die Darstellung der Geschichte eines Niederlausitzer Dorfes, das einst durch Braunkohlebergbau, Glas- und Ziegelindustrie geprägt wurde.
Adresse Dorfplatz 7, 03159 Neiße Malxetal Ortsteil Groß Kölzig; post@gross-koelzig.de, post@grosskoelzig.de
Anfahrt Auto: A 15 (Berlin – Cottus), Abf. Döbern/Bad Muskau, Richtg. Döbern, Abf. Groß Kölzig
Öffnungszeiten So 15 – 17 Uhr und nach Vereinbarung unter T (03 56 00) 51 11/65 73
Eintrittspreise kostenfrei (Spende erwünscht)
Extras Kirchenbesichtigung
weitere Sehenswürdigkeiten Gutspark Groß Kölzig (Erbbegräbnis von Berge, Prangerlinde) Rosengarten und Textilmuseum Forst, Kromlauer Park, Glashütte Döbern
Erholungsgebiet Teichgebiet an der Bruchmühle, Reiterhöfe, ausgeschilderte Rad- und Wanderwege, Badesee und Campingplatz Eichwege

Rinderzuchtmuseum Brandenburg, Groß Kreutz (Havel) T (03 32 07) 5 45 55/53 30 15
Das erste Rinderzuchtmuseum Brandenburgs ist im denkmalgeschützten Gebäude «Leutestall» untergebracht. Vermittelt werden die mehr als 100jährige Geschichte der organisierten Rinderzucht im Land Brandenburg und die Bewahrung der züchterischen Traditionen. Das Museum richtet sich in erster Linie an Fachbesucher, aber auch in interessierte Laien und Schulklassen.
Adresse Bochower Str. 28 a, 14550 Groß Kreutz (Havel)
Anfahrt Bahn: Regionalbahn, Bahnhof Groß Kreutz; Auto: A 10 (Berliner Ring) Abf. Groß Kreutz, Groß Kreutz
Öffnungszeiten Di 9 – 17 Uhr und nach Vereinbarung
Eintrittspreise 1 €
Extras Führungen nach Vereinbarung

Schmiedemuseum und Schustermuseum, Groß Neuendorf T (0 33 478) 49 02/3 70 77
Es können hier originale Werkstätten besichtigt werden.
Adresse Schlüssel: Straße der Freundschaft 12 (Landfrauencafé, Touristinformation), Museum: Schustergasse 6 und Poststr. 8, 15324 Letschin Ortsteil Groß Neuendorf, www.gross-neuendorf-landfrauen.de, gross-neuendorf-landfrauen@web.de
Anfahrt Bahn: Regionalbahn, Bahnhof Grogast, Bus nach Groß Neuendorf Auto: A 10 (Berlin – Hellersdorf), Abf. Erkner, B 1 oder B 5 nach Seelow, B 167 Letschin
Öffnungszeiten November bis März: Do bis Mo 11 – 18 Uhr, sonst täglich 11 – 20 Uhr
Eintrittspreise kostenfrei (Spende erwünscht)
Extras Führungen nach Vereinbarung, auch Ortsführungen im Landfrauencafé buchbar

weitere Sehenswürdigkeiten Groß Neuendorf: Jüdischer Friedhof und alte Synagoge, Töpferhandwerk, Kunstspeicher Friedersdorf, Freilichtmuseum Altranft,
Heimatstuben Altfriedland, Bliesdorf, Neulewin, Fort Gorgast, Museum Schloss Gusow
Erholungsgebiet Naturschutz- und Vogelschutzgebiet Unteres Odertal, Fahrradrouten (Fontaneweg, Europaweg, Oder-Neiße-Weg)

Schorfheide-Museum Groß Schönebeck T (03 33 93) 6 52 72
Das Museum im Jagdschloss veranschaulicht Forstwirtschaft, Naturschutz und Jagd in der Schorfheide, die als Jagdgebiet, aber auch zur Ansielung und Züchtung ausgestorbener Wildtiere diente. Während des 20. Jahrhunderts war die Schorfheide auch politische Bühne, da die Machthaber dieser Zeit hier zum Jagen einluden.
Adresse Schlossstraße 6, 16244 Schorfheide Ortsteil Groß Schönebeck
Anfahrt Bahn: Regionalbahn, Bahnhof Groß Schönebeck, 5 min Fußweg; Auto: B 109 (Berlin – Prenzlau), Groß Schönebeck, Parkmöglichkeiten vor dem Museum
Öffnungszeiten täglich 10 – 16 Uhr
Eintrittspreise 2,50/2 € ermäßigt, Kinder von 6 bis 14 Jahren 1,50 €
Extras behindertengerechter Zugang (untere Etage, Nebengebäude), Museumsshop
weitere Sehenswürdigkeiten Wildpark Schorfheide, Askanierturm bei Eichhorst
Erholungsgebiet Werbellinsee; Wanderungen im Biosphärenreservat (nach Anmeldung auch geführte Wanderungen mit der Naturwacht)
Fremdenverkehr Touristinformation «Alte Schmiede», Rosenbecker Str.1a, 16244 Schorfheide Ortsteil Groß Schönebeck, T (03 33 93) 6 57 77, F (03 33 93) 6 57 78

Gedenkturm Großbeeren T (03 37 01) 32 88 61
In der Turmhalle wird die Befreiungsbewegung um 1813 dargestellt. Zu sehen ist unter anderem ein Diorama der Schlacht bei Großbeeren.
Adresse Dorfaue, 14797 Großbeeren, Informationen: Gemeinde Großbeeren, Tourismusbüro, Am Rathaus 2, 14979 Großbeeren
Anfahrt Auto: B 101 (Berlin – Jüterbog), Großbeeren
Öffnungszeiten Mai bis September: Sa 14 – 18 Uhr, zusätzlich nach Vereinb.
Eintrittspreise 2/1 € ermäßigt, Kinder bis 6 Jahre frei
weitere Sehenswürdigkeiten Gedenkstätte Opfer des Faschismus Großbeeren, Ortskern Großbeeren, Schloss und Kirche Diedersdorf
Extras jährliche Gedenkfeier in historischen Uniformen (23. August)

Museum Kolonistenhof, Großderschau T (03 38 75) 9 08 10, F (03 38 75) 9 08 11
Das Museum informiert über die Gründung der Kolonien im Rhinluch und Dossebruch 1749, ihre Entwicklung bis zur Gegenwart und über die von Friedrich Wilhelm I. gegründete Lehranstalt für Butter- und Käseherstellung. Ein Zinnfigurenkabinett erfreut die Liebhaber dieser Kunst. Auf dem Außengelände findet man alte landwirtschaftliche Geräte, ein Taubenhaus, Ziehbrunnen, Remise und einen Lehmbackofen.
Adresse Kleinderschauer Straße 1, 16845 Großderschau; www.grossderschau.com, heimathaus@grossderschau.com
Anfahrt Bahn: Regionalbahn, Bahnhof Neustadt/Dosse, Umstieg in Prignitz Express oder Bus (Schienenersatzverkehr); Ausstieg Großderschau; Auto: B 102 (Rathenow – Neustadt/Dosse), Abzweig Großderschau, Parkmöglichkeiten vor dem Museum
Öffnungszeiten Di bis Fr 10 – 16 Uhr, November bis Februar: an den Wochenenden geschlossen, Sa, So und Feiertags 13 – 17 Uhr
Eintrittspreise 3/1,50 € Kind (4 bis14 Jahre)
Extras behindertengerechter Zugang, Museumsshop, Café auf Voranmeldung
weitere Sehenswürdigkeiten Kolonistenkirche Großderschau, Otto-Lilienthal-Gedenkstätte Stölln
Erholungsgebiet Naturpark Westhavelland, Rad- und Wanderwege
Fremdenverkehr Tourismusverband Havelland e.V., Märkischer Platz 3, 14712 Rathenow, T (0 33 85) 5 19 00, F (0 33 85) 51 90 10, info@havelland-tourismus.de, www.havelland-tourismus.de

Stadt- und Industriemuseum, Guben T (0 35 61) 68 71 21 01, F (0 35 61) 68 71 40 00
Das Museum zeigt die Gubener Stadt- und Industriegeschichte sowie die Produktions- und Kulturgeschichte des Hutes. Das Themenspektrum reicht von der Geschichte Gubens vor

und nach 1945, der Hutindustrie und der Glasfaserindustrie zu DDR-Zeiten, über Biografisches zur Wilkefamilie, den Begründern der Hutfabrikation in Guben.
Adresse Gasstraße 4–7, 03172 Guben; stadt-und-industriemuseum@guben.de, www.museen.guben.de
Anfahrt Bahn: Regionalbahn, Bahnhof Guben, ausgeschilderter Fußweg Richtung Zentrum; Auto: B 112 (Frankfurt (Oder) – Guben) oder B 97 (Cottbus – Guben), Guben Zentrum
Öffnungszeiten Di bis Fr 10–17 Uhr, Sa, So und Feiertage 14–17 Uhr
Eintrittspreise 3/2 € ermäßigt/1,50 € Kinder ab 4 Jahren/2 € p.P. bei Gruppen ab 6 Personen
Extras Museumspädagogik, Schaudepot, virtuelle Hutprobierstation, Hutcafé
weitere Sehenswürdigkeiten Neuzelle (Stiftsgelände mit Klosterkirche), Wasserkraftwerk Grießen, Brandenburgisches Textilmuseum Forst, Hammerwerk und Festung Peitz mit Ausstellung im Festungsturm, Tagebau Jänschwalde (Besichtigung möglich)
Erholungsgebiet Gubener Seengebiet (Camping), Schlaubetal, ausgeschilderte Rad- und Wanderwege

Städtisches Museum «Sprucker Mühle», Guben T (0 35 61) 5 20 38/68 71 21 01, F (0 35 61) 68 71 40 00
Das Museum gibt Einblick in die Ur- und Frühgeschichte der Region und in die Stadtgeschichte. Das integrierte technische Denkmal informiert über Geschichte und Technologie von Wassermühlen.
Adresse Mühlenstrasse 5, 03172 Guben; stadt-und-industriemuseum@guben.de, www.gubenonline.de
Anfahrt Bahn: Regionalbahn, Bahnhof Guben, Umstieg Bus 877, Haltestelle Altsprucke; Auto: B 97 (Cottbus – Guben), Guben, Ortsteil Altsprucke, Kreuzung Sprucker Straße, Flemmingstraße, Otto-Thiele-Straße, Parkmöglichkeiten vor dem Museum
Öffnungszeiten nach Vereinbarung T (0 35 61) 68 71 21 01/02
Eintrittspreise bitte erfragen
weitere Sehenswürdigkeiten Neuzelle (Stiftsgelände mit Klosterkirche), Wasserkraftwerk Grießen, Brandenburgisches Textilmuseum Forst, Hammerwerk und Festung Peitz mit Ausstellung im Festungsturm, Tagebau Jänschwalde (Besichtigung möglich)
Erholungsgebiet Gubener Seengebiet (Camping), Schlaubetal, ausgeschilderte Rad- und Wanderwege
Fremdenverkehr Marketing und Tourismus Guben e.V., Frankfurter Straße 21, 03172 Guben, T (0 35 61) 38 67, F (0 35 61) 39 10; ti-guben@t-online.de, www.tourismusinformation-guben.de

Museumsschule, Hardenbeck T (03 98 89) 5 26
Ein Schulzimmer aus der Kaiserzeit und der DDR-Zeit sind zum Besichtigen und «Probesitzen» eingerichtet. 150 Jahre Schulgeschichte werden dem Besucher in der Ausstellung näher gebracht.
Adresse Hauptstraße 15a, 17268 Boitzenburger Land Ortsteil Hardenbeck
Anfahrt Auto: A 11(Berlin – Prenzlau), Abf. Pfingstberg, Richtung Boitzenburg nach Herdenbeck
Öffnungszeiten Mo bis Fr 10–14 Uhr und nach Vereinbarung, historische Schulstunden nach Voranmeldung
Eintrittspreise kostenfrei (Spenden willkommen)/1 € p.P. hist. Schulstunden für Schülergruppen

Schulmuseum Schwarzenburg, Heideblick T (03 54 55) 30 37
Das Museum erzählt die Geschichte der 1909 gebauten Einraum-Schule im Ort, die nach 40 Jahren Lehrbetriebs 1972 geschlossenen wurde. Ein Highlight ist ein Strafenbuch, in dem Name, Vergehen und Anzahl der Stafschläge der Schüler vermerkt sind.
Adresse Schwarzenburg 1, 15926 Heideblick; www.heideblick.de
Anfahrt Auto: A 13 (Berlin – Dresden), Abf. Duben, B 87 Richtung Luckau, Landstraße bis Heideblick
Öffnungszeiten nach Vereinbarung
Eintrittspreise kostenfrei

Freilichtmuseum Höllberghof Heideblick Langengrassau T (03 54 54) 74 05, F (03 54 54) 6 04
Die Dauerausstellung in der Höllberg-Scheune gibt Auskunft über die Entwicklung der Landwirtschaft zwischen Spreewald und Fläming, über Viehzucht, Landbearbeitung und Hauswirtschaft und erzählt über Feste, die seit Jahrhunderten im Jahreslauf ihren Platz hatten.
Adresse Heideweg 3, 15926 Langengrassau; hoellberhof@t-online.de, www.höllberghof.com

Anfahrt Bahn: Regionalbahn, Bahnhof Walddrehna, Bus nach Langengrassau; Auto: A 13 (Berlin – Dresden), Abf. Duben, B 87, Langengrassau, Höllberghof, Parkmöglichkeiten im Hof
Öffnungszeiten Ostersonntag bis Oktober: täglich 10 – 18 Uhr und nach Vereinbarung
Eintrittspreise 2,50/1,50 € Kinder ab 7 Jahren
Extras Hofladen
weitere Sehenswürdigkeiten Luckau (historischer Stadtkern, Heimatmuseum Landesgartenschau), Gärten der Sinne Gehren, Agrarhistorisches Museum Schlepzig, Drandorfhof Schlieben, Schloss und Landschaftspark Fürstlich Drehna
Erholungsgebiet Bornsdorf (Camping), Höllberge Langengrassau, Gehrener Berge, Naturpark Niederlausitzer Landrücken, Wildpark Johannismühle
Fremdenverkehr Tourismusverband Niederlausitzer Land e.V., Am Markt 34/Rathaus 15926 Luckau; T (0 35 44) 30 50, F (0 35 44) 50 82 76; mail@niederlausitz.com, www.niederlausitz.com

Museum im Kloster Stift zum Heiligengrabe T (03 39 62) 80 80, F (03 39 62) 8 08 30
Das Museum erzählt die Geschichte des Zisterzienserinnenklosters und Damenstifts vom Mittelalter bis zum 20. Jahrhundert. Es befindet sich in der Klosteranlage, deren Stiftskirche, mittelalterliche Abtei und Heiliggrabkapelle besichtigt werden kann.
Adresse Stiftsgelände 1, 16909 Heiligengrabe; klosterstiftzumheiligengrabe@t-online.de, www.klosterstift-heiligengrabe.de
Anfahrt Bahn: Regionalbahn, Bahnhof Heiligengrabe, ca.30 min Fußweg durch den Wald zur Klosteranlage (ausgeschildert); Auto: A 24 (Berlin-Hamburg), Abf. Pritzwalk/Landstraße Richtung Pritzwalk, Heiligengrabe.
Öffnungszeiten Di bis Sa 11 – 16 Uhr, So und Ostermontag 12 – 16 Uhr
Eintrittspreise 3,50/1,50 € Kinder/7 € Führung/6 € ermäßigt
Extras Sommerkonzerte im Kloster, Klosterladen, Restaurant und Übernachtung im Kloster (RestaurantHotel Klosterhof, Stiftsgelände, 16909 Heiligengrabe, T/F (03 39 62) 5 09 26)
weitere Sehenswürdigkeiten Wittstock (Altstadt, Museen Alte Bischofsburg), Pritzwalk, Kloster Marienfließ/Stepenitz
Erholungsgebiet Hainholz mit Naturschutzstation, Freibad, Wander- und Fahrradtouren
Fremdenverkehr Fremdenverkehrsverein Pritzwalk und Umgebung e.V., Zimmervermittlung, Meyenburger Tor 3, 16928 Pritzwalk, T (0 33 95) 70 07 03, F (0 33 95) 70 07 05, mail@pritzwalkinfo.de, www.pritzwalk-info.de

Museum Sorbische Bauernstube Heinersbrück T/F (03 56 01) 8 26 63
Trachten, Möbel, Spielzeug, Hausrat und Geräte der Feldarbeit sollen die Erinnerung an die Lebensweise der wendischen Bevölkerung zwischen Peitz und Neiße wachhalten.
Adresse Hauptstraße 2a, 03185 Heinersbrück
Anfahrt Bahn: Regionalbahn, Bahnhof Cottbus, Umstieg Buslinie 22, Haltestelle Heinersbrück Kirche; Auto: B 97 (Cottbus – Guben), Peitz, Abzweig nach Heinersbrück
Öffnungszeiten April bis Oktober: Di bis Fr sowie So und Feiertags 11 – 16 Uhr, November bis März: Di bis Fr 11 – 15 Uhr und nach Vereinbarung
Eintrittspreise 2/1 € ermäßigt
Extras Trachten zum Ausleihen, Ostereier malen nach Voranmeldung
weitere Sehenswürdigkeiten Bärenbrücker Höhen, Heimatstube Burg, Heimatmuseum Dissen, Sorbische Webstube Drebkau, Niederlausitzer Dorfmuseum Bloischdorf
Erholungsgebiet Spreewald, Peitzer Teichgebiet; Kahnfahrten, Radwanderungen

Heimatmuseum Hennickendorf T (01 70) 7 00 96 37
Im Rathaus Hennickendorf wird nicht nur regiert und verwaltet. Auch die Zeugnisse aus der Arbeits- und Lebenswelt der Altvorderen werden hier bewahrt: vom Torfspaten bis zur Ziegelsteinform, Siebenstriemer, Bügeleisen, Waffeleisen für das offene Feuer, Karbidlampen. Vom Aussichtsturm auf dem Wachtelberg kann man eine schöne Aussicht genießen.
Adresse Berliner Straße 3,15378 Hennickendorf, www.hennickendorf.de/heimatverein/museum
Anfahrt Bahn: S-Bahn nach Strausberg-Vorstadt, Buslinie Richtung Erkner; Auto: B 1 Richtung Herzfelde, Abzweig Hennickendorf/Strausberg
Öffnungszeiten letzter Sonnabend des Monats 14 – 18 Uhr und nach Vereinbarung
Eintrittspreise kostenfrei (Spende erwünscht)
Extras Kaffee- und Kuchen-Angebot

weitere Sehenswürdigkeiten Museumspark der Baustoffindustrie Rüdersdorf
Erholungsgebiet Naturschutzgebiet Annatal, Lange Dammwiesen, Rad- und Wanderwege

Patent-Papierfabrik Hohenofen T (03 39 70) 5 16 70/(03 39 73) 80 89 28
Ein Museum der Superlative erwartet den Besucher: die größte in einem Museum stehende Papiermaschine (44m lang), die größte noch vorhandene Holländeranlage (19 Maschinen), das letzte komplett erhaltene Braunkohleheizwerk der DDR von 1980, die älteste Vulkanfibertechnologie in Europa und 40 Jahre phantasievoller Eigenbau von DDR-Erfindern. Hohenofen ist Brandenburgs komplexester Industriestandort.
Adresse Neustädter Str. 25, 16845 Hohenofen; post@patent-papierfabrik.de, www.patentpapierfabrik.de
Anfahrt Bahn: Regionalbahn, Bahnhof Neustadt (Dosse), Bus bis hohenofen; Auto: A 24 (Berlin – Hamburg), Abf. Neuruppin, Richtung Neustadt/Dosse, dann B 102 Richtung Rathenow (4 km)
Öffnungszeiten Mai bis Oktober: Do bis So 10 – 18 Uhr, Sa, So, Feiertage Führungen um 15 und 16 Uhr
Eintrittspreise 3/1,50 € Kinder und Jugendliche von 6 bis 18 Jahren (Führungen)
weitere Sehenswürdigkeiten Heimathaus Großderschau, Gaswerk und Kutschenmuseum Neustadt, Mumie des Ritter Kalbuz, Heimatstube Dreetz
Fremdenverkehr Fremdenverkehrsverein Ostprignitz e.V., Maxim-Gorki-Str. 32, 16866 Kyritz, T (03 39 71) 5 23 31, F (03 39 71) 7 37 29; fvv@kyritz.de, www.knatter-dosseland.de

Dokumentationsstätte KZ-Außenlager Lieberose und Sowjetisches Speziallager Nr. 6, Jamlitz T (03 36 71) 26 82/21 40
Zwischen 1943 und 1945 wurden in dem von der Waffen-SS eingerichteten Nebenlager des KZ Sachsenhausen tausende Juden zur Errichtung des SS-Truppenübungsplatz «Kurmark» zur Zwangsarbeit herangezogen. Von schätzungsweise 6 – 10 000 Häftlingen sind bis zur Auflösung des Lagers weit mehr als die Hälfte gestorben oder in Auschwitz-Birkenau ermordet worden. Nach 1945 wurde das Gelände als sowjetisches Speziallager Nr. 6 weiter genutzt. Nach sowjetischen Unterlagen durchliefen etwa 10 200 Gefangene der Besatzungsmacht dieses Lager, beinahe jeder Dritte fand dort den Tod.
Adresse Kiefernweg, 15868 Jamlitz; info@die-lager-jamlitz.de, www.die-lager-jamlitz.de; Postadresse: Evangelische Kirchengemeinde Lieberose und Land, Markt 19, 15868 Lieberose
Anfahrt Bahn: Regionalbahn, Bahnhof Beeskow, Bus nach Jamlitz; Auto: A 12 (Berlin – Frankfurt (Oder), Abf. Fürstenwalde/Ost, B 168, Jamlitz
Öffnungszeiten die Open-Air Dokumentationsstätte ist jederzeit begehbar, Führungen nach Vereinbarung

Wendisch – Deutsches Heimatmuseum Jänschwalde T (03 56 07) 7 30 99/77 50/7 32 89
In mehreren Ausstellungsräumen kann man sich über die bäuerliche Lebensweise der wendischen Bevölkerung vom Hochzeitskleid bis zum Leichenwagen und über die Geschichte des Ortes Jänschwalde informieren. Das Jänschwalder Christkind und andere Besonderheiten der Kirchengeschichte sind in der Heimatstube zu bestaunen.
Adresse Kirchstraße 11, 03197 Jänschwalde
Anfahrt Auto: A 15 (Berlin – Cottbus), Abf. Cottbus, Richtung Peitz, Jänschwalde
Öffnungszeiten Di bis Fr 10 – 15 Uhr und nach Vereinbarung
Eintrittspreise kostenfrei
weitere Sehenswürdigkeiten Flugplatzmuseum Jänschwalde 693, Bauernstube Heinersbrück, Hütten- und Fischereimuseum Peitz
Erholungsgebiet Naturschutzgebiet Laszinswiesen mit seltenen Vogelarten, ausgeschilderte Rad- und Wanderwege, Badesee Großsee am Radwanderwegenetzs

Stadtmuseum im Kulturquartier Mönchenkloster, Jüterbog T (0 33 72) 46 31 44, F (0 33 72) 46 34 52
Das Jüterboger Museum, zugleich Regionalmuseum des Niederen Fläming, zeigt seine Exponate auf drei Etagen. Im unteren Bereich geht es um spektakuläre archäologische Entdekkungen der Region. Im Erdgeschoss stehen die Stadt als Experiment, die Reformation und die Neuzeit der Krisen und Kriege im Vordergrund. Der obere Bereich widmet sich dem Thema Bürger und Uniform in der einstigen Militärstadt Jüterbog. Wechselnde Sonderaustellungen komplettieren das Angebot.

Adresse Mönchenkirchplatz 4, 14913 Jüterbog, museen@jueterbog.de
Anfahrt Bahn: Regionalbahn, Bahnhof Jüterbog, Bus; Auto: B 101 (Berlin – Jüterbog), Jüterbog-Stadtmitte, Parkmöglichkeit vor dem Museum
Öffnungszeiten Di, Mi, Fr 10–17 Uhr, Do 10–18 Uhr, Sa, So 14–17 Uhr Führungen und Gruppen nach Vereinbarung
Eintrittspreise 4/2,50 € ermäßigt (Schüler, Studenten, Erwerbslose), 2 € Schüler im Unterricht, 9 € Familienkarte (1 oder 2 Erw. mit bis zu 3 Kindern), 3 € p.P. Gruppen ab 10 Pers.
Extras Museumsshop
weitere Sehenswürdigkeiten lohnende Stadtbesichtigung, Klostermuseum und Webermuseum Kloster Zinna, Museumsdorf Baruther Glashütte
Erholungsgebiet Badeanstalt Jüterbog, Badesee Körbaer See, Fläming Skate
Fremdenverkehr Fremdenverkehrsverband Teltow-Fläming e.V., Zinnaer Straße 34, 14943 Luckenwalde, T (03371) 643535, F (03371) 643539; Stadtinformation Jüterbog, Markt 21, 14913 Jüterbog, T/F (03372) 463113

Ausstellung «DDR-Erinnerungen», Kampehl T (0175) 3808054
Die Ausstellung umfasst über 3000 Exponate aus dem Alltagsleben in der DDR. Schwerpunkte sind: Konsum, Kommunikation, Improvisation, Gesundheitswesen und die DDR Fußball Oberliga
Adresse Kampehl 35a, 16845 Neustadt (Dosse); toepferhof-kampehl.de
Anfahrt Bahn: Regionalbahn, Bahnhof Neustadt (Dosse), Bus bis Kampehl; Auto: A 24 (Berlin – Hamburg), Abf. Neuruppin, B 167 Richtung Neustadt bis Kampehl
Öffnungszeiten Mai bis Oktober: Di 10–18 Uhr, November bis April: Sa, So 10–16 Uhr und nach Vereinbarung
Eintrittspreise 3 €, 1,50 € Kinder
Fremdenverkehr Fremdenverkehrsverein Ostprignitz e.V., Maxim-Gorki-Str. 32, 16866 Kyritz, T (033971) 52331, F (033971) 73729; fvv@kyritz.de, www.knatter-dosseland.de

Kalebuzgruft, Kampehl T/F (033970) 13265
Um seine Unschuld in einem Mordprozess zu beweisen soll Ritter Kalebuz vor Gericht geschworen haben: «Ich bin es nicht gewesen, sonst soll ich nach meinem Tode nicht verwesen.» Der Fluch trat wohl ein und so ist der mumifizierte Leichnahm des Ritters heute in der Kalebuzgruft zu besichtigen.
Adresse Schulstraße 3, 16845 Neustadt (Dosse); buero@kalebuz.de, www.kalebuz.de
Anfahrt Bahn: Regionalbahn, Bahnhof Neustadt (Dosse), Bus bis Kampehl; Auto: A 24 (Berlin – Hamburg), Abf. Neuruppin, B 167 Richtung Neustadt bis Kampehl
Öffnungszeiten Januar: Sa, So 10–12 Uhr/13–16 Uhr, Februar bis März und November bis Dezember: Di bis So 10–12 Uhr/13–16 Uhr, April bis Mai und September bis Oktober: Di bis So 10–12 Uhr/13–17 Uhr, Juni bis August: täglich 10–12 Uhr/13–17 Uhr
Eintrittspreise 2/1 € Kinder/1,50 € p.P. Gruppen

Heimatmuseum Kappe T (03307) 36846
In der alten Schule sind die Zeugnisse des dörflichen Lebens, des Schiffervereins und Haushaltsgeräte aus der Zeit ab 1769 ausgestellt.
Adresse Dorfstraße 24, 16792 Zehdenick Ortsteil Kappe
Anfahrt Bahn: Regionalbahn, Bahnhof Zehdenick, Umstieg Bus nach Kappe; Auto: B 96 (Berlin – Neustrelitz), Gransee, Abzweig Zehdenick, Wesendorf, Kappe
Öffnungszeiten nach Vereinbarung bei Frau Sabine Bähn, Dorfstraße 52, T (03307) 312132
Eintrittspreise kostenfrei
weitere Sehenswürdigkeiten Städtisches Museum Templin, Ziegeleipark Mildenberg, Zisterziensernonnenkloster Zehdenick, Heimatmuseum Gransee
Erholungsgebiet Zehdenicker Tonstichlandschaft, Naturpark «Uckermärkische Seen», Wildpark Schorfheide, ausgeschilderte Rad- und Wanderwege

Heimatstube Karwe T (033925) 71063
Die Heimatstube bietet eine Ausstellung zur Ortsgeschichte und zur Volkskunde der Region.
Adresse Lange Straße 63, 16818 Karwe
Anfahrt Bahn: Regionalbahn, Bahnhof Wustrau-Radensleben, 2 km Fußweg; Auto: A 24 (Berlin – Hamburg), Abf. Neuruppin-Süd, Landstraße Buskow, Wustrau, Altfriesenack
Öffnungszeiten Das Museum bleibt voraussichtlich bis Ende 2010 geschlossen.

Eintrittspreise kostenfrei
weitere Sehenswürdigkeiten Brandenburg-Preußen Museum Wustrau, Neuruppin (Tempelgarten, Handwerker-Museum, Heimatmuseum), Waldmuseum Stendenitz
Erholungsgebiet Ruppiner Schweiz, Wassersport, ausgeschilderte Rad- und Wanderwege

Heimatmuseum der Stadt Ketzin T (03 32 33) 7 38 30, F (03 32 33) 7 38 31
Das Museum widmet sich neben der regionalen Ur- und Frühgeschichte vor allem der Geschichte der Stadt Ketzin. Insbesondere werden die typischen Gewerke der Schiffer, der Fischer und des Ziegeleigewerbes vorgestellt.
Adresse Rathausstraße 18, 14669 Ketzin; kulturzentrum@ketzin.de, www.ketzin.de
Anfahrt Bahn: Regionalbahn, Bahnhof Potsdam-Stadt, Umstieg Buslinie 614, Ketzin oder: Regionalbahn, Bahnhof Nauen, Umstieg Buslinie 658, Ketzin; Auto: A 10 (Berliner Ring), Abf. Potsdam-Nord, Ketzin
Öffnungszeiten Mo, Mi und Fr 10–15 Uhr, Di, Do 10–17 Uhr, Mai bis September: zusätzlich Sa, So 13.30–16.30 Uhr
Eintrittspreise 1/0,50 € ermäßigt
Extras Tourismusinformation im Haus
weitere Sehenswürdigkeiten Dorf, Schloss und Park Paretz
Erholungsgebiet Havelland, Ketziner Seenlandschaft

Heimatstube Klaushagen T (03 98 89) 82 05
Aus Küche, Stube, Kammer wurden Möbel, Gerätschaften, Inventar bewahrt. Die Utensilien zum Schlachten gehören dazu und die Stubeneinrichtung von 1850. Besonders sehenswert ist die Ortschronik, die von der Ersterwähnung Klaushagens 1271 bis heute geführt wird.
Adresse Dorfstraße 13, 17268 Klaushagen
Anfahrt Bahn: Regionalbahn bis Templin, Umstieg Bus bis Klaushagen; Auto: B 109 über Wandlitz, Groß Schönebeck nach Templin, weiter Richtung Boitzenburg
Öffnungszeiten Juni bis September: Sa 15–17 Uhr und nach Vereinbarung
Eintrittspreise kostenfrei (Spende erwünscht)
Extras jährliches Heimatstubenfest im Sommer
weitere Sehenswürdigkeiten Klostermühle Boitzenburg, Stadt und Museum Templin, Töpfereien in Tomsdorf und Jacobshagen
Erholungsgebiet Kurort Templin mit Therme

Heimatstube Klein Kölzig T (03 56 00) 51 16/(01 75) 2 96 64 41
Dörfliches Leben, die Geschichte des Schulwesens in Klein Kölzig, die Geschichte der Ziegelei und das Wirken der unzähligen Vereine, von denen Karnevals- und Schlittenhundeverein am bekanntesten wurden, bilden die vier Schwerpunkte der Heimatstube.
Adresse Altes Gutshaus – Am Park 3, 03159 Neiße Malxetal Ortsteil Klein Kölzig
Anfahrt Auto: A 15 (Berlin – Cottus) Abf. Döbern/Bad Muskau, Richtung Döbern, Klein Kölzig
Öffnungszeiten Mo bis Fr 8–14 Uhr und nach tel. Vereinbarung
Eintrittspreise kostenfrei
weitere Sehenswürdigkeiten Schloss und Park Groß Kölzig mit Erbbegräbnis derer von Berge, Bruchmühle mit altem Tonschacht, Rosengarten und Textilmuseum Forst, Kromlauer Park
Erholungsgebiet Reiterhöfe, ausgeschilderte Rad- und Wanderwege, Badesee und Campingplatz Eichwege
Fremdenverkehr Touristinformation Forst/Lausitz e.V., Cottbuser Straße 10, 03149 Forst/Lausitz, T (0 35 62) 66 90 66, F (0 35 62) 66 90 67; forst-information@t-online.de; www.forst-information.de

Freilichtmuseum Germanische Siedlung Klein Köris e.V. T (03 31) 2 80 18 79
Von 1976 bis 1995 wurden die Überreste der germanischen Siedlung, die vom 2.–5. Jahrhundert n. Chr. bestand, ausgegraben. Heute ist das Dorf anhand der Grabungsergebnisse teilweise rekonstruiert und somit die Vergangenheit wieder erlebbar.
Adresse Museum: Buschweg, gegenüber der Nr. 8, 15746 Groß Köris Ortsteil Klein Köris
Adresse Verein: c/o Sven Gustavs, Lindenstraße 27, 14467 Potsdam; info@germanische-siedlungklein- koeris.de, www.germanische-siedlung-klein-koeris.de
Anfahrt Bahn: Regionalbahn, Bahnhof Groß Köris, Bus 727 nach Klein Köris, Wiesengrund oder Regional- bzw. S-Bahn, Bahnhof Königs Wusterhausen, Bus 727 nach Klein Köris,

Wiesengrund; Auto: A 13 (Berlin – Dresden), Abf. Groß Köris, 5 km Landstraße bis Ostrand von Klein Köris Öffnungszeiten: Mai bis Oktober: an jedem 1. So im Monat 10 – 17 Uhr und für Gruppen nach Vereinbarung T (03376) 4 16 05
Eintrittspreise kostenfrei (Spenden sind willkommen)
Extras Sommerfest, Tag des offenen Denkmals

Industriemuseum Region Teltow e.V., Kleinmachnow T (03 32 03) 7 76 86, F (03 32 03) 86 04 97
Das Industriemuseum informiert über die einhundertjährige Geschichte des Teltowkanals und gibt Einblick in die Entwicklung der Industrieansiedlungen und deren Erzeugnisse und Ereignisse in der Region Teltow-Stahnsdorf-Kleinmachnow im Zeitraum 1904 bis 1990.
Adresse Meiereifeld 35, 14532 Kleinmachnow, www.industriemuseum-regionteltow.de, imt-museum@t-online.de
Anfahrt Auto: A 115 Abf. Kleinmachnow
Öffnungszeiten Mo bis Fr 10 – 15 Uhr, zusätzlich jeden ersten So im Monat 11 – 17 Uhr, Führungen nach telefonischer Vereinbarung
Eintrittspreise kostenfrei

Kommandantenturm, Kleinmachnow T (03 32 02) 2 48 70
Im restaurierten Kommandantenturm widmet sich eine zeitgeschichtliche Ausstellung ab Mai 2009 mit Fotos, Dokumenten, Grafiken und knappen Texten der innerdeutschen Grenze.
Adresse Albert-Einstein-Ring 45, 14532 Kleinmachnow, www.checkpoint-bravo.de
Anfahrt Auto: A 115 Abf. Kleinmachnow, Stahnsdorfer Damm
Öffnungszeiten März bis Oktober: So 10 – 14 Uhr und sonst nach tel. Vereinbarung
Eintrittspreise kostenfrei (Spende erwünscht)

Spielzeugmuseum im Havelland e.V., Kleßen T (03 32 35) 2 93 11, F (03 32 35) 2 93 12
Tauchen Sie ein in 200 Jahre Spielzeuggeschichte. Die Stadt Brandenburg/Havel galt als «Spielzeugstadt». Von hier reisten viele Spielzeuge in die Kinderstuben auf der ganzen Welt. Wer aus dem Staunen wieder herauskommt, der findet in jedem Raum etwas zum Anfassen oder Ausprobieren.
Adresse Schulweg 1, 14728 Kleßen; info@spielzeugmuseum-havelland.de, www.spielzeugmuseumhavelland.de
Anfahrt Auto: A 24 (Berlin – Hamburg); B 5 (Berlin – Friesack), Friesack links Richtung Rhinow/Kleßen abbiegen, B 188 (Hannover – Berlin), Parkmöglichkeiten im Ort
Öffnungszeiten März bis September: Mi bis So 11 – 17 Uhr für Gruppen nach Vereinbarung, in den Wintermonaten nach Vereinbarung
Eintrittspreise 4/3 € (für Gruppen ab 8 Personen)/2 € Kinder 6 bis 14 Jahre/7 € (Familienkarte max. 2 Erw. und 4 Kinder)
Extras behindertengerechter Zugang nur in der unteren Etage, Spielwarenladen und Café

Museum Kloster Zinna T (0 33 72) 43 95 05, F (0 33 72) 43 95 06
Das Museum im Kloster bietet eine Ausstellung zur Geschichte des Zisterzienserordens. Sehenswert sind die bedeutenden Fresken aus dem 15. Jahrhundert.
Adresse Am Kloster 6, 14913 Kloster Zinna
Anfahrt Bahn: Regionalbahn, Bahnhof Jüterbog, Umstieg Bus, Kloster Zinna, Haltestelle Markt; Auto: B 101 (Berlin – Jüterbog), Luckenwalde, Zinna, Parkmöglichkeiten vorhanden
Öffnungszeiten Di bis So und Feiertags 10 – 17 Uhr, Führungen nach Absprache
Eintrittspreise 5/3,50 € ermäßigt/1,50 € Schüler bis 13. Klasse/Kinder bis 6 Jahre frei/3,50 € p.P. Gruppen ab 10 Personen, Führungen nach Anmeldung 10 € zzgl. Eintritt. Ausserdem gibt es ein tagesunabhängiges Kombiticket mit Kloster und Schaubrennerei sowie eine Verbundkarte für Kloster-, Webermuseum und Likörherstellung inkl. Probeschluck.
Extras Museumsshop, Kräuteressenzherstellung «Zinnaer Klosterbruder» mit Verkostung
weitere Sehenswürdigkeiten Klosterkirche (13. Jahrhundert), alte Ortsanlage, historischer Stadtkern und Museum im Abtshof Jüterbog, Zinngießerei in Neuhof, Café-, Wein- und Puppenstube Werder, Flämingskate
Fremdenverkehr Informationen im Museum Kloster Zinna, Fremdenverkehrsverband Teltow-Fläming e.V., Zinnaer Straße 34, 14943 Luckenwalde, T (0 33 71) 64 35 35, F (0 33 71) 64 35 39, Stadtinformation Jüterbog, Markt 21, 14913 Jüterbog, T/F (0 33 72) 46 31 13

Webermuseum im Webhaus Kloster Zinna T (03372) 432739
Im alten Zollhaus von Kloster Zinna wurde eine Handweberei als Museum eingerichtet. Es zeigt alte Handwebstühle und Textilkunst mit praktischem Vorführen. Zugleich können Auftragsarbeiten an die Handweberei als Privatunternehmen vergeben werden.
Adresse Berliner Straße 72, 14913 Kloster Zinna (Am Dorfausgang)
Anfahrt Bahn: Bahnhof Jüterbog, Umstieg Bus, Kloster Zinna, Haltestelle Markt; Auto: B 101 (Berlin – Jüterbog), Luckenwalde, Zinna, Parkmöglichkeiten vor dem Museum
Öffnungszeiten Di bis So und Feiertags 11 – 17 Uhr
Eintrittspreise 1,50 €, Kinder 0,50 €, Verbundkarte für Kloster-, Webermuseum und Likörherstellung inkl. Probeschluck 5 €
Extras behindertengerechter Zugang, Museumsshop
weitere Sehenswürdigkeiten Klosterkirche (13. Jahrhundert), alte Ortsanlage, historischer Stadtkern und Museum im Abtshof Jüterbog, Zinngießerei in Neuhof, Café-, Wein- und Puppenstube Werder, Flämingskate

Internationales Artistenmuseum in Deutschland, Klosterfelde T/F (033396) 272
Historische Dokumente und Requisiten geben Auskunft über das Alltagsleben von Artisten, Unterhaltungskünstlern und Fahrendem Volk.
Adresse Liebenwalder Straße 2, 16348 Klosterfelde (Am Ortsausgang) www.artistenmuseum.com
Anfahrt Bahn: S-Bahn, Bahnhof Berlin – Karow, Umstieg «Heidekrautbahn», Bahnhof Klosterfelde, 10 min Fußweg; Auto: B 109 (Berlin – Prenzlau) bis Klosterfelde
Öffnungszeiten Mo bis Fr 9 – 18 Uhr, Sa, So, Feiertage 14 – 18 Uhr und nach Anmeldung
Eintrittspreise 3,50/3 € ermäßigt, Kinder 7 bis 14 Jahre 2,50 €
Extras Museumsshop mit Fachliteratur zu Artistik, Magie, Zirkus, Führungen nach Anmeldung
weitere Sehenswürdigkeiten Agrarmuseum Wandlitz, Schorfheide-Museum Groß Schönebeck, Wildtierpark Groß Schönebeck
Erholungsgebiet Naturpark Barnim, Naturpark Schorfheide, Fahrrad- und Wanderwege

Militärhistorisches Museum Kolkwitz T (0355) 28530
Das Schutzbauwerk der ehemaligen Nationalen Volksarmee (NVA) der DDR ist ab 1965 erbaut und 1967 in Betrieb genommen worden. Die technische Ausrüstung des Bunkers und die Darstellung der Luftlage kann in dem unterirdischen Labyrinth ebenso besichtigt werden, wie Unterkünfte und Versorgungseinheiten der Mannschaften.
Adresse Am Technologiepark 35, 03099 Kolkwitz
Anfahrt Auto: A 15 (Berlin – Cottbus) Abf. Vetschau, Richtung Burg bis Kolkwitz
Öffnungszeiten jeden 3. Sa im Monat 9 – 12 Uhr, Sonderführung nach Vereinbarung
Eintrittspreise 6/2,50 € ermäßigt/Kinder unter 14 Jahren freier Eintritt
Extras Führung ca. 1,5 h

Puppen- und Spielzeugmuseum, Kackrow T (035604) 230/(0163) 6388449, F (035604) 64475
In dem Museum ist von Puppen-und Kinderwagen, Puppenstuben, Küchen, Kaufläden über Teddys, Puppen und Zubehör aus einem Zeitraum von ca.1880 – 1970 alles zu finden. Im Außenbereich befindet sich eine Lehmann-Gross-Bahn Schaubahnanlage.
Adresse Kastanienallee 16, 03099 Kolkwitz Ortsteil Kackrow; Chris_k@gmx.net
Anfahrt Auto: über B 115, Parkplatz vor dem Haus
Öffnungszeiten Sa, So 14 – 18 Uhr und nach Vereinbarung
Eintrittspreise 3/1 € Kinder ab 6 Jahren

Das Sender- und Funktechnikmuseum, Königs Wusterhausen T (03375) 294755
Der Funkerberg ist die Geburtstätte des Rundfunks in Deutschland. Seit 1911 wurden auf dem damaligen Windmühlenberg funktechnische Versuche durchgeführt. Die spannende Geschichte des Funkerbergs bis in die Gegenwart wird im Museum gezeigt.
Adresse Funkerberg Haus 1, 15711 Königs Wusterhausen; verein@funkerberg.de, www.funkerberg.de
Anfahrt Bahn: Regionalbahn, S-Bahn, Bahnhof Königs Wusterhausen, 20 min Fußweg; Auto: A 10 (Berliner Ring) Abf. Königs Wusterhausen, B 179 bis Königs Wusterhausen
Öffnungszeiten Di, Do, Sa uns So 13 – 17 Uhr, ab 5 Personen Führungen auch außerhalb der
Öffnungszeiten Eintrittspreise 3/1,50 € ermäßigt/1 € p.P. zusätzlich bei Führungen

Extras Museumsshop, Radio, Jugendwerkstatt
weitere Sehenswürdigkeiten Schloss Königs Wusterhausen, Schlosspark, Heimatmuseum Königs Wusterhausen

Heimatmuseum Königs Wusterhausen T (03375) 293034, F (03375) 218265
Hier wird über die geologischen Besonderheiten und die Ur- und Frühgeschichte der Region sowie über Stadtgeschichte mit Alltags- und Wohnkultur in Königs Wusterhauen und Umgebung informiert.
Adresse Schlossplatz 7, 15711 Königs Wusterhausen (gegenüber dem Schloss); info@heimatvereinkw.de, www.heimatverein-kw.de
Anfahrt Bahn: Regionalbahn, S-Bahn, Bahnhof Königs Wusterhausen, Storkower Straße, Puschkinstraße, Schlossplatz (5 min Fußweg); Auto: A 10 (Berliner Ring) Abf. Königs Wusterhausen, B 179 bis Königs Wusterhausen, Schlossplatz, Parkmöglichkeiten vorhanden
Öffnungszeiten Di bis Sa 10–16 Uhr
Eintrittspreise 2/1 € Kinder, Schüler, Gruppen ab 6 P./0,50 € Kinder- und Schülergruppen
Extras Museumsshop
weitere Sehenswürdigkeiten Wasserturm (Aussichtsturm, Café und Galerie)
Erholungsgebiet Dahme-Seengebiet, Radwanderwege, Badeseen
Fremdenverkehr Tourismusverband, Am Bahnhof, 15711 Königs Wusterhausen, T (03375) 252019, F (03375) 252028; info@dahme-seen.de, www.dahme-seen.de

Schloss Königs Wusterhausen, Stiftung Preußische Schlösser und Gärten Berlin-Brandenburg T (03375) 211700, F (03375) 211702
Vieles erfährt man zur Geschichte des Schlosses und seiner zum Teil königlichen Bewohner. Besonders sehenswert sind die 38 Gemälde von König Friedrich Wilhelm I., der Königs Wusterhausen als Jagdschloss nutzte.
Adresse Schlossplatz 1, 15711 Königs Wusterhausen; besucherzentrum@spsg.de, www.spsg.de
Anfahrt Bahn: Regionalbahn, S-Bahn, Bahnhof Königs Wusterhausen; Auto: A 10 (Berliner Ring) Abf. Königs Wusterhausen, B179 bis Königs Wusterhausen, Parkmöglichkeiten vorhanden
Öffnungszeiten April bis Oktober: Di bis So 10–18 Uhr, November bis März: Sa, So, Feiertage 10–16 Uhr
Eintrittspreise 4/3 € ermäßigt, nur mit Führung
Extras Museumsshop, Information, Gastronomie

Historisch-technisches Museum Versuchsstelle Kummersdorf T (033703) 77048
Auf ca. 2500 Hektar großen Wald- und Heideflächen wird durch die Geschichte der ehemaligen Heeresversuchsstelle von 1875 bis 1945 geführt. Man kann Kasernen, Schießziele auf der 7,8 km und 12 km Schießbahn, Prüfstände für die Flüssigkeitsraketen A 1, A 2, A 3 und A 5, die Atomversuchstelle Gottow, das Ausbildungslager der Eisenbahnpioniere, dazu Bilddokumente, historische Fundstücke und den Flugplatz Sperenberg besichtigen.
Adresse Konsumstraße 5, 15838 Kummersdorf-Gut; info@museum-kummersdorf.de
Anfahrt Auto: B 96 (Berlin – Luckau), Klausdorf, Abzweig Sperenberg, Kummersdorf Gut
Öffnungszeiten So 13–17 Uhr, Bus-Tagestouren auf Anmeldung
Eintrittspreise 11/5,50 € Kinder bis 14 Jahre/8 € p.P. Gruppenpreise ab 40 Personen/9 € p.P. ab 25 Personen/10 € ab 15 Personen/5 € p.P. Schülergruppen
Extras Führungen, Museumsshop, Museumscafé
weitere Sehenswürdigkeiten Technisches Denkmal und Museumsdorf Baruther Glashütte, Scheunenwindmühle Saalow, Heimatstube Sperenberg, Garnisonsmuseum Wünsdorf
Erholungsgebiet Wildpark Johannismühle bei Barutz, Freibad Sperenberg
Fremdenverkehr Fremdenverkehrsverband Teltow-Fläming e.V., Zimmervermittlung T (03371) 643550/51, F (03371) 643539; ti-tf@t-online.de; www.teltow-fläming.de

Heimatstube Kyritz T (033971) 52579/71230
Wohnkultur des 19. und 20. Jahrhunderts, Stadtmotive auf historischen Ansichtskarten und Werke heimischer Künstler sind zu besichtigen. Eine Besonderheit: die Ausstellung zur Bassewitz-Sage.
Adresse Am Marktplatz 15, 16866 Kyritz (unter der Bücherecke); www.heimatvereinkyritz.de
Anfahrt Bahn: Regionalbahn, Bahnhof Neustadt (Dosse) nach Bahnhof Kyritz;

Auto: A 24 (Berlin-Hamburg), Abf. Neuruppin, B 167, B 5 bis Kyritz
Öffnungszeiten Di, So 14 – 16 Uhr und nach Vereinbarung
Eintrittspreise 1/0,50 € Kinder

Friedrich-Ludwig-Jahn-Gedenkstätte, Lanz T (03 87 80) 72 10
Er hätte seine Freude gehabt an unserer sportbegeisterten Zeit. Und wer weiß schon, dass der Turnvater ein Brandenburger gewesen ist. Die Gedenkstätte beleuchtet Leben und Wirken Friedrich Ludwig Jahns.
Adresse Am Ring 21, 19309 Lanz
Anfahrt Bahn: Regionalbahn, Bahnhof Wittenberge, Umstieg in Bus; Auto: A 24 (Berlin – Hamburg) Abf. Putlitz, Landstraße, Karstädt, Lanz
Öffnungszeiten Mo bis Fr 9.30 – 16.30 Uhr, Sa, So nach Vereinbarung
Eintrittspreise 1/0,50 € Kinder bis 14 Jahre
Extras Museumsshop
weitere Sehenswürdigkeiten Rhododendronpark in Gadow, Heimatmuseum Eldenburg
Erholungsgebiet Landschaftsschutzgebiet Brandenburgische Elbtalaue, Rad-, Wanderwege

Heimatstube Kostebrau, Lauchhammer T (0 35 74) 46 45 30/86 29 77
Die Geschichte des einst eigenständigen Ortes Kostebrau seit der Industrialisierung in der 2. Hälfte des 19. Jh. ist Thema der Heimatstube. Sie bewahrt u. a. die Zeugnisse der ortsansässigen Glashütte, der Brikettfabriken und der Schulgeschichte.
Adresse ehemalige Schule, Karl-Marx-Straße 24, 01979 Lauchhammer Ortsteil Kostebrau; www.lauchhammer.de
Anfahrt Bahn: Regionalbahn Bahnhof Lauchhammer-West, Kostebrau; Auto: A 13 (Berlin – Dresden) bis Abf. Schwarzheide, Kostebrau
Öffnungszeiten So ab 14 Uhr
Eintrittspreise kostenfrei (Spende erwünscht)
weitere Sehenswürdigkeiten Brikettfrabrik «Louise» Domsdorf, Weißgerbermuseum Doberlug-Kirchhain, Tagebauaussichtspunkt Kostebrau, Mühlenhofmuseum Grünewalde
Erholungsgebiet «Grünewalder Lauch», Badesee, Wassersport, Niederlausitzer Heidelandschaft, Senftenberger See, Fahrrad- und Wanderwege
Fremdenverkehr Touristinformation der Stadt Lauchhammer, Liebenwerdaer Straße 69, 01979 Lauchhammer, T (0 35 74) 48 84 88, F (0 35 74) 48 86 50, touristinfo@lauchhammer.de

Heimatstube Lauchhammer T (0 35 74) 46 41 94, F (03 56 03) 46 41 95
Kulturgeschichtliche Ereignisse und Entwicklungen in der Region und der Stadt Lauchhammer werden in der Heimatstube vorgestellt.
Adresse Alte Gartenstraße 24, 01979 Lauchhammer-Mitte; www.lauchhammer.de
Anfahrt Bahn: Regionalbahn, Bahnhof Lauchhammer-West, Bus Lauchhammer-Mitte; Auto: A 13 (Berlin – Dresden) bis Abf. Schwarzheide, Lauchhammer, Lauchhammer-Mitte, Parkmöglichkeiten vor Ort
Öffnungszeiten nach Vereinbarung
Eintrittspreise 1 € (ohne Führung)/1,50 € (mit Führung)

Kunstgussmuseum, Schaudepot Bronzeschule Lauchhammer T (0 35 74) 86 01 66, F (0 35 74) 86 01 68
Die Geschichte der Lauchhammerwerke ab 1723, die Geschichte des sächsisch-preußischen Eisenkunstgusses (ab 1784) und des künstlerischen Bildgusses in Eisen und Bronze bis zur Moderne sowie des Eisen-, Stahl- und Maschinenbaus und des Berg- und Hüttenwesens sind Themen einzelner Museumsbereiche.
Adresse Schaudepot Freifrau-von-Löwendal-Straße 3, 01979 Lauchhammer; info@kunstgussmuseum.de, www.kunstgussmuseum.de
Anfahrt Bahn: Regionalbahn, Bahnhof Lauchhammer West, Umstieg Bus, Lauchhammer-Ost; Auto: A 13 (Berlin – Dresden), Abf. Schwarzheide-Nord, Schipkau, Lauchhammer-Ost
Öffnungszeiten Wiedereröffnung des Museums voraussichtlich März 2009, Führungen im Schaudepot nach Vereinbarung
Eintrittspreise 20 € Führung im Schaudepot
Extras Museumsshop, altersgerechte Führungen für Kindergruppen (ab 10 J.)

Mühlenhofmuseum und Heimatstube Grünewalde, Lauchhammer T (035 74) 76 11 48/76 16 19
Die Heimatstube zeigt Fotos, Kalender, Urkunden und andere Dokumente zur Ortsgeschichte. Vereine werden vorgestellt, eine kleine Erz- und Mineraliensammlung verweist auf das Bergbaugeschehen in der unmittelbaren Umgebung. Im Mühlenhofmuseum sind Arbeitsgeräte aus Landwirtschaft und Handwerk sowie bäuerlicher Hausrat zu besichtigen.
Adresse Lauchstraße 4a, 01979 Lauchhammer Ortsteil Grünewalde; www.lauchhamer.de
Anfahrt Auto: A 13 (Berlin – Dresden) bis Abf. Ruhland, Richtung Lauchhammer, Grünewalde
Öffnungszeiten April bis Oktober: So, Feiertage 15 – 17 Uhr und nach Vereinbarung
Eintrittspreise 1,50/0,75 € Kinder/1 € p.P. bei Gruppen ab 10 Personen/0,50 € p.P. Kindergruppen
Extras Schauvorführungen verschiedener Handwerke, Projekttage für Kindergärten und Schulen, Führungen durch den Ort (Anmeldung jeweils erforderlich)
weitere Sehenswürdigkeiten Rinderhof Grünewalde mit ausgestorbenen Rinderrassen, Rhododendron-Park mit Gestein- und Naturlehrpfad, Elstermühle Plessa

Museum Haus Lebuser Land, Lebus T (03 36 04) 2 30, F (03 36 04) 6 36 06
In einem der ältesten noch vorhandenen Fachwerkhäuser des Ortes befindet sich eine Dauerausstellung zur Geschichte des Landes Lebus, des Bistums Lebus und der Stadt Lebus. Besucher erhalten einen Überblick über die ereignisreiche Geschichte des Lebuser Landes. Ein Museumsbereich ist dem Werdegang des bekannten Schriftstellers und früheren Einwohners Günther Eich und dem Maler Karl Lukas Honegger gewidmet.
Adresse Schulstr. 7, 15326 Lebus, www.heimatverein-lebus.de, heimatverein.lebus@t-online.de
Anfahrt Bahn: Regionalbahn, Bahnhof Frankfurt/Oder, Umstieg Buslinien 968, 969; Auto: B 1 (Berlin – Küstrin), Seelow, B 167 bis Lebus
Öffnungszeiten April bis Oktober: Di bis Fr 10 – 17 Uhr, Sa, So, Feiertag 13 – 16 Uhr; November bis März: Di bis Fr 10 – 15 Uhr
Eintrittspreise 1 €, Schüler und Kinder 0,50 €
Extras Gruppenführung in die Altstadt (nach Anmeldung) mit Erwerb eines Burgwanderdiploms
weitere Sehenswürdigkeiten lohnende Ortsbesichtigung (historische Wanderung, Altstadt, Burgberg, Amtsgarten) Stadt und Museen Frankfurt/Oder, Gedenkstätte Seelower Höhen
Fremdenverkehr Info-Punkt Amt Lebus, Frankfurter Str. 7, 15326 Lebus, T (03 3604) 63758, www.amt-lebus.de, info-punkt@amt-lebus.de

Bockwindmühle Lebusa T (03 53 64) 7 20 16
Die älteste funktionstüchtige Bockwindmühle Deutschlands beherbergt ein Museum, das die Verarbeitung vom Korn zum Brot dokumentiert.
Adresse Am Vorwerk 29a, 04936 Lebusa
Anfahrt Bahn/Bus: Regionalbahn, Bahnhof Falkenberg/Elster, Bus bis Lebusa, Haltestelle Bockwindmühle; Auto: A 13 (Berlin – Dresden) bis Abf. Duben, B 87 Richtung Luckau bis Hohenbuckow, im Ort rechts abbiegen nach Lebusa 5 km
Öffnungszeiten nach Vereinbarung
Eintrittspreise 1 €
Weitere Sehenswürdigkeiten Ortsbesichtigung (Barockkirche, Silbermannorgel, Schloss, Park)
Erholungsgebiet Körbaer Teich, Reit- und Wandermöglichkeiten

Freilandmuseum Lehde – Volkskundliche Abteilung des Spreewald-Museums Lübbenau
T (035 42) 24 72, F (035 42) 40 34 25 (Spreewaldmuseum Lübbenau)
Drei altwendische Hofanlagen gewähren Einblicke in das Leben der Spreewälder Landbevölkerung im 19. Jahrhundert. Ein typisches Reet gedecktes Wohn-Stall-Haus und ein im Spreewald selten zu findendes Umgebindehaus zeugen von ideenreicher Volksarchitektur. Handwerke wie Kahnbauerei und Blaudruck können in den Ausstellungen bewundert werden.
Adresse Kontakt über Verwaltung Spreewald-Museum, Topfmarkt 12, 03222 Lübbenau, www.freilandmuseum-lehde.de
Anfahrt Kahn oder Boot sowie 30 min Fußweg über einen der gekennzeichneten Wanderwege vom Museum Lübbenau,
Anfahrt per Auto nicht empfohlen
Öffnungszeiten April bis Oktober: täglich 10 – 18 Uhr und nach Vereinbarung
Eintrittspreise 3/2 € ermäßigt/1 € Kinder (bis 14 J.)/5 € Familienkarte ab 3 P./2 € p.P. Gruppen ab 10 Personen

Extras behindertengerechter Zugang, Museumsshop, Café in unmittelbarer Nähe
Weitere Sehenswürdigkeiten Heimatstube Leipe, Bauernmuseum Schlepzig, Mühlenmuseum und Schinkel-Kirche Straupitz, Heimatmuseum Luckau und Heimatstube Dissen
Erholungsgebiet Spreewald, Kahnfahrten, Angelmöglichkeiten, Reiten, Rad- und Wanderwege
Fremdenverkehr Tourismusverband Spreewald e.V., 03226 Vetschau/Spreewald Ortsteil Raddusch, Lindenstraße, T (03 54 33) 7 22 99, F (03 54 33) 7 22 28; tourismus@spreewald.de, www.spreewald.de

Gurken- und Bauernhausmuseum Lehde, Lübbenau / Lehde T (0 35 42) 8 99 90 F (0 35 42) 89 99 10
Gerätschaften der Gurkeneinlegerei, Fischerei und der Schilfdachdeckerei führen in die Handwerksgeschichte des Spreewaldes ein.
Adresse Hotelanlage Starick, An der Dolzke 4 – 6, 03222 Lübbenau Ortsteil Lehde
Anfahrt Bahn: Regionalbahn, Bahnhof Lübbenau, per Kahn oder Boot sowie 30 min Fußweg vom Museum Lübbenau aus; Auto: A 13 (Berlin – Dresden) auf A 15 Abf. Boblitz, Lehde
Öffnungszeiten April bis Oktober: täglich 10 – 18 Uhr und nach Vereinbarung
Eintrittspreise 2/1 € Kinder
Extras Gurkenverkostung und Verkauf von Spreewalderzeugnissen

Museum im Zisterzienserkloster, Lehnin T (0 33 82) 7 68 41, F (0 33 82) 7 68 11
Das Museum im Amtshaus der Lehniner Klosteranlage erzählt vom Leben in den geistlichen Gemeinschaften seit der Gründung der Zisterzienserabtei im Jahr 1180. Klosterkirche und Klosteranlage verweisen auf die hohe kirchliche und politische Bedeutung der Abtei.
Adresse Klosterkirchplatz 1 – 19, 14797 Lehnin; www.museum-kloster-lehnin.de, besucherdienst@stift-lehnin.de
Anfahrt Bahn: Regionalbahn, Hauptbahnhof Brandenburg, Umstieg Bus nach Lehnin; Auto: A 2 (Berlin – Magdeburg), Abf. Lehnin
Öffnungszeiten Museum: Mo bis Sa 10 – 17 Uhr, So 13 – 17 Uhr, Klosterkirche: April bis Oktober: Mo bis Fr 10 – 16 Uhr, Sa 10 – 17 Uhr, So 13 – 17 Uhr, November bis März: Mo bis Sa 10.30 – 15.30 Uhr, So 13 – 16 Uhr, Zisterzienserausstellung im Elisabethhaus: Mo bis Fr 10 – 12 Uhr, Kunstausstellungen in den Kliniken Lehnin: täglich 10 – 13, 14 – 19 Uhr
Eintrittspreise Museum 3/2 € ermäßigt
Extras behindertengerechter Zugang zu Museum und Kloster, Café und Klosterladen im Museum, Kräutergarten, Führungen nach Anmeldung
Weitere Sehenswürdigkeiten Zweiradmuseum und Obstbaumuseum Werder, Ziegeleimuseum Glindow, Stadt Brandenburg mit Dom und Museen, Rochow-Museum und Schulmuseum Reckahn, Skulpturengarten am Lehniner Klostersee
Erholungsgebiet Havelseenlandschaft, ausgeschilderte Rad- und Wanderwege

Friedrich-Wolf-Gedenkstätte, Lehnitz T (0 33 01) 52 44 80, F (0 33 01) 57 87 88
Im ehemaligen Wohnhaus des Dichters und Arztes Friedrich Wolf (1888 – 1953) verbinden sich Erinnerung und reges kulturelles Leben miteinander. Die Wohn- und Arbeitsräume, Haus und Garten präsentieren sich seit 2005 im selben Zustand wie zu Lebzeiten des Dichters.
Adresse Alter Kiefernweg 5, 16515 Oranienburg, Ortsteil Lehnitz, www.friedrichwolf.de, kontakt@friedrichwolf.de
Anfahrt Bahn: Regionalbahn, Bahnhof Oranienburg, S-Bahn bis Lehnitz, 7 min Fußweg, Auto: A 10 (Berliner Ring), Abf. Birkenwerder bis Lehnitz
Öffnungszeiten Di und Fr 10 – 14 Uhr
Eintrittspreise kostenfrei
Extras Besichtigung, Einzel- oder Gruppenführungen und Benutzung der Präsenzbibliothek nach Absprache möglich
Weitere Sehenswürdigkeiten Schloss Oranienburg
Erholungsgebiet Liebenberger Lanke, Bruchlandschaft (Badeseen), Rad- und Wanderwege

Heimatstube Leipe T/F (0 35 42) 29 05
Leipe, das Inseldorf im Spreewald, das erst 1969 mit einer Straße ans Festland angeschlossen wurde, bewahrt in der alten Schule Ortsgeschichte auf kleinstem Raum.
Adresse Marlene Jedro, Leipendorfstraße 6, 03222 Lübbenau Ortsteil Leipe
Anfahrt Bahn: Regionalbahn Berlin – Görlitz bis Bahnhof Lübbenau, Fahrradverleih, Europaradweg/Gurkenradweg 6 km bis Leipe; Auto: A 15 (Berlin – Cottbus), Abf. Vetschau,

Richtung Burg-Kolonie, Richtung Leipe
Öffnungszeiten nach tel. Vereinbarung und saisonal abhängig
Eintrittspreise kostenfrei
Extras Heimatkundeunterricht, Trachtenanprobe, Führung durch die Feldmark, Kahnfahrt
Weitere Sehenswürdigkeiten Stadt und Museum Lübbenau, Museen Lehde
Erholungsgebiet Spreewaldkahnfahrten vom Naturhafen Leipe, Radeln, Wandern, Paddeln

Burgmuseum Lenzen T (03 87 92) 12 21
Das Burgmuseum Lenzen präsentiert in zwei Ausstellungen die faszinierende Kultur- und Naturgeschichte der Elbtalaue. Kostbare Originalobjekte, Kleindioramen, Hörstationen und Computeranimationen führen durch die bewegte Geschichte der Stadt. Und in der BUND Elbe- Ausstellung Mensch und Strom erfährt man alles über das Biosphärenreservat Flusslandschaft Elbe und die Jahrhundertflut 2002.
Adresse Burgstr. 3, 19309 Lenzen; info@burg-lenzen.de, www.burg-lenzen.de
Anfahrt Bahn: bis Wittenberge, dann Bus 925 bis Lenzen, Auto: aus Richtung Hamburg A 24 über Ludwigslust und aus Richtung Berlin A 24 über Pritzwalk und Perleberg oder über Putlitz und Karstädt.
Öffnungszeiten April bis Oktober: täglich 10 – 18 Uhr, November bis März: Mi – So 10 – 17 Uhr und nach Vereinbarung
Fremdenverkehr Stadtinformation Lenzen, Berliner Straße (Stumpfer Turm), 19309 Lenzen/ Elbe, T (03 87 92) 73 02, F (03 87 92) 8 05 42; lenzen-info@t-online.de

Museum Liebenberg T (03 30 94) 7 10, F (03 30 94) 7 14 52
Historische Haushaltsgeräte, Jagdutensilien und alte Landmaschinen gehören zum Sammlungsbestand.
Adresse Parkweg 11, 16775 Löwenberger Land Ortsteil Liebenberg; info@dkb-stiftung.de
Anfahrt Bahn: Regionalbahn, Bahnhof Löwenberg/Mark, 5 km Fußweg; Auto: A 11 (Berlin – Prenzlau), Abf. Finowfurt, B 167, Löwenberg, Liebenberg, Parkmöglichkeit auf dem Gutshof
Öffnungszeiten täglich 10 – 16 Uhr, in den Sommermonaten bis 17 Uhr
Eintrittspreise 1 € Kinder bis 6 Jahre frei/4 € incl. Eintritt Führungen auf Nachfrage/12 € Familien mit Kindern bis 16 Jahre
Extras behindertengerechter Zugang, Museumsshop, Café auf dem Gutsgelände
Weitere Sehenswürdigkeiten Kirche Löwenberg, «Hus tu Löwenberg», Kurt Mühlenhaupt Museum Bergsdorf
Erholungsgebiet Liebenberger Lanke, Bruchlandschaft (Badeseen), Rad- und Wanderwege
Fremdenverkehr Heimatstube Löwenberg, R.-Breitscheid-Str. 1, 16775 Löwenberg, www.tourismusbuero.loewenberger-land.de T (03 30 94) 5 11 14, info@loewenbergerland.de

Heimatmuseum im Stadtgefängnis Liebenwalde T (03 30 54) 8 05 10
Das Heimatmuseum dokumentiert die Geschichte der Stadt Liebenwalde (Burg, Kirche, Schule, Handwerk/Gewerbe, Vereine) und die Entwicklung der Amtsgemeinden Neuholland, Hammer, Liebenthal und Kreuzbruch. Weiterhin bietet das Museum eine Ausstellung zur Schifffahrt der Region und eine rekonstruierte Gefängniszelle.
Adresse 16559 Liebenwalde, Marktplatz 20; www.museum-im-knast.de Das Museum befindet sich im Stadtzentrum zwischen Kirche und Rathaus
Anfahrt Bahn: Regionalbahn, Bahnhof Löwenberg, Umstieg Bus, Liebenwalde; Auto: A 11, Abf. Finowfurt, B 16, Liebenwalde, Stadtzentrum
Öffnungszeiten Mai bis September: täglich 10 – 16 Uhr, Oktober bis April: Mo und Sa geschlossen
Eintrittspreise 1,50 €, Schüler und Studenten 0,50 €, Gruppe ab 10 Personen pro Person 1 €, Stadtführung ab 10 Personen pro Person 2 € (nur nach vorheriger Anmeldung)
Extras Museumsshop: Kassenverkauf
Weitere Sehenswürdigkeiten lohnende Ortsbesichtigung (historischer Stadtkern mit Kirche und Rathaus, Burgruine (privat)), Wildpferdgehege Liebenthal, Treidelweg am Finowkanal, Schorfheide-Museum Groß Schönebeck, Museum Liebenberg
Erholungsgebiet Schorfheide, Werbellinsee; Wassersport, Rad- und Wanderwege
Fremdenverkehr Fremdenverkehrsbüro, Zimmervermittlung, 16559 Liebenwalde, Marktplatz 20, T (03 30 54) 8 05 50, F (03 30 54) 8 05 40

Museum und Gedenkstätte KZ-Nebenlager Lieberose T (03 36 71) 25 11
Das Museum zeigt in einer Dauer- und in wechselnden Sonderausstellungen die Geschichte des KZ Nebenlagers Lieberose und das Schicksal der meist jüdischen Häftlinge.
Adresse Bahnhofstr. 4, 15868 Lieberose
Anfahrt Bahn: Regionalbahn, Bahnhof Cottbus, Bus nach Lieberose; Auto: A 12 (Berlin – Frankfurt (Oder), Abf. Fürstenwalde/Ost, B 168, Lieberose
Öffnungszeiten Mai bis September: Mi 16.30 – 17.30 Uhr und So 10 – 12 Uhr und nach Vereinbarung
Eintrittspreise kostenfrei
Extras Projekttage für Schulklassen

Bauernmuseum Lindena T (03 53 22) 20 71/20 71
Das Museum im Bauernhaus mit Stallung, Knechtestube, Schulzimmer, Schusterstube, landwirtschaftlichen Geräten, Maschinen und Ausrüstungen gibt Einblick in Tradition und Alltagskultur ländlichen Lebens in der Region. Das Backen des traditionellen Klemmkuchens gehört zum Können der Museumsmitarbeiter.
Adresse Dorfstraße 19, 03253 Schönborn Ortsteil Lindena; www.elsterland.de
Anfahrt Auto: A 13 (Berlin – Dresden), Abf. Duben, B 87 über Luckau, B 96 Richtung Bad Liebenwerda bis Lindena, Parkmöglichkeiten am Museum
Öffnungszeiten täglich nach Vereinbarung
Eintrittspreise 1,50/1 € Kinder/3 € Museumsführung
Extras behindertengerechter Zugang
Weitere Sehenswürdigkeiten Weißgerbermuseum Doberlug-Kirchhain, Bockwindmühle Trebbus
Erholungsgebiet Rückersdorfer See

Heimatstube und Uhrenmuseum Lindenau T (03 57 55) 60 52 28, F (03 57 55) 60 52 31
Im Uhrenmuseum sind wertvolle Objekte der Uhrmacherkunst aus den letzten hundert Jahren zu bewundern. Die Heimatstube bewahrt die Geschichte des Dorfes, jährliche Sonderausstellungen beschäftigen sich mit regionalen Themen und Ereignissen.
Adresse Torhaus 1, 01945 Lindenau; www.amtortrand.de
Anfahrt Auto: A 13 (Berlin – Dresden), Abf. Ortrand, 4 km bis Lindenau
Öffnungszeiten nach Vereinbarung
Eintrittspreise kostenfrei
Weitere Sehenswürdigkeiten Stadt und Museum Ortrand, Heimatstube Schwarzheide, Kunstgußmuseum Lauchhammer, Heimatstube Ruhland
Erholungsgebiet Lausitz-Komfort-Campingplatz Ortrand; Kmehlener Berge, ausgeschilderte Rad- und Wanderwege

Museum für Meteorologie und Aerologie, Lindenberg T (03 36 77) 6 25 21
Das Wettermuseum informiert über die Geschichte der Meteorologie, die Wettervorhersage, Wetterkatastrophen und Klimawandel sowie dessen Folgen. Dabei widmet sich die Ausstellung vor allem älteren Messinstrumenten, bedeutenden Persönlichkeiten der Meteorologiegeschichte Lindenbergs und dem Aufstiegsverfahren von Drachen und Radiosonden in der Aerologie. Es besteht die Möglichkeit einem Radiosonden-Start beim Richard-Aßmann-Observatorium beizuwohnen.
Adresse Schulstraße 4, 15848 Tauche Ortsteil Lindenberg; verein@wettermuseum.de, www.wettermuseum.de
Anfahrt Bahn: bis Königs Wusterhausen oder Fürstenwalde, Bus; Auto: A 12 Richtung Frankfurt (Oder) bis A 5 Storkow, Richtung Storkow und Lindenberg
Öffnungszeiten April bis Oktober: So bis Do 10 – 16 Uhr, November bis März: Mo bis Do 10 – 16 Uhr und nach Vereinbarung
Eintrittspreise 3/1,50 € Kinder und Jugendliche zwischen 6 und 18 Jahre/15 € Gruppenführungen bis zu 20 Personen
Extras Filmvorführungen, Lehrerweiterbildung

Prignitzer Kleinbahnmuseum Lindenberg e.V. T/F (03 39 82) 6 01 28/6 01 14
Die Geschichte der Kleinbahnen in der Prignitz, ihre Bedeutung für den Güter- und Personentransport wird mittels historischer Lokomotiven, Personen- und Güterwagen,

Dokumenten und Fotos nacherzählt. Eine Museumsbahnstrecke befindet sich im Aufbau.
Adresse Dorfstraße 7, 16928 Lindenberg; www.pollo.de
Anfahrt Auto: A 24 (Berlin – Hamburg) Abf. Herzsprung, Landstraße, Lindenberg
Öffnungszeiten Mai bis September: Mo bis Fr 8 – 16 Uhr, Sa, So 10 – 17 Uhr und nach Vereinbarung
Eintrittspreise 1,50/0,50 € Kinder/1 € p.P. bei Gruppen ab 10 Personen
Extras Feldbahnfahrten auf dem Museumsgelände, Fahrradverleih für Radausflüge entlang alter Bahndämme
Weitere Sehenswürdigkeiten Stadtbesichtigung Perleberg mit gut erhaltenem mittelalterlichen Stadtkern, Stadt- und Regionalmuseum Perleberg, Stadt und Heimatmuseum Pritzwalk, Königsgrab Seddin, Plattenburg (größte Wasserburg Norddeutschlands)
Erholungsgebiet Jugendcamp Groß Woltersdorf mit Bademöglichkeit.
Fremdenverkehr Fremdenverkehrsverein Pritzwalk und Umgebung e.V., T (0 33 95) 70 07 03, F (0 33 95) 70 07 05, www.pritzwalk-info.de

Museum «Schau mal rein», Lindow T (03 39 33) 7 14 22
Geräte der Landwirtschaft und des Handwerks aus früherer Zeit und die vielfältigen fotografischen Ansichten aus der Sammlung Walter Streblow fügen sich zu einem anschaulichen Bild über das Leben in Lindow.
Adresse Mittelstraße 11, 16835 Lindow; info@schau-mal.net, www.schau-mal.net
Anfahrt Bahn: Regionalbahn, Bahnhof Neuruppin oder Bahnhof Gransee, Bus nach Lindow; Auto: A 24 (Berlin – Hamburg), Abf. Neuruppin, B 167 Richtung Rheinsberg bis Lindow, am Marktplatz links abbiegen, Parkmöglichkeiten vor Ort
Öffnungszeiten So 8 – 11.30 Uhr und nach Vereinbarung
Eintrittspreise kostenfrei
Weitere Sehenswürdigkeiten Stadt Neuruppin, Schloss Reinsberg
Erholungsgebiet Ruppiner Schweiz, Seenplatte, Gudelacksee und Wutzsee direkt im Ort, Wassersport, ausgeschilderte Wander- und Fahrradwege, Reiterhöfe
Fremdenverkehr Tourismuszentrum, Am Markt 1, 16835 Lindow, T/F (03 39 33) 7 02 97; touristinfo.lindow@t-online.de

Museum «Spurensuche», Lindow T (0 30) 8 51 13 91/(03 39 33) 7 02 97
Die kleine Ausstellung zeigt Objekte aus der Geschichte der Lindower Familie Hingst, welche bis zu 200 Jahre zurück reicht. Man kann Wäschestücke, Spielsachen, Geschirr u. alte Zeitungen begutachten und in Fotoalben, Briefen, Ansichtskarten aus Lindow und Poesiealben stöbern.
Adresse Straße des Friedens 9, 16835 Lindow; www.lindow-mark.de
Anfahrt Bahn: Regionalbahn, Bahnhof Neuruppin oder Bahnhof Gransee, Bus nach Lindow; Auto: A 24 (Berlin – Hamburg), Abf. Neuruppin, B 167 Richtung Rheinsberg bis Lindow, am Marktplatz links abbiegen, Parkmöglichkeiten vor Ort
Öffnungszeiten nach Vereinbarung
Eintrittspreise kostenfrei (Spenden sind willkommen)
Fremdenverkehr Tourismuszentrum, Am Markt 1, 16835 Lindow, T/F (03 39 33) 7 02 97; touristinfo.lindow@t-online.de

Storchenschmiede Linum T (03 39 22) 5 05 00/9 08 38
Das Storchendorf Linum bietet einer Vielzahl von Störchen Lebensraum und dem Besucher eine Ausstellung, die das Leben der Störche und Kraniche erläutert.
Adresse Nauener Straße 54, 16833 Linum; storchenschmiede@nabu-berlin.de, www.berlin.nabu.de
Anfahrt Auto: A 24 (Berlin – Hamburg) Abf. Kremmen/B 273 Richtung Oranienburg, Staffelde/Abzweig Richtung Linum
Öffnungszeiten April bis November: Di bis Fr 10 – 16 Uhr, Sa, So, Feiertage 10 – 18 Uhr und nach Vereinbarung
Eintritt kostenfrei
Extras Museumsshop, behindertengerechter Zugang, Feriencamps

Hus tu Löwenberg T (03 30 94) 5 07 99
Häusliche, landwirtschaftliche und handwerkliche Gerätschaften aus Löwenberg

verdeutlichen im wiederhergestellten Spritzenhaus die Lebens- und Arbeitsweise von 1875 bis 1940, insbesondere mit Teilen einer alten orthopädischen Schuhmacherwerkstatt.
Adresse Rudolf-Breitscheidt-Straße 1, 16775 Löwenberger Land Ortsteil Löwenberg
Anfahrt Bahn: Regionalbahn Richtung Neuruppin, Bahnhof Löwenberg-Dorf, 800 m Fußweg; Auto: B 96 Richtung Stralsund bis Löwenberg
Öffnungszeiten Mi 10–12 Uhr und nach tel. Vereinbarung
Eintrittspreise kostenfrei (Spende erwünscht)
Weitere Sehenswürdigkeiten Kirche und Schloss in Löwenberg, Museum Liebenberg
Erholungsgebiet Bürgerhaus mit Sportanlage, ausgeschilderte Rad- und Wanderwege
Fremdenverkehr Fremdenverkehrsbüro, Zimmervermittlung, Schleusenstraße 15, 16792 Zehdenick, T/F (0 33 07) 28 77; www.fremdenverkehrsbuerozehdenick.de

Stadt- und Regionalmuseum im Schloss Lübben T (0 35 46) 18 74 78, F (0 35 46) 18 63 69
Die Ausstellung des Museums konzentriert sich auf die Darstellung Niederlausitzer Geschichte, Kunst und Kultur, insbesonders der Stadt und des Altkreises Lübben. Ein interaktives Stadtmodell veranschaulicht die alte Residenzstadt des Markgraftums Niederlausitz. Eine Ausstellung zur Ur- und Frühgeschichte erweitern den Einblick in die Region.
Adresse Ernst-von-Houwald-Damm 14, 15907 Lübben (Spreewald); museum@tks-luebben.de, www.museum-luebben.de
Anfahrt Bahn: Regionalbahn, Bahnhof Lübben, Umstieg Bus, 20 min Fußweg; Auto: A 13 (Berlin – Dresden), Abf. Freiwalde, B 115 bis Lübben, Altstadt, Parkmöglichkeiten am Schloss
Öffnungszeiten April bis Oktober: Di bis So 10–17 Uhr, November bis März: Mi bis Fr 10–16 Uhr, Sa, So und Feiertage 13–17 Uhr
Eintrittspreise 4/2 € ermäßigt/3 € p.P. bei Gruppen/2 € p.P. Familienkarte/2 € p.P. Führung
Extras behindertengerechter Zugang, Museumsrestaurant
Weitere Sehenswürdigkeiten lohnende Ortsbesichtigung (altes Regierungsviertel und Schlossbezirk, Ständehaus und Reste der Stadtbefestigung, Paul-Gerhardt-Kirche, Hain mit Liuba-Denkmal, Schloss Neuhaus, slawischer Burgwall)
Erholungsgebiet Spreewald, Angelmöglichkeiten, Reiten, Rad- und Wanderwege
Fremdenverkehr Spreewaldinformation Lübben, Ernst-von-Houwald-Damm 15, 15907 Lübben (Spreewald), T (0 35 46) 30 90/24 33, F (0 35 46) 25 43; www.spreewaldstadt-luebben.de

Spreewald-Museum Lübbenau-Lehde T (0 35 42) 24 72, F (0 35 42) 40 34 25
Die Entwicklungsgeschichte des Spreewaldes von seiner Besiedlung durch die Slawen, über mittelalterliches Innungswesen, die ersten touristischen Kahnfahrten, bis hin zur Geschichte des organisierten Tourismus sind in einem imposanten Backsteinbau im historischen Zentrum von Lübbenau und einem der ältesten Museen Deutschlands anschaulich dargestellt.
Adresse Topfmarkt 12, 03222 Lübbenau (Das Museum ist 200 Meter vom Marktplatz entfernt.); www.spreewald-museum.de
Anfahrt Bahn: Regionalbahn, Bahnhof Lübbenau, 10 min Fußweg, Stadtmitte; Auto: A 13 (Berlin – Dresden) Abf. Lübbenau, Lübbenau-Stadtzentrum
Öffnungszeiten April bis Oktober: Die bis So 10–18 Uhr, November, Dezember: Di bis So 10–17 Uhr und nach Vereinbarung
Eintrittspreise 3/2 € ermäßigt/1 € Kinder (bis 14 J.)/5 € Familienkarte ab 3 Personen/2 € p.P. Gruppen ab 10 Personen
Extras Museumsshop, Außenstelle des Museums in Lehde
Weitere Sehenswürdigkeiten Heimatstube Leipe, Bauernmuseum Schlepzig, Mühlenmuseum und Schinkel-Kirche Straupitz, Heimatmuseum Luckau und Heimatstube Dissen
Erholungsgebiet Spreewald, Schwielochsee, Schlaubetal, Angelmöglichkeiten, Reiten, ausgeschilderte Rad- und Wanderwege
Fremdenverkehr Tourismusverband Spreewald e.V., 03226 Vetschau/Spreewald Ortsteil Raddusch, Lindenstraße, T (03 54 33) 7 22 99, F (03 54 33) 7 22 28; www.spreewald.de

Niederlausitz-Museum Luckau T/F (0 35 44) 5 57 07 90
Unter dem Titel «Luckau – Tor zur Niederlausitz. Mensch. Kultur. Natur.» werden die Beziehungen zwischen Mensch und Natur, Stadt und Land sowie die Geschichte der Stadt Luckau gezeigt. Ein Highlight sind die beheizbare Sitzbank aus Niederlausitzer Ofenkacheln sowie die beeindruckenden Dioramen, die die Natur- und Kulturräume der Region zeigen.

Adresse Nonnengasse 1, 15926 Luckau; www.niederlausitzmuseum-luckau.verwaltungsportal.de, museum@luckau.de
Anfahrt Bahn: Regionalbahn, Bahnhof Lübben, Bus nach Luckau; Auto: A 13 (Berlin – Dresden), Abf. Duben, B 87 nach Luckau, Stadtzentrum
Öffnungszeiten Di bis Fr 10 – 17, Sa, So 13 – 17 Uhr
Eintrittspreise 2/1 € ermäßigt/1,50 € und 1 € ermäßigt p.P. für Gruppen ab 10 Personen/5 € Einführungsvortrag/15 € Führung (60 min)
Extras Museumsshop, behindertengerechter Zugang
Weitere Sehenswürdigkeiten lohnende Ortsbesichtigung (historischer Stadtkern, Stadtkirchen, Kanow-Mühle Sagritz, Vordermühle Krossen, Museumsdorf Glashütte, Höllberghof bei Langengrassau, Gärten der Sinne Gehren, Agrarhistorisches Museum Schlepzig
Erholungsgebiet Bornsdorf, Wandergebiete – Höllberge Langengrassau, Gehrener Berge, Naturpark Niederlausitzer Landrücken
Fremdenverkehr Tourismusverband Niederlausitzer Land e.V., Am Markt 34/Rathaus 15926 Luckau; T (0 35 44) 30 50, F (0 35 44) 50 82 76; mail@niederlausitz.com, www.niederlausitz.com

Heimatmuseum Luckenwalde T (0 33 71) 67 25 50, 67 25 51, 67 25 52, F (0 33 71) 67 25 60
Das Museum vermittelt einen Überblick über die Geschichte von Textilindustrie, Arbeiterbewegung, Politik und Alltag in der Stadt. Außerdem werden wechselnde Sonderausstellungen geboten.
Adresse Markt 11, 14943 Luckenwalde; museum@luckenwalde.de
Anfahrt Bahn: Regionalbahn, Bahnhof Luckenwalde, 10 min Fußweg zum Markt; Auto: B 101 (Berlin – Jüterbog), Luckenwalde, Stadtzentrum/Rathaus, Parkmöglichkeiten am Museum
Öffnungszeiten Di, Mi, Fr 10 – 17 Uhr, Do 10 – 18 Uhr, Sa, So (Mai bis Oktober) 11 – 17 Uhr, Sa, So (November bis April) 13 – 17 Uhr
Eintrittspreise 2/1,50 € ermäßigt/1 € Sonderausstellung/0,50 € p.P. für Schulklassen Ständige Ausstellung/2,50 € Kombi – Karte für beide Ausstellungen/2 € ermäßigt/2 € Führungen/1,50 € ermäßigt
Extras Führungen nach Anmeldung (Museum, Marktturm, Stalag-Ausstellung, Friedhof, Stadt), Museumsshop
Weitere Sehenswürdigkeiten lohnende Ortsbesichtigung (Marktturm, Friedhof des ehemaligen Kriegsgefangenenlagers Stalag III, Kunsthalle «Vierseithof»), Kloster Zinna, Altstadt und Stadtmuseum Jüterbog, Museum Dennewitz, Museumsdorf GlashütteErholungsgebiet Dobbrikow/Nuthe-Urstromtal, Badeseen, Rad- und Wanderwege
Fremdenverkehr Touristik- und Stadtinformation Luckenwalde, Markt 10, 14943 Luckenwalde, T/F (0 33 71) 63 21 12; luckenwalde@t-online.de; www.luckenwalde.de, Fremdenverkehrsverband Teltow-Fläming, Zinnaer Straße 34, 14943 Luckenwalde, T (0 33 71) 64 35 35; www.flaeming-net.de

Rotkreuzgeschichtliche Sammlung Fläming-Spreewald, Luckenwalde T (0 33 71) 62 57 11, F (0 33 71) 62 57 50
Die Rotkreuzgeschichtliche Sammlung Fläming-Spreewald, eines von 15 deutschen Rotkreuz-Museen und das einzige seiner Art in Brandenburg, präsentiert auf 100 qm Geschichte und Gegenwart des Roten Kreuzes. Ein Raum ist der mehr als 140jährigen Geschichte des Roten Kreuzes in der Region gewidmet, der andere Raum veranschaulicht die Weltgeltung der Organisation – vom Abschluss der Genfer Konvention im Jahr 1864 bis zu humanitären Einsätzen der Gegenwart.
Adresse Brahmbuschstr. 3 (Eingang Carl-Drinkwitz-Straße), 14943 Luckenwalde; museum@drk-flaeming-spreewald.de
Anfahrt Bahn: Regionalbahn, Bahnhof Luckenwalde, 10 min Fußweg zum Markt; Auto: B 101 (Berlin – Jüterbog), Luckenwalde
Öffnungszeiten jeden zweiten Sonntag im Monat 13 – 17 Uhr sowie nach Vereinbarung
Eintrittspreise kostenfrei
Extras Museumspädagogisches Angebot für Schulen nach Vereinbarung
Weitere Sehenswürdigkeiten lohnende Ortsbesichtigung (Marktturm, Friedhof des ehemaligen Kriegsgefangenenlagers Stalag III, Heimatmuseum Luckenwalde, Kunsthalle «Vierseithof»)
Erholungsgebiet Dobbrikow/Nuthe-Urstromtal, Badeseen, Rad- und Wanderwege

Museum der Stadt Ludwigsfelde T (0 33 78) 80 46 20 (Stadtverwaltung), F (0 33 78) 82 71 24
In der Industriestadt Ludwigsfelde dröhnten einst die Motoren. Heute werden die Daimler-Benz- Flugzeugmotoren (DB 605A), die Motorroller (Pitty, Wiesel, Berlin und Troll) und die legendären W 50 (und L 60) im Museum gezeigt. Auch die Heimatgeschichte mit Landwirtschaft, Dorfschule, Küche und Wäschekammer hat hier ihre Heimstatt gefunden.
Adresse Am Bahnhof 2, 14974 Ludwigsfelde
Anfahrt Bahn: Regionalbahn, Bahnhof Ludwigsfelde; Auto: A 10 (Berliner Ring), Abf. Ludwigsfelde-Ost, Zentrum, Bahnhof, Parkmöglichkeiten vor dem Museum
Öffnungszeiten Mi 10 – 15 Uhr, Do und Fr 13 – 17 Uhr, Sa und So 13 – 17 Uhr, jedes 1. und 3. Wochenende im Monat sowie an gesetzlichen Feiertagen geschlossen, Führungen nach Vereinbarung unter T (0 33 78) 82 71 19
Eintrittspreise 2,50/1,50 € ermäßigt/1 € Kinder ab 6 Jahre und Schüler
Extras Museumsshop: Kassenverkauf
Weitere Sehenswürdigkeiten Ludwigsfelde Ortsbesichtigung (Fachwerkhaus «Alter Krug», Ortsteil Gröben, «Fontanedorf», Lese- und Geschichtsstube in der ehemaligen Sakristei der Kirche), Großbeeren – Schlachtfeld von 1813, Bauernmuseum Blankensee
Erholungsgebiet Naturschutzgebiet Nuthe-Nieplitz-Aue, ausgesch. Rad- und Wanderwege
Fremdenverkehr Fremdenverkehrsverband Teltow-Fläming e.V., Zimmervermittlung, 14943 Luckenwalde, T (0 33 71) 64 35 35, F (0 33 71) 64 35 39

Dorfmuseum Lunow T (03 33 65) 6 78
Geschichten und Geschichte zur Oderfischerei und zum Tabakanbau der Region Lunow kann man im Dorfmuseum näher kennenlernen.
Adresse Fischerstraße 22, 16248 Lunow, www.lunow-oder.gmxhome.de
Anfahrt Bahn: Regionalbahn, Bahnhof Angermünde, Umstieg Bus; Auto: B 2 (Eberswalde – Angermünde), Abzweig Lüdersdorf, Lunow
Öffnungszeiten Mo bis Do 9 – 16 Uhr
Eintrittspreise kostenfrei (Spende erwünscht)
Extras Museumsshop: Verkauf von Handzeichnungen (Ansichten von Lunow und Umgebung)
Weitere Sehenswürdigkeiten Hohensaatener Ost- und Westschleuse, Schiffshebewerk Niederfinow, der große Stein in Neuendorf, Binnenschifffahrtsmuseum Oderberg
Erholungsgebiet Biosphärenreservat Schorfheide-Chorin, gut ausgeschilderte Wanderwege, Fahrgastschiffahrt; Campingplatz Parsteinsee
Fremdenverkehr Tourist-Information Eberswalde, Zimmervermittlungen, Steinstraße 3, 16225 Eberswalde, T (0 33 34) 6 45 20; www.eberswalde.de, Fahrradverleih: Radhaus Kattanek, Eisenbahnstraße 87, 16225 Eberswalde, T (0 33 34) 21 21 19

Flößereimuseum Lychen T (03 98 88) 29 92/22 55
Wie ein Floß gebaut wird, was man für Werkzeuge dazu braucht, welche Kleidung am geeignetsten für die Arbeit auf dem Wasser war, das alles erfährt man in dem kleinen Museum an der Stadtmauer von Lychen.
Adresse Stargarder Straße, 17279 Lychen (im Turm der Stadtmauer); www.floesserverein-lychen.de
Anfahrt Bahn: Regionalbahn, Bahnhof Fürstenberg, Umstieg Bus, Lychen; Auto: A 10 (Berliner Ring) Abf. Kreuz Oranienburg, B 96 nach Fürstenberg, Richtung Lychen
Öffnungszeiten Mo bis Sa 11 – 20 Uhr, So 11 – 19 Uhr
Eintrittspreise 2/1 € Kinder ab 7 Jahre
Extras behindertengerechter Zugang, Museumsshop
Weitere Sehenswürdigkeiten Uckermärkisches Volkskundemuseum und Stadtmauer Templin, Klostermühle Boitzenburg
Erholungsgebiet Templin mit Naturtherme, ausgeschilderte Fahrradtouren und Wanderwege, Wasserwanderungen auf den umliegenden Seen
Fremdenverkehr Lychen-Information, Stargarder Straße 6, 17279 Lychen, T (03 98 88) 22 55, F (03 98 88) 41 78, fremdenverkehrsverein@lychen.de, www.lychen.de

Oscar-Barnack-Museum Lynow T (03 37 33) 5 02 22
Das Museum widmet sich dem Leben und Wirken des in Lynow geborenen Pioniers der Kleinbildkamera Oscar Barnack, der die erste Leica konstruierte. Besondere Sehenswürdigkeiten sind Originalskizzen und Fotografien von O. Barnack, eine Kopie der Ur-Leica von 1914.

Adresse Oscar-Barnack-Str. 7, 14947 Lynow
Anfahrt Auto: A 13 (Berlin – Dresden) Abf. Baruth, dann Richtung Luckenwalde bis Lynow
Öffnungszeiten nach Vereinbarung
Eintrittspreise kostenfrei (Spende erwünscht)
Weitere Sehenswürdigkeiten Technisches Denkmal und Museumsdorf Glashütte, Heimatstube Sperenberg, Bücherstadt, Garnisonsmuseum und Museum des Teltow Wünsdorf
Erholungsgebiet Wildpark Johannismühle bei Baruth, Freibad Sperenberg

Modemuseum Schloss Meyenburg T (0 33 96) 8 50 89 61
Es wird eine große Privatsammlung historischer Kleidungsstücke und Accessoires des 20. Jahrhunderts (1900–1970) gezeigt. Weiterhin finden im Museum ständig wechselnde Textil- und Kunstausstellungen internationaler Künstler statt.
Adresse Schloss 1, 16945 Meyenburg; www.modemuseum-schloss-meyenburg.de
Anfahrt Auto: A 24 (Berlin – Hamburg), Abf. Meyenburg, Meyenburg
Öffnungszeiten März bis Oktober: Di bis So 10–18 Uhr, November bis Februar: Di bis So 11–17 Uhr
Eintrittspreise 7/5 € ermäßigt/3 € Kinder 6–14 Jahre/5 € p.P. Gruppen ab 20 Personen
Extras Museumsshop, Museumscafé, monatlich kulturelle Veranstaltungen
Weitere Sehenswürdigkeiten Bismarck-Turm, Kathfelder Mühle, Museen Alte Bischofsburg

Schlossmuseum Meyenburg T (03 39 68) 50 29 74, F (03 39 68) 50 29 75
In der in drei Abschnitte gegliederten Ausstellung erfährt der Besucher Wissenswertes über die Geschichte der Region, des Schlosses und dessen ehemalige Bewohner, der Adelsfamilie von Rohr.
Adresse Schloss 1, 16945 Meyenburg; freundeskreis@schloss-meyenburg.de
Anfahrt Auto: A 24 (Berlin – Hamburg), Abf. Meyenburg, Meyenburg
Öffnungszeiten März bis Oktober: Di bis So 10–18 Uhr, November bis Februar: Di bis So 11–17 Uhr
Eintrittspreise 3/2 € Kinder/2 € p.P. bei Gruppen ab 10 Personen

Heimatmuseum «Mühle am Wolkenberg», Michendorf T (0 33 205) 6 27 52
Schautafeln über alte Bauern- und Handwerkerfamilien, Arbeitsgeräte und Werkzeuge, das Inventar einer alten Dorfschulklasse und Sonderausstellungen informieren über die Ortsgeschichte und das Alltags- und Vereinsleben in Michendorf.
Adresse Am Wolkenberg, 14552 Michendorf
Anfahrt Bahn: Regionalbahn, Bahnhof Michendorf, Umstieg Bus, Haltestelle Saarmunder Straße oder 1 km Fußweg; Auto: A 10 (Berliner Ring), Abf. Potsdam-Süd, Michendorf
Öffnungszeiten Mai bis Oktober: jeden 2. So im Monat 14–16 Uhr, Gruppenführung nach Anmeldung
Eintrittspreise kostenfrei (Spende erwünscht)
Weitere Sehenswürdigkeiten Schloss Caputh, Stadt und Museen Potsdam

Ziegeleipark Mildenberg – das Technikmuseum in der Natur T (0 33 07) 31 04 10, F (0 33 07) 31 04 11
Das Technikmuseum vermittelt erlebnisorientiert Kenntnisse über die Geschichte des ehemals größten Ziegeleigebietes in Europa.
Adresse Ziegeleiweg 10, 16775 Mildenberg; info@ziegeleipark.de; www.ziegeleipark.de
Anfahrt Bahn: Regionalbahn, Bahnhof Zehdenick, Umstieg in Buslinie 838, Mildenberg; Auto: B 96 (Berlin – Gransee), Mildenberg, Parkmöglichkeiten auf dem Gelände des Ziegeleiparks
Öffnungszeiten März bis Oktober: täglich 10–18 Uhr, 8. November bis 29. März: Sa, So 12–16 Uhr
Eintrittspreise 5 € Ziegeleipark (inkl. Ziegeleibahn-Überblickstour)/3 € Kinder (4 bis 16 Jahre)/ 12 €, Familie/4 € Tonlorenbahn/2 € Kinder (4 bis 16 Jahre)/8 € Sparticket (Eintritt Ziegeleipark und Tonlorenbahnfahrt)/4 € Kinder (4 bis 16 Jahre)/19 € Familie/15 € Saisonticket
Eintritt Ziegeleipark und Tonlorenbahnfahrt/7 € Kinder (4 bis 16 Jahre)/35 € Familie/5 € Führungen/2,50 € Kinder (4 bis 16 Jahre)
Extras behindertengerechter Zugang, Museumsshop, Kinderservice: große Spielwiese, nach Anmeldung auch «Ziegelformen», Museumscafé
Weitere Sehenswürdigkeiten Zehdenick (Zisterziensernonnenkloster, Galerie, Schleuse, klassizistisches Amtsgericht) Festes Haus Badingen, Heimatstube Kappe

Erholungsgebiet Zehdenicker Tonstichlandschaft, Naturpark «Uckermärkische Seen», Naturpark «Stechlin», ausgeschilderte Rad- und Wanderwege
Fremdenverkehr Fremdenverkehrsbüro, Zimmervermittlung, Schleusenstraße 15, 16792 Zehdenick, T (0 33 07) 28 77; info@fvv-zehdenick.de; www.fvv-zehdenick.de; Fahrradverleih: Fahrrad Riese, Dammhaststraße 50, 16775 Mildenberg, T (0 33 07) 31 04 10/31 00 32

Stadtmuseum Mittenwalde T (03 37 64) 2 22 70, F (03 37 64) 7 11 66
Die Alltagsgegenstände vergangener Zeiten geben ein Bild vom Leben in der einst bedeutsamen Stadt Mittenwalde. Besonders sehenswert ist die Puppenstubensammlung aus dem 19./20. Jahrhundert.
Adresse Salzmarkt 5, 15749 Mittenwalde; museum@salzmarkt5.de, www.salzmarkt5.de
Anfahrt Bahn: Regionalbahn/S-Bahn bis Bahnhof Königs Wusterhausen, Bus; Auto: A 13 (Berlin – Dresden) Abf. Ragow oder Abf. Mittenwalde
Öffnungszeiten Mai bis September: Mi, Do, So 10 – 17 Uhr, Sa 13 – 17 Uhr, Oktober bis April: Sa, So 10 – 16 Uhr
Eintrittspreise 1,50/1 € ermäßigt/1 € p.P. für Gruppen ab 35 Personen
Extras Stadtführungen (35 € ab 30 Personen, 15 € ab 20 Personen), behindertengerechter Zugang
Weitere Sehenswürdigkeiten lohnende Ortsbesichtigung der Alt- und Vorstadt, mittelalterliche Kirche Mittenwalde, Stadttor mit Pulverturm
Erholungsgebiet Badesee (Tonsee)

M

Ausstellung und Gedenkstätte Albrecht Daniel Thaer, Reichenow-Möglin T (03 34 56) 3 51 64
Die in der Dorfmitte und in der Dorfkirche beheimateten Dauerausstellungen sind dem Leben und Wirken des Mediziners, Lehrers, Staatsmannes und Agrarwissenschaftlers Albrecht Daniel Thaer (1752 – 1828) gewidmet. Ein Rundgang durch den Gutspark führt den Besucher zum 400 Jahre alten Herrenhaus mit der Grabstätte Thaers.
Adresse Hauptstraße 10, 15345 Reichenow-Möglin, www.albrecht-daniel-thaer.org
Anfahrt Bahn: Regionalbahn, Bahnhof Wriezen, Umstieg Buslinie nach Strausberg, Ausstieg Schulzendorf, 3 km Fußweg Richtung Möglin; Auto: B 158 (Berlin – Bad Freienwalde), Steinbeck, Landstraße nach Möglin
Öffnungszeiten April bis September: Do bis So 10 – 17 Uhr, Oktober bis März: Di bis Fr 10 – 16 Uhr, Voranmeldung bei Gruppenbesuchen
Eintrittspreise 2/1 € ermäßigt, Führungen/10 € pro Gruppe/5 € Videovorführungen pro Gruppe
Extras Museumsshop
Weitere Sehenswürdigkeiten Freilichtmuseum Altranft, Oderlandmuseum und Schloss Bad Freienwalde, Grabkolonnaden Kunersdorf, Stadtmuseum Wriezen
Erholungsgebiet Märkische Schweiz, Oderland, Barnim
Fremdenverkehr Touristen-Information der Bad Freienwalde Tourismus GmbH, T (0 33 44) 15 08 90, F (0 33 44) 1 50 89 20; www.bad-freienwalde.de

Bienenmuseum Möthlow T (03 38 76) 4 05 64
Hier erfährt man alles über Bienenzucht und Imkerei. Die umfangreiche Bienenkorbsammlung zeugt von der Phantasie der Imker zu allen Zeiten. Ein «Bienen Arboretum» zeigt Bäume, die für die Imkerei eine besondere Bedeutung haben. Die Exponate aus Konsum, Schule und Haus erinnern an Alltagsgeschichten, die noch gar nicht lange her sind.
Adresse Altbuschower Straße 2, 14715 Möthlow; www.rathenow.de
Anfahrt Bahn: Regionalbahn (Berlin – Spandau – Rathenow), Bahnhof Buschow, Taxi oder 2,5 km Fußweg; Auto: B 5 (Nauen – Friesack) Abzweig Buschow, Möthlow
Öffnungszeiten Mi 13 – 18 Uhr, So 9 – 13 Uhr und nach Vereinbarung,
Eintritt 3/1,50 € Kinder und Jugendliche von 6 bis 16 Jahre
Extras behindertengerechter Zugang, Museumsshop mit Imkereiprodukten
Weitere Sehenswürdigkeiten Schwedenturm Wagenitz, Kreativhof Luisenhof Böhne
Erholungsgebiet Döberitzer Heide, Nymphensee Brieselang, Naturpark Westhavelland, ausgeschilderte Rad- und Wanderwege
Fremdenverkehr Tourismusverband Havelland e.V., Märkischer Platz 3, 14712 Rathenow, T (0 33 85) 51 90 0, F (0 33 85) 51 90 10, info@havelland-tourismus.de, www.havelland-tourismus.de

Heimatmuseum Motzen T (03 37 69) 2 06 21, F (03 37 69) 2 06 07
Das Museum bewahrt die Geschichte der Region von der eiszeitlichen Überformung der Landschaft über die Vor- und Frühgeschichte bis zur Gegenwart. Schwerpunkte liegen bei der Kunststoffproduktion vor Ort und den Ziegeleien in Motzen.
Adresse Karl-Marx-Straße 1, 15749 Mittenwalde Ortsteil Motzen; hdg-motzen@web.de, www.mittenwalde.de
Anfahrt Bahn: Regionalbahn, Bahnhof Königs Wusterhausen, Umstieg Bus bis Motzen; Auto: A 13 (Berlin – Dresden), Abf. Mittenwalde, Richtung Gallun
Öffnungszeiten Oktober bis April: Mi bis So 11 – 16 Uhr, Mai bis September: Di bis So 10 – 18 Uhr
Eintrittspreise 1 €
Extras behindertengerechter Zugang, Tourismusinformation, Handbibliothek für den Touristen und Regionalforscher, Ateliers von Motzener Künstlern in der Galerie
Weitere Sehenswürdigkeiten Kirche St. Martin, alte Postsäule in Motzen

Kriegsgefangenen- und Speziallager, Mühlberg / Elbe T (03 53 42) 8 74 87, F (03 53 42) 8 74 88
In dem 1939 eingerichteten Kriegsgefangenenlager M-Stalag IV B waren bis Kriegsende Soldaten aus 33 Nationen inhaftiert. Nach der Befreiung am 23. April 1945 durch die Rote Armee, erfolgte eine Nutzung des Lagers für die Rückführung sowjetischer Kriegsgefangener, von «Ostarbeitern» und Angehöriger der «Wlassow-Armee».
Adresse der Initiativgruppe Lager Mühlber e.V. Schulplatz 2, 04931 Mühlberg (Elbe); lagermuehlberg@ t-online.de
Anfahrt Auto: A 13 (Berlin – Dresden), Abf. Duben, B 87 über Luckau, B 96 Richtung Bad Liebenwerda, Landstraße bis Mühlber/Elbe
Öffnungszeiten der Geschäftstelle Mo bis Do 8 – 15.30 Uhr, Fr 8 – 12 Uhr (Führungen nach Vereinbarung)
Eintrittspreise kostenfrei
Extras Projekttage für Schulklassen und Kurse, Lehrerfortbildung
Weitere Sehenswürdigkeiten Kloster, Stadtrundgang Mühlberg

Stadtmuseum Mühlberg / Elbe T (03 53 42) 7 06 87, F (03 53 42) 8 16 32
Stadtgeschichte mit Handwerkertradition, Elbeschiffahrt und Kriegsgefangenen- und Speziallager ist Thema des Museums.
Adresse Klosterstraße 9, 04931 Mühlberg/Elbe
Anfahrt Bahn: Regionalbahn, Bahnhof Bad Liebenwerda, Bus bis Mühlberg; Auto: A 13 (Berlin – Dresden), Abf. Ruhland, B 101 Bad Liebenwerda, Richtung Torgau, Parkmöglichkeiten vor dem Museum
Öffnungszeiten Mai bis September: Mo bis Fr 10 – 12/13 – 17 Uhr, Sa, So 13 – 17 Uhr, April, Oktober, November: Mo bis Fr 10 – 12 Uhr/13 – 16 Uhr, Sonntag 13 – 16 Uhr
Eintrittspreise 2/1 € ermäßigt
Extras Museumsshop, Touristeninformation, Stadtführung
Weitere Sehenswürdigkeiten lohnende Ortsbesichtigung (Mittelalterliche Doppelstadt mit zahlreichen Einzeldenkmalen und historischen Wohnhäusern, Zisterzienser-Nonnenkloster mit Backsteinkirche, Abtei, Gästehaus und Klostergarten)
Erholungsgebiet ausgeschilderte Rad- und Wanderwege
Fremdenverkehr Tourismusinformation Mühlberg im Museum; stadt-muehlberg@t-online.de, www.muehlberg-elbe.de

Heimatmuseum Müllrose T (03 36 06) 7 72 90
Das Heimatmuseum bietet eine Sammlung von Exponaten und Dokumenten zur Geschichte der Stadt Müllrose und seiner Umgebung unter anderem zur Kaffeefabrikation und zur Mühle.
Adresse Kietz 5, 15299 Müllrose; www.muellrose.de
Anfahrt Bahn: Regionalbahn, Bahnhof Frankfurt/Oder, Bahnhof Müllrose, Marktplatz (1,5 km Fußweg); Auto: A 12 (Berlin – Frankfurt (O), Abf. Müllrose
Öffnungszeiten April bis Oktober: Di bis Fr 9 – 16 Uhr, November bis März: Di bis Fr 9 – 16 Uhr, Sa, So, Feiertage 10 – 14 Uhr
Eintrittspreise 1,50/1 € ermäßigt, Sonderausstellung 2/1 € ermäßigt (Gruppen ab 10 P. 1,50 € p.P.), Kombikarte 2,50/1 € (Gruppen ab 10 P. 2 € p.P.), Kinder bis 5 Jahre frei
Weitere Sehenswürdigkeiten Ortsbesichtigung (Marktplatz, Remise mit Kutschenausstellung, barocke Pfarrkirche, Waldtheater), Ortsteil Kaisermühl (Lehrpfad, Töpferei, Kolonistenhäuser)

Erholungsgebiet Müllroser See (Freibäder, Seepromenade, Naturlehrpfad); Naturpark Schlaubetal (Angelmöglichkeiten, Traditions- und Heimatfeste, Tal der Mühlen), ausgeschilderte Rad- Wanderwege, Treidelpfad
Fremdenverkehr Schlaubetal-Information im Haus des Gastes, 15299 Müllrose, T (03 36 06) 7 72 90, F (03 36 06) 77 29 25; www.schlaubetal-tourismus.de

Heimatstube Nebelin T (03 87 93) 4 07 12, F (03 87 93) 4 02 44
Die im Pfarrhaus eingerichtete Heimatstube bewahrt landwirtschaftliche Geräte und hauswirtschaftliche Gegenstände aus der Region um 1 900 und später.
Adresse Pfarrhaus, Dorfstraße 1, 19357 Nebelin
Anfahrt Auto: A 24 (Berlin – Hamburg) Abf. Putlitz, Landstraße, Karstädt, Nebelin
Öffnungszeiten Schlüssel im Pfarrhaus, nach Vereinbarung
Eintrittspreise kostenfrei (Spende erwünscht)
Weitere Sehenswürdigkeiten Heimatmuseum und Heimattierpark Perleberg, Stadt, Kulturhaus und Stadtmuseum Wittenberge

Kita-Museum, Nennhausen T (03 38 78) 9 09 54, F (03 38 78) 9 09 57
Das Museum thematisiert die Geschichte und Entwicklung der öffentlichen Kindererziehung in Deutschland von ihren Anfängen bis in die Gegenwart. Dies reicht von der Krippen-, Hort- und Kindergartenerzierhung der ehemaligen DDR bis zur Waldorf- und Montessoripädagogik in der BRD.
Adresse Fontanestraße 2, 14715 Nennhausen; info@kita-museum.de, www.kita-museum.de
Anfahrt Bahn: Regionalbahn, Bahnhof Nennhausen, 15 min Fußweg; Auto: B 5 (Berlin-Nauen) bis Ribbeck, Landstraße bis Nennhausen
Öffnungszeiten Wiedereröffnung 2009
Eintrittspreise 2 €
Extras überregionales Pädagogisches Zentrum, Lernwerkstatt

Glasmacherhaus Neuglobsow T (03 30 82) 4 08 63, F (03 30 82) 4 08 64
Das Glasmacherhaus zeigt eine Ausstellung über die Herstellung von Glas, die Geschichte der Glashütte Alt- und Neuglobsow und das Leben der Glasmacher im 18. Jahrhunderts. In zwölf Geschichten kann der Besucher Wissenswertes über diese Zeit erfahren. Geschichten und Erzählungen vom Leben der Glasmacher erwecken die Menschen wieder zum Leben und geben einen einprägsamen Eindruck über die Arbeits- und Lebensbedingungen dieser Zeit. Viele Exponate veranschaulichen die Geschichten. Für die kleinen Gäste des Museums gibt es Fibeln und eine liebevoll gestaltete Murmelbahn.
Adresse Stechlinseestr. 21, 16775 Stechlin Ortsteil Neuglobsow; glasmuseum@naturparkhaus.de
Anfahrt Bahn: Regionalbahn, Bahnhof Fürstenberg (Havel), Bus 839 bis Neuglobsow, 8 min Fußweg; Auto: A 10 (Berliner Ring), Abf. Kreuz Oranienburg Richtung Stralsund, Oranienburg, B 96 bis Neuglobsow
Öffnungszeiten Mai bis September: Mi bis So 10 – 18 Uhr, Oktober bis April: Fr bis So 10 – 16 Uhr, Besuche sind auch außerhalb der
Öffnungszeiten nach Absprache möglich unter (03 30 82) 4 08 63/5 12 10. Führungen nach Vereinbarung
Eintrittspreise 2,50/1,50 € Kinder (6 bis 12 Jahre)/2 € Gruppe pro Person/6 € Familie
Weitere Sehenswürdigkeiten Fürstenberg (Havel)
Erholungsgebiet Naturpark «Stechlin», ausgeschilderte Rad- und Wanderwege
Fremdenverkehr Touristikverband Oberhavel e.V., Zimmervermittlung, Am Bahnhof, 16798 Fürstenberg/Havel, T (03 30 93) 3 22 54, CR-Touristik, Dorfstraße 37/38, 16798 Fürstenberg/Havel, T/F (03 30 93) 3 92 50; www.fürstenberg-havel.de

Heimatstube Neu-Golm T (03 36 31) 27 89/38 25
Eine kleine Ausstellung zeigt ländliche Hausrat und Arbeitsgeräte aus der Region.
Adresse Chausseestraße 17, 15526 Bad Saarow Ortsteil Neu Golm
Anfahrt Bahn: Regionalbahn bis Fürstenwalde, Bus bis Neu Golm; Auto: A 12 (Berlin – Frankfurt), Abzweig Fürstenwalde-Ost, Richtung Beeskow
Öffnungszeiten nach Vereinbarung
Eintrittspreise kostenfrei

Grimnitzer Glasstube, Neugrimnitz T (03 33 61) 7 08 15
Schwerpunkt der Ausstellung sind die Glashütten der Schorfheide. Gezeigt werden Glasmacherwerkzeuge, historische Funde und Liebhaberstücke aus Glas. In der dazugehörigen Galerie gibt es Wechselausstellungen renommierter Künstler mit Arbeiten in Glas, Stein, Metall, Keramik, Holz sowie Werken der Malerei und Grafik.
Adresse Neue Dorfstr. 3, 16247 Althüttendorf Ortsteil Neugrimnitz, www.glashuettegrimnitz.de, richterpresse@barnim.de
Anfahrt Bahn: Bahnhof nach Angermünde, Bus nach Neugrimnitz; Auto: A 11 (Berlin – Stettin) Abf. Finowfurt
Öffnungszeiten Mai bis Oktober: Sa, So und Feiertags 12 – 18 Uhr und nach Absprache
Eintrittspreise kostenfrei (Spende von 1,50 € erwünscht)
Extras Glashüttenbetrieb, Museumsshop, Führungen (nach Anmeldung)

Dorfmuseum in der alten Schule Neuhardenberg T/F (03 34 76) 6 04 77
Im alten Schulgebäude werden Handwerkskunst und Brauchtumspflege der Region gezeigt. Zugleich ist hier Sitz der Touristinformation.
Adresse Karl-Marx-Str. 22, 15320 Neuhardenberg, www.neuhardenberginformation.de
Anfahrt Auto: B 1 (Berlin – Seelow), Abzweig Jahnsfelde, Neuhardenberg
Öffnungszeiten nach tel. Vereinbarung
Eintrittspreise kostenfrei (Spende erwünscht)
Extras Museumsshop: Kassenverkauf
Weitere Sehenswürdigkeiten Schloss Neuhardenberg, Heimathaus, Schinkelkirche, Heimatstube Altfriedland
Erholungsgebiet Oderbruch, ausgeschilderte Rad- und Wanderwege

Heimathaus Neuhardenberg T/F (03 34 76) 5 04 30
Das Heimathaus erzählt von der Geschichte des Dorfes und ehrt Carl-Hans Graf von Hardenberg, der sich an den Vorbereitungen zum Attentat auf Hitler vom 20. Juli 1944 beteiligte. In dem um 1870 als Wohnhaus errichteten Gebäude befindet sich auch das Archiv des Heimatvereins Neuhardenberg.
Adresse Karl-Marx-Allee 97, 15320 Neuhardenberg, www.neuhardenberg-information.de
Anfahrt Auto: B 1 (Berlin – Seelow), Abzweig Jahnsfelde, Neuhardenberg
Öffnungszeiten nach tel. Vereinbarung
Eintrittspreise kostenfrei (Spende erwünscht)
Extras Museumsshop: Kassenverkauf
Weitere Sehenswürdigkeiten Schloss Neuhardenberg, alte Schule, Schinkelkirche, Heimatstube Altfriedland
Erholungsgebiet Oderbruch, ausgeschilderte Rad- und Wanderwege

Ständige Ausstellung «Schloss Neuhardenberg. Ein Ortstermin», Neuhardenberg
T/F (03 34 76) 60 07 50
Der Besucher erhält Einblicke in die Geschichte des Ortes am Rande des Oderbruchs – vom Siebenjährigen Krieg über die preußischen Staatsreformen, vom Widerstand gegen das Hitlerregime bis zum sozialistischen Musterdorf und NVA-Standort.
Adresse Schloss Neuhardenberg, www.schlossneuhardenberg.de
Anfahrt Auto: B 1 (Berlin – Seelow), Abzweig Jahnsfelde, Neuhardenberg
Öffnungszeiten März bis November: Di bis So 11 – 19 Uhr, In den Wintermonaten eingeschränkte Öffnungszeiten: Sa, So 11 – 16 Uhr.
Eintrittspreise 2,50/1,50 € ermäßigt
Extras Museumsshop
Weitere Sehenswürdigkeiten Neuhardenberg: alte Schule, Heimathaus, Schinkelkirche, Heimatstube Altfriedland
Erholungsgebiet Oderbruch, ausgeschilderte Rad- und Wanderwege

Mahlsteinmuseum Neu Kleinow T (03 98 58) 81 81
Über einhundert Mahlsteine aus der Steinzeit, Bronzezeit, Germanenzeit und Slawenzeit sind auf dem Freigelände zusammengetragen und ausgestellt.
Adresse Neu Kleinow 9, 17291 Uckerfelde
Anfahrt Auto: A 11 (Berlin – Prenzlau) Abf. Prenzlau, B 198 Prenzlau bis Abf. Falkenwalde

Öffnungszeiten täglich
Eintrittspreise kostenfrei
Extras Führungen nach Anmeldung
Weitere Sehenswürdigkeiten Klosterruine und Wehrkirche Sankt Marien Gramzow, hölzerner Roland Potzlow, Backsteinkirche Hohengüstow, Dorfkirche Seehausen
Erholungsgebiet Uckermärkische Seenplatte, Unter- und Oberuckersee; Wolletzsee

Heimatstube Neulewin, T (03 34 52) 2 18/33 79
Die Heimatstube bewahrt die Erinnerung an das Alltagsleben der Tagelöhner im Oderbruch.
Adresse Dorfstraße 53, 16259 Neulewin (Die Heimatstube befindet sich an der Straße zwischen Neulewin und Neubarnim.)
Anfahrt Bahn: Regionalbahn, Bahnhof Wriezen, Umstieg Bus oder Radausleihe am Bahnhof, Eichwerder, Neulewin; Auto: B 167 (Eberswalde – Seelow), Wriezen, Eichwerder, Neulewin
Öffnungszeiten April bis Oktober: Sa, So 14 – 16 Uhr, und nach Voranmeldung
Eintrittspreise kostenfrei
Extras behindertengerechter Zugang, Museumsshop, Kinderservice nach Anmeldung
Weitere Sehenswürdigkeiten alte Dorfanlage, historische Dorfaue, Bockwindmühle Wilhelmsaue, Freilichtmuseum Altranft, Stadtmuseum Wriezen (Malzfabrik), Heimatstube Bliesdorf, Heimatstube Neurüdnitz, Heimatstube Altfriedland, Zollbrücke, Schulzoo Altreetz
Erholungsgebiet Kurstadt Bad Freienwalde, Oderbruch, Rad- und Wanderwege
Fremdenverkehr Tourist-Information Bad Freienwalde Tourismus GmbH, Uchtenhagenstraße, 216259 Bad Freienwalde, www.bad-freienwalde.de, T (0 33 44) 15 08 90, F (0 33 44) 1 50 89 20, Zimmervermittlung auch in der Heimatstube Neulewin möglich

Heimatstube Neurüdnitz T (03 34 56) 7 03 35
Wozu man eine Sackausstäubemaschine benötigt und wie sie funktioniert, erfährt man in der Heimatstube Neurüdnitz, die eine solche Maschine vom Bäckermeister des Dorfes übernahm und neben Hausrat aller Art aus der Zeit zwischen 1900 und 1960 bewahrt.
Adresse Dorfstraße 80, 16259 Neurüdnitz
Anfahrt Auto: B 158 bis Bad Freienwalde, B 167 bis Altranft, Abzweig Neureetz/Neurüdnitz
Öffnungszeiten nach Vereinbarung
Eintrittspreise kostenfrei (Spende erwünscht)
Weitere Sehenswürdigkeiten Dom des Oderbruchs in Neuküstrinchen (größte Kirche der Region), Schulzoo Altreetz, Freilichtmuseum Altranft
Erholungsgebiet Oderlandschaft, ausgeschilderte Rad- und Wanderwege auf dem Oderdamm

Handwerksmuseum, Neuruppin T (0 33 91) 65 17 47
Der Museumshof bewahrt die Traditionen verschiedener Handwerke. In Werkstätten werden Kurse mit Keramik, Textilien und Wolle angeboten.
Adresse Fischbänkenstraße 3, 16816 Neuruppin
Anfahrt Bahn: Regionalbahn (Prignitz-Express), Bahnhof Neuruppin (Rheinsberger Tor), 10 min Fußweg; Auto: A 24 (Berlin – Hamburg), Abf. Neuruppin Süd, Neuruppin Zentrum
Öffnungszeiten Di bis So 11 – 17 Uhr
Eintrittspreise 2/1 € Kinder/5 € Familien/1,50 € p.P. Gruppen ab 15 Personen Extras Café im Museumshof, Galerie, Veranstaltungen

Museum Neuruppin T (0 33 91) 45 80 60, F (0 33 91) 458 06 28
Ur- und Frühgeschichte, Stadtgeschichte, Stadtbrand von 1787, Kronprinz Friedrich von Preußen in Ruppin, die Geschichte der Neuruppiner Bilderbogen und der Kunsthandwerkersiedlung Gildenhall, Leben und Werk Karl Friedrich Schinkels, Theodor Fontanes, des Orientmalers Wilhelm Gentz, des Komponisten und Kirchenmusikers Ferdinand Möhring, des Bildhauers Max Wiese – über all das kann man sich im Museum Neuruppin informieren.
Adresse August-Bebel-Straße 14/15, 16816 Neuruppin; museum@neuruppin.de, www.neuruppin.de
Anfahrt Bahn: Regionalbahn, Bahnhof Neuruppin, 10 min Fußweg ins Zentrum; Auto: A 24 (Berlin – Hamburg), Abf. Neuruppin, B 167, Neuruppin, Zentrum
Öffnungszeiten April bis Oktober: Di bis Fr 12 – 17 Uhr, Sa, So 11 – 17 Uhr, November bis März: Di bis Fr, So 11 – 16 Uhr
Eintrittspreise 2,50/1,50 € ermäßigt/2 € p. P. Gruppe ab 10 P./20 € Führung

Extras Museumshop
Weitere Sehenswürdigkeiten lohnende Ortsbesichtigung (klassizistisches Architekturensemble, Tempelgarten), Alfred-Wegener-Gedenkstätte Zechlinerhütte, Waldmuseum Stendenitz
Erholungsgebiet Ruppiner Schweiz, Wassersport, ausgeschilderte Rad- und Wanderwege
Fremdenverkehr Tourismus-Service BürgerBahnhof, Karl-Marx-Straße 1, 16816 Neuruppin, T (03391) 45460, F (03391) 454666; tourismus-service@neuruppin.de

Kutschenmuseum, Neustadt (Dosse) T (033970) 13883, F (033970) 13887
Im denkmalgeschützen Brandenburgischen Haupt- und Landgestüt kann man 150 Jahre alte, von Meisterhand gefertigte Kutschen, zwei Nachbildungen altrömischer Quadrigen, zwei Schlitten und einen Brauereiwagen bewundern.
Adresse Graf von Lindenau-Halle, Havelberger Straße 18a, 16845 Neustadt/Dosse; info@lindenauhalle.de, www.lindenau-halle.de
Anfahrt Bahn: Regionalbahn, Bahnhof Neustadt/Dosse, 2 km Fußweg Richtung Altstadt; Auto: B 5 (Berlin – Kyritz), Bückwitz, Abzweig Neustadt, Parkmöglichkeiten vorhanden
Öffnungszeiten April bis Oktober: Mo bis Fr 9–17 Uhr, Sa, So 10–17 Uhr, November bis März: Mo bis Fr 9–16 Uhr
Eintritt 2/1 € ermäßigt
Extras behindertengerechter Zugang, Behinderten-WC, Museumsshop im benachbarten Reit- und Veranstaltungszentrum, Führungen auch im Gestüt
Weitere Sehenswürdigkeiten lohnende Gestütsbesichtigung (Areal mit klassizistischen Gebäuden, Stallungen, Koppeln und Alleen, Pferdezucht, Pferdesport) Ortsbesichtigung (Fachwerkhäuser, Wassermühle, Ursulinenkloster, Neustädter Kreuzkirche, Köritzer Barockkirche), Feldsteinkirche Ortsteil Kampehl (Mumie Ritter von Kalebuz), Heimatstube Dreetz
Erholungsgebiet Rhinluch/Dreetzer See, Breddiner Schweiz, Kyritzer Seenkette, ausgeschilderte Wander- und Radwege, Wassersport
Fremdenverkehr Fremdenverkehrsverein Ostpriegnitz e.V., Maxim-Gorki-Str. 32, 16866 Kyritz, T (033971) 52331, F (033971) 73729; fvv@kyritz.de, www.knatter-dosseland.de

Technisches Denkmal «Gaswerk» Neustadt (Dosse) T (033970) 51187/50505, F (033970) 50690
Das 1903 in Betrieb genommene Gaswerk ist die letzte vollständig erhaltene Anlage, die nach der klassischen Methode aus Steinkohle in waagerechten Retortenöfen bis 1980 Stadtgas erzeugte. Zum Denkmal gehören interessant gestaltete themenbezogene Ausstellungsräume, in denen viele gasbetriebene Haushaltsgegenstände und Anlagen zu sehen sind. Die Ausstellung «Spiegelberg- Spiegelmanufaktur» gibt einen Einblick in die Flachglas- und Spiegelproduktion sowie die Geschichte der Hugenotten in Neustadt (Dosse).
Adesse Havelberger Straße 25, 16845 Neustadt (Dosse); gaswerkneustadt@aol.com, www.gaswerkneustadt.de
Anfahrt Bahn: Regionalbahn, Bahnhof Neustadt (Dosse), 2 km Fußweg Richtung Altstadt; Auto: B 5 (Berlin – Kyritz) bis Abzweig Neustadt; Parkmöglichkeit am Museum
Öffnungszeiten Mai bis September: Di – Fr 10–16 Uhr, Sa, So 10–16 Uhr, Oktober bis April: Di bis Fr 10–16 Uhr und nach Vereinbarung
Eintrittspreise 2/1,50 € Rentner/1 € Kinder, Führungen jeweils 1 € Aufschlag oder 2,50 € p.P. ab 10 Personen
Extras Fahrradverleih

Heimatstube Neu Zauche T (035475) 15734/15727
In dem vom ehemaligen Fleischermeister des Ortes gebauten Haus wird das Leben vergangener Genrationen erlebbar gemacht. Ein Highlight ist das Schlachtezimmer in dem die traditionelle Hausschlachtung thematisiert wird.
Adresse Schlossstraße 2, 15913 Neu Zauche
Anfahrt Bahn: Regionalbahn, Bahnhof Lübben, Bus bis Neu Zauche; Auto: A 13 (Berlin – Dresden), Abf. Freiwalde, B 115 bis Neu Zauche
Öffnungszeiten Mai bis Oktober: Di bis So 14–17 Uhr, November bis 2. Advent und März bis April: So 14–17 Uhr
Eintrittspreise kostenfrei
Extras Plinsenbacken jeden So 14–17 Uhr

Bauernmuseum der Agrargenossenschaft Neuzelle T (03 36 52) 2 52
Das Bauernmuseum Neuzelle zeigt das vergangene Leben und Arbeiten in der Region.
Adresse Lindenpark, 15898 Neuzelle
Anfahrt Bahn: Regionalexpress Berlin – Frankfurt (O) – Cottbus, Bahnhof Neuzelle; Auto: B 112, Abzweig Neuzelle
Öffnungszeiten Mo bis Fr 10 – 14 Uhr
Eintrittspreise 1/0,50 € ermäßigt

Stiftung Stift Neuzelle T (03 36 52) 81 40, F (03 36 52) 8 14 19
Im Stift sind Wechselausstellungen zur Geschichte des Zisterzienserordens und zur zeitgenössischen Kunst zu besichtigen.
Adresse Stiftsplatz 7, 15898 Neuzelle; info@stift-neuzelle.de.de; www.stift-neuzelle.de
Anfahrt Auto: B 112 (Frankfurt/Oder – Guben), Eisenhüttenstadt, Neuzelle Bahn: Regionalbahn, Bahnhof Frankfurt/Oder, Bahnhof Neuzelle, 20 min Fußweg
Öffnungszeiten Eröffnung der neu gestalteten Ausstellung Mitte 2009
Extras Museumsshop
Weitere Sehenswürdigkeiten lohnende Ortsbesichtigung (barocke Klosteranlage mit zwei Kirchen, Barockgarten, Klosterbrauerei, altes Weberhaus), Bauernmuseum Möbiskruge
Erholungsgebiet Naturpark Schlaubetal (Seen, Heidelandschaft mit Skulpturenpark), ausgeschilderte Rad- und Wanderwege, Oderwiesen (Landschaftsschutzgebiet)
Fremdenverkehr Tourismus-Information im Kloster unter T (03 36 52) 61 02; tourismus@neuzelle.de

Strohhaus Neuzelle – Museumshof ländlicher Alltagskultur, Neuzelle T (03 36 52) 8 25 58
Das Strohhaus mit schwarzer Küche wurde 1780 erbaut und ist das wichtigste Denkmal der ländlichen Volksbauweise im Landkreis Oder-Spree.
Adresse Slawengrund 11, 15898 Neuzelle
Anfahrt Bahn: Regionalexpress Berlin – Frankfurt (O) – Cottbus, Bahnhof Neuzelle, 30 min Fußweg; Auto: B 112, Abzweig Neuzelle, in Neuzelle Richtung Kloster, Parkmöglichkeiten am Kloster, 10 min Fußweg zum Museum
Öffnungszeiten Sommerzeit: Di bis So 11 – 17 Uhr, Winterzeit: Mi bis So 11 – 16 Uhr
Eintrittspreise 1,60/0,25 € Kinder
Extras wechselndes Veranstaltungsprogramm, Kaffee/Tee, Museumsshop

Heimatmuseum Neu-Zittau T (0 33 62) 84 22
In einer Küche, einem Wohn- und einem Hauswirtschaftsraum werden Möbel, Bilder, Bücher, Haushaltsgeräte, Hauswirtschaftsgeräte und Maschinen, Kleidungsstücke und vieles mehr zur Dorfgeschichte gezeigt.
Adresse Geschister-Scholl-Str. 72, 15537 Gosen-Neu Zittau Ortsteil Neu Zittau
Anfahrt Bahn: Regionalbahn, Bahnhof Erkner, Bus bis Neu Zittau; Auto: A 10 (Berliner Ring), Abf. Erkner, Neu Zittau
Öffnungszeiten Sa, So 14 – 17 Uhr und nach Vereinbarung

Oberlaubenstall Lichterfelde, Niederer Fläming T (03 37 46) 69 60, F (03 37 46) 6 96
Im Stallgebäude von 1824 ist eine Ausstellung historischer landwirtschaftlicher Geräte zu sehen.
Adresse Dorfstraße, 14913 Niederer Fläming Auto: A 13 (Berlin – Dresden) Abf. Duben, B 102 Richtung Dahme/Mark, Abzw. Richtung Schönewalde
Öffnungszeiten nach Absprache
Eintrittspreise 1 €

Bergbaumuseum Niemtsch T/F (0 35 73) 6 30 66
Wissenswertes über den Tagebau Niemtsch, der zum Senftenberger See umgestaltet wurde, erfährt man in diesem Museum. 1250 Sonder-, Schmuck- und Zierbriketts aus der Zeit von 1878 bis zur Gegenwart, Bergmannslampen, Steigerhäckel, Gläser, Orden, Ehrenzeichen, Bilder und Fotos zur Bergbaugeschichte in der Niederlausitz und eine Braunkohlenschachtanlage im Maßstab 1:30 gehören zum Sammlungsbestand.
Adresse Dieter Müller, Dorfstraße 47, 01968 Niemtsch; dmniemtsch@aol.com, www.bergbaumuseum-niemtsch.de
Anfahrt Bahn: Regionalbahn bis Senftenberg, Bus Richtung Peikwitz; Auto: A 13 (Berlin –

Dresden) Abf. Klettwitz, Richtung Senftenberg
Öffnungszeiten Do 15–18 Uhr, Mai bis September: zusätzlich Do 15–18 Uhr, So 9.30–11.30 und nach Vereinbarung
Eintrittspreise kostenfrei (Spende erwünscht)
Extras behindertengerechter Zugang, Bergbausouvenirs
Weitere Sehenswürdigkeiten Lausitzring, Lausitztherme und Museum in Senftenberg, Bauernmuseum Großkoschen
Erholungsgebiet Senftenberger See, Bademöglichkeiten, Campingplatz, ausgeschilderte Rad- und Wanderwege

Binnenschiffahrtsmuseum Oderberg T (03 33 69) 4 70
Das Museum veranschaulicht die Technikgeschichte des Schiffs- und Wasserstraßenbaus sowie der Binnenschifffahrt, -fischerei und Flößerei. Attraktion der Freilichtausstellung ist der Schaufelraddampfer«Riesa».
Adresse Hermann-Seidel-Straße 44, 16248 Oderberg, museum.oderberg@freenet.de, www.bs-museum-oderberg.de
Anfahrt Bahn: Regionalbahn, Bahnhof Eberswalde, Umstieg Bus nach Oderberg; Auto: A 2 (Berlin – Angermünde) bis Eberswalde, Richtung Oderberg, Parkplatz vorhanden
Öffnungszeiten April bis Oktober: täglich 9–17 Uhr November bis März: täglich 10–15 Uhr
Eintrittspreise 3/2,50 € ermäßigt/1,50 € Kinder 6 bis 14 Jahre/7 €, Familienkarte/2,50 € p.P. Führungen
Weitere Sehenswürdigkeiten lohnende Ortsbesichtigung (Ruine Festung Bärenkasten, Nikolaikirche, Aussichtspunkt Albrechtsberg, Altstadt, Wehrkirche Ortsteil Neuendorf)
Erholungsgebiet Biosphärenreservat Schorfheide-Chorin, Fahrgastschifffahrt, Campingplatz Parsteinsee, ausgeschilderte Rad- und Wanderwege
Fremdenverkehr Tourist-Information Eberswalde, T (0 33 34) 6 45 20; www.eberswalde.de

Gedenkstätte und Museum Sachsenhausen, Oranienburg T (0 33 01) 20 02 00, F (0 33 01) 20 02 01
In Dauer- und Wechselausstellungen erinnert die Gedenkstätte am authentischen Ort und in den historischen Gebäuden an die Geschichte des Konzentrationslagers Sachsenhausen (1936–1945), an das sowjetische Speziallager Nr. 1/7 (1945–1950) sowie an die Entstehungsgeschichte der Nationalen Mahn- und Gedenkstätte (1945–1961).
Adresse Straße der Nationen 22, 16515 Oranienburg info@gedenkstaette-sachsenhausen.de; www.stiftung-bg.de
Anfahrt Bahn: S-Bahn Richtung Oranienburg, Umstieg in Buslinie 804 oder 20 min Fußweg (ausgeschildert); Auto: B 96 (Berlin – Neustrelitz), Oranienburg, ausgeschilderte Strecke
Öffnungszeiten 15. März bis 14. Oktober: tägl. 8.30–18 Uhr, 15. Oktober bis 14. März: tägl. 8.30–16.30 Uhr; Mo sind die Museen geschlossen
Eintrittspreise kostenfrei/15 € Gruppenführung, Projekttag bis 15 Pers./25 € bis 30 Pers., bei fremdsprachigen Angeboten zzgl. 25 € je Grupp/3 € p.P. thematische Sonderführung/2 € ermäßigt pro Person
Extras behindertengerechter Zugang, Studientage, Projektwochen, Workcamps, Zeitzeugengespräche, Internationale Jugendbegegnungsstätte, Museumsshop

Kreismuseum Oranienburg T (0 33 01) 601 56 88
Das Kreismuseum präsentiert auf drei Etagen im Südflügel des Oranienburger Schlosses sehenswerte Objekte zur Ur- und Frühgeschichte der Region, zur Geschichte Oranienburgs, zum «Handwerk im Glien/Arbeit auf dem Lande», zu Kunst und Kultur des 15. bis 20. Jh. sowie zum Leben des Chemikers Friedlieb Ferdinand Runge und zur märkischen Binnenschifffahrt.
Adresse Schlossplatz 1, 16515 Oranienburg
Anfahrt Bahn: RB, S-Bahn, Bahnhof Oranienburg; Auto: B 96 (Berlin – Neustrelitz), Oranienb.
Öffnungszeiten April bis Oktober: Di bis So 10–18 Uhr, November bis März: Sa und So 10–17 Uhr
Eintrittspreise 5/4 € ermäßigt, Museumsbesuch mit Führung 6/5 € ermäßigt
Extras behindertengerechter Zugang, Museumsshop
Fremdenverkehr Touristen-Informationsbüro, T (0 33 01) 70 48 33; www.tourismus-or.de

Schlossmuseum Oranienburg, Stiftung Preußische Schlösser und Gärten Berlin-Brandenburg T (0 33 01) 53 74 37
Im ältesten barocken Schloss Brandenburgs – errichtet seit 1651 – illusitrieren hochkarätige

Kunstwerke die kulturellen Beziehungen Brandenburgs zu den Niederlanden zur Zeit des Großen Kurfürsten.
Adresse Schlossplatz 1, 16515 Oranienburg
Anfahrt Bahn: RB, S-Bahn, Bahnhof Oranienburg; Auto: B 96 (Berlin – Neustrelitz), Oranienb.
Öffnungszeiten April bis Oktober: Di bis So 10 – 18 Uhr, November bis März: Sa, So, Feiertage 10 – 17 Uhr
Eintrittspreise 6/5 € ermäßigt mit Führung/5/4 € ohne Führung
Extras Museumsshop

Stadtgeschichts- und Schradenmuseum Ortrand T (03 57 55) 60 52 16
Das Museum gibt Einblick in die regionale Ur- und Frühgeschichte, die Garnison- und Militärgeschichte und die Entwicklung des städtischen und ländlichen Handwerks.
Adresse Bahnhofstraße 43, 01990 Ortrand (Museum befindet sich am Bahnhofsvorplatz)
Anfahrt Bahn: Regionalbahn, Bahhof Ruhland nach Bahnhof Ortrand; Auto: A 13 (Berlin – Dresden), Abf. Ortrand, Ortrand
Öffnungszeiten Mo 17 – 19.30 Uhr und nach Vereinbarung
Weitere Sehenswürdigkeiten lohnende Ortsbesichtigung, romanische Saalkirche St. Jacobi, spätgotische Hallenkirche St. Barbara u. a.
Erholungsgebiet Kmehlener Berge, Rad- und Wanderwege, Lausitz-Komfort-Campingplatz Ortrand
Fremdenverkehr Fremdenverkehrsbüro, 01990 Ortrand, Altmarkt 1, T (03 57 55) 60 52 50; tb.amtortrand@web.de.

Dorfmuseum im Stägehaus, Paaren T (03 32 30) 5 03 36, F (03 32 30) 2 09 74
Im Stägehaus, einem märkischen Mittelgangflurhaus, zeigt das Museum historische Landtechnik. Im Stägezimmer wird der Nachlass der letzten Bewohnerin aus der Familie Stäge, in dessen Besitz das Haus seit 1678 war, ausgestellt.
Adresse Hauptstraße 35, 14621 Schönwalde-Glien Ortsteil Paaren im Glien; www.paaren-im-glien.de
Anfahrt Bahn: S-Bahn, Station Berlin-Spandau, Umstieg Spandau-Rathaus in Buslinie 671, Paaren; Regionalbahn, Bahnhof Nauen, Umstieg Buslinie 659, Paaren; Auto: A 10 (Berliner Ring), Abf. Falkensee, Richtung Nauen, Abzweig Paaren/Perwenitz
Öffnungszeiten April bis Oktober: Di bis Do, Sa, So 10 – 18 Uhr und Fr 9 – 18 Uhr, November bis März: Di – Do, Sa, So 14 – 18 Uhr und Fr 9 – 18 Uhr
Eintrittspreise kostenfrei (außer bei Sonderveranstaltungen)
Extras behindertengerechter Zugang, Museumscafé Stägehaus, Freitags Brot aus dem Holzbackofen
Erholungsgebiet Landschaftsschutzgebiet Nauen-Brieselang-Krämer, Wanderwege

Schloss Paretz T (03 32 33) 7 36 11, F (03 32 33) 7 36 13
Schloss Paretz, der einstige Sommersitz des preußischen Königs Friedrich Wilhelm III. und seiner Gemahlin Königin Luise, ist Bestandteil einer der schönsten klassizistischen Dorfanlagen Brandenburgs. Zur Ausstattung des Schlosses aus der Zeit um 1800 gehören die berühmten Paretzer Tapeten, die in neuem Glanz erstrahlen, sowie die Kutschen-, Schlitten- und Sänftenausstellung in der Schlossremise.
Adresse Parkring 1, 14669 Paretz; besucherzentrum@spsg.de, www.spsg.de
Anfahrt Auto: B 273 (Potsdam-Nauen), Abzweig Uetz, Ketzin bzw. über Falkenrehde bis Paretz
Öffnungszeiten Mai bis Oktober: Di bis So 11 – 18 Uhr, November bis April: Sa, So und Feiertage 10 – 16 Uhr
Eintrittspreise Schloss: 4/3 € ermäßigt mit Führung jeweils 1 € Aufschlag; Schlossremise: 2/1,50 € ermäßigt, 5/4 € ermäßigt Kombiticket
Weitere Sehenswürdigkeiten Schlosspark, klassizistisches Dorfensemble mit neugotischer Kirche und alter Schmiede

Hütten- und Fischereimuseum Peitz T/F (03 56 01) 2 20 80
Die wunderschöne klassizistisch gebaute Hütte in Peitz erinnert an die frühe brandenburgische Eisenproduktion. Zu besonderen Anlässen findet ein Schaugießen statt. Im Jahr 2006 eröffnete im linken Flügel des ehemaligen Eisenhütten- und Hammerwerkes das neue Fischereimuseum. Mit zahlreichen Exponaten und Inszenierungen wird viel Wissenswertes

zur Geschichte und Tradition der Fischerei und des Teichgutes Peitz vermittelt.
Adresse Am Hüttenwerk 1, 03185 Peitz; info@peitzer-huettenwerk.de, www.peitzerhuettenwerk.de, info@fischereimuseum.de, www.fischereimuseum.de
Anfahrt Bahn: Regionalbahn, Bahnhof Peitz-Ost, 1,5 km Fußweg; Auto: B 97 (Cottbus – Guben), Peitz, Kreisverkehr, Richtung Heinersbrück, Parkmöglichkeiten vorhanden.
Öffnungszeiten April bis Oktober: Mo bis Fr 10 – 16 Uhr, Sa und So 13 – 18 Uhr, November bis März: täglich 10 – 16 Uhr Führungen nach Anmeldung auch außerhalb der
Öffnungszeiten Eintrittspreise 2/1 € ermäßigt/3 € Tageskarte mit Festungsturm/1,50 € ermäßigt
Extras behindertengerechter Zugang, Lehrpfad zur Teichlandschaft, Festungsturm, Gaststätte
Weitere Sehenswürdigkeiten Sorbisches Heimatmuseum Heinersbrück, Sorbische Heimatstube Dissen, Windrad Bärenbrücker Höhe, Sommerrodelbahn Neuendorf
Erholungsgebiet Spreewald, Peitzer Teichgebiet; Kahnfahrten, Teich- und Radwanderungen
Fremdenverkehr Tourismusinformationsstelle, Markt 1, 03185 Peitz, T (03 56 01) 81 50, F (03 56 01) 8 15 15, tourismus@peitz.de; Fahrradverleih im Ort

DDR – Geschichtsmuseum, Perleberg T (01 62) 5 88 76 40/(0 38 76) 61 63 93
Das Museum zeigt Exponate aus dem Alltag in der DDR. Eine erdrückende Fülle von Druckerzeugnissen der Parteien, Massenorganisationen, der Volksbildung und des militärischen Bereiches.
Adresse Feldstraße 98, 19348 Perleberg (gegenüber der Feuerwehr); hans-peter.freimark@gmx.net, www.ddr-museum-perleberg.de
Anfahrt Bahn: Regionalbahn, Bahnhof Wittenberge, Bahnhof Perleberg; Auto: A 24 (Berlin – Hamburg) Abf. Pritzwalk, B 189, Perleberg
Öffnungszeiten April bis November: Do, Fr 10 – 13 Uhr, Sa, So und Feiertage 14 – 16 Uhr und nach Vereinbarung
Eintrittspreise 3 €

Museumsgalerie, Perleberg T (0 38 76) 61 22 59
Moderne Grafik des 20. Jahrhunderts zeigt die Museumsgalerie im Wallgebäude. Insbesondere Lithographien von Picasso, Dali und Miro sowie einige Radierungen und Heliogravuren.
Adresse Puschkinstr. 14, 19348 Perleberg; www.stadt-perleberg.de
Anfahrt Bahn: Regionalbahn, Bahnhof Wittenberge, Bahnhof Perleberg; Auto: A 24 (Berlin – Hamburg) Abf. Pritzwalk, B 189, Perleberg
Öffnungszeiten Mai bis September: Mo bis Fr 10 – 17 Uhr, Sa 10 – 12 Uhr, Oktober bis April: Mo bis Do 10 – 16 Uhr, Fr 10 – 15 Uhr und nach Vereinbarung
Eintrittspreise 4/3 € ermäßigt/2 € p.P. bei Gruppen ab 10 Personen

Oldtimer- und Technikmuseum, Perleberg T (01 62) 7 35 62 51/(0 38 76) 61 30 01
In einer denkmalgeschützten, ehemaligen Turnhalle werden Raritäten vom Motor bis zu skurilen Fahrzeugen gezeigt. Unter den 50 Fahrzeuge findet der Technikinteressierte alles vom Fahrrad mit Hilfsmotor bis zu Motorrädern, PKW und Traktoren.
Adresse Wilsnacker Str. 12, 19348 Perleberg; www.oldtimerfreunde-perleberg.de
Anfahrt Bahn: Regionalbahn, Bahnhof Wittenberge, Bahnhof Perleberg; Auto: A 24 (Berlin – Hamburg) Abf. Pritzwalk, B 189, Perleberg
Öffnungszeiten Di bis Do 13 – 16 Uhr, Mi bis Fr 9 – 12 Uhr, So 14 – 17 Uhr
Eintrittspreise 1,50/0,75 € Kinder
Extras regelmäßige Oldtimertreffen- und veranstaltungen

Stadt- und Regionalmuseum Perleberg – Museum für Archäologie und Kulturgeschichte der Prignitz T (0 38 76) 61 29 64, F (0 38 76) 61 29 65
Das Museum widmet sich der Ur- und Frühgeschichte, der Stadtgeschichte und dem ländlichen Leben der Umgebung. Zu bestaunen ist der Perleberger Kolonialwarenladen aus dem Jahre 1896 sowie die umfangreiche Lotte Lehmann Sammlung. Fotosammlung (u. a. Max Zeisig) und Bibliothek stehen dem Besucher zur Verfügung.
Adresse Mönchort 7 – 11, 19348 Perleberg; museum@stadt-perleberg.de
Anfahrt Bahn: Regionalbahn, Bahnhof Wittenberge, Bahnhof Perleberg, 10 min Fußweg; Auto: A 24 (Berlin – Hamburg) Abf. Pritzwalk, B 189, Perleberg
Öffnungszeiten Juni bis September: Di bis Fr 10 – 17 Uhr, So 10 – 16 Uhr, Oktober bis Mai: Di bis Fr und jeden 2. und 4. So 10 – 16 Uhr

Eintrittspreise 1,50/0,75 € ermäßigt
Extras Museumsshop, Kinderservice nach Anmeldung: Töpfern, Öffnen der Schatztruhe, Einkaufen wie vor 100 Jahren
Weitere Sehenswürdigkeiten lohnende Ortsbesichtigung (mittelalterlicher Stadtkern, Kirche, Rathaus, Roland, Fachwerkbauten) Stadtmuseum Wittenberge, Heimatmuseum Pritzwalk, Museen Bischofsburg Wittstock. Schlossmuseum Wolfshagen
Erholungsgebiet Biosphärenreservat Flußlandschaft Elbe, Rad- und Wanderwege
Fremdenverkehr Stadtinformation Perleberg, T (0 38 76) 61 22 59, F (0 38 76) 61 29 65; stadtinformation-perleberg@web.de

Paltrockmühle Petkus T (03 37 45) 5 02 01
Die noch funktionstüchtige «Friedensmühle» ist Heimstatt für typische Müllerwerkzeuge, Gerätschaften und Inventar des Müllerhandwerks geworden. Zum Schaumahlen setzen sich alle Räder wieder in Bewegung.
Adresse Hauptstraße 36, 14913 Petkus
Anfahrt Auto: B 115 (Jüterbog – Baruth) Petkus, Parkmöglichkeiten vorhanden
Öffnungszeiten und Führungen nach Vereinbarung
Eintrittspreise kostenfrei (Spende erwünscht)
Weitere Sehenswürdigkeiten Kräutergarten und Tee- und Keramikstube Petkus, Haus Golm Ließen, Reiterhof Liepe, Kreativbude Wahlsdorf

Waschhaus im Park Petzow T (0 33 27) 66 83 79, (01 77) 3 05 44 36
In dem um 1825 nach Plänen Karl Friedrich Schinkels erbauten Haus ist eine Ausstellung des Heimatvereins zur Ortsgeschichte und zur Geschichte des Waschens zu sehen.
Adresse Schlosspark Petzow, 14542 Werder (Havel), Ortsteil Petzow, www.heimatverein-petzow.de
Anfahrt Bahn: Regionalbahn, Potsdam Hbf., Bus Richtung Werder/Petzow; Auto: B 2 bis Petzow
Öffnungszeiten April bis September: So 13 – 17 Uhr, Sonderführungen möglich
Eintrittspreise kostenfrei (Spende erwünscht)
Weitere Sehenswürdigkeiten Schwielowsee: Schloss Caputh, Heimathaus, Sommerhaus von Albert Einstein, Havelländische Malerkolonie Ferch, Bonsai-Garten Ferch
Erholungsgebiet Schwielowsee, Strandbad Caputh, Strandbad Ferch

Museums- und Gutshof Pinnow T (03 33 35) 71 90
Neben landwirtschaftlichen Geräten bewahrt man im restaurierten Speicher der Gutsanlage Pinnow die älteste Dampfmaschine der Reihe V19 in Deutschland auf. Sie wurde 1908 gebaut und stammt aus dem alten Sägewerk Schwedt.
Adresse Gemeinde Pinnow, Gutshof, 16278 Pinnow; www.amt-oder-welse.de
Anfahrt Bahn: Regionalbahn Berlin – Schwedt, Bhf Pinnow, 10 min Fußweg; Auto: A 11 (Berlin – Stettin), Abf. Joachimsthal, B 198 n. Angermünde, B 2 Richtg. Schwedt, Abzweig Pinnow
Öffnungszeiten Mo bis Do 9 – 15.30 Uhr, Fr 9 – 12 Uhr und nach Vereinbarung T (03 33 35) 3 03 88/ 7 19 22
Eintrittspreise 2/1 € ermäßigt/15 Führung
Extras historischer Holzbackofen
Weitere Sehenswürdigkeiten Besucherzentrum Nationalpark Unteres Odertal im Lenné-Park Criewen, Galerie und Museum der Stadt Schwedt, Tabakmuseum Vierraden Erholungsgebiet Nationalpark Unteres Odertal, Uferradweg (60 km am Nationalpark), Spaßbad «AquariUM» Schwedt
Fremdenverkehr Tourismusverein «Am Unteren Odertal» e.V., Tourist-Information, Vierradener Straße 36, 16303 Schwedt/Oder, T (0 33 32) 25 59 10, F (0 33 32) 25 59 59; www.unteresodertal. de

Raketen-, Telefon- und Radiomuseum Pinnow T (03 33 35) 71 90
Zu besichtigen ist eine einzigartige Techniksammlung von Raketen unterschiedlicher Bestimmungen, Autopiloten, Triebwerke, Mess- und Prüfgeräte, Munition und Geschosse mit reaktivem Antrieb sowie Nachrichtentechnik.
Adresse Im Industrie- und Gewerbegebiet 9, 16278 Pinnow; www.amt-oder-welse.de
Anfahrt Bahn: Regionalbahn Berlin – Schwedt, Bhf Pinnow; Auto: A 11 (Berlin – Stettin),

Abf. Joachimsthal, B 198 n. Angermünde, B 2 Richtg. Schwedt, Abzweig Pinnow
Öffnungszeiten Mo bis Do 9 – 15.30 Uhr, Fr 9 – 12 Uhr und nach Vereinbarung
T (03 33 35) 3 03 88/7 19 22
Eintrittspreise 2/1 € ermäßigt/15 € Führung

Elstermühle Plessa T (0 35 33) 52 06, F (0 35 33) 51 15 10
Zwei Mühlen, eine Schneide- und eine Getreidemühle sind seit 1580 an der Elster nachgewiesen. Die rekonstruierte Getreidemühle mit ihrer schönen Einrichtung ist zu besichtigen.
Adresse An der Elstermühle 7, 04928 Plessa; elstermühle@naturpark-nlh.de, www.naturpark-nlh.de
Anfahrt Auto: Bahn: Regionalbahn, Bahnhof Plessa, ca. 15 min Fußweg; Auto: A 13 Berlin – Dresden, Abfahrt Ruhland/Lauchhammer in Richtung Elsterwerda; Parkmöglichkeiten am Museum
Öffnungszeiten Führungen nach Vereinbarung
Eintrittspreise 2/1,– Kinder
Extras behindertengerechter Zugang nur in der unteren Etage, Gastronomie vor Ort, Informationen zur Region erhältlich

Kraftwerk Plessa T (0 35 33) 6 07 20, F (0 35 33) 60 72 72
Das 1926 erbaute Kraftwerk gilt als das älteste in seiner Art erhaltene Braunkohlekraftwerk Europas. Höhepunkte der Kraftwerksführung sind die sehr gut erhaltenen technischen Industrieanlagen wie der Außenbunker mit Stahlplattenförderband, der 3-Trommel-Steilrohrkessel sowie die Zoelly-Turbine.
Adresse Am Kraftwerk 1, 04928 Plessa; besucherdienst@kraftwerkplessa.de, www.kraftwerkplessa.de
Anfahrt Bahn: Regionalbahn, Bahnhof Elsterwerda, Bus bis Kraftwerk Plessa; Auto: A 13 (Berlin – Dresden), Abf. Ruhland, B 169 bis Plessa
Öffnungszeiten Mai bis Oktober: täglich 10 – 17 Uhr, November bis April: täglich 10 – 15 Uhr
Eintrittspreise 4/1,50 € Kinder bis 14 Jahre/9 € Familienticket/25 € Schulklassen/3 € p.P. bei Gruppen ab 10 Personen
Extras Das Rote Kochstudio (Spezialitäten der Lausitzer Küche), Lausitzer Kaffeetafel (Sa, So, Feiertage 14 – 17 Uhr, Kraftwerksfest am 1. Mai

Berliner S-Bahn-Museum GbR, Potsdam T (0 30) 78 70 55 11, F (0 30) 78 70 55 10
Das Museum illustriert die Geschichte der S-Bahn im Zusammenhang mit der Stadt- und Verkehrsentwicklung sowie historischer und aktueller Verkehrspolitik.
Adresse Rudolf-Breitscheid-Straße 203, 14482 Potsdam (S-Bahnhof Griebnitzsee), Postanschrift: Kurfürstendamm 1, 110719 Berlin; info@s-bahn-museum.de, www.s-bahn-museum.de
Anfahrt Bahn: Regionalbahn, S-Bahn, Bahnhof Griebnitzsee
Öffnungszeiten April bis November: jedes 2. Wochenende im Monat 11 – 17 Uhr und nach Voranmeldung
Eintrittspreise 2/1 € ermäßigt, Kinder bis 6 Jahre frei
Extras Museumsshop, Kinderservice, Fahrsimulator
Fremdenverkehr Potsdam Tourismus Information, Brandenburger Straße 3 (am Brandenburger Tor), T (03 31) 27 55 80, F (03 31) 2 75 58 29, tourismus-service@potsdam.de, www.potsdamtourismus.de

Besucherzentrum an der Historischen Mühle, Potsdam T (03 31) 9 69 42 02/- 2 00/- 201
Für Reisegruppen wird ein breites Spektrum an Besichtigungsprogrammen angeboten, individuelle Programme werden nach Absprache erstellt. Familien und Einzelbesucher können im Besucherzentrum preisgünstige Tages-, Familien- oder Jahreskarten erwerben.
Adresse An der Orangerie 1, 14469 Potsdam, Postfach 601462, 14414 Potsdam; besucherzentrum@spsg.de
Öffnungszeiten April bis Oktober: 8.30 – 18 Uhr, November bis März: 8.30 – 18 Uhr
Eintrittspreise Tageskarte: 19/14 € ermäßigt (gilt für alle Schlösser der Stiftung, die an diesem Tag geöffnet sind)/Jahreskarte: 50/35 € ermäßigt/Familienkarte: 24 €

Bildergalerie, Park Sanssouci, Potsdam T (03 31) 9 69 41 81
Die Bildergalerie gehört zu den ältesten in ihrer Funktion erhaltenen Museumsbauten. Sie wurde 1755–63 für Friedrich II. errichtet. Ausgestellt sind niederländische, italienische und französische Barockgemälde, darunter Werke von Rubens, van Dyck und Caravaggio.
Adresse Sanssouci, Bildergalerie, Im Park Sanssouci 4, 14469 Potsdam
Öffnungszeiten 15. Mai bis 15. Oktober: Di bis So 10–18 Uhr
Eintrittspreise 3/2,50 € ermäßigt (ohne Führung)
Extras Museumsshop: Kassenverkauf

Bruno H. Bürgel Gedenkstätte im Planetarium, Potsdam T (03 31) 2 70 27 24/2 70 27 21, F (03 31) 29 24 47
Im Anschluss an die Vorführung im Planetarium kann die Dauerausstellung zu Leben und Werk des Astronomen und Schriftstellers Bruno H. Bürgel besichtigt werden.
Adresse Gutenbergstraße 71/72, 14467 Potsdam; planetarium@urania-potsdam.de, www.uraniaplanetarium.de
Anfahrt Bahn: Regionalbahn/S-Bahn, Hauptbahnhof Potsdam, Tram
Öffnungszeiten Vorführung im Planetarium siehe Veranstaltungskalender im Internet
Eintrittspreise 3,50/3 € ermäßigt/1,50 € p.P. bei Schulveranstaltungen

Chinesisches Teehaus, Park Sanssouci, Potsdam T (03 31) 9 69 42 25
Das Chinesische Teehaus gilt als wichtigstes Beispiel der europäischen Chinoiserie des 18. Jahrhunderts. Es wurde 1754–57 von Johann Gottfried Büring errichtet und diente im Sommer als Speisesaal. Heute ist Meißener und ostasiatisches Porzellan zu bewundern.
Adresse Park Sanssouci, Am Grünen Gitter 14469 Potsdam; besucherzentrum@spsg.de, www.spsg.de
Öffnungszeiten Mai bis Oktober: Di bis So 10–18 Uhr
Eintrittspreise 2 € (ohne Führung)
Extras Museumsshop: Kassenverkauf

Dampfmaschinenhaus / Moschee, Potsdam T (03 31) 9 69 42 25
Die «Moschee» inmitten aufragender Neubauten beherbergt ein Meisterwerk des Berliner Maschinenbaus, die Borsigsche Dampfmaschine von 1842, mit der das Wasser der Havel zu den Fontänenanlagen im Park Sanssouci gepumpt wurde.
Adresse Breite Straße 28, 14471 Potsdam
Anfahrt Bahn: 10 min Fußweg von Bahnhof Potsdam-Stadt
Öffnungszeiten Mai bis Oktober: Sa, So und Feiertag 10–18 Uhr
Eintrittspreise 2/1,50 € ermäßigt (mit Führung)

Filmmuseum Potsdam T (03 31) 2 71 81 12, F (03 31) 2 71 81 26
Das Museum im Marstall des ehemaligen Stadtschlosses lädt zu einer Zeitreise durch die Geschichte der Babelsberger Filmstudios ein. Sonderausstellungen, Kino pur und Stummfilme begleitet an der Welte-Kinoorgel machen einen Besuch unvergesslich.
Adresse Breite Str. 1a, 14467 Potsdam; info@filmmuseum-potsdam.de, www.filmmuseumpotsdam.de
Anfahrt Bahn: Hauptbahnhof Potsdam, alle Tram in Richtung Zentrum, bis Alter Markt; Auto: A 115, Abzweig Potsdam-Zentrum, Stadtautobahn bis Hauptbahnhof, Richtung Zentrum links, Parkmöglichkeiten am Museum
Öffnungszeiten täglich 10–18 Uhr
Eintrittspreise 3,50/2,50 € ermäßigt
Extras behindertengerechter Zugang, Museumshop: Kassenverkauf, Kinovorstellungen
Weitere Sehenswürdigkeiten historisches Stadtzentrum von Potsdam, Filmpark Babelsberg

Gedenk- und Begegnungsstätte Leistikowstraße Potsdam, Stiftung Brandenburgische Gedenkstätten T (0 33 01) 81 09 12
Die im Aufbau befindliche Gedenkstätte dokumentiert die Geschichte des zentralen Untersuchungsgefängnisses der militärischen Spionageabwehr der Sowjetunion in der SBZ und in der DDR. Hier waren neben Sowjetbürgern zahlreiche deutsche Zivilisten inhaftiert, die unter meist unbegründeten Vorwürfen verhaftet worden waren und nach oft brutalen Verhören zu langjährigen Haftstrafen oder zum Tode verurteilt wurden.

Adresse Leistikowstraße 1, 14469 Potsdam, www.gedenkstaette-leistikowstrasse.de
Anfahrt Bahn: Potsdam Hbf., Tram/Bus; Auto: ab Potsdam-Zentrum Richtung Nauener Vorstadt
Öffnungszeiten Eröffnung voraussichtlich 2010. Derzeit wird ein provisorischer Betrieb vorbereitet, aktuelle Informationen unter www.gedenkstaette-leistikowstrasse.de

Gedenkstätte für die Opfer politischer Gewalt im 20. Jahrhundert, ehemaliges Untersuchungsgefängnis der Staatssicherheit, Potsdam T (0331) 2896803/2896136, F (0331) 2896808
Das 1737 erbaute Palais wurde 1809 zum ersten Tagungsort der ersten freigewählten Stadtverordnetenversammlung. Seit 1820 nutzte das Stadtgericht das Gebäude als Gerichtsort und Gefängnis. Während der NS-Diktatur waren hier Verfolgte des Nazi-Regimes und von 1952–1989 politische Häftlinge des DDR-Staatssicherheitsdienst inhaftiert.
Adresse Lindenstraße 54/55, 14467 Potsdam; www.potsdam.de
Anfahrt Bahn: Regionalbahn, S-Bahn, Hauptbahnhof Potsdam, Umstieg Straßenbahn/Bus, Haltestelle: Dortustraße
Öffnungszeiten Di bis Sa 10–18 Uhr
Eintrittspreise 3/1,50 € ohne Führung/2 € Schüler bis 18 Jahre/1 € ohne Führung
Extras Veranstaltungsreihe «Lindenstraße 54»

Gedenkstätte im Ministerium für Infrastruktur und Raumordnung, Potsdam T (0331) 2896803, F (0331) 2896808
Die Gedenkstätte erinnert an den Widerstand der Offiziere des 20. Juli 1944.
Adresse Henning-von-Treskow-Straße 2–8, 14467 Potsdam, ehem. Kaserne des IR 9; poststelle@mir.brandenburg.de
Anfahrt Bahn: Regionalbahn, S-Bahn, Hauptbahnhof Potsdam, Umstieg Straßenbahn/Bus, Haltestelle «Alter Markt»; Auto: Potsdam-Zentrum, Breite Straße, Parkmöglichkeiten Yorkstraße und Dortustraße
Öffnungszeiten Mo bis Fr 9–17 Uhr über Haupteingang
Eintrittspreise kostenfrei

Haus der Brandenburgisch-Preußischen Geschichte, Potsdam T (0331) 6208550, F (0331) 6208559
Das Haus zeigt die ständige Ausstellung «Land und Leute. Geschichten aus Brandenburg-Preußen», die mit rund 400 originalen Objekten, Fotos, Filmen sowie Multimedia- und Hörstationen durch 900 Jahre Landesgeschichte führt. Das Haus bietet außerdem wechselnde Sonderausstellungen und ein breit gefächertes Veranstaltungsprogramm.
Adresse Kutschstall, Am Neuen Markt 9, 14467 Potsdam, info@hbpg.de, www.hbpg.de
Anfahrt vom Hauptbahnhof Potsdam ca. 5 Min. Fußweg oder mit jeder Straßenbahn bis Haltestelle Alter Markt, Zugang zum Neuen Markt über Schlossstraße hinter dem Filmmuseum, Zufahrt zur Tiefgarage über Werner-Seelenbinder-Straße
Öffnungszeiten Di bis Fr 10–17 Uhr, Sa, So, Feiertage 10–18 Uhr, Mo geschlossen
Eintrittspreise 4,50/3,50 € ermäßigt, freitags 2 €, Sonderpreise für Wechselausstellungen, Gruppen, Familien und Schulklassen
Extras behindertengerechter Zugang, Vermietung der historischen Gewölbehalle und des Konferenzraumes
Weitere Sehenswürdigkeiten historisches Stadtzentrum von Potsdam, Potsdam Museum

Historische Mühle, Park Sanssouci, Potsdam T (0331) 5506851, F (0331) 5506853
Die Galerieholländerwindmühle wurde von 1787-91 durch van der Bosch erbaut. In den Kämpfen um Potsdam brannte die Mühle 1945 vollständig ab. Zur 1000-Jahr-Feier der Stadt Potsdam erstand sie 1993 neu und beherbergt neben dem Mahlwerk eine Mühlenausstellung zu den Themen: «Die handwerkliche Windmühle des 18. u. 19. Jh.», «Die Geschichte der Historischen Mühle» und «Mühlen in der Gegenwart» sowie historischer windgetriebener Mühlentechnik.
Adresse Maulbeerallee 5, 14469 Potsdam; info@historische-muehle-potsdam.de, www.historische-muehle-potsdam.de
Öffnungszeiten April bis Oktober: täglich 10–18 Uhr; November bis März: (Dezember geschlossen): Sa und So 10–16 Uhr und nach Vereinbarung
Eintrittspreise 2,50/2 € ermäßigt/1,50 € Kinder (ohne Führung)
Extras Museumsshop, Aussichtspunkt, regelmäßiges Getreidemahlen

Jan Bouman Haus, Potsdam T (0331) 2803773, F (0331) 2805872
Die Ausstellung in einem der barocken Häuser des Holländischen Viertels beleuchtet die Geschichte des Viertels und den Einfluß der niederländischen Kultur auf die Entwicklung der Stadt Potsdam.
Adresse Mittelstraße 8, 14467 Potsdam; info@jan-bouman-haus.de, www.jan-bouman-haus.de
Anfahrt Bahn: Bahnhof Potsdam, Tram bis Haltestelle Nauener Tor
Öffnungszeiten Mo bis Fr 13–18 Uhr, Sa, So, Feiertage 11–18 Uhr (außer 24./25.12. und 31.12.)
Eintrittspreise 2/1 € ermäßigt, für Kinder bis 12 Jahre kostenfrei

Museum Alexandrowka, Potsdam T (0331) 8170203, F (0331) 8170206
Die Kolonie Alexandrowka besteht aus 13 Holzhäusern, die in den Jahren 1826 bis 1827 auf Wunsch des preußischen Königs, Friedrich Wilhelm III, im russischen Stil erbaut wurden. Die Anlage diente als Heim für die russischen Sänger des ersten preußischen Garderegiments. Das Museum zeigt die geschichtliche und architektonische Bedeutung dieses Ortes.
Adresse 14469 Potsdam; info@alexandrowka.de, www.alexandrowka.de
Anfahrt Bahn: Hauptbahnhof Potsdam, Bus/Tram
Öffnungszeiten Di bis So 10–18 Uhr
Eintrittspreise 3,50/2,50 € ermäßigt, Kinder unter 14 Jahren haben freien Eintritt
Extras Bistro, Museumsshop

Museum Alexandrowka – Russische Kolonie Nr. 12, Potsdam T (0331) 2702458
Das Haus Alexandrowka 12 ist eines der 13 im Blockhausstil erbauten Wohnhäuser der gleichnamigen Russischen Kolonie. Es wurde 1827/26 erbaut und kann heute besichtigt werden.
Adresse 14469 Potsdam; www.alexandrowka12.de
Anfahrt Bahn: Hauptbahnhof Potsdam, Bus/Tram
Öffnungszeiten Besichtigung und Führungen nach Vereinbarung

Museum Fluxus, Potsdam T (0331) 10890, F (0331) 60108910
Auf zwei Etagen ergänzt mit Ton- und Bilddokumenten wird eine ständige Ausstellung zur internationalen und intermedialen Fluxus-Bewegung und zum Lebenswerk von Wolf Vostell gezeigt.
Adresse Schiffbauergasse 4f, 14467 Potsdam; fluxus@bsm-excursion.de, www.fluxus-plus.de
Anfahrt Bahn: Hauptbahnhof Potsdam, Bus/Tram
Öffnungszeiten Di bis So 12–20 Uhr
Eintrittspreise 7,50/6 € ermäßigt/3 € Schüler, Studenten, ALG-II Empfänger/6 € p.P. Gruppen ab 15 Personen

Narkos- und Schmerztherapiemuseum, Potsdam T (0331) 743070
Das Museum zeigt medizinischen Gegenstände, die für Anästhesie und der Schmerztherapie bis 1989 in Gebrauch waren.
Adresse Karl Marx Str. 42, 14482 Potsdam; aoz-potsdam@t-online.de, www.narkosemuseum.de
Anfahrt Bahn: Hauptbahnhof Potsdam, Bus
Öffnungszeiten nach Vereinbarung
Eintrittspreise 3 €

Naturkundemuseum Potsdam T (0331) 2896701/2896707, F (0331) 2896708
Das Museum ist im ehemaligen «Ständehaus der Zauche» untergebracht. Die Ausstellung lädt zu einem Spaziergang durch die Tier- und Pflanzenwelt des Landes Brandenburg ein.
Adresse Breite Straße 13, 14467 Potsdam; naturkundemuseum@rathaus.potsdam.de, www.naturkundemuseum-potsdam.de
Anfahrt Hauptbahnhof Potsdam, 700 m Fußweg
Öffnungszeiten Di bis So 9–17 Uhr
Eintrittspreise 3/2 € Jugendliche von 13 bis 18 Jahren/1 € Kinder von 6 bis 12 Jahren/5 € Partnerkarte (2 Personen)/jeden 1. Montag im Monat 9–17 Uhr ermäßigter Eintritt
Extras behindertengerechter Zugang, Kindergeburtstag mit spannenden Schnitzeljagd nach Absprache, Angelkarten Neuer Garten

Marmorpalais, Neuer Garten, Potsdam T (0331) 9694246
Das Schloss entstand für König Friedrich Wilhelm II. seit 1787 nach Plänen Carl von Gontards,

später unter der Leitung Carl Gotthard Langhans´. Frühklassizistischen Raumausstattungen (Intarsienkabinette, Möbel von Fiedler/Roentgen, Wedgwood-Keramik) sind zu bewundern.
Adresse Neuer Garten
Öffnungszeiten Januar bis April: Sa, So und Feiertag 10–16 Uhr, Mai bis Oktober: Sa, So 10–18 Uhr, Oktober bis November: 10–16 Uhr
Eintrittspreise 5/4 € ermäßigt (mit Führung)/4/3 € ermäßigt (o. Führung), Kombiticket Cecilienhof/Marmorpalais 8/6 € ermäßigt
Extras behindertengerechter Zugang, Museumsshop: Kassenverkauf Neuer Garten

Neues Palais, Park Sanssouci, Potsdam T (0331) 9694202/-200
Das Neue Palais ist das letzte und zugleich größte Bauwerk des 18. Jahrhunderts im Park Sanssouci. Es wurde von 1763–69 nach Plänen von Johann Gottfried Büring und Carl von Gontard für Friedrich II. gebaut. Von den über 400 Räumen sind die Königswohnung, Gästeappartments, Grottensaal, Marmorgalerie, Schlosstheater und Pesne-Galerie zu besichtigen.
Adresse Park Sanssouci, Am Neuen Palais 14469 Potsdam; besucherzentrum@spsg.de, www.spsg.de
Öffnungszeiten Grand Tour: April bis Oktober: Mi bis Mo 10–18 Uhr, November bis März: Mi bis Mo 10–17 Uhr, Königswohnung: April bis Oktober: Mi bis Mo Führungen um 10, 12, 14 und 16 Uhr, Pesne-Gallerie April bis Oktober: Sa, So, Feiertage 10–18 Uhr
Eintrittspreise 6/5 € ermäßigt (mit Führung)/Königswohnung 5/4 € ermäßigt (nur mit Führung), Pesne-Galerie 2/1,50 € (ohne Führung)
Extras Museumsshop

Orangerieschloss und Turm, Park Sanssouci, Potsdam T (0331) 9694280
Die Neue Orangerie entstand 1851–64 als letztes Gebäude im Park Sanssouci. Auf Vorschlag Friedrich Wilhelm IV. wurde sie nach Plänen von Ludwig Persius und Friedrich August Stüler errichtet. Im Raffaelsaal sind unzählige Kopien nach Werken Raffaels ausgestellt.
Adresse Park Sanssouci, An der Orangerie 3–5, 14469 Potsdam; besucherzentrum@spsg.de, www.spsg.de
Öffnungszeiten April: Sa, So und Feiertag 10–18 Uhr, Mai bis Oktober: Di bis So 10–18 Uhr, Aussichtsturm: gleiche Öffnungszeiten
Eintrittspreise 4/3 € ermäßigt (mit Führung)/Aussichtsturm: 2 € (ohne Führung)
Extras behindertengerechter Zugang, Museumsshop: Kassenverkauf

Park Babelsberg Schloss Babelsberg und Flatowturm, Park Babelsberg, Potsdam
T (0331) 9694250 (Schloss)
Das Schloss Babelsberg war über 50 Jahre der Sommersitz Kaiser Wilhelm I. und seiner Gattin Augusta von Sachsen-Weimar. Es wurde ab 1833 von Karl Friedrich Schinkel im neogotischen Stil entworfen, ab 1844 von Ludwig Persius erweitert. Der Flatowturm im Park, 1853–1856 von Johann Heinrichs Strack dem Eschenheimer Torturm in Frankfurt/Main nachgebaut, diente zur Gästeunterbringung und steht heute zur Besichtigung offen.
Adresse Park Babelsberg 10, 14482 Potsdam; besucherzentrum@spsg.de, www.spsg.de
Anfahrt Bahn: S-Bahn, Bahnhof Babelsberg, Bus
Öffnungszeiten Schloss: April bis Oktober: Di bis So 10–18 Uhr
Eintrittspreise Schloss: 4/3,50 ermäßigt (mit Führung)/3/2,50 € ermäßigt (ohne Führung)/ Kombiticket Babelsberg/Flatowturm 4/3 € ermäßigt
Extras Information Park Babelsberg

Potsdam-Museum T (0331) 2896803/2896811, F (0331) 2896808
Das traditionsreiche Potsdam-Museum bezieht einen neuen Standort im Alten Rathaus in der Stadtmitte. Die Neueröffnung ist für das Jahr 2012 geplant. In der Übergangszeit werden Ausstellungen im Holländerhaus in der Benkertstraße und im Haus der Brandburgisch-Preußischen Geschichte gezeigt.
Adresse Am Alten Markt, 14467 Potsdam; museum-geschichte@rathaus.potsdam.de, www.potsdam.de
Anfahrt Bahn: Hauptbahnhof Potsdam, 700 m Fußweg
Öffnungszeiten Di bis So 10–18 Uhr
Eintrittspreise 4/1 € ermäßigt/6 € Partnerkarte
Extras Museumsshop: Kassenverkauf

Römische Bäder, Park Sanssouci, Potsdam T/F (0331) 9694225
Die romantische Baugruppe der Römischen Bäder wurde in den Jahren 1829–40 nach den Wünschen des Kronprinzen Friedrich Wilhelm errichtet. Mit der Planung und Ausführung des Gebäudeensembles aus Gärtnerhaus mit Teepavillon, Gehilfenhaus, Großer Laube, Arkadenhalle und Römischem Bad waren Karl Friedrich Schinkel und Ludwig Persius beauftragt.
Adresse Park Sanssouci, 14471 Potsdam; besucherzentrum@spsg.de
Öffnungszeiten Mai bis Oktober: Di bis So 10–18 Uhr
Eintrittspreise 3/2,50 € ermäßigt/Kombiticket Charlottenhof und Römische Bäder 5/4 € ermäßigt
Extras Museumsshop: Kassenverkauf

Schloss Cecilienhof, Neuer Garten, Potsdam T (0331) 9694244
Cecilienhof, 1914–1917 nach Entwürfen des Architekten Paul Schultze-Naumburg für Kronprinz Wilhelm und seine Gattin Cecilie von Mecklenburg-Schwerin errichtet, ist der letzte Schlossbau der Hohenzollern. Hier fand vom 17. Juli bis 2. August 1945 die Potsdamer Konferenz der Siegermächte des II. Weltkrieges statt.
Adresse Neuer Garten
Öffnungszeiten April bis Oktober: Di bis So 10–18 Uhr, November bis März: Di bis So 10–17 Uhr, 10. April (Karfreitag ab 11Uhr)
Eintrittspreise 6/5 € ermäßigt (mit Führung), Kronprinzensuite: 4/3 € ermäßigt (mit Führung)/ Kombinationskarte Cecilienhof: 8/6 € ermäßigt (gilt für Schloss Cecilienhof und Marmorpalais)
Extras behindertengerechter Zugang, Museumsshop

Schloss Charlottenhof, Park Sanssouci, Potsdam T (0331) 9694228
Das Schloss zwischen Dichterhain und der Rosengarten entstand 1826–29 nach Entwürfen des Kronprinzen Friedrich Wilhelm und Plänen Karl Friedrich Schinkels. Zu bewundern sind das berühmte Zeltzimmer und Wohnräume des Kronprinzenpaares.
Adresse Park Sanssouci, Geschwister-Scholl-Straße 34a, 14471 Potsdam; besucherzentrum@spsg.de, www.spsg.de
Öffnungszeiten April (Ostern): Karfreitag bis Ostermontag 10–18 Uhr, Mai bis Oktober: Di bis So 10–18 Uhr
Eintrittspreise 4/3 € ermäßigt (mit Führung)/5 € Kombiticket mit Römischen Bädern/4 € ermäßigt (gilt für Schloss Charlottenhof und Römische Bäder)
Extras Museumsshop: Kassenverkauf

Schloss Neue Kammern, Park Sanssouci, Potsdam T (0331) 9694206
Die Neuen Kammern, 1747 nach Entwürfen von Georg Wenzeslaus von Knobelsdorff als Orangerie erbaut, 1771–74 von Georg Unger zum Gästeschloss Friedrichs II. umgestaltet, enthalten Gästeappartments, den Jaspissaal, Intarsienkabinette und die Ovidgalerie.
Adresse Park Sanssouci, 14469 Potsdam; besucherzentrum@spsg.de, www.spsg.de
Öffnungszeiten April: Sa, So und Feiertag 10–18 Uhr, Mai bis Oktober: Di bis So 10–18 Uhr
Eintrittspreise 4/3 € ermäßigt (mit Führung)
Extras behindertengerechter Zugang, Museumsshop

Schloss Sanssouci, Park Sanssouci, Potsdam T (0331) 969200, -201
Das Schloss Sanssouci diente als Sommerresidenz für Friedrich den Großen. Es wurde 1745–1747 von Georg Wenzeslaus von Knobelsdorff nach Vorstellungen und Skizzen des Königs als Lustschloss über dem Weinberg errichtet und gilt als Hauptwerk deutscher Rokokoarchitektur. Ausgestellt sind Meisterwerke von Watteau, Pannini und Pesne.
Adresse Park Sanssouci
Öffnungszeiten Schlossküche inkl. Weinkeller: April bis Oktober: Di bis So 10–18 Uhr, November bis März: Di bis So 10–17 Uhr, Normannischer Trum Mai bis Oktober: Sa bis So und Feiertag 10–18 Uhr, Damenflügel: 15. Mai bis 15. Oktober: Sa, So 10–18 Uhr
Eintrittspreise 12/8 € ermäßigt (mit Führung)/Damenflügel: 2/1.50 € ermäßigt (ohne Führung) (ohne Führung)/Schlossküche: 3/2.50 € ermäßigt (ohne Führung), Normannischer Turm: 2 € (ohne Führung)
Extras behindertengerechter Zugang, Museumsshop

Stadtteilmuseum Nowaweser Weberstube und Museumsgarten, Potsdam T (0331) 707059
Fotos, Schriftstücke und historische Exponate zeigen anschaulich den Werdegang der Quartiere des einstigen Bauerndorfes Neuendorf und der Weber- und Spinnerkolonie Nowawes zur größten Industriestadt des Kreises Teltow.
Adresse Weberstube/Museumsgarten Karl-Liebknecht-Straße 23/113, 14482 Potsdam; www.potsdam.de
Anfahrt Bahn: Hauptbahnhof Potsdam, Bus/Tram
Öffnungszeiten Di und Do 13–16 Uhr und nach Vereinbarung
Eintrittspreise kostenfrei (Spenden willkommen)
Extras Stadtteilführung, Kräutergarten

Stiftung Preußische Schlösser und Gärten Berlin-Brandenburg, Potsdam T (0331) 96940, F (0331) 9694107
Adresse Stiftung Preußische Schlösser und Gärten Berlin-Brandenburg PF 601462, 14414 Potsdam; besucherzentrum@spsg.de, www.spsg.de

Theodor-Fontane-Archiv, Potsdam T (0331) 201396, F (0331) 2013970
In dem Archiv werden Handschriften, Literatur und andere Medien zu Fontane und seiner Zeit gesammelt, erschlossen und durch eine Präsenzbibliothek, durch Publikationen und Veranstaltungen der Forschung und der Öffentlichkeit zugänglich gemacht.
Adresse Große Weinmeisterstr. 46/47, 14469 Potsdam; fontanearchiv@uni-potsdam.de, www.fontanearchiv.de
Anfahrt Bahn: Hauptbahnhof Potsdam, Bus
Öffnungszeiten Mo bis Do 9–16 Uhr, Fr 9–15 Uhr

Wilhelm-Fraenger-Archiv, Potsdam T/F (0331) 621747
Die Bibliothek und Arbeitsmaterialien des Kunsthistorikers und Volkskundlers Wilhelm Fraenger in seinem einstigen Wohnhaus sind öffentlich zugänglich.
Adresse Tschaikowskiweg 4, 14480 Potsdam; info@freanger.net
Anfahrt Bahn: S 7 bis Bahnhof Griebnitzsee; Parkmöglichkeiten in der nahen Umgebung
Öffnungszeiten nach Vereinbarung

Dominikanerkloster Prenzlau – Kulturhistorisches Museum T (03984) 751041/753041/753141, F (03984) 754699
Das ehemalige Dominikanerkloster beherbergt neben dem Historischen Stadtarchiv der Stadt Prenzlau, der Stadtbibliothek und der Kulturarche das Kulturhistorische Museum, das die Kulturgeschichte der Uckermark am Beispiel der Stadt Prenzlau darstellt und einen Einblick in die mittelalterliche Klosterwelt gewährt. Des Weiteren sind Originale des klassizistischen Landschaftsmalers Jakob Philipp Hackert ausgestellt.
Adresse Uckerwiek 813, 17291 Prenzlau; museum@dominikanerkloster-prenzlau.de, www.dominikanerkloster-prenzlau.de
Anfahrt Bahn: Regionalbahn Stralsund – Prenzlau – Berlin, Bahnhof Prenzlau; Auto: A 11 Berliner Ring – Polen, Ausfahrt Gramzow/Prenzlau, von A 20 Lübeck, Ausfahrt Prenzlau Ost oder Prenzlau Süd, Bundesstraße B 198, B 109, Parkmöglichkeiten am Museum
Öffnungszeiten Di bis So 10–17 Uhr
Eintrittspreise 2/1,50 € ermäßigt
Extras behindertengerechter Zugang
Weitere Sehenswürdigkeiten St. Marienkirche, Stadtmauer mit Türmen und Wiekhäusern, Stadtpark in Prenzlau
Erholungsgebiet Uckermärkische Seenplatte, Unter- und Oberuckersee, ausgeschilderte Fahrradrouten und Wanderwege
Fremdenverkehr Stadtinformation, Zimmervermittlung, Friedrichstraße 2, 17291 Prenzlau, T (03984) 833952, F (03984) 833954, stadtinfo@prenzlau.de, www.prenzlau.de

Heimathaus Prieros T (033768) 50144
Die seit 1955 in einem historischen Fachwerkhaus untergebrachte Sammlung beinhaltet Objekte des alten Müllerhandwerks, der Fischer, der Schmiede, Ziegelarbeiter, Schiffer und der Flachsherstellung.
Adresse Prieroser Dorfaue 1, 15754 Heidesee Ortsteil Prieros

Anfahrt Bahn: Regionalbahn oder S-Bahn, Bahnhof Königs Wusterhausen, Bus bis Prieros; Auto: A 12 (Berlin – Frankfurt/Oder) Abf. Friedersdorf, Landstraße bis Prieros
Öffnungszeiten Mai bis September: Di bis Fr 11–16 Uhr, Sa, So, Feiertage 13–17 Uhr, Oktober bis April: nach Absprache, Reisegruppen, Schulklassen auf Voranmeldung
Eintrittspreise 1,50/1 € ermäßigt/1 € p.P. Gruppen/0,50 € p.P. Schulklassen
Extras behindertengerechter Zugang, Museumsshop
Weitere Sehenswürdigkeiten Botanischer Garten, Biogarten Prieros
Erholungsgebiet Naturpark Dahme-Heideseen, ausgeschilderte Rad- und Wanderwege (auch Führungen), Dampferanlegestelle, Naturwacht, Gestüt

Stadt- und Brauereimuseum Pritzwalk T (0 33 95) 30 28 02, F (0 33 95) 30 28 02
Pritzwalker Pils gibt es nicht mehr, es ist bereits museumsreif. In den ehemaligen Lagerkellerräumen der Brauerei wird informativ, anschaulich und unterhaltsam durch die Geschichte der Stadt Pritzwalk und der Region geführt. Besondere Akzente setzen die Darstellung der Entwicklung der Pritzwalker Brauerei sowie die Museumsdruckerei (in der Außenstelle des Museums in Streckenthin) aus dem frühen 20. Jahrhundert.
Adresse Mayenburger Tor 3a, 16928 Pritzwalk, museum@pritzwalk.de, www.museum-pritzwalk.de
Anfahrt Bahn: Regionalbahn, Pritzwalk-Bahnhof, 15 min Fußweg; Auto: A 24 (Berlin – Hamburg), Abf. Pritzwalk, Parkmöglichkeiten am Museum
Öffnungszeiten Di bis Fr 10–12 und 13–17 Uhr, Sa und So 13–16 Uhr
Eintrittspreise 2/1 € ermäßigt
Extras behindertengerechter Zugang, Museumsshop, Stadtinformation
Weitere Sehenswürdigkeiten Bismarck-Turm, Kathfelder Mühle, Museen Alte Bischofsburg
Fremdenverkehr Fremdenverkehrsverein Pritzwalk und Umgebung e.V., Meyenburger Tor 3 A, 16928 Pritzwalk, T (0 33 95) 70 07 03, F (0 33 95) 70 07 05, mail@pritzwalk-info.de, www.pritzwalk-info.de

Ausstellung in der «Alten Mühle», Proschim T (03 57 51) 1 21 59, F (03 57 51) 2 05 43
Über Bauweise, Technik und Technologie von Mühlen erfährt man in dem nach 1900 gebauten Mühlenanwesen. In der Ausstellung werden Geräte und Maschinen für den Ackerbau, die Viehhaltung und zur Erntegutverwertung gezeigt. Der Besucher erfährt von der harten Arbeit auf dem Feld und auf dem Bauernhof (Ernte, Flachsaufbereitung, Spinnen, Imkerei, Bevorraten, Buttern und vieles mehr).
Adresse Mühlenweg 56, 03119 Welzow Ortsteil Proschim; www.proschim-online.de
Anfahrt Bahn: Regionalbahn, Bahnhof Neupetershain, Umstieg Bus, Haltestelle Dorfmitte; Auto: B 169 (Cottbus – Senftenberg), Abzweig B 156, Abzweig Proschim
Öffnungszeiten Mo bis Fr 9–12 Uhr, vorherige Anmeldung wird empfohlen, Führung nach Vereinbarung
Eintrittspreise 1/0,50 € ermäßigt
Extras Museumsshop, Kinderservice nach Anmeldung, Bewirtung nach Anmeldung
Weitere Sehenswürdigkeiten geschlossenes Dorfensemble mit Vierseithöfen, Kirche, Kriegerdenkmal, Zollhausteich, Obstbaumlehrpfad, Bisonherde, Windkraftanlagen
Erholungsgebiet Angel- und Seerosenteich Haidemühl, Stausee Bagenz, Senftenberger See, ausgeschilderte Fahrrad- und Wanderwege
Fremdenverkehr Fremdenverkehrsverein «Region Spremberg» e.V., Zimmervermittlung, Am Markt 2, 03130 Spremberg, T (0 35 63) 45 30, F (0 35 63) 59 40 41, ti@spremberg.de; www.spremberg.de

Dorf-, Torf- und Schulmuseum Protzen T (03 39 32) 7 04 31
Exponate aus der Dorfgeschichte zu den Themen Schule und «Torfabbau und Dorfgeschichte» werden in der kleinen Ausstellung gezeigt.
Adresse Dorfstraße 73, 16833 Protzen
Anfahrt Bahn: Regionalbahn, Bahnhof Neuruppin, Bus bis Protzen; Auto: A 24 (Berlin – Hamburg), Abf. Neuruppin-Süd, B 167, Landstraße bis Protzen
Öffnungszeiten April bis Oktober: So 14–17 Uhr und nach Vereinbarung
Eintrittspreise 2 €, Kinder bis 14 Jahre frei
Extras Museumsfest am 1. Sonntag im April

Heimatstube, Putlitz T (033981) 80202, F (033981) 850017
Die Heimatstube zeigt die Wohnkultur der 1940/50er Jahr in der Region.
Adresse Ernst-Thälmann-Straße 35, 16949 Putlitz
Anfahrt Auto: A 24 (Berlin – Hamburg), Abf. Putlitz
Öffnungszeiten nach Vereinbarung
Eintrittspreise kostenfrei
Weitere Sehenswürdigkeiten Schloss Meyenburg, Königsgrab Seddin, Schlossmuseum Wolfshagen, Stadt- und Brauereimuseum Pritzwalk
Erholungsgebiet ausgeschilderte Rad- und Wanderwege in den Ruhner Bergen, Hotel/Restaurant Schloss Neuhausen

Heimatstube Raddusch T (035433) 55522
Die Ausstellung zeigt das Leben der Radduscher im 19. und 20. Jahrhundert. Eine Wohnküche und ein Wohnzimmer sind originalgetreu eingerichtet. Weiterhin wird das Handwerk der Kahnbauer, Imker, Schuster und Schneider dargestellt.
Adresse 03226 Vetschau Ortsteil Raddusch; www.raddusch-spreewald.de/heimatstube
Anfahrt Bahn: Regionalexpress, Bahnhof Raddusch; Auto: A 13 (Berlin – Dresden), A 15 Abf. Boblitz, Raddusch
Öffnungszeiten November bis März: Mo bis So 10–16 Uhr, April bis Oktober: Mo bis So 10–18 Uhr
Eintrittspreise 4,50/2,50 €

Slawenburg Raddusch T (035433) 55522, F (035433) 55523
In einem nachgebauten regionaltypischen Bodendenkmal – einer slawischen Wehranlage des 9./10. Jahrhunderts – befindet sich eine moderne Archäologie-Ausstellung. Die Ausstellung im Inneren der Wallmauer zeigt vor allem archäologische Funde und Ergebnisse der Ausgrabungen vor den Abraumbaggern der Braunkohlentagebaue der Niederlausitz. Schwerpunkte werden in der slawischen Zeit und der Bronze- und Frühen Eisenzeit gesetzt.
Adresse Zur Slawenburg 1, 03226 Vetschau/Spreewald Ortsteil Raddusch; slawenburgraddusch@ spreewald.de, www.slawenburg-raddusch.de
Anfahrt Bahn: Regionalexpress, Haltepunkt Raddusch 25 min Fußweg; Auto: BAB 15 Abfahrt Vetschau oder L 49 (ehem. B 115) Abzweig Raddusch, Parkmöglichkeiten 200 m von der Burg entfernt
Öffnungszeiten April bis Oktober: täglich 10–18 Uhr; November bis März: (Januar geschlossen) täglich 10–16 Uhr; im Januar für Gruppen nach Vereinbarung
Eintrittspreise 4,50/2,50 € Kinder (6–16 Jahre)/11 € Familien (2 Erw. und bis zu 3 Kinder bis 16 Jahre); Gruppentarife und Führungen nach Vereinbarung
Extras barrierefrei und behindertengerechter Zugang, Burgladen, Gastronomie, umfangreiche museumspädagogische Programme
Fremdenverkehr Tourismusverband Spreewald e.V., 03226 Vetschau/Spreewald Ortsteil Raddusch, Lindenstraße, T (035433) 72299, F (035433) 72228; tourismus@spreewald.de, www.spreewald.de

Bücker Luftfahrt- und Europäisches Eissegel-Museum, Rangsdorf T (033708) 920066
Das Museum ist der Rangsdorfer Luftfahrtgeschichte und der Geschichte des Eissegelns gewidmet.
Adresse Am Strand 1 (Seebad-Casino), 15834 Rangsdorf, www.buecker-museum.de
Anfahrt Bahn: Regionalbahn, Bahnhof Rangsdorf; Auto: A 10 (Berliner Ring) Abf. Rangsdorf, Rangsdorf
Öffnungszeiten Sa und So 13–17 Uhr und nach Vereinbarung
Eintrittspreise Kinder unter 6 Jahren freier Eintritt/1 € Kinder und Jugendliche von 6 bis 17 Jahren/1,50 € Erwachsene

Optik Industriemuseum Rathenow F (03385) 519030, F (03385) 519031
Das Museum bietet eine Ausstellung zur Entwicklungsgeschichte der optischen Industrie in Deutschland, die durch den Pfarrer Johann Heinrich August Duncker in Rathenow begründet wurde.
Adresse Märkischer Platz 3, 14712 Rathenow; museum@kulturzentrum-rathenow.de, www.kulturzentrumrathenow.de
Anfahrt Bahn: Regionalbahn, Bahnhof Rathenow, Umstieg Bus Richtung Hohennauen/

Rhinow; Auto: B 102 (Brandenburg – Rathenow), Rathenow, Rhinow/Bückwitz
Öffnungszeiten Di bis So 11 – 17 Uhr
Eintrittspreise 3/1,50 € ermäßigt/7 € Familienkarte/Gruppenkarten ab 8 Personen – p.P. 2/1 € Schüler; Führung 4/2 € Schüler, Führungen nach Anmeldung
Extras Museumspädagogische Angebote nach Anmeldung, behindertengerechter Zugang, Museumsshop
Weitere Sehenswürdigkeiten Stadt-, Insel-, und Weinbergwanderweg
Erholungsgebiet Schwimmhalle, Kino, Kartbahn, Rundfahrten auf der Havel
Fremdenverkehr Tourismusverband Havelland e.V., Märkischer Platz 3, 14712 Rathenow, T (0 33 85) 51 90 0, F (0 33 85) 51 90 10, info@havelland-tourismus.de, www.havelland-tourismus.de

Storchenmuseum, Rathsdorf / Altgaul T (03 34 37) 15 255
Das Wahrzeichen des Ortes, der «Storchenturm», beherbergt eine Dauerausstellung über die Weißstörche.
Adresse Storchenturm, 16269 Rathsdorf/Altgaul, www.storchenmuseum.gyf.nl
Anfahrt Bahn: Verbindung Frankfurt – Eberswalde; Auto: B 1 bis Seelow, B 167 nach Wriezen
Öffnungszeiten April bis Oktober: Mo bis Fr 10 – 17 Uhr und nach Vereinbarung
Eintrittspreise 1/0,50 € ermäßigt
Extras behindertengerechter Zugang, Museumsshop
Weitere Sehenswürdigkeiten Freilichtmuseum in Altranft

Heimatstube Rauen T (0 33 61) 30 17 11
Ein funktionstüchtiger Dreschkasten aus der Zeit um 1920, ein Gründerzeitwohnzimmer, die Küche von 1920, eine Milchkammer, in der noch vor Zeiten Milch in Butter verwandelt wurde, und Zeugnisse, die den Rauener Untertageabbau von Braunkohle zwischen 1842 und 1905 belegen, ergeben ein anschauliches Bild der Ortsgeschichte.
Adresse Andreas Simon, Chausseestraße 5, 15518 Rauen
Anfahrt Bahn: Regionalbahn bis Fürstenwalde, Bus bis Rauen oder zu Fuß 5 km; Auto: A 12 (Berlin – Frankfurt), Abzweig Fürstenwalde-Ost, Richtung Storkow
Öffnungszeiten nach Vereinbarung
Eintrittspreise kostenfrei (Spende erwünscht)
Extras Führung durch die Rauener Berge, Backnachmittage am freistehenden Backofen nach Anmeldung
Weitere Sehenswürdigkeiten eine der ältesten Dorfkirchen Brandenburgs (Wehrkirche um 1300, Rauener Steine (Markgrafensteine), Therme Bad Saarow
Erholungsgebiet Naturlehrpfad durch die Rauener Berge, Dampferfahrt auf dem Scharmützelsee

Rochow-Museum und Schulmuseum, Reckahn T (03 38 35) 6 06 72/60 88 70, F (03 38 35) 60 66 5
Im ehemaligen Wohnsitz der Adelsfamilie von Rochow bietet die Dauerausstellung «Vernunft fürs Volk. Friedrich Eberhard von Rochow (1734–1805) im Aufbruch Preußens» vielfältige Einblicke in das Wirken des berühmtesten Schlossherrn. Durch Friedrich Eberhard von Rochow wurden die Dorfschule (heute Schulmuseum) und Schloss zu einem Zentrum für aufgeklärte Zeitgenossen.
Adresse Reckahner Dorfstraße 23 bzw. 27, 14797 Kloster Lehnin, Ortsteil Reckahn, www.rochow-museum.de, schulmuseum@t-online.de
Anfahrt Auto: A 2 (Berlin – Hannover), Abf. Brandenburg, B 102 Richtung Belzig bis Rotscherlinde, über Krahne nach Reckahn
Öffnungszeiten März bis Oktober: Di bis Fr, So 10 – 17 Uhr, Sa 10 – 18 Uhr, November bis Februar: Di bis So 10 – 16 Uhr, Feiertage 10 – 17 Uhr und nach Vereinbarung
Eintrittspreise 4 € Kombiticket für beide Museen/2,50 € ermäßigt/2,50 € p.P. Gruppenticke (ab 10 Personen)/1,50 € p.P. Schulklassen incl. Führung
Extras behindertengerechter Zugang, Museumsshop u. a. Verkauf eines Reprints des Ersten Volksschullesebuches: «Der Kinderfreund» (1776) von F. E. von Rochow
Weitere Sehenswürdigkeiten Kirche, historisches Steinpyramiden-Denkmal
Erholungsgebiet Reiterhof mit Kremserfahrten, Fahrradrouten und Wanderwege

Eisenbahnmuseum, Rheinsberg T (01 70) 2 13 56 30
Im ehemaligen Lokschuppen des Bahnhofs Rheinsberg erfahren Eisenbahnfans viel über die

Geschichte der Bahnlinie Löwenberg-Rheinsberg, über die frühere Strecke nach Flecken-Zechlin und über die Anschlussbahn zum Kernkraftwerk.
Adresse Damaschkeweg, 16831 Rheinsberg; www.rheinsberg.de
Anfahrt Bahn: Regionalbahn, Bahnhof Rheinsberg; Auto: A 24 (Berlin – Hamburg) Abf. Neuruppin, B 167, Landtsraße bis Rheinsberg
Öffnungszeiten Di 14–18 Uhr
Eintrittspreise 2 €
Fremdenverkehr Touristinformation, Kavalierhaus/Markt, 16831 Rheinsberg, T (03 39 31) 20 59, F (03 39 31) 3 47 04, tourist-information@rheinsberg.de

Keramikmuseum, Rheinsberg T/F (03 39 31) 3 76 31
Seit 1762 wird in Rheinsberg Keramik produziert. Das Museum zeigt die Geschichte der berühmten Rheinsberger Teekanne.
Adresse Kirchplatz 1, 16831 Rheinsberg; www.rheinsberg.de
Anfahrt Bahn: Regionalbahn, Bahnhof Rheinsberg; Auto: A 24 (Berlin – Hamburg) Abf. Neuruppin, B 167, Landtsraße bis Rheinsberg
Öffnungszeiten November bis März: Mi bis Sa sowie Mo 12–17 Uhr, So 12–16 Uhr, April bis Oktober: Mi bis Sa sowie Mo 10–18 Uhr, So 12–17 Uhr
Eintrittspreise 2,50/2 € Kinder/15 € Gruppenführung/10% Rabatt bei Gruppen ab 4 Personen

Kurt Tucholsky Literaturmuseum, Schloss Rheinsberg T (03 39 31) 3 90 07
Das Museum widmet sich Leben und Werk des Schriftstellers und Herausgebers der «Weltbühne» Kurt Tucholsky. Sonderausstellungen zu zeitgenössischer Bildender Kunst sind fester Bestandteil des Museums. Das Schloss Rheinsberg wurde ab 1734 für Kronprinz Friedrich II. errichtet. Georg Wenzeslaus von Knobelsdorff übernahm die Planung einer U-förmigen Anlage von dem kurmärkischen Baudirektor Johann Gottfried Kemmeter. Nach seinem Regierungsantritt schenkte Friedrich II. das Schloss 1744 seinem Bruder Prinz Heinrich, der es 50 Jahre lang bewohnte.
Adresse Schloss Rheinsberg, 16831 Rheinsberg; Literaturmuseum: mail@tucholsky-museum.de, www.tucholskymuseum.de; Schloss: www.spsg.de
Anfahrt Bahn: Regionalbahn, Bahnhof Rheinsberg, Schloss; Auto: A 24 (Berlin – Hamburg) Abf. Neuruppin, B 167, Landtsraße bis Rheinsberg, Parkmöglichkeiten am Schlosspark
Öffnungszeiten Literaturmuseum: April bis Oktober: Di bis So 10–17.30 Uhr, November bis März: Di bis So 10–16.30 Uhr (Mittagspause 12.30–13 Uhr); Schloss: April bis Oktober: Di bis So 10–18 Uhr, November bis März: Di bis So 10–17 Uhr
Eintrittspreise Literaturmuseum: 3/2 € ermäßigt/6 € Familienkarte/1 € p.P. Schulklassen; Schloss: 6/5 € ermäßigt (mit Führung oder Audioguide)/4/3 € ermäßigt (ohne Führung), die Karten haben auch für das Literaturmuseum Gültigkeit
Extras Museumsshop, Sonderausstellungen zu zeitgenössischer Kunst, Lesungen, Parkführungen

Alte Schule Ribbeck T (03 32 37) 8 54 58, F (03 32 37) 8 58 39
In der ehemaligen evangelischen Dorfschule wird die Geschichte der Schule sowie das Leben ihrer Schüler gezeigt und erforscht.
Adresse Am Birnbaum 3, 14641 Ribbeck; foerderverein-vief@t-online.de, www.touristeninformation-ribbeck.de
Anfahrt Bahn: Regionalbahn, Bahnhof Nauen, Bus bis Ribbeck; Auto: B 5 (Nauen – Kyritz) bis Ribbeck
Öffnungszeiten April bis Oktober: täglich 10–18 Uhr, November bis März: täglich 10–17 Uhr
Eintrittspreise kostenfrei/20 € Führungen bzw. 1 € p.P. für Gruppen ab 20 Personen
Extras Tourismusinformation, Museumsshop, Museumscafé
Fremdenverkehr Tourismusverband Havelland e.V., Märkischer Platz 3, 14712 Rathenow, T (0 33 85) 51 90 0, F (0 33 85) 51 90 10, info@havelland-tourismus.de, www.havelland-tourismus.de

Heimatstube Rießen T (03 36 54) 47 15
Die Geschichte des Ortes, die Land- und Forstwirtschaft, das Handwerk und die Bergbaugeschichte von Rießen wird in der Ausstellung gezeigt.
Adresse Fünfeichener Weg 49,15890 Siehdichum Ortsteil Rießen; www.heimatverein-riessen.de
Anfahrt Bahn: Regionalbahn bis Frankfurt/Oder, Bus bis Rießen; Auto: A 12 (Berlin –

Frankfurt), Abzweig Müllrose, Richtung Müllrose, Rießen
Öffnungszeiten So 14–17 Uhr und nach Vereinbarung
Eintrittspreise kostenfrei (Spenden sind willkommen)
Weitere Sehenswürdigkeiten Fachwerkkirche aus dem 16. Jahrhundert

Dorfmuseum Ringenwalde T (03 98 81) 4 91 31
Bäuerliche Gerätschaften sowie Mobiliar vom 18. bis zum 20. Jahrhundert geben Einblick in die Arbeits- und Wohnwelt des Dorfes Ringenwalde.
Adresse Dorfstraße 24, 17268 Temmen – Ringenwalde
Anfahrt Bahn: Regionalbahn, Bahnhof Britz, Bus nach Ringenwalde; Auto: A 11 (Berlin – Prenzlau), Abf. Joachimsthal, Richtung Ringenwalde
Öffnungszeiten März bis Oktober: Sa, So 10–14 Uhr und nach Vereinbarung
Eintrittspreise kostenfrei
Weitere Sehenswürdigkeiten Kirche (13. Jh.), Pavillon, Kapelle, Hügelgräber in Ringenwalde, Kurort Templin, Kloster Chorin, Schiffshebewerk Niederfinow, Klostermühle Boitzenburg
Erholungsgebiet Biosphärenreservat Schorfheide/Chorin, Waldstadt Eberswalde mit Tierpark, Werbellinsee, Wildpark Schorfheide in Groß Schönebeck
Fremdenverkehr Informationszentrum Ringenwalde im Dorfmuseum

Museumspark Rüdersdorf T (03 36 38) 7 74 60/7 74 45, F (03 36 38) 7 74 66
Im «Haus der Steine» informiert eine Dauerausstellung über die Geologie der Kalklagerstätte Rüdersdorf, gewährt einen Blick in das «Bilderbuch der Erdgeschichte». Der Museumspark bietet historische und geologische Führungen durch den ehemaligen Tagebau, das Sammeln von Fossilien, medienpädagogische Angebote und Landrover- und Mountainbiketouren.
Adresse Heinitzstraße 11, 15562 Rüdersdorf (Zugang über den ehemaligen Tagebau) kontakt@museumspark.de; www.museumspark.de
Anfahrt Bahn: S-Bahn, Station Friedrichshagen, Straßenbahnlinie 88, Heinitzstraße; Auto: A 10 (Berliner Ring), Abf. Rüdersdorf, Parkmöglichkeiten vor dem Museum
Öffnungszeiten täglich 10–18 Uhr
Eintrittspreise 4/8 € Familienkarte/2 € Führungen/16 € Jahreskarte/13 € Sonderführungen
Extras behindertengerechter Zugang, Museumsshop, Museumscafé, Bildhauern, Hausbauen, Mosaikarbeiten, Fossilienabdrücke, Höhlenmalerei für Kinder im Sommer
Weitere Sehenswürdigkeiten Woltersdorfer Schleuse, Aussichtsturm
Erholungsgebiet Strausberger Wald- und Seengebiet
Fremdenverkehr Tourist-Information «Oderbruch» e.V. Seelow, Berliner Straße 1–3, 15306 Seelow, www.oderbruch-tourismus.eu, T (0 33 46) 84 98 08, F (0 33 46) 84 98 07

Deutsches Schweinemuseum Ruhlsdorf T (0 33 28) 43 61 05, F (0 33 28) 43 61 18
Hier erfährt man vieles über die Schweinehaltung in Deutschland, erhält Einblick in Fütterung, Haltung und Besamung der Tiere. Züchterpersönlichkeiten werden vorgestellt. Kulturhistorische Details rund ums Schwein ergänzen die Ausstellung.
Adresse Dorfstraße 1, 14513 Teltow, Ortsteil Ruhlsdorf (Zugang über das Gelände der Landesanstalt für Landwirtschaft Brandenburg), www.deutsches-schweinemuseum.de, schweinemuseum@aol.com
Anfahrt Bus: Potsdam über Teltow; Buslinie Berlin-Wannsee/Krumme Lanke/Zehlendorf; S-Bahn 26 bis Teltow- Stadt, dann Bus bis Ruhlsdorf; Auto: A 10 (Berliner Ring), Abf. Potsdam, B 101
Öffnungszeiten Do 11–17 Uhr, Juni bis September: jeden ersten So 11–17 Uhr und nach telefonischer Anmeldung
Eintrittspreise 1,50/1 € ermäßigt, Kinder bis 14 Jahre frei, bei Führungen zus. 1 €
Extras behindertengerechter Zugang, Informationsstand
Weitere Sehenswürdigkeiten Kirche und Friedhof in Ruhlsdorf

Bauernmuseum Rühstädt T (03 87 91) 80 17 30
Flachsanbau, Leinenweberei und Tabakverarbeitung werden im Museum vorgestellt. In der Bauernküche erfährt man über Milchwirtschaft, über Kochbücher und bäuerlichen Alltag. Die «gute Stube» von 1880 erzählt von familiären Fest- und Feiertagen.
Adresse Rühstädter Dorfstraße 16, 19322 Rühstädt
Anfahrt Bahn: Regionalbahn, Bahnhof Bad Wilsnack, Umstieg Bus nach Rühstädt; Auto:

B 107 (Genthin – Pritzwalk), Havelberg/Landstraße Richtung Bad Wilsnack, Abzweig Legde, Abbendorf, Rühstädt; Parkmöglichkeiten vorhanden
Öffnungszeiten April bis August: Di bis So 11 – 17 Uhr und nach telefonischer Vereinbarung
Eintrittspreise kostenfrei (Spende erwünscht)
Extras historische Dorfführung, Kirchenführung (nach Vereinbarung)
Weitere Sehenswürdigkeiten storchenreichstes Dorf Deutschlands und europäisches Storchendorf, NABU-Zentrum Rühstädt mit Weißstorchausstellung (hier Fachliteratur zum Storch), Besucherinformationszentrum der Naturwacht in Rühstädt; Wunderblutkirche Bad Wilsnack, Havelberger Dom
Erholungsgebiet Brandenburger Elbtalaue, ausgeschilderte Rad- und Wanderwege, Cafe, Gaststätte, Hotel im Ort, Baden in Naturteichen, Urlaub auf dem Bauernhof
Fremdenverkehr Tourismusverein Oderbruch Wriezen, Freienwalder Str. 50, 16269 Wriezen, T (03 34 56) 4 91 96; red@oderbruch-online.de

Storchenhaus Rühstädt T (03 87 91) 67 03
Im Storchenhaus erwartet den Besucher viele Informationen rund um den Storch. Während der Storchensaison besteht die Möglichkeit einem Storch ins Nest zu schauen.
Adresse Storchenclub Rühstädt e.V., Am Schloss 5, 19322 Rühstädt; www.storchenclub.de
Anfahrt Bahn: Regionalbahn, Bahnhof Bad Wilsnack, Umstieg Bus nach Rühstädt; Auto: A 24 (Berlin – Hamburg) Abf. Neuruppin, B 167, B 5, Richtung Bad Wilsnack, Rühstädt
Öffnungszeiten April bis August: Mo bis Fr 8 – 17 Uhr, Sa, So 12 – 17 Uhr, Führungen immer So um 14 Uhr und nach Vereinbarung
Eintrittspreise kostenfrei (Spende erwünscht/1,50 € p.P. bei angemeldeten Führungen
Extras Storchen-, Dorf- und Kirchenführung
Weitere Sehenswürdigkeiten storchenreichstes Dorf Deutschlands und europäisches Storchendorf

Dorfmuseum Sacro T (0 35 62) 66 20 53
Das Museum zeigt Zeugnisse dörflichen Alltags in den nördlichen Ortsteilen von Forst (Lausitz) sowie den östlich der Neiße gelegenen Dörfern. Hervorzuheben ist ein Fundus von historischen Originalfotografien aus den umliegenden Ortschaften.
Adresse Dorfstraße 4, 03149 Forst (Lausitz) Ortsteil Sacro
Anfahrt Auto: A 15 (Berlin-Cottbus), Abf Forst Richtung Guben bis Sacro
Öffnungszeiten März bis November: So 14 – 17 Uhr und nach Vereinbarung
Eintrittspreise kostenfrei
Extras behindertengerechter Zugang, Museumsshop, Museumspädagogik

Heimatmuseum im Schloss Sallgast T (03 53 29) 5 55 75/2 73
In drei Räumen wird die Geschichte des Ortes und des Schlosses Sallgast von der Urgeschichte bis zur Gegenwart gezeigt.
Adresse Parkstr. 3, 03238 Sallgast; bernd.guettes@gmx.de
Anfahrt Bahn: Regionalbahn, Bahnhof Senftenberg, Bus nach Sallgast; Auto: A 13 (Berlin – Dresden) Abf. Großräschen, B 96 bis Sallgast
Öffnungszeiten nach Vereinbarung
Eintrittspreise 1,50 €
Extras Schlossführung, Restaurant im Schloss, Vermietung einer Hochzeitssuite
Weitere Sehenswürdigkeiten Schlosspark

Heimatstube Schernsdorf T (03 36 06) 46 18/7 03 62
Die Ausstellung erzählt die Geschichte des Ortes und des Schlaubetals. Themen sind u. a. das ländliche Leben und die Land- und Forstwirtschaft.
Adresse Kupferhammerstraße 8, 15890 Siedichum Ortsteil Schernsdorf
Anfahrt Bahn: Regionalbahn bis Frankfurt/Oder, Bus bis Schernsdorf; Auto: A 12 (Berlin – Frankfurt), Abzweig Müllrose, Richtung Petershagen
Öffnungszeiten Mai bis September: Mi und Sa 10 – 12 Uhr und nach Vereinbarung
Eintrittspreise kostenfrei
Extras Führungen im nahe gelegenen Jägerhaus

Fontanehaus und Heimatstuben Schiffmühle T (0 33 44) 33 37 73/57 85
Louis Henri Fontane, der Vater Theodor Fontanes (1819–1898), lebte seit 1855 bis zu seinem Tode 1867 in Schiffmühle. Sein kleines, schön rekonstruiertes Haus ist heute Museum und widmet sich dem Wirken des erfolgreichen Schriftstellers im Oderbruch und beleuchtet darüberhinaus die Beziehungen zwischen Vater und Sohn.
Adresse Dorfstraße 3, 16259 Bad Freienwalde Ortsteil Schiffmühle
Anfahrt Bahn: Regionalbahn bis Bad Freienwalde, dann Bus oder Spaziergang; Auto: A 10 (Berliner Ring) Abf. Berlin Hohenschönhausen, B 158 Richtung Bad Freienwalde, Bad Freienwalde, Schiffmühle
Öffnungszeiten April bis Oktober: Mi, Do, Sa, So 11–16 Uhr, sonst nach Vereinbarung
Eintrittspreise kostenfrei (Spende erwünscht)
Extras Museumsshop
Weitere Sehenswürdigkeiten Altes Chausseehaus (Karl Friedrich Schinkel), Schöpfwerk und Friedhof mit der Grabstätte von Louis Henri Fontane in Neutornow, Oderlandmuseum, Schlossbund Naturparkmuseum in Bad Freienwalde
Erholungsgebiet Märkische Schweiz, Oderbruch, ausgeschilderte Rad- und Wanderwege

Agrarhistorisches Museum Schlepzig T (03 54 72) 2 25, F (03 54 72) 6 40 24
Mit einer Sammlung von landwirtschaftlichen Klein- und Großgeräten aus dem Zeitraum von 1900 bis 1980 verdeutlicht das Museum technische Entwicklungen der Landwirtschaft vom Deutschen Kaiserreich bis in die jüngste Vergangenheit. Ein komplett eingerichtetes Wohnhaus, das im Jahre 1818 erbaut wurde, steht zur Besichtigung offen.
Adresse Dorfstraße 26, 15910 Schlepzig; mail@bauernmuseum-schlepzig.de, www.bauernmuseumschlepzig.de
Anfahrt Bahn: Regionalbahn, Bahnhof Lübben, Bus bis, Schlepzig-Kirche; Auto: A 13 (Berlin – Dresden) Abf. Staakow, Landstraße bis Schlepzig
Öffnungszeiten April bis Oktober: täglich 10–16 Uhr, November bis März: Di bis Fr 10–16 Uhr und nach Vereinbarung
Eintrittspreise 2,80/2,30 € ermäßigt/1,20 € Kinder bis 14 Jahre/2,30 p.P. bei Gruppen von 10 bis 25 Personen/25 € Führung
Extras behindertengerechter Zugang, Museumsshop, thematische Führungen, Schaubacken
Weitere Sehenswürdigkeiten lohnende Ortsbesichtigung (Fachwerkkirche, Feuerwehrmuseum, Alte Mühle mit Schaumahlen, Privatbrauerei mit Verkostung, Ausstellung Biosphärenreservat Spreewald)
Erholungsgebiet ausgeschilderte Rad- und Wanderwege, Paddelbootverleih, Kutsch- und Kremserfahrten, Kahnfährhafen
Fremdenverkehr Tourist-Information Unterspreewald, Tourist – Info, Dorfstr. 26, 15910 Schlepzig, T (03 54 72) 6 40 25, F (03 54 72) 6 40 24; tourismus@t-online.de

Feuerwehrmuseum Schlepzig T (03 54 72) 6 40 25
Das alte Feuerwehrhaus zeigt eine ausgewählte Sammlung von historischen Löschgeräten des 20. Jahrhunderts.
Adresse Dorfstraße 78, 15910 Schlepzig
Anfahrt Bahn: Regionalbahn, Bahnhof Lübben, Bus bis, Schlepzig; Auto: A 13 (Berlin – Dresden) Abf. Staakow, Landstraße bis Schlepzig
Öffnungszeiten nach Vereinbarung für Gruppen
Eintrittspreise kostenfrei (Spende erwünscht)

Historische Getreidemühle Schlepzig T (01 71) 4 32 86 38
Die 1740 erbaute und 1995 restaurierte Getreidemühle an der Spree war ursprünglich 1771 als Dreifachmühle (Korn-, Öl- und Schneidemühle) nach dem großen Brand von 1769 errichtet worden. Sie befindet sich an der Staustelle des 1374 erwähnten «Eisenhammers von Schlepzig».
Adresse Dorfstraße 51, 15910 Schlepzig; www.spreewald-führungen.de
Anfahrt Bahn: Regionalbahn, Bahnhof Lübben, Bus bis Schlepzig; Auto: A 13 (Berlin – Dresden) Abf. Staakow, Landstraße bis Schlepzig
Öffnungszeiten April bis September: Sa, So 10–16 Uhr sowie für Gruppen nach Vereinbarung
Eintrittspreise 1,50 € p.P. bei Gruppen ab 10 Personen/1 € p.P. bei Kinder- und Schulgruppen
Extras Mühlenbrot und Müsli zu kaufen

Drandorfhof Schlieben T (03 53 61) 8 16 99, F (03 53 61) 3 56 30
Der aus Gutshaus, Kornspeicher und Stallanlagen bestehende Vierseithof gibt einen Einblick in die ländlichen Wohn- und Arbeitsverhältnisse des 18. und 19 Jahrhunderts. Im Speicher des ehemaligen Rittergutes können landwirtschaftliche Geräte besichtigt werden, eine Schauapotheke bietet eine Vielzahl heimischer Kräuter und Heilpflanzen zur Ansicht.
Adresse Ritterstraße 8, 04936 Schlieben; www.schliebener-land.de
Anfahrt Bahn: Regionalbahn, Bahnhof Doberlug-Kirchhain, Bus nach Schlieben; Auto: A 13 (Berlin – Dresden) Abf. Duben, B 87 bis Schlieben
Öffnungszeiten Mo bis Fr 8 – 17 Uhr, Mai bis Oktober: zusätzlich Sa, So 10.30 – 16.30 Uhr und nach Vereinbarung
Eintrittspreise kostenfrei
Extras behindertengerechter Zugang, Museumsshop
Weitere Sehenswürdigkeiten lohnende Ortsbesichtigung (Stadtkirche St. Martin, Martinsturm, Gruftanlage, Historische Weinkeller, Weinwanderweg) Bockwindmühle und barokke Dorfkirche Lebusa, Weißgerbermuseum Doberlug-Kirchhain, Höllberghof Langengrassau
Erholungsgebiet Körbaer Teich mit Abenteuerspielplatz und Bootsverleih, Naturlehrpfad, «Kiebitz», ausgeschilderte Rad- und Wanderwege
Fremdenverkehr Touristinformation Schlieben im Museum

Spargelmuseum Beelitz in Schlunkendorf T/F (03 32 04) 4 21 12
Das Spargelmuseum verweist auf die gesundheitliche Bedeutung der Pflanze und erläutert Technologie, Geschichte und wirtschaftliche Tragweite des Beelitzer Spargelanbaus. Es zeigt Kuriosa des Spargels in der Kunst.
Adresse Kietz 36, 14547 Beelitz Ortsteil Schlunkendorf, www.beelitzer-spargelverein.de
Anfahrt Bahn: Regionalbahn, Beelitz-Heilstätten/Beelitz, Umstieg Bus, Schlunkendorf; Auto: B 246 (Belzig – Zossen) Beelitz, Abzweig Schlunkendorf
Öffnungszeiten April bis Juni: täglich 10 – 16 Uhr, Juli bis März nach Voranmeldung
Eintrittspreise 1,50/1,20 € ermäßigt, ab 12 Personen 1,20 €
Extras behindertengerechter Zugang, Museumsshop, Cafe im Museum (u. a. leichte Spargelgerichteund -getränke) Führungen über Spargelfelder, Besuche von Spargelhöfen
Weitere Sehenswürdigkeiten Beelitz (mittelalterlicher Stadtkern, Heimatmuseum, Beelitz-Heilstätten (ca. 60 denkmalgeschütze Gebäude)
Erholungsgebiet Naturpark Nuthe-Nieplitz, Naturschutzgebiet Nuthe-Nieplitz-Niederung, Seddiner See, ausgeschilderte Wander-, Reit- und Radwege
Fremdenverkehr Informationen über Stadtverwaltung Beelitz, Berliner Straße 202, 14547Beelitz, T (03 32 04) 3 91 53; www.beelitz.de; www.potsdam-mittelmark.de

Schmiede- und Bauernmuseum, Schmargendorf T (0 33 31) 2 12 41
In der ehemaligen Schmiede können Zeugnisse des Schmiedehandwerks und der Dorfgeschichte besichtigt werden.
Adresse Schmiededamm 8, 16278 Schmargendorf; www.landverein-schmargendorf.de
Anfahrt Bahn: Regionalbahn, Bahnhof Angermünde, Bus nach Schmargendorf; Auto: A 11 (Berlin – Prenzlau), Abf. Joachimsthal, Richtung Angermünde, Schmargendorf
Öffnungszeiten nach Vereinbarung
Eintrittspreise 1 €

Heimatstube Schmerkendorf T (03 53 65) 26 71
Das Leben und Wirken des Lehrers, Chronisten, Kantors und Forschers Fritz Stoy steht im Mittelpunkt der Ausstellung, die über die Dorf- und Schulgeschichte Schmerkendorfs informiert.
Adresse Heimatstube im alten Pfarrhaus, Hauptstraße 26, 04895 Schmerkendorf
Anfahrt Auto: A 13 (Berlin – Dresden) Abf. Duben, B 87 bis Falkenberg, Schmerkendorf
Öffnungszeiten nach tel. Vereinbarung
Eintrittspreise kostenfrei (Spende erwünscht)
Extras evangelische Begegnungsstätte mit Veranstaltungen
Weitere Sehenswürdigkeiten Waldpark mit Naturlehrpfad, Eisenbahnmuseum Falkenberg, Heimatstube Wahrenbrück, Technisches Museum Brikettfabrik Domsdorf
Erholungsgebiet «Kiebitz» Falkenberg (See, Campingplatz, Wassersportmöglichkeiten, Inline-Skater-Anlage, Schildbürger-Spielplatz, Ziegengehege, Fahrradverleih usw.); Landschaftsschutzgebiet «Schweinert» (mit größtem mitteleurop. Hügelgräberfeld/642 Grabhügel)

Museum für Heimatgeschichte – Heimathaus Schöneiche T (030) 6491105, F (030) 6498875
Das Heimathaus dokumentiert die Geschichte des Ortes und der angeschlossenen Siedlungen, es bewahrt eine Sammlung von Ausgrabungsfunden und veranschaulicht mittels Mobiliar und Haushaltsgegenständen die Lebensbedingungen der Tagelöhnerfamilien im 18. Jh.
Adresse Dorfaue 8, 15566 Schöneiche (Das Heimathaus ist im Ortszentrum gelegen); www.schoeneiche-bei-berlin.de
Anfahrt Bahn: S-Bahn, Station Berlin-Friedrichshagen, Umstieg in Tram; Auto: A 10 (Berliner Ring), Abf. Rüdersdorf, Schöneiche, Schöneiche-Dorfaue, Parkmöglichkeiten vor dem Heimathaus
Öffnungszeiten Mi bis Fr 9–12/13–17 Uhr, Sa, So 10–12/13–16 Uhr
Eintrittspreise 1 €
Extras Museumsshop
Weitere Sehenswürdigkeiten Gerhard-Hauptmann-Museum und Heimatmuseum Erkner, Museumspark Rüdersdorf, ehemalige Schlosskirche, Historischer Raufutterspeicher
Erholungsgebiet Müggelsee, Berliner Forst, Müggel-Spree-Wanderweg
Fremdenverkehr Tourismus-Information, Zimmervermittlung im Haus unter o. g. T/F

Schul- und Heimatmuseum Schönermark T (033335) 41354
Das Museum veranschaulicht Leben und Arbeiten auf dem Land im 19./20. Jahrhundert, erzählt über die ländliche Einklassenschule, dokumentiert die lokale Entwicklung von der LPG-Gründung bis zur Großraumwirtschaft.
Adresse Dorfanger 8, 16278 Mark Landin Ortsteil Schönermark
Anfahrt Bahn: Regionalbahn, Bahnhof Prenzlau, Umstieg Bus, Schönermark; Auto: A 11 (Berlin – Prenzlau), Abf. Pfingstberg, Schönermark
Öffnungszeiten Mo bis Fr 10–17 Uhr und nach Vereinbarung
Eintrittspreise 1 €
Weitere Sehenswürdigkeiten Chorturmkirche Schönermark, Briesenbrow (Geburtsort des Schriftstellers Ehm Welk), Heimatmuseum und Ehm-Welk-Literaturmuseum Angermünde
Erholungsgebiet Biosphärenreservat Schorfheide-Chorin, Nationalpark «Unteres Odertal», Wolletzsee (Strandbad, Bootsverleih, Fahrradverleih, Campingplatz)
Fremdenverkehr Tourismusverein Angermünde e.V., Brüderstrasse 20, 16278 Angermünde, T (03331) 297660, F (03331) 297661; info@angermuende-tourismus.de

Heimatstube Schwarzheide T (035752) 50450
Die Heimatstube befindet sich im Gebäude der einstigen Einklassenschule von 1894. Mit zahlreichen Exponaten wie einer 1500 Jahre alten Buckelurne, Haus- und Küchengeräten, alten regionalen Landkarten, Beständen der zwei ehemaligen Brikettfabriken wird lokale Alltagsgeschichte lebendig. Die Außenstelle Schwarzheide des KZ Sachsenhausen ist Thema einer gesonderten Ausstellung.
Adresse Dorfaue 3, 01987 Schwarzheide, www.heimatverein-schwarzheide.de, webmaster@heimatverein-schwarzheide.de
Anfahrt Bahn: Regionalbahn, Bahnhof Ruhland, Umstieg Buslinie, Schwarzheide; Auto: A 13 (Berlin – Dresden), Abf. Ruhland/Schwarzheide, Schwarzheide, Parkmöglichkeiten an der Dorfaue.
Öffnungszeiten jeder 2. und 4. So im Monat 14–17 Uhr
Weitere Sehenswürdigkeiten Fachwerkskirche am Ort, Kunstgußmuseum Lauchhammer
Erholungsgebiet Hochkippe Schwarzheide (Wander- und Radwege, Panoramablick), Segelflugplatz Schwarzheide/Schipkau; Senftenberger See, Lausitzring Klettwitz

Stadtmuseum Schwedt (Oder) T (03332) 23460, F (03332) 836301
Das Stadtmuseum bewahrt Zeugnisse zur Ur- und Frühgeschichte, alte Ansichten der einstigen Residenzstadt, informiert über die Geschichte des in der Uckermark typischen Tabakanbaus und macht mit weniger bekannten Aspekten der Stadtgeschichte bekannt wie z. B.der jüdischen Geschichte.
Adresse Jüdenstrasse 17, 16303 Schwedt/Oder; www.schwedt.eu/stadtmuseum
Anfahrt Bahn: Regionalbahn, Hbhf. Schwedt, 10 min Fußweg; Auto: A 11 (Berlin – Stettin) Abf. Joachimsthal, B 198, Schwedt
Öffnunsgzeiten Di bis Fr 9–17 Uhr, So 14–16 Uhr
Eintrittspreise 2/1 € ermäßigt/5 € Familienkarte/1,50 € p.P. Gruppen ab 8 Personen/15 € Führung

Weitere Sehenswürdigkeiten Kirche der französisch-reformierten Gemeinde Schwedt (Berlischky-Pavillon), Besucherzentrum Nationalpark Unteres Odertal im Lenné-Park Criewen, jüdisches Ritualbad (Mikwe), Tabakmuseum Vierraden
Erholungsgebiet Nationalpark Unteres Odertal, Uferradweg (60 km am Nationalpark), Spaßbad «AquariUM»
Fremdenverkehr Tourismusverein «Am Unteren Odertal» e.V., Tourist-Information, Vierradener Straße 36, 16303 Schwedt/Oder, T (0 33 32) 25 59 10, F (0 33 32) 25 59 59; www.unteresodertal.de

Schwerzkoer Mühle, Schwerzko T (03 36 55) 5 98 66
Schauvorführungen in der letzten funktionstüchtigen Sägemühle im Oder-Spree-Seengebiet bewahren lebendig das traditionelle Müllerhandwerk.
Adresse Schwerzkoer Straße 41, 15898 Neuzelle Ortsteil Schwerzko
Anfahrt Bahn: Regionalbahn Berlin – Frankfurt/Oder – Cottbus, Bahnhof Neuzelle, 6 km Fahrradweg; Auto: A 12 (Berlin – Frankfurt) Abf. Müllrose, B 112, Abzweig Neuzelle
Öffnungszeiten Sa, So ab 11 Uhr und nach Voranmeldung
Eintrittspreise frei
Extras Museumsshop mit regionalen Produkten, naturnaher Unterricht, Ferienprogramme
Weitere Sehenswürdigkeiten Kloster und Strohhaus Neuzelle
Erholungsgebiet Dorchetal, Anbindung an Wanderwegnetz, Schlaubetal

Kleines Museum in der Kulturscheune Seehausen T (03 37 41) 8 09 06/6 97 10 (Gemeindeverwaltung), F (03 37 41) 8 09 04
Das «Kleine Museum» beherbergt eine Schusterwerkstatt, Gebrauchsgegenstände aus der Zeit um 1900 und ein Trachtenzimmer des Trachtenvereins «Fläming» Seehausen e.V.
Adresse Dorfstr. 2, 14913 Seehausen,
Anfahrt Auto B 101 (Berlin-Jüterbog) bis Jüterbog, Landstraße nach Marzehna/Dennewitz
Öffnungszeiten nach Vereinbarung
Eintrittspreise kostenfrei
Weitere Sehenswürdigkeiten Kulturzentrum Niedergörsdorf, Dennewitz: Bockwindmühle, Dorfkirche, Denkmäler der Befreiungskriege, ehem. Fliegertechnische Schule, Stadtmuseum Jüterbog im Abtshof, Kloster Zinna
Erholungsgebiet Freibad Oehna, Flämingskate
Fremdenverkehr Touristinformation Niedergörsdorf, T (03 37 41) 8 09 06, F (03 37 41) 8 09 04, Kastanienallee 21, 14913 Niedergörsdorf/Ortsteil Flugplatz; www.niedergörsdorf.de

Gedenkstätte und Museum Seelower Höhen, Seelow T (0 33 46) 5 97, F (0 33 46) 5 98
Diese Stätte erinnert an die letzte Schlacht des Zweiten Weltkrieges in Europa im Frühjahr 1945. Die Einheit von sowjetischem Ehrenmal und Kriegsgräberstätte sowie Gedenkstätte und Museum unterstreichen die internationale Bedeutung dieses authentischen Ortes.
Adresse Küstriner Straße 28a, 15306 Seelow, www.gedenkstaette-seelower-hoehen.de
Anfahrt Bahn: Regionalbahn 60, Bahnhof Seelow (Mark), 300 m Fußweg Auto: B 1 (Berlin – Küstrin-Kietz/Kostrzyn), B 167 (Frankfurt (O) – Eberswalde) Parkmöglichkeiten kostenlos
Öffnungszeiten Di bis So 10 – 17 Uhr (November bis März: bis 16 Uhr) und nach. Vereinbarung
Eintrittspreise 3/1,50 € ermäßigt/6 € Familienkarte/2,50 € Fotoerlaubnis/Gruppenführungen (nach Vereinbarung) 25 € Aufschlag pro Gruppe Extras: Militärhistorische Weiterbildungen nach Voranmeldung; mehrmals im Jahr Vorträge, Exkursionen u. a. Veranstaltungen; Museumsshop; Gepäckaufbewahrung für Radfahrer,
Fremdenverkehr Tourist-Information «Oderbruch» e.V. Seelow, Berliner Straße 1 – 3, 15306 Seelow, www.oderbruch-tourismus.eu T (03346) 84 98 08, F (0 33 46) 84 98 07

Museum in der Festungsanlage Senftenberg T (0 35 73) 26 28, F (0 35 73) 14 78 79
Diese beeindruckende Renaissanceanlage war bis 1815 Sachsens Festung im heutigen Brandenburg. Das militärhistorische Bauwerk stellt eine Rarität unter den Festungsanlagen Deutschlands dar und beherbergt heute Ausstellungen zur Historie von Schloss und Festung sowie der Regional- und Industriegeschichte im Lausitzer Seenland. Eine Lausitzer Kunstsammlung mit Malerei, Grafik und Plastiken und ein begehbaren Bergwerksstollen komplettieren den Besuch zu einem einmaligen Erlebnis.
Adresse Schloss, 01968 Senftenberg; museum-senftenberg@museum-osl.de, www.museum.

oslonline.de; www.kunstsammlung-lausitz.de, www.schloss-festung-senftenberg.de
Anfahrt Bahn: Regionalbahn (Berlin – Senftenberg), Umstieg Bus, Haltestelle Schlosspark; Auto: A 13 (Berlin – Dresden), Abzweig Senftenberg, B 169 bis Senftenberg-Ortsmitte, Parkmöglichkeiten am Parkhotel, Parkhaus Schlossparkcenter
Öffnungszeiten März bis Oktober: Di bis So 10–17 Uhr, November bis Februar: Di bis So 14–17 Uhr
Eintrittspreise 3/2 € ermäßigt/1 € Kinder bis 14 Jahre/10 € Schulklassen
Extras behindertengerechter Zugang, Museumsshop
Weitere Sehenswürdigkeiten landwirtschaftlicher Museumshof Großkoschen, Kunstgußmuseum Lauchhammer
Erholungsgebiet Senftenberger See (Badesee mit Stränden, Zeltplätzen, Ferien- und Freizeitpark), Radwanderwegenetz im Landkreis Oberspreewald-Lausitz mit Tourenplänen
Fremdenverkehr Touristinformation Senftenberg, T (03573) 1499010, fvv.niederlausitzerseen.de

Heimatmuseum Alter Senzker, Senzke T (033238) 80355
Die Geschichte derer von Bredow, die seit 1335 in Senzke nachgewiesen sind und über lange Zeit die Geschicke im Havelland bestimmten, ist im Heimatmuseum bewahrt. Ebenso die vergleichsweise kurze Geschichte der «stillen Pauline», einer Schmalspurbahn, die seit 1900 zwischen Rathenow-Senzke-Paulinenaue und seit 1901 zwischen Rathenow-Senzke-Nauen verkehrte. 1924 und 1961 wurden die Strecken stillgelegt.
Adresse Dorfstraße 33, 14662 Senzke
Anfahrt Auto: B 5 Richtung Friesack, hinter Pessin Abf. Senzke
Öffnungszeiten nach Vereinbarung
Eintrittspreise bitte erfragen

Fintelmannhaus, Senzke T (033238) 80383
In dem Senzker Fachwerkhaus erinnert man an die aus dem Hannoverschen eingewanderte Gärtnerfamilie Fintelmann, die 1727/28 in Senzke als Gutsgärtner die Gestaltung des Parks übernahmen. Einer der Söhne, Karl Friedrich Fintelmann, avancierte später zum Königlichen Hofgärtner in Berlin und Potsdam.
Adresse Dorfstraße, 14662 Senzke
Anfahrt Auto: B 5 Richtung Friesack, hinter Pessin Abf. Senzke
Öffnungszeiten nach Vereinbarung
Eintrittspreise bitte erfragen
Weitere Sehenswürdigkeiten Herrenhaus in Senzke, Schloss Nennhausen (de la Motte-Fouqué), Schwedenturm in Wagenitz, Bienenmuseum Möthlow, Heimatmuseum Friesack
Erholungsgebiet Havelländisches Luch, ausgeschilderte Rad- und Wanderwege, Reiterhöfe

Bauernmuseum, Sewekow T (033966) 60610
Haushaltsgegenstände, landwirtschaftliche Geräte und Bilder erzählen über den Alltag der Region im 19. und 20. Jahrhundert.
Adresse Dorfstraße 17a, 16909 Sewekow
Anfahrt Bahn: Regionalbahn, Bahnhof Wittstock (Dosse), Bus bis Sewekow; Auto: A 19 (Berlin – Rostock) Abf. Wittstock, Landtsraße bis Sewekow
Öffnungszeiten Mi bis Mo ab 12 Uhr und nach Vereinbarung
Eintrittspreise kostenfrei (Spenden sind willkommen)
Extras Bauerncafé
Fremdenverkehr www.m-vp.de

Heimatmuseum Sonnewalde T (035323) 68318
Die Räumlichkeiten bieten eine Ausstellung zur Geschichte der Stadt Sonnewalde, einen Überblick über die Geschichte des Schlosses und des Grafenhauses derer zu Solms. Weitere Themen sind die Schulgeschichte, das Holzhandwerk und der Orgelbau.
Adresse Schlossstraße 21, 03249 Sonnewalde
Anfahrt Bahn: Regionalbahn Bahnhof Doberlug-Kirchhain, Bus bis Sonnewalde; Auto: A 13 (Berlin – Dresden) Abf. Duben, B 96 bis Sonnewalde
Öffnungszeiten Di bis Do 10–12/14–16 Uhr und nach Vereinbarung (bitte vor dem Besuch aktuelle Öffnungszeiten erfragen
Eintrittspreise 1,50/0,50 € Kinder bis 14 Jahre/1 € p.P. für Gruppen ab 10 Personen

Weitere Sehenswürdigkeiten Ortsbesichtigung (Schlosspark mit Schlossteichen, Stadtkirche Sankt Marien), Bockwindmühle Trebbus, Kreismuseum Finsterwalde
Erholungsgebiet Naturschutzgebiet Lugkteich/Brenitz, Rad- und Wanderwege

Heimatstube Sperenberg T (03 37 03) 75 68, F (03 37 03) 7 04 26
Die Heimatstube veranschaulicht die kulturgeschichtliche Entwicklung der Region von der Steinzeit bis zur Gegenwart. Sie präsentiert Objekte, die von Karl Fiedler in der Region entdeckt worden sind. Eine Dauerausstellung ist dem Gipsabbau gewidmet.
Adresse Karl-Fiedler-Str. 1, 15838 Am Mellensee Ortsteil Sperenberg, www.heimatstube-sperenberg.de
Anfahrt Auto: B 96 (Berlin – Luckau), Klausdorf, Abzweig Sperenberg
Öffnungszeiten Sa, So 13–16 Uhr und nach Vereinbarung
Eintrittspreise kostenfrei (Spende erwünscht)
Extras Wanderungen, Führungen und Informationen z. B. über Backtage am Dorfbackofen unter Tourismusinformation der Gemeinde am Mellensee 033703/9590, www.gemeinde-am-mellensee.de
Weitere Sehenswürdigkeiten Scheunenwindmühle und Paltrockwindmühle Saalow, Benediktinerkloster St. Gertrud Alexanderdorf, Schleusenanlage Mellensee
Erholungsgebiet Naturschutzgebiet Kummersdorfer Heide, Naturschutzgebiet Sperenberger Gipsbrüche, Naturbadestelle Freibad Sperenberg, Mellensee, Reitanlage Hinrikenhof
Fremdenverkehr Fremdenverkehrsverband Teltow-Fläming, Zinnaer Straße 34, 14943 Luckenwalde, T (0 33 71) 64 35 35; www.flaeming-net.de

Niederlausitzer Heidemuseum Spremberg – Schloss Spremberg, Kreismuseum des Landkreises Spree-Neiße T (0 35 63) 60 23 50, F (0 35 63) 60 23 53
Das Museum widmet sich der Regionalgeschichte, Volks- und Naturkunde in der Niederlausitz, wobei die Beziehung von Mensch Landschaft und Kultur in der vom Braunkohlenabbau geprägten Region im Fordergrund steht. Ein breiter Abschnitt ist dem Leben und Werk des in Spremberg geborenen Schriftstellers Erwin Strittmatter gewidmet. Die sich neben dem Schloss befindende Freianlage gibt einen Einblick in die ländliche Lebensweise der Heidebauern.
Adresse Schlossbezirk 3, 03130 Spremberg; kontakt@heidemuseum.de, www.heidemuseum.de
Anfahrt Bahn: Regionalbahn, Bahnhof Spremberg, 15 min Fußweg stadteinwärts; Auto: A 15/B 97 aus Richtung. Berlin/Cottbus; A 13/B 156 aus Richtung Dresden/Senftenberg. Das Museum befindet sich im Spremberger Schloss unweit des Marktplatzes, Parkmöglichkeiten vorhanden
Öffnungszeiten Di bis Fr 9–17 Uhr, So, So, Feiertage 14–17 Uhr
Eintrittspreise 2/1 € ermäßigt/1 € p.P. bei Gruppen ab 10 Personen/8 € Führung pro Gruppe
Extras behindertengerechter Zugang, Museumsshop, Museumspädagogik
Weitere Sehenswürdigkeiten Agrarhistorischer Bauernhof Bloischdorf, Strittmatter-Laden Bohsdorf, Braunkohlentagebau Welzow-Süd
Erholungsgebiet Talsperre Spremberg, Muskauer Faltenbogen, Fahrrad- und Wanderwege
Fremdenverkehr Fremdenverkehrsverein «Region Spremberg» e.V., Zimmervermittlung, Am Markt 2, 03130 Spremberg, T (0 35 63) 45 30, F (0 35 63) 59 40 41, ti@spremberg.de; www.spremberg.de; Fahrradverleih im Ort

Waldmuseum Stendenitz – Ruppiner Schweiz, Stendenitz T (0 33 91) 4 00 00/7 51 07/77 11 28
Das älteste Waldmuseum Brandenburgs führt in den Lebensraum Wald und die heimische Tierwelt ein.
Adresse 16827 Neuruppin, Ortsteil Stendenitz (Nähe Campingplatz); www.mluv.brandenburg.de
Anfahrt Auto: A 24 (Berlin – Hamburg), Abf. Neuruppin, B 167 Neuruppin, Flecken Zechlin, Abzweig Stendenitz/Zermützelsee, Parkmöglichkeiten unterhalb des Museums
Öffnungszeiten Mai bis Oktober: Mi bis So 10–17 Uhr
Eintrittspreise 1/0,50 € ermäßigt
Extras Projekt- und Wandertage mit Schulen
Weitere Sehenswürdigkeiten Stadt, Museum und Tempelgarten Neuruppin
Erholungsgebiet Ruppiner See, Rheinsberger Seengebiet, Wassersport, ausgeschilderte Rad-, Wander- und Reitwege, Tierpark

Landmaschinen-Ausstellung, Stöffin T (03 39 32) 7 11 68
Die Ausstellung zeigt historische Landmaschinen aller Art.
Adresse Dorfstraße 23 A, 16833 Neuruppin, Ortsteil Söffin; www.mluv.brandenburg.de
Anfahrt Auto: A 24 (Berlin – Hamburg), Abf. Neuruppin, B 167 Neuruppin, Abzweig Stendenitz/Zermützelsee, Parkmöglichkeiten unterhalb des Museums, Bahn: Potsdam Bahnhof RB 20 (Richtung S Henningsdorf Bahnhof) bis Henningsdorf Bahnhof, RE 6 (Richtung Wittenberge Bahnhof) bis nach Neuruppin; Rheinsberger Tor Bahnhof, Bus 770 (Richtung Neuruppin, Treskow) bis nach Neuruppin; Burgwall, Bus 752 (Richtung Langen, Kirche) bis Stöffin
Öffnungszeiten Mai bis Oktober: Mo bis Fr ab 17 Uhr, Sa, So und Feiertags ab 12 Uhr, Gruppen nach Absprache
Eintrittspreise kostenfrei
Extras man kann dort auch feiern (Allgemeine feiern, Hochzeiten usw.)
Weitere Sehenswürdigkeiten Stadt, Museum und Tempelgarten Neuruppin
Erholungsgebiet Ruppiner See, Rheinsberger Seengebiet, Wassersport, ausgeschilderte Rad-, Wander- und Reitwege, Tierpark

Otto-Lilienthal-Gedenkstätte, Stölln T (03 38 75) 3 20 20/9 06 90, F (03 38 75) 3 28 98
Flugzeugmodelle, Dokumente und Fotos beschreiben Leben und Wirken des Flugpioniers Otto Lilienthal, der in Stölln seine Flugversuche unternahm. Die Ausstellung befindet sich in einer Iljushin IL 62 «Lady Agnes», die im Oktober 1989 auf dem kurzen Segelflugplatz in Stölln spektakulär gelandet wurde.
Adresse Am Gollenberg 10, 14728 Gollenberg Ortsteil Stölln
Anfahrt Bahn: Regionalbahn, Bahnhof Rhinow, ca. 2,5 km Fußweg nach Stölln; Auto: B 5/B 102 bis Stölln-Friesack, Parkmöglichkeiten vor Ort
Öffnungszeiten April: Di bis Do 10 – 17 Uhr, Fr bis So, Feiertage 10 – 18 Uhr, Mai bis Oktober: Mo bis Do 10 – 17 Uhr, Fr bis So, Feiertage 10 – 18 Uhr, November bis März: Sa, So 11 – 16 Uhr
Eintrittspreise 3/2,50 € ermäßigt/Kinder bis 7 Jahre frei/Gruppenpreise ab 12 Personen p.P. 2,50/2 € ermäßigt/Schulklassen nach Vereinbarung
Extras Museumsshop: Kassenverkauf
Weitere Sehenswürdigkeiten Denkmal Gollenberg, «Kalebuz-Mumie» in Neustadt/Kampehl

Kornspeicher Straupitz T/F (03 54 75) 80 47 09
Der ca. 1798 erbaute Kornspeicher wurde bis 1992 noch in seiner ursprünglichen Form zur Speicherung von Getreide genutzt. Heute wird hier in einer Ausstellung die Dorfgeschichte erzählt.
Adresse Laasower Straße 11a, 15913 Straupitz/Spreewald; info@windmuehle-straupitz.de, www.windmuehle-straupitz.de
Anfahrt Bahn: Regionalbahn, Bahnhof Lübben, Umstieg Bus, Straupitz, 5 min Fußweg von Ortsmitte; Auto: A 13 (Berlin – Dresden), Abf. Freiwalde, B 115 Lübben, B 320 bis Straupitz
Öffnungszeiten April bis Oktober: Di bis So 10 – 18 Uhr, November, Dezember, März: Di bis Fr 10 – 16 Uhr, Sa, So 11 – 17 Uhr
Eintrittspreise nach Vereinbarung
Extras Töpferwerkstatt, Ladengalerie, Café
Weitere Sehenswürdigkeiten Schinkel-Kirche, Schloss, Kahnfahrten durch den Schlosspark
Erholungsgebiet Oberspreewald (Biosphärenreservat), Mochowsee/Schwielochsee (Bademöglichkeiten, Segeln, Dampferfahrt), ausgeschilderte Rad- und Wanderwege

Technisches Denkmal «Holländermühle», Straupitz T/F (03 54 75) 1 69 97, F (3 54 75) 80 46 73
Das technische Denkmal ist die einzig erhaltene Dreifachmühle in Deutschland. Es beherbergt Turmwind- (1810), Säge- (1885) und Holländermühle (1910) unter einem Dach. Alle Mühlen sind wieder instandgesetzt. In Brandenburgs letzter Holländermühle wird fast täglich Leinöl gepresst – man darf zuschauen.
Adresse Laasower Straße 11a, 15913 Straupitz/Spreewald; info@windmuehle-straupitz.de, www.windmuehle-straupitz.de
Anfahrt Bahn: Regionalbahn, Bahnhof Lübben, Umstieg Bus, Straupitz, 5 min Fußweg von Ortsmitte; Auto: A 13 (Berlin – Dresden), Abf. Freiwalde, B 115 Lübben, B 320 bis Straupitz
Öffnungszeiten April bis Oktober: Di bis Fr 9 – 18 Uhr, Sa, So, Feiertage 10 – 17 Uhr, Oktober bis März: Mo bis Do 9 – 17 Uhr, Fr 9 – 14 Uhr
Eintrittspreise nach Vereinbarung

Extras Museumsshop mit Mühlenladen, u. a. Leinöl-Verkauf aus eigener Herstellung, Café, Fotogalerie
Weitere Sehenswürdigkeiten Schinkel-Kirche, Schloss, Kahnfahrten durch den Schlosspark
Erholungsgebiet Oberspreewald (Biosphärenreservat), Mochowsee/Schwielochsee (Bademöglichkeiten, Segeln, Dampferfahrt), ausgeschilderte Rad- und Wanderwege
Fremdenverkehr Touristikinformation Oberspreewald, Kirchstraße 11, 15913 Straupitz, T (035475) 80977/16771, F (035475) 16771/86365; touristinfo-oberspreewald@t-online.de

Heimatmuseum Strausberg T/F (03341) 23655
Das Heimatmuseum informiert über die Geschichte der Stadt Strausberg von den Anfängen bis zur Gegenwart. Die Einbindung historischer Zeugnisse des Handwerks, besonders Tuch- und Schuhmacher und zur Lebensweise der Stadtbevölkerung steht im Mittelpunkt.
Adresse August-Bebel-Straße 33, 15344 Strausberg, heimatmuseum@stadt-strausberg.de
Anfahrt Bahn: S-Bahn S5 bis Strausberg, Umstieg Straßenbahn, Haltestelle Elisabethstraße
Öffnungszeiten Di bis Do 10–12/13–17 Uhr oder nach tel. Vereinbarung für Gruppen
Weitere Sehenswürdigkeiten Bibliothek im «Alten Stadthaus», Stadtpfarrkirche St. Marien, hist. Stadtmauer, Flugplatzmuseum, Sport und Erholungspark mit einem kleinen Sportmuseum und Kletterwald.
Erholungsgebiet Märkische Schweiz, Blumentalwald
Fremdenverkehr Stadt- und Tourist- Information, August-Bebel-Straße 1, 15344 Strausberg, T (03341) 311066, F (03341) 314635, www.stadt-strausberg.de

Heimatmuseum Tauer T (035601) 82366/30360, F (035601) 82366
Die Ausstellungsgegenstände und Inszenierungen beschreiben das Leben der ländlichen Bevölkerung, das sorbisch/wendische Brauchtum und Bereiche aus dem Leben ab dem 18. Jahrhundert. Ein Hingucker sind die niedersorbischen Trachten, von der bäuerlichen Arbeitstracht bis zur kunstvoll bestickten edlen Festtagstracht.
Adresse Hauptstraße 88, 03185 Tauer
Anfahrt Bahn: Regionalbahn, Bahnhof Cottbus nach Bahnhof Guben, Bus 877 nach Tauer; Auto: A 15 (Berlin – Cottbus); Abf Cottbus/West Richtung Peitz, B 168 bis Tauer
Öffnungszeiten Mo bis Fr 9–12 Uhr und 15–16 Uhr und nach Vereinbarung
Eintrittspreise 1,50/1 € ermäßigt/0,50 € Kinder und Jugendliche (6 bis 18 Jahre)
Extras Kräutergarten, Bauerngarten mit Insektenhotel
Fremdenverkehr Kultur- und Tourismusamt, Tourismusinformationsstelle, Zimmervermittlung, Markt 1, 03185 Peitz, T (035601) 8150, F (035601) 81515, tourismus@peitz.de; Fahrradverleih im Ort

Heimatmuseum Teltow T (03328) 474120, 41765
Das denkmalgeschütze Haus von 1711 dient zur Bewahrung der Stadtgeschichte, gibt Auskunft zum Vereinsleben, zu Handwerk und Landwirtschaft. Ein Archiv ist vorhanden.
Adresse Hoher Steinweg 13, 14513 Teltow
Anfahrt Bus: Potsdam – Berlin-Schönefeld Linie 601 und 602, Berlin-Tempelhof Linie 184, Berlin-Lichterfelde Linie 620, Ausstieg Haltestelle Jahnstraße; Auto: B 101 (Berlin – Jüterbog), Abzweig Teltow, Altstadt, Parkmöglichkeiten in Museumsnähe
Öffnungszeiten April bis Oktober: So 13–18 Uhr, November bis März: So 13–17 Uhr, für Gruppen nach Vereinbarung unter (03328) 42065/42086/41765
Eintrittspreise kostenfrei
Extras Stadtführung, Museumsshop
Weitere Sehenswürdigkeiten rekonstruierter Straßenbahn-Triebwagen der Linie 96, St. Andreaskirche in Teltow, Schweinemuseum Ruhlsdorf Erhohlungsgebiet Kanalaue-Teltow, Buschgraben-Schönow, Bäketal-Kleinmachnow
Fremdenverkehr Heimatverein Stadt Teltow 1990 e.V., Peter Jaeckel, 14513 Teltow, Rosa- Luxemburg-Steig 4, T (03328) 41765

Berliner Tor, Templin T (03987) 3275
«Lebensräume» – Templin und die Landschaften zwischen uckermärkischen Seen und Schorfheide im Wandel der Zeiten – ist eine Ausstellung zum Anfassen.
Adresse Berliner Straße 1, 17268 Templin; info@berlinertor-templin.de, www.berlinertortemplin.de

Anfahrt Bahn: Regionalbahn, Bahnhof Templin; Auto: B 109 (Berlin – Prenzlau), Milmersdorf, Abzweig Templin, Parkmöglichkeiten vorhanden
Öffnungszeiten täglich 11 – 17 Uhr und nach Vereinbarung
Eintrittspreise 2/1 € ermäßigt/1,50 € p.P. bei Gruppen ab 10 Personen/Kinder unter 6 Jahren frei
Extras Museumsshop, Kinderführungen und -anleitung auf Vereinbarung
Weitere Sehenswürdigkeiten lohnende Ortsbesichtigung (komplett erhaltene Wehranlage aus dem Mittelalter mit drei Stadttoren, Georgenkapelle, Maria-Magdalenen-Kirche, Rathaus)
Erholungsgebiet Naturpark Uckermärckische Seen, Biosphärenreservat Schorfheide-Chorin, Naturtherme Templin, Templiner Seenkreuz; Floß-, Hydrobike-Fahrten; Draisine-Fahrten, ausgeschilderte Wander- und Radwege
Fremdenverkehr Templin-Information – «Historisches Rathaus», Am Markt 19, 17268 Templin, T (0 39 87) 26 31, F (0 39 87) 5 38 33; templin-info@t-online.de

Stadt- und Regionalmuseum Templin T (0 39 87) 27 25
Das Museum thematisiert die Geschichte der Stadt und ihrer Umgebung. Im Vordergrund steht dabei die für die Region einmalige mittelalterlichen Stadtbefestigung. Weitere Themen sind die Forstwirstchaft sowie die vorindustrielle Waldnutzung.
Adresse Prenzlauer Tor, 17268 Templin (Zugang über Prenzlauer Tor)
Anfahrt Bahn: Regionalbahn, Bahnhof Templin, 7 min Fußweg; Auto: B 109 (Berlin – Prenzlau), Milmersdorf, Abzweig Templin, Parkmöglichkeiten vorhanden
Öffnungszeiten Das Museum wird bis voraussichtlich 2010 umgebaut, Öffnungszeiten bitte erfragen

Kulturzentrum «Ludwig Leichhardt», Trebatsch T (01 72) 3 45 54 07/(03 36 74) 50 04
Das Museum beleuchtet Leben und Werk des 1813 in Trebatsch geborenen Australienforschers Ludwig Leichardt (1813 – 1848). Karten und verschiedene Schriften und Objekte dokumentieren die Reisen und Forschungsergebnisse des Wissenschaftlers.
Adresse Sawaller Straße 2, 15848 Tauche Ortsteil Trebatsch
Anfahrt Bahn: Regionalbahn, Bahnhof Beeskow, Umstieg Bus, Taxi, Trebatsch; Auto: B 87 (Frankfurt/Oder – Lübben), Trebatsch, Landstraße Richtung Sawall, Trebatsch
Öffnungszeiten telefonische Voranmeldung
Eintrittspreise 2/1 € Kinder, bei Führungen sind Spenden willkommen
Weitere Sehenswürdigkeiten Burg Beeskow
Erholungsgebiet Schwielochsee, Scharmützelsee (Wassersport), Unterspreewald

Bockwindmühlen-Museum Trebbus T (03 53 22) 3 14 09
Typische Müllerwerkzeuge, Gerätschaften und Inventar von verschiedenen Mühlen sammelt das Bockwindmühlen-Museum Trebbus.
Adresse Dorfstr. 30, 03253 Trebbus, das Museum liegt 300 Meter vor dem Ortseingang Trebbus
Anfahrt Auto: A 13 (Berlin – Dresden) Abf. Duben, B 87 (Torgau – Luckau) Hohenbucko, Abzweig Trebbus
Öffnungszeiten nach tel. Vereinbarung
Eintrittspreise kostenfrei (Spende erwünscht)
Weitere Sehenswürdigkeiten Weißgerbermuseum Doberlug-Kirchhain, Bauernmuseum Lindena, Kreisheimatmuseum Finsterwalde
Erholungsgebiet Weinanbaugebiet Schlieben, Badesee Bad Erna, Badesee Rückersdorf

Heimatstube Trebendorf T/F (03 56 95) 2 63
Einen Einblick in die Geschichte des Ortes, insbesondere in die Arbeits- und Lebenswelt der Bauern sowie die Traditionen der örtlichen Vereine, gibt die Ausstellung der Heimatstube. Hervorzuheben sind originale Fotos und Dokumente vom Rittergut Trebendorf.
Adresse Am Gut, 03149 Wiesengrund Ortsteil Trebendorf
Anfahrt Bahn: Regionalbahn, Bahnhof Cottbus oder Bahnhof Forst, Buslinie 851, Trebendorf; Auto: A 15 (Berlin – Cottbus) Abf. Cottbus-Süd, B 97 Richtung Spremberg, B 156, Trebendorf
Öffnungszeiten nach Vereinbarung
Eintrittspreise kostenfrei

Dorfmuseum Tremmen T (03 32 33) 7 36 99/8 22 81/8 22 67, F (03 32 33) 7 38 49
In der ehemaligen Stellmacherei wird die originale Einrichtung dieser alten Handwerkstatt

mit funktionstüchtigen Geräten und Maschinen gezeigt sowie das Schmiedehandwerk und das frühere ländliche Wohnen thematisiert.
Adresse Heerstraße 6, 14669 Ketzin Ortsteil Tremmen; dorfmuseum.tremmen@web.de, www.museumtremmen.de
Anfahrt Bahn: Regionalbahn, Bahnhof Nauen; Bus 658, Tremmen; Auto: B 5 (Berlin – Nauen), Wustermark, Landstraße Richtung Tremmen
Öffnungszeiten April bis Oktober: Sa, So und Feiertage 13.30 – 17 Uhr
Eintrittspreise 1,50/1 € ermäßigt/0,75 € Kinder/0,50 p.P. Kindergruppe/3,50 € Familienkarte
Extras Kräutergarten, Freilichtausstellung historischer Landmaschinen gegenüber dem Museum

Heimatmuseum Treuenbrietzen T (03 37 48) 7 05 06/7 47 58
In einer spätgotischen Rundkirche, wohl das einzige Beispiel ihrer Art hierzulande, ist das Heimatmuseum untergebracht. Gezeigt wird die heimatgeschichtliche Sammlung des Lehrers Oscar Brachwitz und des Heimatforschers Reichhelm. Regionale Ur- und Frühgeschichte, traditionelles Handwerk und Gewerbe, die Geschichte der Treuenbrietzener Traditionsvereine und eine alte Apothekeneinrichtung bestimmen den Charakter des Museums.
Adresse Großstraße 1 a (Postadresse: Großstraße 105), 14929 Treuenbrietzen, www.treuenbrietzen.de, museum@treuenbrietzen.de, das Museum befindet sich in der Altstadt
Anfahrt Bahn: Regionalbahn, Bahnhof Treuenbrietzen, 10 min Fußweg; Auto: A 9 (Berlin – Leipzig), Abf. Brück/Treuebrietzen, Parkmöglichkeiten vor dem Museum
Öffnungszeiten Mo bis Do geschlossen, Fr 12 – 17 Uhr, Sa und So 10 – 12/13 – 17 Uhr
Eintrittspreise 2 €
Extras Museumsshop
Weitere Sehenswürdigkeiten Burg Eisenhardt, Burg Rabenstein, Wiesenburg, Kloster Zinna
Erholungsgebiet Hoher Fläming
Fremdenverkehr Fremdenverkehrsbüro, Zimmervermittlung, Ortsführung 1
4929 Treuenbrietzen, Großstraße 17, T (03 37 48) 1 21 02

Heimatstube Tschernitz T (03 56 00) 77 23
Von 1829 bis 1984 wurde in der zweitältesten Glashütte in der Region Hohlglas und bis 2007 Bildschirme hergestellt. So steht neben der Schulgeschichte des Ortes die Glasindustrie im Mittelpunkt der Ausstellung.
Adresse Schulstraße -Rote Schule, 03130 Tschernitz; www.gemeinde-teschernitz.de,
Anfahrt Auto: A 15 (Berlin-Cottbus) bis Abf. Roggosen, B 97 und B 115 Richtung Döbern, Tschernitz
Öffnungszeiten nach Vereinbarung
Eintrittspreise kostenfrei
Erholungsgebiet Radwanderweg

Land- und Erlebnismuseum Uckro T (0 35 44) 30 66/8 75 42
Das Museum befindet sich auf einem ehemaligen Bauernhof aus dem 18. Jahrhundert. Die Ausstellung zum Anfassen zeigt das Landleben früherer Generationen.
Adresse Uckroer Dorfstraße 25, 15926 Luckau Ortsteil Uckro; hpundrich@t-online.de
Anfahrt Bahn: Regionalbahn, Bahnhof Luckau-Uckro, Bus über Luckau nach Uckro; Auto: A 13 (Berlin – Dresden), Abf. Duben, B 87 nach Luckau, Uckro
Öffnungszeiten nach Vereinbarung
Eintrittspreise 2/1 € ermäßigt
Extras Röstung von Gerstenkaffee, Plinsenbacken
Weitere Sehenswürdigkeiten Niederlausitz-Museum Luckau, Höllberghof Langengrassa

Heimatmuseum Uebigau T (01 74) 9 56 01 69
Die in einem Fachwerkhaus um 1750 untergebrachte Heimatstube beherbergt die ur- und frühgeschichtliche Sammlung, die Zinnfigurensammlung (Graveur J. Frauendorf) und Zeugnisse der Stadtgeschichte. Eine bronzezeitliche Siedlungsanlage und eine Scheune für Kulturveranstaltungen gehören zur Heimatstube.
Adresse Doberlugerstraße 8, 04938 Uebigau-Wahrenbrück Ortsteil Uebigau
Anfahrt Bahn: Regionalbahn, Bahnhof Doberlug-Kirchhain nach Bahnhof Uebigau, 20 min Fußweg zum Markt; Auto: Auto: A 13 (Berlin – Dresden) Abf. Duben, B 87 Richtung Uebigau

Öffnungszeiten Mo bis Fr 8 – 14 Uhr und nach Vereinbarung
Eintrittspreise 1,50/1 € ermäßigt
Extras Stadtführungen, geführte Wanderungen zu den 642 Hügelgräbern im Schweinert, Projekttage «Leben in der Bronzezeit»
Weitere Sehenswürdigkeiten lohnende Ortsbesichtigung (mittelalterlicher Marktplatz, Schloss, Hügelgräberfelder)
Erholungsgebiet gut ausgeschilderte Rad- und Wanderwege

Zweiradoldtimermuseum Uebigau T (03 53 65) 85 40
Rund 80 Motorräder und 60 Fahrräder aus der DDR-Zeit werden in der Ausstellung präsentiert.
Adresse Doberluger Str. 13, 04938 Uebigau-Wahrenbrück Ortsteil Uebigau; info@kruegers-oldtimer.de, www.kruegers-oldtimer.de
Anfahrt Bahn: Regionalbahn, Bahnhof Doberlug-Kirchhain nach Bahnhof Uebigau; Auto: A 13 (Berlin – Dresden) Abf. Duben, B 87 Richtung Uebigau
Öffnungszeiten täglich 9 – 18 Uhr, Gruppen nach Vereinbarung
Eintrittspreise 1 €

Mühlenmuseum Bockwindmühle Vehlefanz T/F (0 33 01) 38 63
Das Museum in der Mühle widmet sich der Geschichte des Mühlenwesens in der Region.
Adresse Breite Straße 44 a, 16727 Vehlefanz
Anfahrt Bahn: Regionalbahn, Bahnhof Vehlefanz; Auto: A 10 (Berliner Ring), Abf. Hennigsdorf, Vehlefanz
Öffnungszeiten Mai bis September: Mi 10 – 15 Uhr, Sa, So 13 – 17 Uhr, nach Vereinbarung
Weitere Sehenswürdigkeiten Denkmal Gustav Büchsenschütz Neu-Vehlefanz, Werkstätten Hedwig Bollhagen Marwitz, Dorfkirche Bötzow, Ofen- und Keramikmuseum Velten
Erholungsgebiet Oberhavelgebiet, Havel-Dampferfahrt (Hohenschöpping), Angelmöglichkeit Stichkanal Velten, Rhinluch
Fremdenverkehr Tourismus-Informationsbüro Oberhavel, Bernauer Straße 52, 16515 Oranienburg, T (0 33 01) 70 48 33, Fremdenverkehrsverein Oranienburg e.V., Lehnitzstraße 21 c, 16515 Oranienburg, T (0 33 01) 70 48 33

Ofen- und Keramikmuseum Velten T (0 33 04) 3 17 60, F (0 33 04) 50 58 87
Das Museum in der Ofenfabrik zeigt auf zwei geräumigen Etagen (1600 qm) Kachel- und eiserne Öfen aus vier Jahrhunderten, Ofenteile, eine in Europa einmalige Sammlung an Musterbüchern, Baukeramik für Berliner Gebäude bekannter Architekten der Moderne sowie Zier- und Gebrauchskeramik (u. a. Hedwig Bollhagens und Theodor Boglers). Außerdem zur Nutzung: Fachbibliothek, Technikarchiv und Energie- und Umweltkabinett
Adresse Wilhelmstrasse 32, 16727 Velten; info@ofenmuseum-velten.de
Anfahrt Bahn: S 25 von Berlin bis Hennigsdorf, von dort weiter mit Regionalbahn RE 55 oder RE 6 (1 Station); Bus Nr. 824 ab Oranienburg bzw. Hennigsdorf; Auto: A 10 (Berliner Ring) Abfahrt Birkenwerder oder bis Dreieck Oranienburg Richtung Berlin-Zentrum auf die A 111 Abfahrt Hennigsdorf/Velten
Öffnungszeiten Di bis Fr 11 – 17 Uhr, Sa und So 13 – 17 Uhr
Eintrittspreise 3/2,50 € ermäßigt/1,50 € Aufschlag für Führung
Extras behindertengerechter Zugang und Fahrstuhl (Bitte im Keramikladen melden.)
1. Samstag im Monat TonKunst-Samstag, außerdem weitere Feste und Märkte sowie vier bis fünf Sonderausstellungen pro Jahr

Heimatstuben Vierraden T/F (0 33 32) 83 93 43
Bäuerliches Leben in Küche, Stube, Kammer kann man zu den Klängen eines alten Grammophons genießen. Bemerkenswert sind die vielen Kohlezeichnungen des Vierradener Landwirtes und Freizeitmalers August Mettke (1884 – 1959).
Adresse Am Markt 4, 16303 Schwedt Ortsteil Vierraden
Anfahrt Bahn: Regionalbahn, Hbf. Schwedt, Bus nach Vierraden; Auto: A 11 (Berlin – Stettin) Abf. Joachimsthal, B 198, Schwedt, Vierraden
Öffnungszeiten Di 8 – 16 Uhr und nach tel. Absprache
Eintrittspreise kostenfrei
Extras Stadtführungen durch Vierraden
Weitere Sehenwürdigkeiten Städtische Museen Schwedt

Erholungsgebiet Nationalpark Unteres Odertal, Uferradweg (60 km am Nationalpark), Spaßbad «AquariUM»
Fremdenverkehr Tourismusverein «Am Unteren Odertal» e.V., Tourist-Information, Vierradener Straße 36, 16303 Schwedt/Oder, T (03332) 255910, F (03332) 255959; www.unteresodertal.de

Tabakmuseum Vierraden T (03332) 250991, F (03332) 839211
Sammlung und Präsentation in einer alten Tabakscheune konzentrieren sich auf den Anbau, den Handel und die Verarbeitung des Tabaks in der Oder-Randow-Region.
Adresse Breite Straße 14, 16306 Schwedt (Oder); www.tabakmuseum-vierraden.de
Anfahrt Bahn: Regionalbahn, Hbf. Schwedt, Bus nach Vierraden; Auto: A 11 (Berlin – Stettin) Abf. Joachimsthal, B 198, Schwedt, Vierraden, Parkmöglichkeiten am Museum
Öffnungszeiten April bis September: Di bis Do 10 – 16 Uhr, Sa, So 10 – 17 Uhr, Oktober bis März: nach Voranmeldung
Eintrittspreise 2/1 € ermäßigt/5 € Familienkarte/1,50 € p.P. Gruppen ab 8 Personen/15 € Führung

Heimatstube Vietmannsdorf T (039882) 4097/358
Neben Einrichtungsgegenständen und Möbeln aus dem 19. Jh. und einer Fossiliensammlung beleuchtet die Ausstellung Leben und Werk des berühmten Juristen Franz von Holtzendorff (1829 – 1889), der in Vietmannsdorf geboren wurde und lebte.
Adresse Uhlenhof 20, 17268 Templin Ortsteil Vietmannsdorf; heimatverein@vietmannsdorf.de
Anfahrt Auto: A 11 (Berlin – Stettin) Abf. Finowfurt, B 167, B 109 bis Vietmannsdorf
Öffnungszeiten nach tel. Vereinbarung
Eintrittspreise kostenfrei
Weitere Sehenswürdigkeiten Heimatmuseum Templin, Kirchen in Vietmannsdorf, Dargersdorf
Erholungsgebiet Polsensee mit Badestelle, waldreiche Gegend mit Rad- und Wanderwegen, Ferienwohnungen und Gasthaus, Dorflehrpfad
Fremdenverkehr www.vietmannsdorf.de

Heimatstube Wachow T (033239) 70816/70290
Historische Gebrauchsgegenstände des Ackerbaus und des Hausgebrauchs sowie alte Ortsansichten von Wachow, Niebede und Gohlitz werden in der Heimatstube ausgestellt.
Adresse Schulstraße 1, 14641 Wachow; www.museum.gohlitz.de
Anfahrt Bahn: Regionalbahn, Bahnhof Nauen; Bus, Wachow; Auto: B 5 (Berlin – Nauen), Nauen, Landstraße Richtung Wachow
Öffnungszeiten nach Vereinbarung
Eintrittspreise kostenfrei

Heimatstube im Schwedenturm Wagenitz T (033237) 88383
Eine kleine Ausstellung zeigt das ländliche Leben vom 19. Jahrhundert bis in die Gegenwart in und um Wagenitz.
Adresse Zum Schwedenturm, 14662 Mühlenberge Ortsteil Wagenitz
Anfahrt Bahn: Regionalbahn, Bahnhof Friesack, Bus bis Wagenitz; Auto: B 5 (Nauen – Kyritz), Abzweig hinter Mühlenberge, Wagenitz
Öffnungszeiten nach tel. Vereinbarung
Eintrittspreise kostenfrei
Extras Führungen

Heimatmuseum Wahrenbrück T (035341) 94238
Gerätschaften und Gebrauchsgegenstände aus früherer Zeit, präparierte Tiere unserer Heimat bilden den Sammlungsbestand der Wahrenbrücker Heimatstube.
Adresse Graunplatz 6, 04924 Wahrenbrück
Anfahrt Bahn: Regionalbahn, Bahnhof Falkenberg, Bus bis Wahrenbrück; Auto: A 13 (Berlin – Dresden) Abf. Duben, B 87, Wahrenbrück
Öffnungszeiten nach Vereinbarung
Eintrittspreise 1,20/0,60 € ermäßigt/0,80 € p.P. für Gruppen
Weitere Sehenswürdigkeiten Pfarrgarten Saxdorf
Erholungsgebiet «kleiner Spreewald» Wahrenbrück, Strandbad «Kiebitzsee» Falkenberg, Rothsteiner Felsen, ausgeschilderte Fahrradrouten und Wanderwege
Fremdenverkehr www.uebigau-wahrenbrueck.verwaltung-brandenburg.de

Mühlenmuseum Wahrenbrück T (03 53 41) 9 41 20
Das als Mahlmühle 1248 erstmals erwähnte technische Denkmal durchlebte eine wechselvolle Geschichte, die dem Besucher vor Ort bei Führungen näher gebracht wird. 1320 wird die Mühle als erster Eisenhammer Deutschland genutzt, bevor sie vom 17. bis 19. Jahrhundert als Papiermühle diente.
Adresse Am Park 1, 04924 Wahrenbrück; info@muehle-wahrenbrueck.de, www.muehlewahrenbrueck.de
Anfahrt Bahn: Regionalbahn, Bahnhof Falkenberg, Bus bis Wahrenbrück; Auto: A 13 (Berlin – Dresden) Abf. Duben, B 87, Wahrenbrück
Öffnungszeiten nach Vereinbarung
Eintrittspreise 1 €
Weitere Sehenswürdigkeiten «Kleiner Spreewald»

W

Heimatstube Waldsieversdorf T/F (03 34 33) 7 08
Das Museum beleuchtet die hundertjährige Geschichte Waldsieversdorfs als staatlich anerkannter Erholungsort und Villenkolonie.
Adresse Dahmsdorfer Straße18, 15377 Waldsieversdorf
Anfahrt Bahn: Regionalbahn Berlin-Lichtenberg bis Müncheberg, Anschlußbus 928 bis Waldsieversdorf (stündlich); Auto: A 10 (Berliner Ring) Abf. Vogelsdorf, B 1/B 5 Abf. Strausberg über Hohenstein nach Buckow, Waldsieversdorf
Öffnungszeiten Di bis Fr 9 – 12 Uhr, 13 – 15 Uhr, Sa, So 10 – 12 Uhr, 13 – 15 Uhr
Eintrittspreise kostenfrei
Weitere Sehenswürdigkeiten Sommerhaus von John Heartfield, Blumenuhr, Sonnenuhr und Aussichtsturm Waldsieversdorf, Brecht-Weigel-Haus Buckow
Erholungsgebiet Badeanstalt am großen Däbersee, ausgeschilderte Wanderwege, Ferienwohnungen, Kahnverleih, Skaterbahn

Heimatstube Wall T (03 39 25) 7 03 83
Im ehemaligen Gutshaus derer von Knesebeck, denen Wall bis 1928 gehörte, wird die Geschichte des märkischen Dorfes von der Steinzeit bis zur Gegenwart in Wort und Bild erzählt. 1932 wurde der Ort neu besiedelt mit Menschen aus ganz Deutschland, die noch heute den Charakter des Dorfes bestimmen.
Adresse Dorfstraße 47, 16818 Wall
Anfahrt Bahn: Regionalbahn, Bahnhof Beetz-Sommerfeld, 4 km Fußweg; Auto: A 24 (Berlin – Hamburg) Abf. Kremmen, Richtung Wustrau-Altfriesack bis Linumhorst, Abzweig Wall
Öffnungszeiten nach Vereinbarung
Eintrittspreise kostenfrei (Spende erwünscht)
Weitere Sehenswürdigkeiten Preußenmuseum Wustrau, Feldsteinkirche Herzberg, Gedenkstein für erste Siedler aus dem Würtembergischen
Erholungsgebiet Reit- u. Wanderwege, Beetzer See, Campingplatz Wustrau, Golfanlage Wall

Agrarmuseum Wandlitz T (03 33 97) 2 15 58, T (03 33 97) 6 08 88
Das Agrarmuseum bietet den Besuchern mit seiner umfassenden Sammlung Einblicke in Landwirtschaft, Landtechnik und Agrarpolitik des 19. und 20. Jahrhunderts, in die dörfliche Alltagsgeschichte und die Heimatgeschichte des Ortes Wandlitz.
Adresse Breitscheidstraße 22, 16348 Wandlitz; www.agrarmuseum-wandlitz.de
Anfahrt Bahn: ab S-Bahnhof Berlin-Karow Regionalbahn (RB 27), Bhf. Wandlitz, 1 km Fußweg; Bus: Linienbus ab S-Bahnhof Bernau, Wandlitz; Auto: A 10 (Berliner Ring), Abf. Mühlenbeck, B 109, Wandlitz/A 11 (Berlin – Prenzlau) Abf. Wandlitz, B 273, Wandlitz, Parkmöglichkeiten vorh.
Öffnungszeiten April bis Oktober: Di bis So, Feiertage 10 – 17 Uhr, November bis März: Di bis Fr 10 – 17 Uhr
Eintrittspreise 2,50/1,50 € ermäßigt/2 € p.P. Gruppen/1 € p.P. Schulklassen/10 € Gruppenführung
Extras Museumsshop
Weitere Sehenswürdigkeiten Heidekrautbahn-Museum Basdorf, Heimatmuseum Bernau, Schorfheide- Museum Groß Schönebeck, Artistenmuseum Klosterfelde
Erholungsgebiet Liepnitzsee, Strandbad Wandlitzsee, Kurpark Brandenburg-Klinik
Fremdenverkehr Tourismusverein Naturpark Barnim e.V., Zimmervermittlung Prenzlauer Chaussee 157, 16348 Wandlitz, T/F (03 33 97) 6 61 31; www.tourismusverein-naturpark-barnim.de

Flugplatzmuseum Welzow T (03 57 51) 1 38 33, F (03 57 51) 2 06 99
In mehreren Austellungsräumen wird die Geschichte des Flugplatzes Welzow erzählt, der seit 1927 als Zivilflugplatz, von 1935 bis 1945 als Ausbildungs- und Einsatzflugplatz der Deutschen Wehrmacht und ab 1945 als Militärflugplatz für die sowjetischen Truppen diente.
Adresse Flugplatz, 03911 Welzow; info@flugplatz-welzow.de, www.flugplatz-welzow.de
Anfahrt Bahn: Regionalbahn, von Bahnhof Cottbus nach Bahnhof Neupetershain, Bus 886 nach Welzow; Auto: A 13 (Berlin – Dresden) Abf. Großräschen, Richtung Spremberg, Welzow, Parkplätze vorhanden
Öffnungszeiten nach Vereinbarung
Eintrittspreise 2/1 € ermäßigt
Weitere Sehenswürdigkeiten Stadt und Museen Cottbus, Flugplatzmuseum Cottbus

Heimatstube Welzow T (03 57 51) 2 04 24
Die Kohle- und Glasindustrie sowie die Schul- und Vereinsgeschichte sind die Schwerpunkte der Ausstellung über die Geschichte der Stadt Welzow.
Adresse Spremberger Straße 81, 03911 Welzow
Anfahrt Bahn: Regionalbahn, von Bahnhof Cottbus nach Bahnhof Neupetershain, Bus 886 nach Welzow; Auto: A 13 (Berlin – Dresden) Abf. Großräschen, Richtung Spremberg, Welzow
Öffnungszeiten nach Vereinbarung
Eintrittspreise kostenfrei

Obstbaumuseum Werder T (0 33 27) 78 33 74/4 31 10, F (0 33 27) 78 33 22
Die geschichtlichen und landwirtschaftlichen Besonderheiten des Obstanbaus in der Werder-Havel-Region sind Thema dieses auf der Insel gelegenen Museums. In der zum Museum gehörenden Bockwindwühle wird die Geschichte der Mühle seit dem 16. Jh. erzählt.
Adresse Kirchstraße 6/7, 14542 Werder/Havel werder-tourismus@t-online.de; www.werder-havel.com
Anfahrt Bahn: Regionalbahn, Bahnhof Werder/Havel, 20 min Fußweg; Auto: A 10, Abf. Groß-kreutz, Phöben, Parkmöglichkeiten vor der Inselbrücke
Öffnungszeiten 1. April bis 3. Oktober: Mi 11 – 16 Uhr, Sa, So 13 – 17 Uhr, für Gruppen nach Vereinbarung auch außerhalb der Saison
Eintrittspreise Obstbaumuseum: 1,50/1 € ermäßigt, Kinder bis 5 Jahre frei, Bockwindmühle: 1,50/1 € ermäßigt, Kinder bis 5 Jahre frei
Extras behindertengerechter Zugang für Obstbaumuseum
Weitere Sehenswürdigkeiten Inselrundgang, Stüler-Kirche, Lenné-Park, Schloss und Alte Schmiede in Petzow, Ziegeleimuseum Glindow, Heimatmuseum Glindow, Schloss Caputh
Erholungsgebiet Havelseen, Strandbäder Caputh, Ferch
Fremdenverkehr Tourismusbüro Werder, T (0 33 27) 78 33 74/4 31 10, F (0 33 27) 78 33 22, www.werder-havel.com

Zweiradmuseum-Havel-Auen-Werder T (0 33 27) 4 09 74, F (0 33 27) 4 09 79
Das Zweiradmuseum stellt etwa 50 Fahrräder aus zwei Jahrhunderten aus, ebenso viele Motorräder der Baujahre 1920 bis 1960 sowie historische Technik, die von der Industriegeschichte der Stadt erzählt. Die Dokumentation zur Geschichte des Flugplatzes Werder/Havel ergänzt die Sammlung.
Adresse Mielestraße 2, 14542 Werder (Havel), www.oldtimermuseum-werder.de
Anfahrt Bahn: Regionalbahn, Umstieg Bus 631; Auto: A 10 (Berliner Ring), Abf. Phöben, Landstraße Richtung Werder
Öffnungszeiten April bis Oktober: Mi, Do, Sa, So 10 – 17 Uhr, November bis März: So 10 – 16 Uhr
Eintrittspreise 3,50/2 € ermäßigt/2 € p.P. Gruppen ab 12 Personen
Extras behindertengerechter Zugang, Kinderservice: Oldies zum Anfassen

Bettina und Achim von Arnim-Museum, Wiepersdorf T (03 37 46) 6 99 15, F (03 37 46) 6 99 19
Die Ausstellung im Schloss informiert über Leben und Werk des Dichterpaares von Arnim, über den literarischen Gesprächskreis (u. a. Friedrich Karl von Savigny, Clemens Brentano, Gebrüder Grimm) und über die Geschichte des Hauses. Bilder des Malers und Dichterenkels Achim von Arnim sind ausgestellt.
Adresse Künstlerhaus Schloss Wiepersdorf, Bettina-von-Arnim-Straße 13, 14913 Wiepersdorf, www.schloss-wiepersdorf.de, museum@schloss-wiepersdorf.de

Anfahrt Bahn: Regionalbahn, Bahnhof Jüterbog, Umstieg Bus, Wiepersdorf; Auto: B 101 (Berlin – Elsterwerda), Jüterbog, B 102, Nonnendorf, Abzweig Wiepersdorf
Öffnungszeiten Februar bis November: Sa, So, Feiertage 13 – 16 Uhr, für Gruppen ab 10 Personen nach Voranmeldung auch außerhalb der Öffnungszeiten
Eintrittspreise 2/1 € ermäßigt/4 € Führung pro Person/freier Eintritt Kinder unter 12 Jahren
Extras Museumsshop mit Literatur zu Leben und Werk des Dichterpaares und zur Geschichtedes Hauses, Orangerie-Café (Ostern bis Ende Oktober ab 13 Uhr geöffnet nach Anmeldungauch außerhalb Öffnungszeiten), Übernachtungen im Haus
Weitere Sehenswürdigkeiten Kloster Zinna, Museum und Denkmäler in Dennewitz
Erholungsgebiet Erholungsgebiet «Körbaer See», ausgeschildertes Rad- und Wanderwegenetz rund um Wiepersdorf

Heimatstube, Wiesenburg T (03 38 49) 5 04 45
Die in einem kreuzgratgewölbten Raum eingerichtete Heimatstube bietet eine Dokumentation über das Schloss Wiesenburg. Das Eingangstor und der Aufgang zum Schlossturm sowie der Innenhof mit historischem Brunnenhäuschen können besichtigt werden.
Adresse (Im Eingangstor des Schlosses) Schlossstraße 1, 14827 Wiesenburg
Anfahrt Bahn: Regionalbahn, Bahnhof Wiesenburg, 2 km Fußweg; Auto: B 102 (Brandenburg – Jüterbog), Belzig, B 246, Wiesenburg
Öffnungszeiten Mo bis Fr 10 – 17 Uhr, Sa, So 10 – 18 Uhr
Eintrittspreise kostenfrei
Extras Museumsshop
Weitere Sehenswürdigkeiten Museum Burg Eisenhardt Belzig, Burg Rabenstein, Museum Treuenbrietzen, Bischofsburg Ziesar
Erholungsgebiet «Naturpark Hoher Fläming», Luftkurort Belzig, ausgeschilderte Rad- und Wanderwege

Peter-Huchel-Haus, Wilhelmshorst T (03 32 05) 6 29 63
Im Wohnhaus des Dichters Peter Huchel wird an Leben und Werk erinnert. Erstausgaben aller seiner Werke gehören wie Fotos und persönliche Dokumente zum Sammlungsbestand.
Adresse Hubertusweg 41, 14552 Michendorf, Ortsteil Wilhelmshorst; www.peter-huchel-haus.de, Peter.Huchel.Haus@gmx.de
Anfahrt Bahn: Regionalbahn, Bahnhof Wilhelmshorst, 10 min Fußweg; Auto: B 2 (Potsdam – Beelitz), Michendorf, Abzweig Wilhelmshorst
Öffnungszeiten So 10 – 13/14 – 17 Uhr
Eintrittspreise 2,50/2 € ermäßigt
Weitere Sehenswürdigkeiten Potsdam, Heimatstuben Michendorf und Wildenbruch

Stadtmuseum «Alte Burg» Wittenberge T (0 38 77) 40 52 66/ – 67, F (0 38 77) 40 52 68
Im Stadtmuseum wird die traditionsreiche Geschichte der Nähmaschinenproduktion bis zur Gegenwart dargestellt. Während der Industrialisierung entwickelte sich Wittenberge rasant vom Ackerbürgerstädtchen zum bedeutenden Verkehrsknotenpunkt und Industriestandort.
Adresse Putlitzstraße 2, 19322 Wittenberge; stadtmuseum.@kfh-wbge.de, www.wittenberge.de
Anfahrt Bahn: Regionalbahn, Bahnhof Wittenberge, Fußweg in die Altstadt; Auto: B 189 (Wittenberge – Pritzwalk), B 195 (Wittenberge – Lenzen), Wittenberge, Turmstraße, Steintorturm
Öffnungszeiten Di bis So 11 – 17 Uhr und nach Vereinbarung
Eintrittspreise 2,50/1,50 € Kinder/Gruppen ab 20 Personen 0,50 € p.P.
Extras behindertengerechter Zugang, Kinderservice, Museumsshop, Nähwerkstatt, gotischer Steintorturm mit Ausstellung «Achtung! Alter Turm»- Das Steintor und seine Geschichte
Weitere Sehenswürdigkeiten lohnende Ortsbesichtigung (gotisches Stadttor, Gründerzeitviertel, Kultur- und Festspielhaus) Plattenburg, Kloster Stift zum Heiligengrabe, Museen Perleberg, Pritzwalk, Lindenberg, Schlossmuseum Wolfshagen
Erholungsgebiet ausgeschilderte Radwanderwege durch die Brandenburgische Elbtalaue, Internationaler Radwanderweg Bad Schandau-Cuxhaven, Fahrgastschiffahrt auf der Elbe, Sportboothafen, Freibad, Sport- und Erlebnishallenbad «Prignitzer Badewelt»
Fremdenverkehr Touristinformation Wittenberge, Zimmervermittlung, Paul-Lincke-Platz, 19322 Wittenberge, T (0 38 77) 92 91 81/82, touristinfo@kfh-wbge.de, www.wittenberge.de; Fahrradverleih im Ort

Museen Alte Bischofsburg Wittstock – Museum des Dreißigjährigen Krieges / Ostprignitzmuseum T (0 33 94) 43 37 25, F (0 33 94) 44 90 78
Die alte Burg beherbergt das Museum des Dreißigjährigen Krieges, das an die Geschichte dieses nicht nur für Brandenburg verheerenden Krieges und an die Schlacht von Wittstock erinnert, und das Ostpriegnitzmuseum, das die Alltagsgeschichte der Prignitz bewahrt.
Adresse Amtshof 1 – 4, 16909 Wittstock; info@mdk-wittstock.de, www.mdk-wittstock.de
Anfahrt Bahn: Regionalbahn, 5 min ausgeschilderter Fußweg durch den Park; Auto: A 19 (Berlin – Rostock), Abf. Wittstock, Museum ausgeschildert
Öffnungszeiten Di und Do 9 – 16 Uhr, Mi 9 – 18 Uhr, Fr 9 – 13 Uhr, Sa 13 – 16 Uhr, So 11 – 16.30 Uhr, Gruppen nach Anmeldung auch außerhalb
Öffnungszeiten Eintrittspreise 2,50/1,50 € ermäßigt/1 € Kinder/15 € Führung plus Eintritt/10 € ermäßigt/5 € Familienkarte bis 6 Personen
Extras behindertengerechter Zugang für das Ostprignitzmuseum, Museumsshop, Café
Fremdenverkehr Touristinformation Walter-Schulz-Platz 1, 16909 Wittstock, T (0 33 94) 43 34 42, F (0 33 94) 44 89 96; info@wittstock.de, www.wittstocker-land.de

Stiftung Brandenburgische Gedenkstätten Museum des Todesmarsches, Wittstock-Below T (03 99 25) 24 78, F (03 99 25) 77 835
Die Außenstelle der Gedenkstätte Sachsenhausen dokumentiert die Geschichte des Todesmarsches der Häftlinge des Konzentrationslagers Sachsenhausen im Jahre 1945. Gezeigt werden unter anderem Gegenstände, die von den Häftlingen im Belower Waldlager zurück gelassenen wurden.
Adresse Belower Damm 1, 16909 Wittstock; todesmarschmuseum@gedenkstaettesachsenhausen.de, www.stiftung-bg.de
Anfahrt Auto: A 19, Abf. Wittstock, Verbindungsstraße Wittstock – Röbel (ausgeschildert)
Öffnungszeiten Di bis Fr 9 – 17 Uhr (Dezember bis Februar nur nach Vereinbarung), Sa, So 10 – 17 Uhr (Juni bis August 10 – 18 Uhr); Das Museum wird neu gestaltet und ist bis zur voraussichtlichen Wiedereröffnung im April 2010 geschlossen.
Eintrittspreise kostenfrei/15 € Gruppenführung/25 € Projekttag bis 15 Personen/25 € bis 30 Pers., bei fremdsprachigen Angeboten zzgl. 25 € je Gruppe
Extras Buchverkauf
Weitere Sehenswürdigkeiten Stadt Wittstock, Pritzwalk (Bismarck-Turm, Brauereimuseum, Kathfelder Mühle), Kloster Marienfließ/Stepenitz, Kloster Stift zum Heiligengrabe
Erholungsgebiet Müritz-Nationalpark, Wassersport, Wander- und Radwege

Bauernmuseum Wittstock / bei Prenzlau T (03 98 52) 34 22
Ackergeräte, eine Pflugsammlung für Pferdebespannung, Mühlsteine, Geräte der Milchverarbeitung, eine Gute Stube (um 1900) und Omas Küche vermitteln ein authentisches Bild vom Leben auf dem Lande.
Adresse Mühlenbergstraße 1, 17291 Nordwestuckermark Ortsteil Wittstock
Anfahrt Auto: A 11 (Berlin – Stettin) Abf. Gramzow, B 198, Prenzlau, Wittstock, Parkmöglichkeit am Museum vorhanden
Öffnungszeiten 1. und 2. Sonntag im Monat 10 – 12 Uhr, 3. Sonntag im Monat 14 – 16 Uhr und nach Vereinbarung
Eintrittspreise 1/0,50 € ermäßigt
Weitere Sehenswürdigkeiten Stadt und Museum Prenzlau, Heimatstube Schönermark
Erholungsgebiet Uckermärkische Seenplatte, Fahrradrouten und Wanderwege

Schloss-Museum Wolfshagen T (03 87 89) 6 10 63
Das Schloss-Museum dokumentiert die Geschichte der Familie Gans Edle Herren zu Putlitz, insbesondere ihrer Herrschaft Wolfshagen, und bietet einen Einblick in die Wohnkultur des märkischen Landadels mit Ausstellungsstücken des 16. bis 20. Jahrhunderts, Ahnenbildern, Möbeln, Glas, Silber und Porzellan. Hierzu gehört auch die umfangreiche Sammlung an mitteleuropäischem blaugemalten Porzellan vom 18. bis zum 21. Jahrhundert.
Adresse Putlitzer Straße 16, 19348 Wolfshagen/Prignitz; info@schlossmuseum-wolfshagen.de, www.schlossmuseum-wolfshagen.de
Anfahrt Bahn: Regionalbahn (Wittenberge – Wittstock), Station Groß Pankow, 4 km Fußweg; Auto: B 189 (Pritzwalk – Perleberg), Abzweig Wolfshagen
Öffnungszeiten Mi bis So 11 – 17 Uhr

Eintrittspreise 5/4 € ermäßigt und bei Gruppen über 10 Personen p.P.
Extras Museumsshop, Café, Hotel-Restaurant am Schloss
Weitere Sehenswürdigkeiten Kirche und Königsgrab Seddin, Gutshaus und Park Groß Pankow, Heimatstil-Kirche Helle, Hügelgrab «Teufelsberg» bei Wolfshagen,
Erholungsgebiet Rad- und Wanderwege um Wolfshagen, Kanufahrten auf der Stepenitz
Fremdenverkehr Fremdenverkehrsverein Pritzwalk und Umgebung e.V., T (0 33 95) 70 07 03, F (0 33 95) 70 07 05, www.pritzwalk-info.de

Museum in der Alten Schule, Woltersdorf T (0 33 62) 55 65/(01 74) 3 80 41 32
Orts- und Regionalgeschichte von der Ur- und Frühzeit bis in das 19. Jahrhundert, Geologie der Region, Vereinsgeschichte – dies alles findet man dargestellt in der Heimatstube.
Adresse Breitscheidstraße 27, 15569 Woltersdorf; www.woltersdorf-schleuse.de
Anfahrt Bahn: Regionalbahn, Woltersdorf; Auto: A 10 (Berliner Ring) Abf. Erkner, Woltersdorf
Öffnungszeiten Sa 14 – 17 Uhr und nach Vereinbarung
Eintrittspreise kostenfrei (Spenden sind willkommen)

Wassermühle Worin T (03 34 77) 43 56, F (03 34 77) 52 52
Fast vollständig und gut erhalten ist die technische Einrichtung der Mühle, die neben der Müllerwohnung mit Gegenständen ländlicher Alltagskultur und einer Ausstellung zur Geschichte der Müllerfamilie seit 1914 zu besichtigen ist.
Adresse Lösnitzstr. 20 (Postadresse Seestr. 51), 15306 Vierlinden Ortsteil Worin, www.worinerwassermuehle.de
Anfahrt Bahn: Regionalbahn Berlin-Lichtenberg – Küstrin bis Alt Rosenthal, 3 km schöner Wanderweg durch den Wald; Auto: B 1 Richtung Seelow, hinter Müncheberg Abf. Worin
Öffnungszeiten Di bis Fr 10 – 15 Uhr, sonst nach Anmeldung
Eintrittspreise 2/1 € ermäßigt
Extras Jährliches Mühlenfest am Pfingstmontag (Deutscher Mühlentag), Tag des offenen Denkmals
Weitere Sehenswürdigkeiten Kunstspeicher Friedersdorf, Schloss, Heimatstube und alte Schule Neuhardenberg
Erholungsgebiet Oderbruch, Reiterhof, Reit- und Fahrradwege

Ausstellung «Russischer Soldatenalltag», Wünsdorf F (03 37 02) 96 00
Im Gutenberghaus der Bücherstadt zeigt diese ständige Ausstellung Fotos, Dokumente und Alltagsgegenstände aus der 49jährigen Anwesenheit sowjetisch-russischer Truppen in Wünsdorf.
Adresse Gutenbergstr. 1, 15806 Zossen, Ortsteil Wünsdorf, www.buecherstadt.com
Anfahrt Bahn: Regionalbahn, Bahnhof Wünsdorf-Waldstadt, 3 km Rad- und Fußweg entlang der B 96; Auto: B 96 bis Wünsdorf, dann den örtlichen Ausschilderungen folgen, Parkmöglichkeiten am Museum
Öffnungszeiten täglich 10 – 18 Uhr
Eintrittspreise 2 €
Extras Museumsshop, Restaurant «Zapfenstreich»
Weitere Sehenswürdigkeiten Wünsdorf: Museum des Teltow, Garnisonsmuseum, Galerie Oskar

Galerie Oskar, Wünsdorf F (03 37 02) 96 00
Hans Bierbrauer – besser bekannt unter «Oskar» – war einer der beliebtesten Karikaturisten Deutschlands. Millionen Menschen kannten ihn als Schnellzeichner vom Fernsehen. Das umfangreiche Lebenswerk des 2006 verstorbenen Berliners – Karikaturen, Porträts von Prominenten, Skizzen, Öl- und Aquarellbilder – ist im «Haus Oskar» in Wünsdorf zu sehen.
Adresse Gutenbergstr. 3, 15806 Zossen, Ortsteil Wünsdorf-Waldstadt, www.buecherstadt.com
Anfahrt Bahn: Regionalbahn, Bahnhof Wünsdorf-Waldstadt, 3 km Rad- und Fußweg entlang der B 96; Auto: B 96 bis Wünsdorf, dann den örtlichen Ausschilderungen folgen, Parkmöglichkeiten am Museum
Öffnungszeiten April bis Oktober: täglich 10 – 18 Uhr, November bis März: 10 – 17 Uhr (Mo geschlossen)
Eintrittspreise kostenfrei
Extras Ladenatelier

Garnisonsmuseum, Wünsdorf T (0 33 702) 96 00, 6 06 46, F (0 33 702) 9 60 20
Im Museum wird das zivile und militärische Leben in einem Gebiet dargestellt, das von 1910 bis 1994 militärisch verwaltet wurde.
Adresse Gutenbergstr. 1, 15806 Zossen, Ortsteil Wünsdorf, www.garnisonsmueseum-wuensdorf.de, www.buecherstadt.com
Anfahrt Bahn: Regionalbahn, Bahnhof Wünsdorf-Waldstadt, 3 km Rad- und Fußweg entlang der B 96; Auto: B 96 bis Wünsdorf, dann den örtlichen Ausschilderungen folgen, Parkmöglichkeiten am Museum
Öffnungszeiten Mo bis Fr nach Vereinbarung, Sa, So, Feiertage 11 – 17 Uhr und nach vorheriger Vereinbarung gern auch zu anderen Zeiten
Eintrittspreise 2,50 €
Extras Museumsshop, Restaurant «Zapfenstreich»

Museum des Teltow, Wünsdorf T (0 33 702) 66 900, F (0 33 702) 66 902
Das Museum in der alten Dorfschule zeigt die Geschichte und Naturkunde des Teltow, einer 1232 erstmals erwähnten brandenburgischen Landschaft zwischen Nuthe, Dahme, Spree und Baruther Urstromtal. Der Schwerpunkt liegt dabei im nördlichen Teil des heutigen Landkreises Teltow-Fläming.
Adresse Schulstraße 15, 15806 Zossen, Ortsteil Wünsdorf, museum.wuensdorf@t-online.de
Anfahrt Bahn: Regionalbahn, Bahnhof Wünsdorf-Waldstadt, 15 min Fußweg; Auto: B 96 bis Wünsdorf, dann den örtlichen Ausschilderungen folgen, Parkmöglichkeiten am Museum
Öffnungszeiten Fr bis So 13 – 16 Uhr, nach vorheriger Vereinbarung gern auch zu anderen Zeiten
Eintrittspreise 1 €
Extras Museumsshop

Schul- und Bethaus Wuschewier T (03 34 74) 56 56
Das älteste Bethaus im Oderbruch mit der einzigen noch erhaltenen und funktionierenden Mieckley-Orgel (um 1850) wird noch heute für Gottesdienste genutzt. Betsaal und Lehrerwohnung mit Schulzimmer geben Auskunft über die Schulentwicklung seit 1764.
Adresse Dorfstraße 16, 15320 Neutrebbin Ortsteil Wuschewier
Anfahrt Bahn: Regionalbahn bis Neutrebbin, 4 km Fußweg; Auto über Strausberg nach Wriezen Richtung Neutrebbin
Öffnungszeiten nach Vereinbarung
Eintrittspreise kostenfrei (Spende erwünscht)
Weitere Sehenswürdigkeiten Tabakmuseum Wuschewier, Heimatstuben in Letschin, Neulewin, Schloss und Heimatstube Neuhardenberg, Schiffshebewerk Eberswalde

Tabakmuseum Wuschewier T (03 34 74) 3 89 70
Das Museum in dem ehemaligen Kolonistenhaus gibt Auskunft über den Anbau von Tabak im Oderbruch, der schon seit dem 17. Jahrhundert betrieben wird.
Adresse Dorfstraße 26, 15320 Neutrebbin Ortsteil Wuschewier
Anfahrt Bahn: Regionalbahn bis Neutrebbin, 4 km Fußweg; Auto über Strausberg nach Wriezen Richtung Neutrebbin
Öffnungszeiten nach Vereinbarung
Eintrittspreise 2,50 €
Weitere Sehenswürdigkeiten Schul- und Bethaus Wuschewier, Heimatstuben in Letschin, Neulewin, Schloss und Heimatstube Neuhardenberg, Schiffshebewerk Eberswalde

Heimatmuseum Wusterhausen T (03 39 79) 1 44 72
Das Museum beherbergt Exponate zur Geschichte der Stadt Wusterhausen von 1233 bis zur Gegenwart. Das Museum im Herbst´schen Haus wird saniert und 2010 mit einer neuen Ausstellung zur Geschichte der Stadt und der Region wiedereröffnet.
Adresse bis 2010: Sankt-Petri-Str. 5, 16868 Wusterhausen; danach: Am Markt 3, 16868 Wusterhausen; www.kulturverein-wusterhausen.de
Anfahrt Bahn: Regionalbahn, Bahnhof Neustadt, Bahnhof Wusterhausen (Dosse); Auto: A 24 (Berlin – Hamburg) Abf. Neuruppin, B 167, B 5 bis Wusterhausen
Öffnungszeiten Das Museum wird voraussichtlich 2010 wiedereröffnet. Eine Ersatzausstellung ist zu sehen: November bis Februar: Mo bis Fr 10 – 16 Uhr, März bis Oktober: Mo bis Fr

10–16 Uhr, Sa, So 13–16 Uhr
Eintrittspreise 2/1 € Rentner/0,50 € Kinder/25 € Gruppen
Fremdenverkehr Fremdenverkehrsverein Ostprignitz e.V., Maxim-Gorki-Str. 32, 16866 Kyritz, T (03 39 71) 5 23 31, F (03 39 71) 7 37 29; fvv@kyritz.de, www.knatter-dosseland.de

Brandenburg-Preußen Museum, Wustrau T (03 39 25) 7 07 98, F (03 39 25) 7 07 99
Die 500jährige Geschichte Brandenburg-Preußens von 1415 bis 1918 unter den Hohenzollern wird dargestellt. Schule, Wissenschaft, Wirtschaft und Verwaltung bilden die Schwerpunkte.
Adresse Eichenallee 7a, 16818 Wustrau; wustrau@brandenburg-preussen-museum.de
Anfahrt Auto: A 24 (Berlin – Hamburg), Abf. Neuruppin-Süd, Richtung Fehrbellin, über Langen nach Wustrau, Parkmöglichkeiten am Museum; Bahn: Regionalbahn, Bahnhof Wustrau-Radensleben, z.T. Sammeltaxi nach Wustrau oder 3,5 km Fußweg
Öffnungszeiten April bis Oktober: Di bis So 10–18 Uhr, November bis März: Di bis So 10–16 Uhr
Eintrittspreise 2,50/1,50 € ermäßigt/5 € Familien/2 € Gruppen
Extras Eingang und WC behindertengerecht, Museumsshop, Sonderausstellungen, Vorträge, Führungen

Heimatmuseum Wustrau T (03 39 25) 7 02 33/7 08 47/7 03 68
Die Ausstellung erzählt über die Geschichte des Ortes Wustrau und das Leben seiner Einwohner in der Vergangenheit.
Adresse Hohes Ende 20, 16818 Wustrau; www.wustrau.de
Anfahrt Auto: A 24 (Berlin – Hamburg), Abf. Neuruppin-Süd, Richtung Fehrbellin, über Langen nach Wustrau; Bahn: Regionalbahn, Bahnhof Wustrau-Radensleben, z.T. Sammeltaxi nach Wustrau oder 3,5 km Fußweg
Öffnungszeiten Sa, So 14–16 Uhr und nach Vereinbarung
Eintrittspreise kostenfrei (Spenden sind willkommen)

Alfred-Wegener-Gedenkstätte, Zechliner Hütte T (03 39 21) 7 02 17
Ausstellung zum Leben und Wirken des Geophysikers und Grönlandforschers Alfred Wegener (1880–1930). Der Begründer der Kontinentalverschiebungstheorie verbrachte als Kind mehrere Sommer auf dem Landsitz seiner Eltern.
Adresse Rheinsberger Straße 14, 16831 Zechliner Hütte; www.zechlinerhuette.com
Anfahrt Bahn: Regionalbahn, Bahnhof Rheinsberg, Umstieg Bus bis Zechlinerhütte; Auto: A 24 (Berlin – Hamburg) Abf. Neuruppin, B 167, Landtsraße über Rheinsberg bis Zechlinerhütte Parkmöglichkeiten vor dem Museum
Öffnungszeiten täglich 10–16 Uhr
Eintritt 1/0,50 € ermäßigt
Extras behindertengerechter Zugang

Schiffermuseum Zehdenick T (0 33 07) 28 77
Die historische Entwicklung und der Stand der Schifffahrt in Brandenburg sind das Thema der Ausstellung in einem Großfinowmaßkahn am Bollwerk der Elisabeth-Mühle.
Adresse Schleusenstr. 22, 16792 Zehdenick
Anfahrt Bahn: Bahnhof Gransee, Bus 833 Richtung Zehdenick, 5 min Fußweg; Auto: A 10 (Berliner Ring) Abf. Mühlenbeck, Landstraße bis Zehdenick
Öffnungszeiten Mai bis Oktober: Di bis So 10–17 Uhr und nach Vereinbarung
Eintrittspreise 2/1 € ermäßigt

Heimatstube Zeuthen / Miersdorf T (03 37 62) 9 33 89
Austellungen zur Geschichte von Zeuthen werden hier erarbeitet und präsentiert.
Adresse Dorfstraße 8, 15738 Zeuthen Ortsteil Miersdorf; www.heimatfreunde-zeuthen.de
Anfahrt Bahn: S-Bahn Berlin bis Bahnhof Wildau, Bus bis Miersdorf; Auto: A 10 (Berliner Ring) Abf. Königs Wusterhausen, B 179 Richtung Wildau bis Miersdorf
Öffnungszeiten nach Vereinbarung
Eintrittspreise kostenfrei
Extras behindertengerechter Zugang
Weitere Sehenswürdigkeiten lohnende Ortsbesichtigung, denkmalgeschützte Backsteinkirche, evang. Jugendstilkirche Zeuthen

Museum für brandenburgische Kirchen- und Kulturgeschichte des Mittelalters, Bischofsresidenz Burg Ziesar T (03 38 30) 1 27 35
Bei der Dauerausstellung «Wege in die Himmelsstadt. Bischof – Glaube – Herrschaft 800 – 1550» ist die Burg Ziesar das zentrale Ausstellungsexponat. Zu sehen sind viele spektakuläre Funde wie mittelalterliche Fußbodenheizungen oder großflächige Wandmalereien.
Adresse Mühlentor 15 A, 14793 Ziesar
Anfahrt Bahn: Regionalbahn, Bahnhof Brandenburg, dann Bus nach Ziesar, Auto: A 2 Abfahrt Ziesar
Öffnungszeiten Museum und Bergfried Mai bis September: Di bis So 10 – 18 Uhr, Oktober bis April: Di bis So 10 – 17 Uhr, Kapelle ganzjährig Di bis So 12, 14, 16 Uhr
Eintrittspreise Museum und Bergfried 5/4 € ermäßigt/2 € Kinder ab 10 J./12 € Familienkarte/ Jahreskarte/3 € p.P. Gruppentarif/2 € ermäßigt/1 € Kinder ab 10 J./20 € Führung; Bergfried 1/0,50 € ermäßigt, Kapelle kostenfrei, Spenden erwünscht
Extras Museumsshop

Museum und Begegnungsstätte «Alter Krug», Zossen T (03 37 7) 39 37 59
In dem originalgetreu restaurierten barocken Fachwerkbau mit großer Schwarzer Küche sind bäuerliches Inventar, hauswirtschaftliche Gebrauchsgegenstände und Werkzeuge ausgestellt.
Adresse Weinberge 15, 15806 Zossen (Ortslage nahe Friedhof)
Anfahrt Bahn: Regionalbahn, Bahnhof Zossen, Umstieg Bus oder Taxi, Auto: B 96 (Berlin – Zossen), Marktplatz, Richtung Mittenwalde, Friedhof, Abzweig Weinberge
Öffnungszeiten Mi 15 – 18 Uhr sowie nach Vereinbarung.
Eintrittspreise 1/0,50 € ermäßigt, Schulklassen freier Eintritt
Weitere Sehenswürdigkeiten Bücherstadt Waldstadt-Wünsdorf, Museum des Teltow in Wünsdorf, Militärgelände Wünsdorf-Zehrensdorf-Zossen, Museumsdorf Glashütte
Erholungsgebiet Wildpark Johannesmühle (Baruth)

Schulmuseum Zossen T (0 33 77) 33 43 46
Bücher, Hefte, Zeichnungen, alte Schulbänke und viele andere Schulutensilien veranschaulichen den Schulalltag im Wandel der Zeit.
Adresse Kirchplatz 2, 15806 Zossen; www.heimatverein-zossen.de
Anfahrt Bahn: Regionalbahn, Bahnhof Zossen, Umstieg Bus oder Taxi, Auto: B 96 (Berlin – Zossen), Marktplatz, Richtung Mittenwalde, Friedhof, Abzweig Weinberge
Öffnungszeiten Do, So 10 – 12 Uhr und nach Verinbarung
Eintrittspreis kostenfrei (Spenden willkommen)

Das Sachregister enthält nur Stichworte, die in den Texten genannt sind und umfasst nicht alle Sammlungsbestände der Museen.

Martin Ahrends Jahrgang 1951, Studium der Musik, Philosophie, Schauspielregie, 1984 Ausreise in die BRD, Arbeit als Redakteur der «Zeit», seit 1994 als freier Autor, lebt in Potsdam

Martin Stefke Jahrgang 1965, arbeitet als freier Autor und Kulturjournalist, veröffentlichte Hörstücke, Prosa und Lyrik, u.a. «Hier und Dort» im Karo Verlag Basel, lebt in der Nähe von Baruth (Mark), www.martin-stefke.de

Lorenz Kienzle Jahrgang 1967, Ausbildung zum Fotografen in Rom und Berlin, seit 1993 als freier Fotograf tätig, Schwerpunkt Dokumentationen im Kunst- und Museumsbereich, zahlreiche Publikationen, lebt in Berlin, www.lorenzkienzle.com

Ludwig Rauch Jahrgang 1960, Ludwig Rauch, 1960 in Leipzig geboren, lebt und arbeitet als Fotograf in Berlin, www.ludwig-rauch-fotografie.de

Andreas Tauber Jahrgang 1971, Studium der Politikwissenschaft in Potsdam und Photodesign am Lette Verein Berlin, seit 1997 freiberuflicher Fotograf, lebt in Berlin, www.andreastauber.de

Konzeption Bärbel Dalichow, Andreas Ludwig

Recherche, Redaktion Susanne Köstering, Arne Lindemann, Simone Neuhäuser

Herausgeber Museumsverband des Landes Brandenburg e. V.
museumsverband@t-online.de, www.museen-brandenburg.de

Abbildung Einband Wolf-Kahlen-Museum Bernau, Foto: Andreas Tauber

Gesamtgestaltung und Satz blotto design, Berlin

Redaktionsschluss 07. April 2009. Die Angaben der Museen entsprechen dem Stand bei Drucklegung und können sich ändern.

Textnachweis Die Texte auf den Seiten 7, 9, 11, 19, 23, 27, 29, 31, 33, 35, 39, 41, 59, 71, 89, 93, 95, 97, 99, 103, 109, 119, 121, 131, 133, 135, 145, 147, 151, 153, 155, 159, 161, 167, 173–177, 183, 185, 189, 191, 195, 197, 199, 209, 211, 213, 215, 219, 221, 223, 225 sind von Martin Ahrends, alle weiteren Texte stammen von Martin Stefke.

Bildnachweis Die Bilder auf den Seiten 16, 44, 50, 52, 60, 80, 86, 104, 106, 116, 122, 124, 126, 128, 136, 186 sind von Lorenz Kienzle; die Bilder auf den Seiten 8, 10, 20, 26, 66, 72, 90, 96, 98, 102, 118, 130, 132, 134, 138, 144, 146, 152, 158, 160, 162, 164, 168, 170, 182, 184, 190, 206, 208, 218, 222, 224, 228 sind von Andreas Tauber; das Bild auf Seite 34 ist von Alexander Mühle; das Bild von Seite 78 ist von Winfried Mausolf; das Bild von Seite 216 wurde bereitgestellt durch den Landkreis Potsdam-Mittelmark; alle weiteren Bilder sind von Ludwig Rauch

Bibliographische Information Der Deutschen Bibliothek
Die Deutsche Bibliothek verzeichnet diese Publikation in der Deutschen Nationalbibliographie; detaillierte bibliographische Daten sind im Internet unter www.dnb.dbb.de abrufbar.
ISBN 978-3-7338-0369-8

Gedruckt auf alterungsbeständigem Papier mit chlorfrei gebleichtem Zellstoff.

Durch die Ostdeutsche Sparkassenstiftung geförderte Museen in Brandenburg seit 2000: Museum Junge Kunst Frankfurt/Oder, Begegnungsstätte Hachschara Landwerk Ahrensdorf, Dokumentationszentrum Alltagskultur der DDR, Eisenhüttenstadt, Technisches Denkmal Brikettfabrik Louise, Domsdorf, Stadt- und Brauereimuseum Pritzwalk, Museum Viadrina Frankfurt/Oder, Schlossmuseum Wolfshagen, Kreismuseum Rathenow, Fürst-Pückler-Museum Schloss Branitz, Brandenburgisches Literaturbüro Potsdam, Kurt Tucholsky Gedenkstätte Schloss Rheinsberg, Museum Kloster Chorin, Dominikanerkloster Prenzlau, Gedenkstätte und Museum Sachsenhausen, Oranienburg, Panzerhalle Großglienicke, Rochow-Museum, Reckahn, Filmmuseum Potsdam, Wendisches Museum Cottbus, Brandenburgische Kunstsammlungen Cottbus, Haus der Brandenburgisch-Preußischen Geschichte, Potsdam, Kloster Stift zum Heiligengrabe, Kreismuseum Bad Liebenwerda, Museum im Mönchen KlosterJüterbog, Schloss Königs Wusterhausen, Kunstgussmuseum Lauchhammer, Einstein Forum Potsdam, Museum in der Adler-Apotheke Eberswalde, Molkenhaus Bärwinkel, Stadtmuseum Wittenberge, Roger Loewig Museum und Gedenkstätte, Belzig, Brecht-Weigel-Haus in Buckow, Stadt und Regionalmuseum Perleberg, Gedenk- und Begegnungsstätte Leistikowstraße 1, Potsdam, Kreismuseum Finsterwalde, Kunstmuseum Dieselkraftwerk Cottbus, Städtisches Museum Schwedt/Oder, Prignitzer Kleinbahnmuseum, Lindenberg, Niederlausitzmuseum Luckau, Kleist-Museum Frankfurt/Oder, Klostermuseum Stift Neuzelle

Mit freundlicher Unterstützung durch die Ostdeutsche Sparkassenstiftung im Land Brandenburg gemeinsam mit allen brandenburgischen Sparkassen und das Ministerium für Wissenschaft, Forschung und Kultur des Landes Brandenburg.

Ostdeutsche Sparkassenstiftung gemeinsam mit der Mittelbrandenburgischen Sparkasse in Potsdam

LAND BRANDENBURG
Ministerium für Wissenschaft, Forschung und Kultur